TO

CW00468671

Bilingual D....... y

English-Czech
Czech-English
Dictionary

Compiled by
Jindřiška Poulová

STAR Foreign Language BOOKS

This Edition : 2020

Published by

STAR Foreign Language BOOKS

a unit of
ibs BOOKS (UK)

56, Langland Crescent
Stanmore HA7 1NG, U.K.
info@starbooksuk.com
www.starbooksuk.com

Printed in India at
Star Print-O-Bind, New Delhi-110 020

About this Dictionary

Developments in science and technology today have narrowed down distances between countries, and have made the world a small place. A person living thousands of miles away can learn and understand the culture and lifestyle of another country with ease and without travelling to that country. Languages play an important role as facilitators of communication in this respect.

To promote such an understanding, STAR Foreign Language BOOKS has planned to bring out a series of bilingual dictionaries in which important English words have been translated into other languages, with Roman transliteration in case of languages that have different scripts. This is a humble attempt to bring people of the word closer through the medium of language, thus making communication easy and convenient.

Under this series of *one-to-one dictionaries*, we have published almost 50 languages, the list of which has been given in the opening pages. These have all been compiled and edited by teachers and scholars of the relative languages.

Bilingual Dictionaries in this Series

English-Afrikaans / Afrikaans-English	Abraham Venter
English-Albanian / Albanian-English	Theodhora Blushi
English-Amharic / Amharic-English	Girun Asanke
English-Arabic / Arabic-English	Rania-al-Qass
English-Bengali / Bengali-English	Amit Majumdar
English-Bosnian / Bosnian-English	Boris Kazanegra
English-Bulgarian / Bulgarian-English	Vladka Kocheshkova
English-Cantonese / Cantonese-English	Nisa Yang
English-Chinese (Mandarin) / Chinese (Mandarin)-Eng	Y. Shang & R. Yao
English-Croatian / Croatain-English	Vesna Kazanegra
English-Czech / Czech-English	Jindriska Poulova
English-Danish / Danish-English	Rikke Wend Hartung
English-Dari / Dari-English	Amir Khan
English-Dutch / Dutch-English	Lisanne Vogel
English-Estonian / Estonian-English	Lana Haleta
English-Farsi / Farsi-English	Maryam Zaman Khani
English-French / French-English	Aurélie Colin
English-Gujarati / Gujarati-English	Sujata Basaria
English-German / German-English	Bicskei Hedwig
English-Greek / Greek-English	Lina Stergiou
English-Hindi / Hindi-English	Sudhakar Chaturvedi
English-Hungarian / Hungarian-English	Lucy Mallows
English-Italian / Italian-English	Eni Lamllari
English-Korean / Korean-English	Mihee Song
English-Latvian / Latvian-English	Julija Baranovska
English-Levantine Arabic / Levantine Arabic-English	Ayman Khalaf
English-Lithuanian / Lithuanian-English	Regina Kazakeviciute
English-Nepali / Nepali-English	Anil Mandal
English-Norwegian / Norwegian-English	Samuele Narcisi
English-Pashto / Pashto-English	Amir Khan
English-Polish / Polish-English	Magdalena Herok
English-Portuguese / Portuguese-English	Dina Teresa
English-Punjabi / Punjabi-English	Teja Singh Chatwal
English-Romanian / Romanian-English	Georgeta Laura Dutulescu
English-Russian / Russian-English	Katerina Volobuyeva
English-Serbian / Serbian-English	Vesna Kazanegra
English-Sinhalese / Sinhalese-English	Naseer Salahudeen
English-Slovak / Slovak-English	Zuzana Horvathova
English-Slovenian / Slovenian-English	Tanja Turk
English-Somali / Somali-English	Ali Mohamud Omer
English-Spanish / Spanish-English	Cristina Rodriguez
English-Swahili / Swahili-English	Abdul Rauf Hassan Kinga
English-Swedish / Swedish-English	Madelene Axelsson
English-Tagalog / Tagalog-English	Jefferson Bantayan
English-Tamil / Tamil-English	Sandhya Mahadevan
English-Thai / Thai-English	Suwan Kaewkongpan
English-Turkish / Turkish-English	Nagme Yazgin
English-Ukrainian / Ukrainian-English	Katerina Volobuyeva
English-Urdu / Urdu-English	S. A. Rahman
English-Vietnamese / Vietnamese-English	Hoa Hoang
English-Yoruba / Yoruba-English	O. A. Temitope

STAR Foreign Language BOOKS

ENGLISH-CZECH

A

a *a.* nějaký
aback *adv.* zaskočeně
abaction *n* krádež dobytka
abactor *n* zloděj dobytka
abandon *v.t.* opustit
abase *v.t.* ponížit
abasement *n* ponížení
abash *v.t.* pokořit
abate *v.t.* zmírnit
abatement *n.* snížení
abbey *n.* opatství
abbreviate *v.t.* zkrátit
abbreviation *n* zkratka
abdicate *v.t,* odstoupit
abdication *n* odstoupení
abdomen *n* břicho
abdominal *a.* břišní
abduct *v.t.* unést
abduction *n* únos
abed *adv.* upoutaně na lůžko
aberrance *n.* odchylka
abet *v.t.* navádět
abetment *n.* navádění
abeyance *n.* nepůsobnost
abhor *v.t.* nesnášet
abhorrence *n.* odpor
abide *v.i* trvat
abiding *a* trvalý
ability *n* schopnost

abject *a.* žalostný
ablaze *adv.* planouc
ablactate *v. t* zastavit laktaci
ablactation *n* zastavení laktace
able *a* schopně
ablepsy *n* slepota
ablush *adv* červenajíc
ablution *n* umývání
abnegate *v. t* zříci se
abnegation *n* zřeknutí se
abnormal *a* nezyklý
aboard *adv* na plaubě
abode *n* bydliště
abolish *v.t* zrušit
abolition *v* zrušení
abominable *a* ohavný
aboriginal *a* domorodý
aborigines *n. pl* domorodci
abort *v.i* přerušit
abortion *n* přerušení
abortive *adv* nezdařeně
abound *v.i.* překypovat
about *adv* přibližně
about *prep* o
above *adv* shora
above *prep.* nad
abreast *adv* vedle sebe
abridge *v.t* zkrátit
abridgement *n* zkrácení
abroad *adv* v zahraničí
abrogate *v. t.* anulovat
abrupt *a* nesouvislý

8

abruption n odtržení
abscess n absces
absonant adj nesouhlasící
abscond v.i uniknout
absence n nepřítomnost
absent a nepřítomný
absent v.t chybět
absolute a naprostý
absolutely adv rozhodně
absolve v.t zprostit
absorb v.t vstřebat
abstain v.i. zdržovat se
abstract a abstraktní
abstract n přehled
abstract v.t abstrahovat
abstraction n. abstrakce
absurd a nesmyslný
absurdity n nemožnost
abundance n nadbytek
abundant a nadbytečný
abuse v.t. zneužívat
abuse n zneužití
abusive a urážlivý
abutted v sousedit
abyss n propast
academic a akademický
academy n akademie
acarpous adj. sterilní
accede v.t. nastoupit
accelerate v.t zrychlit
acceleration n zrychlení
accent n důraz

accent v.t zdůraznit
accept v.t přijmout
acceptable a přijatelný
acceptance n přijetí
access n přístup
accession n přistoupení
accessory n příslušenství
accident n nehoda
accidental a nahodilý
accipitral adj příslušející
acclaim v.t provolávat
acclaim n pozdrav
acclamation n chvála
acclimatise v.t aklimatizovat
accommodate v.t ubytovat
accommodation n. ubytování
accompaniment n doprovod
accompany v.t. doprovodit
accomplice n spoluviník
accomplish v.t. uskutečnit
accomplished a splněný
accomplishment n. úspěch
accord v.t. poskytnout
accord n. dohoda
accordingly adv. ve shodě
account n. účet
account v.t. vyúčtovat
accountable a zodpovědný
accountancy n. účetnictví
accountant n. účetní
accredit v.t. připisovat
accrementition n. rozmnožování

9

accrete *v.t.* srůst
accrue *v.i.* přirůst
accumulate *v.t.* nashromáždit
accumulation *n* shluk
accuracy *n.* přesnost
accurate *a.* přesný
accursed *a.* zlořečený
accusation *n* nařknutí
accuse *v.t.* nařknout
accused *n.* nařknutý
accustom *v.t.* zvyknout
accustomed *a.* navyklý
ace *n* eso
acentric *adj* excentrický
acephalous *adj.* bezhlavý
acephalus *n.* bezhlavec
acetify *v.* zkvasit
ache *n.* bolest
ache *v.i.* bolet
achieve *v.t.* dosáhnout
achievement *n.* dosažení
achromatic *adj* bezbarvý
acid *a* kyselý
acid *n* kyselina
acidity *n.* kyselost
acknowledge *v.* uznat
acknowledgement *n.* uznání
acne *n* akné
acorn *n.* hrot
acoustic *a* akustický
acoustics *n.* akustika
acquaint *v.t.* obeznámit

acquaintance *n.* obeznámenost
acquest *n* nabytí
acquiesce *v.i.* smířit se
acquiescence *n.* souhlas
acquire *v.t.* dosáhnout
acquirement *n.* dosažení
acquisition *n.* získání
acquit *v.t.* zprostit
acquittal *n.* splacení
acre *n.* akr
acreage *n.* výměra
acrimony *n* zatrpklost
acrobat *n.* akrobat
across *adv.* napříč
across *prep.* přes
act *n.* jednání
act *v.i.* jednat
acting *n.* herecký výkon
action *n.* akce
activate *v.t.* aktivovat
active *a.* aktivní
activity *n.* aktivita
actor *n.* herecký výkon
actress *n.* herečka
actual *a.* současný
actually *adv.* vlastně
acumen *n.* postřeh
acute *a* akutní
adage *n.* pořekadlo
adamant *a.* neústupný
adamant *n.* krystalický uhlík
adapt *v.t.* přizpůsobit se

adaptation *n.* přizpůsobení
adays *adv* denně
add *v.t.* přidat
addict *v.t.* být závislý
addict *n.* narkoman
addiction *n.* návyk
addition *n.* dodatek
additional *a.* dodatečný
addle *adj* zmateně
address *v.t.* adresovat
address *n.* adresa
addressee *n.* adresát
adduce *v.t.* uvést
adept *n.* znalec
adept *a.* znalý
adequacy *n.* přiměřenost
adequate *a.* přiměřený
adhere *v.i.* držet se
adherence *n.* dodržování
adhesion *n.* přilnavost
adhesive *n.* pojivo
adhesive *a.* pojivý
adhibit *v.t.* připojit
adieu *n.* sbohem
adieu *interj.* nashle
adiure *v.t.*
adjacent *a.* hraničící
adjective *n.* přídavné jméno
adjoin *v.t.* sousedit
adjourn *v.t.* odložit
adjournment *n.* odročení
adjudge *v.t.* přisoudit

adjunct *n.* dodatek
adjuration *n* přísaha
adjust *v.t.* přizpůsobit
adjustment *n.* přizbůsobení
administer *v.t.* vykonávat
administration *n.* správa
administrative *a.* správní
administrator *n.* správce
admirable *a.* obdivuhodný
admiral *n.* admirál
admiration *n.* obdiv
admire *v.t.* obdivovat
admissible *a.* přípustný
admission *n.* vstup
admit *v.t.* připustit
admittance *n.* vpuštění
admonish *v.t.* pokárat
admonition *n.* pokárání
adnascent *adj.* přirostlý
ado *n.* povyk
adobe *n.* vepřovice
adolescence *n.* dospívání
adolescent *a.* dospívající
adopt *v.t.* osvojit si
adoption *n* osvojení
adorable *a.* rozkošný
adoration *n.* uctívání
adore *v.t.* zbožňovat
adorn *v.t.* ozdobit
adscititious *adj* nadbytečný
adscript *adj.* přípis
adulation *n* pochlebování

adult *a* dospěle
adult *n.* dospělý
adulterate *v.t.* ředit
adulteration *n.* ředění
adultery *n.* cizoložství
advance *v.t.* postoupit
advance *n.* postup
advancement *n.* povýšení
advantage *n.* výhoda
advantage *v.t.* zvýhodnit
advantageous *a.* výhodný
advent *n.* příchod
adventure *n* dobrodružství
adventurous *a.* dobrodružný
adverb *n.* příslovce
adverbial *a.* příslovečný
adversary *n.* soupeř
adverse *a* nepříznivý
adversity *n.* nepřízeň
advert *v.* poukazovat
advertise *v.t.* inzerovat
advertisement *n* reklama
advice *n* rada
advisable *a.* vhodný
advisability *n* vhodnost
advise *v.t.* radit
advocacy *n.* obhajování
advocate *n* obhájcc
advocate *v.t.* obhajovat
aerial *a.* letecký
aerial *n.* anténa
aeriform *adj.* vzdušný

aerify *v.t.* zplynovat
aerodrome *n* letiště
aeronautics *n.pl.* letectví
aeroplane *n.* letadlo
aesthetic *a.* estetický
aesthetics *n.pl.* estetika
aestival *adj* letní
afar *adv.* daleko
affable *a.* přívětivý
affair *n.* záležitost
affect *v.t.* ovlivnit
affectation *n* přetvářka
affection *n.* náklonnost
affectionate *a.* láskyplný
affidavit *n* přísežné prohlášení
affiliation *n.* spojení
affinity *n* blízkost
affirm *v.t.* prohlásit
affirmation *n* prohlášení
affirmative *a* potvrzující
affix *v.t.* připojit
afflict *v.t.* trápit
affliction *n.* trápení
affluence *n.* blahobyt
affluent *a.* zámožný
afford *v.t* dovolit si
afforest *v.t.* zalesnit
affray *n* výtržnost
affront *v.t.* urazit
affront *n* urážka
afield *adv.* v dálce
aflame *adv.* v plamenech

afloat adv. na hladině
afoot adv. pěšky
afore prep. před
afraid a. polekaný
afresh adv. znova
after prep. po
after adv později
after conj. potom
after a pojemnovaný po
afterwards adv. poté
again adv. zase
against prep. proti
agamist n protimanželsky
   naladěn
agape adv., dokořán
agaze adv zíraje
age n. věk
aged a. letitý
agency n. agentura
agenda n. program
agent n činitel
aggravate v.t. rozčílit
aggravation n. rozčílení
aggregate v.t. shromáždit
aggression n útok
aggressive a. útočný
aggressor n. útočník
aggrieve v.t. zarmoutit
aghast a. zděšený
agile a. hbitý
agility n. hbitost
agitate v.t. rozrušit

agitation n rozrušení
agit v.t. agitovat
aglow adv. planouc
agnus n brouk
ago adv. dříve
agog adj. napjatě
agonist n typ svalu
agonize v.t. trápit se
agony n. muka
agronomy n. agronom
agoraphobia n. agorafobie
agrarian a. rolnický
agree v.i. souhlasit
agreeable a. příjemný
agreement n. domluva
agricultural a zemědělský
agriculture n zemědělství
agriculturist n. zemědělec
ague n čárka
ahead adv. vpředu
aheap adv nahromaděně
aid n pomoc
aid v.t pomoci
aigrette n ozdoba hlavy
ail v.t. sužovat
ailment n. neduh
aim n. úmysl
aim v.i. usilovat
air n vzduch
aircraft n. letoun
airy a. vzdušný
ajar adv. v rozporu

13

akin *a.* podobný
alacrious *adj* svižný
alacrity *n.* horlivost
alamort *adj.* smrtelně
alarm *n* poplach
alarm *v.t* plašit
alas *interj.* běda
albeit *conj.* ačkoliv
Albion *n* prvotní pojmenování Anglie
album *n.* album
albumen *n* bílek
alchemy *n.* alchymie
alcohol *n* alkohol
ale *n* rychlokvašené pivo
alegar *n* kvasný ocet
alert *a.* ostražitý
alertness *n.* ostražitost
algebra *n.* algebra
alias *n.* přezdívka
alias *adv.* aneb
alibi *n.* alibi
alien *a.* cizí
alienate *v.t.* odcizit
aliferous *adj.* okřídlený
alight *v.i.* snést se
align *v.t.* uspořádat
alignment *n.* uspořádání
alike *a.* podobný
alike *adv* podobně
aliment *n.* výživa
alimony *n.* výživné

alin *adj* srovnaný
aliquot *n.* dělitelný beze zbytku
alive *a* živý
alkali *n* zásada
all *a.* celý
all *n* celek
all *adv* úplně
all *pron* každý
allay *v.t.* utišit
allegation *n.* obvinění
allege *v.t.* prohlásit
allegiance *n.* věrnost
allegorical *a.* alegorický
allegory *n.* alegorie
allergy *n.* alergie
alleviate *v.t.* ulehčit
alleviation *n.* zlehčení
alley *n.* ulička
alliance *n.* společenství
alligator *n* aligátor
alliterate *v.* aliterovat
alliteration *n.* aliterace
allocate *v.t.* umístit
allocation *n.* umístění
allot *v.t.* udělit
allotment *n.* příděl
allow *v.t.* umožnit
allowance *n.* renta
alloy *n.* slévat
allude *v.i.* zmínit se
alluminate *v.t.* osvítit vše
allure *v.t.* přitahovat

allurement *n* přitažlivost
allusion *n* narážka
allusive *a.* plný narážek
ally *v.t.* spojit se
ally *n.* spojenec
almanac *n.* almanach
almighty *a.* všemohoucí
almond *n.* mandle
almost *adv.* téměř
alms *n.* almužna
aloft *adv.* ve vzduchu
alone *a.* osamělý
along *adv.* stále
along *prep.* podél
aloof *adv.* odtažitě
aloud *adv.* hlasitě
alp *n.* alpská pastvina
alpha *n* alfa
alphabet *n.* abeceda
alphabetical *a.* abecední
alphabetically *n.* abecedně
alpinist *n* alpinista
already *adv.* již
also *adv.* rovněž
altar *n.* otlář
alter *v.t.* upravit
alteration *n* úprava
altercation *n.* spor
alternate *a.* střídavý
alternate *v.t.* střídat
alternative *n.* alternativa
alternative *a.* alternativní

although *conj.* ačkoliv
altimeter *n* výškoměr
altitude *n.* nadmořská výška
alto *n* alt
altogether *adv.* společně
aluminium *n.* hliník
alumna *n* absolvent
always *adv* vždy
alveary *n* úl
alvine *adj.* útrobečný
am jsem
amalgam *n* amalgám
amalgamate *v.t.* sloučit
amalgamation *n* sloučení
amass *v.t.* nahromadit
amateur *n.* amatér
amatory *adj* milostný
amaurosis *n* slepota
amaze *v.t.* ohromit
amazement *n.* ohromení
ambassador *n.* velvyslanec
amberite *n.* typ prášku
ambient *adj.* okolní
ambiguity *n.* nejasnost
ambiguous *a.* nejasný
ambition *n.* ctižádost
ambitious *a.* ctižádostivý
ambry *n.* spíž
ambulance *n.* sanitka
ambulant *adj* ambulantní
ambulate *v.t* přesunout
ambush *n.* přepadnout

ameliorate *v.t.* zlepšit
amelioration *n.* zlepšení
amen *interj.* ámen
amenable *a* přístupný
amend *v.t.* pozměnit
amendment *n.* dodatek
amends *n.pl.* odškodné
amenorrhoea *n* výpadek
menstruace
amiability *n.* laskavost
amiable *a.* laskavý
amicable *adj.* přátelský
amid *prep.* v
amiss *adv.* v nepořádku
amity *n.* přátelství
ammunition *n.* munice
amnesia *n* ztráta paměti
amnesty *n.* amnestie
among *prep.* mezi
amongst *prep.* uprostřed
amoral *a.* nemorální
amount *n* suma
amount *v.i* rovnat se
amount *v.* obnášet
amorous *a.* zamilovaný
amour *n* milostný poměr
ampere *n* ampér
amphibious *adj* obojživelný
amphitheatre *n* amfiteátr
ample *a.* hojný
amplification *n* zesílení
amplifier *n* zesilovač

amplify *v.t.* zesílit
amuck *adv.* šíleně
amulet *n.* amulet
amuse *v.t.* bavit
amusement *n* zábava
an *art* neurčitý člen
anabaptism *n* novokřtěnectví
anachronism *n* anachronismus
anaclisis *n*
anadem *n* věnec
anaemia *n* anémie
anaesthesia *n* anestézie
anaesthetic *n.* anestetikum
anal *adj.* řitní
analogous *a.* obvyklý
analogy *n.* obdoba
analyse *v.t.* rozebrat
analysis *n.* rozbor
analyst *n* analytik
analytical *a* analytický
anamnesis *n* anamnéza
anamorphous *adj* anamorfózní
anarchism *n.* anarchismus
anarchist *n* anarchista
anarchy *n* anarchie
anatomy *n.* anatomie
ancestor *n.* předek
ancestral *a.* rodový
ancestry *n.* rod
anchor *n.* kotva
anchorage *n* kotviště
ancient *a.* starověký

ancon *n* konzola
and *conj.* a
androphagi *n.* pravěký národ
anecdote *n.* vtip
anemometer *n* větroměr
anew *adv.* znovu
anfractuous *adj* nevyzpytatelný
angel *n* anděl
anger *n.* vztek
angina *n* angína
angle *n.* úhel
angle *n* hledisko
angry *a.* vzteklý
anguish *n.* trýzeň
angular *a.* úhlový
anigh *adv.* nedaleko
animal *n.* zvíře
animate *v.t.* oživit
animate *a.* živoucí
animation *n* živost
animosity *n* zášť
animus *n* rozhorlení
aniseed *n* anýz
ankle *n.* kotník
anklet *n* nákotník
annalist *n.* letopisec
annals *n.pl.* letopisy
annectant *adj.* spojovací
annex *v.t.* připojit
annexation *n* zábor
annihilate *v.t.* zničit
annihilation *n* zničení

anniversary *n.* výročí
announce *v.t.* oznámit
announcement *n.* oznámení
annoy *v.t.* obtěžovat
annoyance *n.* obtíž
annual *a.* výroční
annuitant *n* rentiér
annuity *n.* renta
annul *v.t.* anulovat
annulet *n* anulátor
anoint *v.t.* pomazat
anomalous *a* nezvyklý
anomaly *n* nezvyklost
anon *adv.* okamžitě
anonymity *n.* anonymita
anonymity *n.* bezvýznamná věc
anonymous *a.* anonymní
another *a* další
answer *n* odpověď
answer *v.t* odpovědět
answerable *a.* řešitelný
ant *n* mravenec
antacid *adj.* antacidum
antagonism *n* antagonisums
antagonist *n.* antagonista
antagonize *v.t.* oponovat
antarctic *a.* antarktický
antecede *v.t.* předejít
antecedent *n.* předchůdce
antecedent *a.* předcházející
antedate *n* předvídat
antelope *n.* antilopa

antenatal *adj.* předporodní
antennae *n.* tykadla
antenuptial *adj.* předmanželský
anthem *n* hymna
anthology *n.* antologie
anthropoid *adj.* antropoid
anti *pref.* proti
anti-aircraft *a.* protiletecký
antic *n* fraška
anticardium *n* anticardium
anticipate *v.t.* očekávat
anticipation *n.* očekávání
antidote *n.* protilátka
antinomy *n.* antimon
antipathy *n.* nechuť
antiphony *n.* antifona
antipodes *n.* protinožec
antiquarian *a.* starožitný
antiquarian *n* starožitník
antiquary *n.* sběratel
starožitností
antiquated *a.* zastaralý
antique *a.* starobylý
antiquity *n.* starobylost
antiseptic *n.* dezinfekce
antiseptic *a.* dezinfekční
antithesis *n.* protiklad
antitheist *n* nevěřící
antler *n.* paroh
antonym *n.* antonymum
anus *n.* řiť
anvil *n.* kovadlina

anxiety *n* znepokojení
anxious *a.* znepokojený
any *a.* libovolný
any *adv.* poněkud
anyhow *adv.* jakkoliv
apace *adv.* spěšně
apart *adv.* odděleně
apartment *n.* byt
apathy *n.* apatie
ape *n* opice
ape *v.t.* opičit se
aperture *n.* štěrbina
apex *n.* vrchol
aphorism *n* aforismus
apiary *n.* včelín
apiculture *n.* včelařství
apish *a.* opičí
apnoea *n* zástava dýchání
apologize *v.i.* omluvit se
apologue *n* alegorie
apology *n.* omluva
apostle *n.* apoštol
apostrophe *n.* apostrof
apotheosis *n.* zbožštění
apparatus *n.* přístroj
apparel *n.* roucho
apparel *v.t.* odívat se
apparent *a.* zjevný
appeal *n.* výzva
appeal *v.t.* vyzvat
appear *v.i.* zjevit se
appearance *n* zjevení

18

appease v.t. upokojit
appellant n. odvolatel
append v.t. přivěsit
appendage n. přívěsek
appendicitis n. slepé střevo
appendix n. apendix
appendix n. dodatek
appetence n. žádostivost
appetent adj. žádostivý
appetite n. chuť
appetite n. vkus
appetizer n předkrm
applaud v.t. tleskat
applause n. potlesk
apple n. jablko
appliance n. spotřebič
applicable a. příslušný
applicant n. žadatel
application n. žádost
apply v.t. žádat
appoint v.t. zvolit
appointment n. zvolení
apportion v.t. rozvrhnout
apposite adj výstižný
apposite a. výstižný
appositely adv výstižně
approbate v.t schválit
appraise v.t. úředně odhadnout
appreciable a. ocenitelný
appreciate v.t. ocenit
appreciation n. ocenění
apprehend v.t. obávat se

apprehension n. obava
apprehensive a. obávaný
apprentice n. učeň
apprise v.t. obeznámit
approach v.t. přistupovat
approach n. přístup
approbation n. úřední uznání
appropriate v.t. dotovat
appropriate a. přiměřený
appropriation n. dotace
approval n. schválení
approve v.t. schválit
approximate a. přibližný
apricot n. meruňka
appurtenance n přináležitost
apron n. zástěra
apt a. schopný
aptitude n. schopnost
aquarium n. akváruim
aquarius n. vodnář
aqueduct n akvadukt
arable adj orný
arbiter n. arbitr
arbitrary a. svévolný
arbitrate v.t. rozsuzovat
arbitration n. rozsouzení
arbitrator n. rozhodce
arc n. oblouk
arcade n podloubí
arch n. klenba
arch v.t. klenout
arch a klenutý

19

archaic *a.* zastaralý
archangel *n* archanděl
archbishop *n.* arcibiskup
archer *n* lučištník
architect *n.* architkt
architecture *n.* architektura
archives *n.pl.* archívy
Arctic *n* Arktida
ardent *a.* horoucí
ardour *n.* horlivost
arduous *a.* horlivý
area *n* oblast
areca *n* druh pokojové rostliny
arefaction *n* vysychání
arena *n* aréna
argil *n* hrnčířská hlína
argue *v.t.* hádat se
argument *n.* hádka
argute *adj* pronikavý
arid *adj.* suchopárný
aries *n* Beran
aright *adv* správně
aright *adv.* správně
arise *v.i.* vycházet
aristocracy *n.* aristokracie
aristocrat *n.* aristokrat
aristophanic *adj* aristofanický
arithmetic *n.* aritmetika
arithmetical *a.* aritmetický
ark *n* archa
arm *n.* paže
arm *v.t.* ozbrojit

armada *n.* armáda
armament *n.* výzbroj
armature *n.* pancíř
armistice *n.* příměří
armlet *a* obrněný
armour *n.* brnění
armoury *n.* zbrojnice
army *n.* vojsko
around *prep.* u
around *adv* okolo
arouse *v.t.* vzrušit
arraign *v.* obžalovat
arrange *v.t.* domluvit
arrangement *n.* domluva
arrant *n.* dokonalý
array *v.t.* ozdobit
array *n.* soubor
arrears *n.pl.* nedoplatky
arrest *v.t.* zatknout
arrest *n.* zatčení
arrival *n.* příchod
arrive *v.i.* přijít
arrogance *n.* arogance
arrogant *a.* arogantní
arrow *n* šíp
arrowroot *n.* maranta třtinová
arsenal *n.* zbrojovka
arsenic *n* arzén
arson *n* žhářství
art *n.* umění
artery *n.* tepna
artful *a.* rafinovaný

arthritis *n* artritida
artichoke *n.* artyčok
article *n* článek
articulate *a.* artikulovaný
artifice *n.* lest
artificial *a.* umělý
artillery *n.* dělostřelectvo
artisan *n.* řemeslník
artist *n.* umělec
artistic *a.* umělecký
artless *a.* nekultivovaný
as *adv.* jak
as *conj.* jakmile
as *pron.* zatímco
asafoetida *n.* druh koření
asbestos *n.* azbest
ascend *v.t.* vstoupit
ascent *n.* výstup
ascertain *v.t.* zjišťovat
ascetic *n.* asketa
ascetic *a.* asketický
ascribe *v.t.* připsat
ash *n.* popel
ashamed *a.* zahanbený
ashore *adv.* na břehu
aside *adv.* na straně
aside *n.* exkurz
asinine *adj.* hloupý
ask *v.t.* zeptat se
asleep *adv.* ve spaní
aspect *n.* zřetel
asperse *v.* pokropit

aspirant *n.* uchazeč
aspiration *n.* touha
aspire *v.t.* toužit
ass *n.* zadnice
assail *v.* napadnout
assassin *n.* nájemný vrah
assassinate *v.t.* úkladně zavraždit
assassination *n* úkladná vražda
assault *n.* urážka
assault *v.t.* urazit
assemble *v.t.* shromáždit se
assembly *n.* shromáždění
assent *v.i.* souhlasit
assent *n.* souhlas
assert *v.t.* prohlašovat
assess *v.t.* stanovit
assessment *n.* stanovení
asset *n.* aktiva
assibilate *v.* asibilovat
assign *v.t.* postoupit
assignee *n.* zplnomocněnec
assimilate *v.* přizpůsobit se
assimilation *n* přizpůsobení
assist *v.t.* napomáhat
assistance *n.* asistence
assistant *n.* asistent
associate *v.t.* spojovat
associate *a.* sdružený
associate *n.* kolega
association *n.* sdružení
assoil *v.t.* zprostit viny

21

assort v.t. smíchat
assuage v.t. utišit
assume v.t. domnívat se
assumption n. doměnka
assurance n. jistota
assure v.t. ujistit
astatic adj. nestálý
asterisk n. hvězdička
asterism n. souhvězdí
asteroid adj. asteroid
asthma n. astma
astir adv. v pohybu
astonish v.t. udivit
astonishment n. údiv
astound v.t ohromit
astray adv., v omylu
astrologer n. astrolog
astrology n. astrologie
astronaut n. astronaut
astronomer n. astronom
astronomy n. astronomie
asunder adv. na kusy
asylum n azyl
at prep. ve
atheism n ateismus
atheist n ateista
athirst adj. žíznivý
athlcte n. atlet
athletic a. atletický
athletics n. atletika
athwart prep. napříč
atlas n. atlas

atmosphere n. atmosféra
atoll n. korálový útes
atom n. atom
atomic a. atomový
atone v.i. odčinit
atonement n. odčinění
atrocious a. ohavný
atrocity n zvěrstvo
attach v.t. připojit
attache n. atašé
attachment n. připojení
attack n. útok
attack v.t. zaútočit
attain v.t. dosáhnout
attainment n. dosažení
attaint v.t. zneuctít
attempt v.t. pokusit se
attempt n. pokus
attend v.t. zúčastnit se
attendance n. docházka
attendant n. účastník
attention n. pozornost
attentive a. pozorný
attest v.t. osvědčit se
attire n. háv
attire v.t. být oděn
attitude n. postoj
attorney n zmocněnec
attract v.t. přitahovat
attraction n. přitažlivost
attractive a. přitažlivý
attribute v.t. přisuzovat

attribute *n.* rys
auction *n* dražba
auction *v.t.* dražit
audible *a* slyšitelný
audience *n.* publikum
audit *n.* audit
audit *v.t.* prověřit
auditive *adj.* sluchový
auditor *n.* posluchač
auditorium *n.* posluchárna
auger *n.* nebozez
aught *n.* nic
augment *v.t.* zmocnit
augmentation *n.* umocnění
August *n.* August
august *n* srpen
aunt *n.* teta
auriform *adj.* mušlovitý
aurilave *n.* špulka na čištění uší
aurora *n* polární záře
auspicate *v.t.* zahájit
auspice *n.* dobré znamení
auspicious *a.* slibný
austere *a.* strohý
authentic *a.* věrhodný
author *n.* autor
authoritative *a.* směrodatný
authority *n.* autorita
authorize *v.t.* oprávnit
autobiography *n.* autobiografie
autocracy *n* autokratice
autocrat *n* autokrat

autocratic *a* autokratický
autograph *n.* autogram
automatic *a.* automatický
automobile *n.* automobil
autonomous *a* samosprávný
autumn *n.* podzim
auxiliary *a.* doplňkový
auxiliary *n.* doplněk
avale *v.t.*
avail *v.t.* využít
available *a* dostupný
avarice *n.* hrabivost
avenge *v.t.* pomstít
avenue *n.* bulvár
average *n.* průměr
average *a.* průměrný
average *v.t.* zprůměrovat
averse *a.* odmítavý
aversion *n.* averze
avert *v.t.* zamezit
aviary *n.* voliéra
aviation *n.* letectvo
aviator *n.* letec
avid *adj.* lačný
avidity *n.* lačnost
avidly *adv* lačně
avoid *v.t.* vyvarovat se
avoidance *n.* vyvarování
avow *v.t.* doznat
avulsion *n.* vytržení
await *v.t.* očekávat
awake *v.t.* vzbudit se

awake *a* bdělý
award *v.t.* udělit cenu
award *n.* vyznamenání
aware *a.* vědomý
away *adv.* vědomě
awe *n.* bázeň
awful *a.* hrozný
awhile *adv.* dočasně
awkward *a.* nemístný
axe *n.* sekera
axis *n.* osa
axle *n.* náprava kola

B

babble *n.* blábolení
babble *v.i.* blábolit
babe *n.* miláček
babel *n* vřava
baboon *n.* pavián
baby *n.* dítě
bachelor *n.* bakalář
back *n.* záda
back *adv.* zpátky
backbite *v.t.* klevetit
backbone *n.* páteř
background *n.* původ
backhand *n.* rub
backslide *v.i.* sejít na zcestí

backward *a.* zpětný
backward *adv.* zpětně
bacon *n.* slanina
bacteria *n.* bakterie
bad *a.* špatný
badge *n.* odznak
badger *n.* jezevec
badly *adv.* špatně
badminton *n.* badminton
baffle *v. t.* tlumit
bag *n.* taška
bag *v. i.* pytlovat
baggage *n.* zavazadlo
bagpipe *n.* dudy
bail *n.* kauce
bail *v. t.* propustit na kauci
bailable *a.* schopný složit kauci
bailiff *n.* biřic
bait *n* návnada
bait *v.t.* nastražit
bake *v.t.* péct
baker *n.* pekař
bakery *n* pkárna
balance *n.* rovnováha
balance *v.t.* vyrovnat
balcony *n.* balkón
bald *a.* plešatý
bale *n.* balík
bale *v.t.* balíkovat
baleful *a.* zhoubný
baleen *n.* velrybí kostice
ball *n.* balón

ballad *n.* balada
ballet *n.* balet
balloon *n.* balónek
ballot *n* hlasovací lístek
ballot *v.i.* hlasování
balm *n.* balšám
balsam *n.* balzám
bam *n.* dutý náraz
bamboo *n.* bambus
ban *n.* zákaz
ban *n* kladba
banal *a.* banální
banana *n.* banán
band *n.* skupina
bandage ~*n.* obvaz
bandage *v.t* obvázat
bandit *n.* bandita
bang *v.t.* udeřit
bang *n.* úder
bangle *n.* náramek
banish *v.t.* odstranit
banishment *n.* odstranění
banjo *n.* bendžo
bank *n.* banka
bank *v.t.* naklonit se
banker *n.* bankéř
bankrupt *n.* bankrot
bankruptcy *n.* konkurs
banner *n.* transparent
banquet *n.* hostina
banquet *v.t.* pohostit
bantam *n.* liliputka

banter *v.t.* dobírat si
banter *n.* škádlení
bantling *n.* nemluvně
banyan *n.* banyán
baptism *n.* křest
baptize +*v.t.* pokřtít
bar *n.* závora
bar *v.t* zahradit
barb *n.* bodec
barbarian *a.* barbarský
barbarian *n.* barbar
barbarism *n.* barbarismus
barbarity *n* barbarství
barbarous *a.* drastický
barbed *a.* ostnatý
barber *n.* holič
bard *n.* poeta
bare *a.* obnažený
bare *v.t.* obnažit
barely *adv.* stěží
bargain *n.* výhodná koupě
bargain *v.t.* smlouvat
barge *n.* prám
bark *n.* štěkot
bark *v.t.* štěkat
barley *n.* ječmen
barn *n.* stodola
barnacles *n* svijonožci
barometer *n* barometr
barouche *n.* bryčka
barrack *n.* kasárna
barrage *n.* jez

barrator *ns.* sudič
barrel *n.* barel
barren *n* neplodný
barricade *n.* barikáda
barrier *n.* bariéra
barrister *n.* obhájce
barter *v.t.* handlovat
barter *n.* výměnný obchod
barton *n.* dvůr
basal *adj.* bazální
base *n.* základna
base *a.* obyčejný
base *v.t.* založit
baseless *a.* nepodstatný
basement *n.* suterén
bashful *a.* ostýchavý
basial *a.* bazální
basic *a.* základní
basil *n.* bazalka
basin *n.* umyvadlo
basis *n.* základ
bask *v.i.* slunit se
basket *n.* kočík
basilard *n.* druh dýky
bass *n.* bas
bastard *n.* kříženec
bastard *a* míšený
bat *n* nctopýr
bat *n* pálka
bat *v. i* odpálkovat
batch *n* šarže
bath *n* vana

bathe *v. t* koupat se
baton *n* obušek
batsman *n.* pálkovač
battalion *n* batalion
battery *n* baterie
battle *n* bitva
battle *v. i.* bojovat
bawd *n.* kuplíř
bawl *v.i.* hulákat
bawn *n.* hradní nádvoří
bay *n* záliv
Bayard *n.* město v USA
bayonet *n* bajonet
be *v.t.* být
be *pref.* buď!
beach *n* pláž
beacon *n* maják
bead *n* korálek
beadle *n.* dráb
beak *n* zobák
beaker *n* kádinka
beam *n* paprsek
beam *v. i* vysílat
bean *n.* fazole
bear *n* medvěd
bear *v.t* snést
beard *n* bradka
bearing *n* ložisko
beast *n* šelma
beastly *a* zvířecky
beat *v. t.* tlouci
beat *n* rána

beautiful a krásný
beautify v. t krášlit
beauty n krása
beaver n bobr
because conj. protože
beck n. bystřina
beckon v.t. pokynout
beckon v. t vábit
become v. i stát se
becoming a nastávající
bed n postel
bedevil v. t sužovat
bedding n. ložní prádlo
bedight v.t. vyzdobit
bed-time n. čas jít spát
bee n. včela
beech n. buk
beef n hovězí
beehive n. úl
beer n pivo
beet n řepa
beetle n brouk
befall v. t přihodit se
before prep před
before adv. předem
before conj dříve než
beforehand adv. předem
befriend v. t. spřítelit se
beg v. t. žebrat
beget v. t zplodit
beggar n žebrák
begin n začít

beginning n. začátek
begird v.t. obklíčit
beguile v. t zlákat
behalf n jménem koho
behave v. i. chovat se
behaviour n chování
behead v. t. stít
behind adv pozadu
behind prep za
behold v. t uzřít
being n bytí
belabour v. t spráskat
belated adj. opožděný
belch v. t říhat
belch n odříhnutí
belief n víra
believe v. t věřit
bell n zvon
belle n kráska
bellicose a útočný
belligerency n útočivost
belligerent a bojovný
belligerent n bojovnost
bellow v. i hulákat
bellows n. měch
belly n břicho
belong v. i patřit
belongings n. náležitosti
beloved a milený
beloved n milenec
below adv dole
below prep pod

belt *n* opasek
belvedere *n* belvedér
bemask *v. t* zamaskovat se
bemire *v. t* zablátit
bemuse *v. t* omráčit
bench *n* lavička
bend *n* ohnutí
bend *v. t* ohnout se
beneath *adv* níže
beneath *prep* pod
benefaction *n.* dobročinnost
benefice *n* beneficium
beneficial *a* benefiční
benefit *n* prospěch
benefit *v. t.* mít prospěch
benevolence *n* benevolence
benevolent *a* benevolentní
benight *v. t* odít se nocí
benign *adj* laskavý
benignly *adv* laskavě
benison *n* požehnání
bent *n* zahnutý
bequeath *v. t.* odkázat
bereave *v. t.* připravit o život
bereavement *n* úmrtí
berth *n* lůžko
beside *prep.* kromě
besides *prep* navíc
besides *adv* ostatně
beslaver *v. t* poslintat
besiege *v. t* tísnit
bestow *v. t* poskytnout

bestrew *v. t* pokrýt
bet *v. i* vsadit se
bet *n* sázka
betel *n* betel
betray *v.t.* zradit
betrayal *n* zrada
betroth *v. t* zaslíbit
betrothal *n.* zaslíbení
better *a* lepší
better *adv.* lépe
better *v. t* zlepšit
betterment *n* zlepšení
between *prep* mezi
beverage *n* nápoj
bewail *v. t* oplakávat
beware *v.i.* varovat se
bewilder *v. t* zmást
bewitch *v.t* uhranout
beyond *prep.* za
beyond *adv.* mimo
bi *pref* obou-
biangular *adj.* dvojúhlý
bias *n* tendence
bias *v. t* tíhnout
biaxial *adj* dvouosý
bibber *n* pijan
bible *n* bible
bibliography *+n* bibliografie
bibliographer *n* bibliograf
bicentenary *adj* dvousetletý
biceps *n* biceps
bicker *v. t* hašteřit

28

bicycle *n.* kolo
bid *v.t* dražit
bid *n* nabídka
bidder *n* dražitel
bide *v. t* dodržovat
biennial *adj* dvouletý
bier *n* máry
big *a* velký
bigamy *n* bigamie
bight *n* smyčka
bigot *n* modlář
bigotry *n* slepý fanatismus
bile *n* žluč
bilingual *a* dvojjazyčný
bill *n* účet
billion *n* miliarda
billow *n* vlna
billow *v.i* vzdouvat se
biliteral *adj* dvoupísmenový
bilk *v. t.* ošidit
bimenasl *adj*
bimonthly *adj.* dvojměsíčně
binary *adj* binární
bind *v.t* svázat
binding *a* zavazující
binocular *n.* binokulární
biographer *n* životopisec
biography *n* životopis
biologist *n* biolog
biology *n* biologie
bioscope *n* kino
biped *n* dvounožec

birch *n.* bříza
bird *n* pták
birdlime *n* ptačí lep
birth *n.* narození
biscuit *n* sušenka
bisect *v. t* přetínat
bisexual *adj.* bisexuální
bishop *n* biskup
bison *n* bizon
bisque *n* biskvit
bit *n* trocha
bitch *n* fena
bite *v. t.* kousat
bite *n* sousto
bitter *a* hořký
bi-weekly *adj* dvoutýdení
bizarre *adj* bizarní
blab *v. t. & i* žvanit
black *a* černý
blacken *v. t.* očernit
blackmail *n* vyděračství
blackmail *v.t* vydírat
blacksmith *n* kovář
bladder *n* měchýř
blade *n.* čepel
blain *n* puchýř
blame *v. t* vinit
blame *n* vina
blanch *v. t. & i* bílit
bland *adj.* chabý
blank *a* prázdný
blank *n* tiskopis

blanket *n* deka
blare *v. t* troubit
blast *n* výbuch
blast *v.i* vybuchnout
blaze *n* zář
blaze *v.i* planout
bleach *v. t* odbarvit
blear *v. t* zamžít
bleat *n* bekot
bleat *v. i* bečet
bleb *n* bublinka
bleed *v. i* krvácet
blemish *n* poskvrna
blend *v. t* smíchat
blend *n* směs
bless *v. t* požehnat
blether *v. i* blábolit
blight *n* zmařit
blind *a* slepý
blindage *n* clona
blindfold *v. t* zaslepit
blindness *n* slepota
blink *v. t. & i* mrknout
bliss *n* blažnost
blister *n* puchýřek
blizzard *n* vánice
bloc *n* koalice
block *n* blok
block *v.t* blokovat
blockade *n* blokáda
blockhead *n* pitomec
blood *n* krev

bloodshed *n* krveprolití
bloody *a* krvavý
bloom *n* kvetení
bloom *v.i.* vykvést
blossom *n* květ
blossom *v.i* rozkvést
blot *n.* kaňka
blot *v. t* vypijákovat
blouse *n* halenka
blow *v.i.* foukat
blow *n* závan
blue *n* sklíčenost
blue *a* modrá
bluff *v. t* klamat
bluff *n* klam
blunder *n* hrubá chyba
blunder *v.i* zpackat
blunt *a* neotesaný
blur *n* šmouha
blurt *v. t* vyhrknout
blush *n* ruměnec
blush *v.i* rdít se
boar *n* samec
board *n* paluba
board *v. t.* nalodit se
boast *v.i* naparovat se
boast *n* pýcha
boat *n* loďka
boat *v.i* jet na loďce
bodice *n* živůtek
bodily *a* tělesný
bodily *adv.* celou vahou

body *n* tělo
bodyguard *n.* osobné strážce
bog *n* bažina
bog *v.i* zabořit
bogle *n* polnice
bogus *a* falešný
boil *n* var
boil *v.i.* vařit
boiler *n* bojler
bold *a.* drzý
boldness *n* opovážlivost
bolt *n* šroub
bolt *v. t* zašroubovat
bomb *n* bomba
bomb *v. t* bombardovat
bombard *v. t* ostřelovat
bombardment *n* bombardování
bomber *n* bombardér
bonafide *adv* v dobrém úmyslu
bonafide *a* důvěryhodný
bond *n* pouto
bondage *n* svázanost
bone *n.* kost
bonfire *n* oheň
bonnet *n* čepec
Bonten *n* jméno kreslené
 postavičky
bonus *n* bonus
book *n* kniha
book *v. t.* zamluvit
book-keeper *n* účetní
book-mark *n.* záložka

book-seller *n* knihkupec
book-worm *n* knihomol
bookish *n.* studovaný
booklet *n* brožura
boon *n* dobrodiní
boor *n* neotesanec
boost *n* oživení
boost *v. t* oživit
boot *n* vysoká bota
booth *n* bouda
booty *n* lup
booze *v. i* nadměrně pít
border *n* hranice
border *v.t* hraničit
bore *v. t* nudit
bore *n* nuda
born *v.* narodit
born rich *adj.* narozen bohatý
borne *adj.* narozený
borrow *v. t* vypůjčit
bosom *n* dekolt
boss *n* šéf
botany *n* botanika
botch *v. t* zpackat
both *a* obojí
both *pron* oba
both *conj* i
bother *v. t* obtěžovat
botheration *n* otrava
bottle *n* láhev
bottler *n* plnič lahví
bottom *n* dno

bough *n* větev
boulder *n* balvan
bouncer *n* vyhazovač
bound *n*. mez
boundary *n* přirozená hranice
bountiful *a* štědrý
bounty *n* hojnost
bouquet *n* kytice
bout *n* zápas
bow *v. t* sklonit se
bow *n* poklona
bow *n* smyčec
bowel *n*. střevo
bower *n* besídka
bowl *n* mísa
bowl *v.i* nadhazovat
box *n* krabice
boxing *n* boxování
boy *n* chlapec
boycott *v. t.* bojkotovat
boycott *n* bojkotovat
boyhood *n* chlapectví
brace *n* šle
bracelet *n* náramek
brag *v. i* chlubit se
brag *n* chvástání
braille *n* slepecké písmo
brain *n* mozek
brake *n* brzda
brake *v. t* brzdit
branch *n* pobočka
brand *n* značka

brandy *n* brandy
brangle *v. i* hašteřit
brass *n*. mosaz
brave *a* statečný
bravery *n* statečnost
brawl *v. i. & n* hádat se
bray *n* troubení
bray *v. i* troubit
breach *n* trhlina
bread *n* chléb
breaden *a* chlebový
breadth *n* šíře
break *v. t* zlomit
break *n* mezera
breakage *n* rozbití
breakdown *n* zhroucení
breakfast *n* snídaně
breakneck *n* krkolomnost
breast *n* prso
breath *n* dech
breathe *v. i.* dýchat
breeches *n*. kraťasy
breed *v.t* rozmnožovat
breed *n* plemeno
breeze *n* vánek
breviary *n*. breviář
brevity *n* stručnost
brew *v. t.* vařit pivo
brewery *n* pivovar
bribe *n* úplatek
bribe *v. t.* podplácet
brick *n* cihla

bride *n* nevěsta
bridegroom *n*. ženich
bridge *n* most
bridle *n* uzda
brief *a*. stručný
brigade *n*. brigáda
brigadier *n* brigadýr
bright *a* světlý
brighten *v*. *t* prosvětlit
brilliance *n* jas
brilliant *a* vynikající
brim *n* okraj
brine *n* lák
bring *v*. *t* přinést
brinjal *n* kraj
brink *n*. břeh
brisk *adj* čilý
bristle *n* štětina
british *adj* britský
brittle *a*. křehký
broad *a* široký
broadcast *n* vysílání
broadcast *v*. *t* vysílat
brocade *n* brokát
broccoli *n*. brokolice
brochure *n* brožura
brochure *n* brožura
broker *n* makléř
brood *n* líheň
brook *n*. potok
broom *n* smeták
bronze *n*. & *adj* bronz

broth *n* vývar
brothel *n* nevěstinec
brother *n* bratr
brotherhood *n* bratrství
brow *n* čelo
brown *a* hnědý
brown *n* hněď
browse *n* pastva
bruise *n* modřina
bruit *n* zvěst
brush *n* kartáč
brustle *v*. *t* zašustit
brutal *a* brutální
brute *n* surovec
bubble *n* bublina
bucket *n* kbelík
buckle *n* přezka
bud *n* pupen
budge *v*. *i*. & *n* ustoupit
budget *n* rozpočet
buff *n* jelenice
buffalo *n*. buvol
buffoon *n* šašek
bug *n*. brouk
bugle *n* vojenská trubka
build *v*. *t* stavět
build *n* postava
building *n* budova
bulb *n*. žárovka
bulk *n* objem
bulky *a* rozměrný
bull *n* býk

bulldog *n* buldok
bull's eye *n* trefa
bullet *n* kulka
bulletin *n* buletin
bullock *n* vůl
bully *n* hrubián
bully *v. t.* šikanovat
bulwark *n* opevnění
bumper *n.* nárazník
bumpy *adj* hrbolatý
bunch *n* svazek
bundle *n* balík
bungalow *n* bungalow
bungle *v. t* zpackat
bungle *n* fušeřina
bunk *n* pryčna
bunker *n* bunkr
buoy *n* bóje
buoyancy *n* radostnost
burden *n* břímě
burden *v. t* zatěžkat
burdensome *a* tíživý
bureau *n.* úřad
Bureacuracy *n.* byrokracie
bureaucrat *n* byrokrat
burglar *n* lupič
burglary *n* loupež
burial *n* pohřeb
burke *v. t* ututlat
burn *v. t* spálit
burn *n* spálenina
burrow *n* doupě

burst *v. i.* vybuchnout
burst *n* výbch
bury *v. t.* pohřbít
bus *n* autobus
bush *n* houští
business *n* byznys
businessman *n* byznysmen
bustle *v. t* chvátat
busy *a* zaneprázdněný
but *prep* kromě
but *conj.* ale
butcher *n* řezník
butcher *v. t* zaříznout
butter *n* máslo
butter *v. t* namazat máslem
butterfly *n* motýl
buttermilk *n* podmáslí
buttock *n* hýždě
button *n* knoflík
button *v. t.* zapnout
buy *v. t.* koupit
buyer *n.* kupující
buzz *v. i* hučet
buzz *n.* hukot
by *prep* pomocí
by *adv* poblíž
bye-bye *interj.* pa pa
by-election *n* doplňovací volby
bylaw, bye-law *n* místní
vyhláška
bypass *n* obchvat
by-product *n* vedlejší produkt

byre *n* chlév
byword *n* rčení

cab *n.* taxík
cabaret *n.* kabaret
cabbage *n.* zelí
cabin *n.* kabina
cabinet *n.* sekretář
cable *n.* kabel
cable *v. t.* připoutat lanem
cache *n* skrýš
cachet *n* prestiž
cackle *v. i* štěbetat
cactus *n.* kaktus
cad *n* výrostek
cadet *n.* kadet
cadge *v. i* žebrat
cadmium *n* kadmium
cafe *n.* kavárna
cage *n.* klec
Cain *n* Kain
cake *n.* koláč
calamity *n.* kalamita
calcium *n* kalcium
calculate *v. t.* vypočítat
calculator *n* kalkulačka
calculation *n.* výpočet

calendar *n.* kalendář
calf *n.* lýtko
call *v. t.* volat
call *n.* volání
caller *n* volající
calligraphy *n* kaligrafie
calling *n.* povolání
callow *adj* neopepřený
callous *a.* bezcitný
calm *n.* klid
calm *n.* ticho
calm *v. t.* utišit
calmative *adj* uklidňující
calorie *n.* kalorie
calumniate *v. t.* hanobit
camel *n.* velbloud
camera *n.* fotoaparát
camlet *n* kamelot
camp *n.* kemp
camp *v. i.* kempovat
campaign *n.* kampaň
camphor *n.* kafr
can *n.* plechovka
can *v. t.* umět
can *v.* moci
canal *n.* kanál
canard *n* novinářská kachna
cancel *v. t.* zrušit
cancellation *n* zrušení
cancer *n.* rakovina
candid *a.* nestranný
candidate *n.* kandidát

candle *n.* svíčka
candour *n.* nezaujatost
candy *n.* cukrovinka
candy *v. t.* kandovat
cane *n.* třtina
cane *v. t.* nasekat rákoskou
canister *n.* kanystr
cannon *n.* kanón
cannonade *n. v. & t* kanonáda
canon *n* kánon
canopy *n.* baldachýn
canteen *n.* kantýna
canter *n* cval
canton *n* kanton
cantonment *n.* kantonování
canvas *n.* plachtovina
canvass *v. t.* agitovat
cap *n.* čepice
cap *v. t.* pokrýt
capability *n.* schopnost
capable *a.* schopný
capacious *a.* prostorný
capacity *n.* kapacita
cape *n.* mys
capital *n.* hlavní město
capital *a.* hlavní
capitalist *n.* kapitalista
capitulate *v. t* kapitulovat
caprice *n.* rozmar
capricious *a.* rozmarný
Capricorn *n* kozoroh
capsicum *n* paprika

capsize *v. i.* převrhnout
capsular *adj* pouzdrový
captain *n.* kapitán
captaincy *n.* kapitánství
caption *n.* titulek
captivate *v. t.* zaujmout
captive *n.* zajatý
captive *a.* zajatě
captivity *n.* zajetí
capture *v. t.* ukořistit
capture *n.* kořist
car *n.* auto
carat *n.* karát
caravan *n.* karavvan
carbide *n.* karbid
carbon *n.* uhlík
card *n.* karta
cardamom *n.* kardamom
cardboard *n.* karton
cardiacal *adjs* srdeční
cardinal *a.* základní
cardinal *n.* kardinál
care *n.* péče
care *v. i.* pečovat
career *n.* kariéra
careful *a* opatrný
careless *a.* neopatrný
caress *v. l.* laskání
cargo *n.* náklad
caricature *n.* karikatura
carious *adj* zkažený
carl *n* chlap

carnage *n* krveprolití
carnival *n* karneval
carol *n* koleda
carpal *adj* kaprál
carpenter *n.* truhlář
carpentry *n.* truhlařina
carpet *n.* koberec
carriage *n.* doprava
carrier *n.* dopravce
carrot *n.* mrkev
carry *v. t.* nést
cart *n.* kára
cartage *n.* rozvážka
carton *n* krabice
cartoon *n.* kreslený seriál
cartridge *n.* náplň
carve *v. t.* vyřezat
cascade *n.* kaskáda
case *n.* případ
cash *n.* hotovost
cash *v. t.* proplatit
cashier *n.* pokladní
casing *n.* pouzdro
cask *n* sud
casket *n* pohřební urna
cassette *n.* kazeta
cast *v. t.* odlévat
cast *n.* odlitek
caste *n* kasta
castigate *v. t.* kárat
casting *n* betonování
cast-iron *n* litina

castle *n.* zámek
castor oil *n.* ricínový olej
castral *adj* kastrovat
casual *a.* nedbalý
casualty *n.* oběť
cat *n.* kočka
catalogue *n.* kalatog
cataract *n.* šedý zákal
catch *v. t.* chytit
catch *n.* úlovek
categorical *a.* kategorický
category *n.* kategorie
cater *v. i* uspokojovat
caterpillar *n* housenka
cathedral *n.* katedrála
catholic *a.* katolický
cattle *n.* dobytek
cauliflower *n.* květák
causal *adj.* příčinný
causality *n* příčinnost
cause *n.* důvod
cause *v.t* způsobit
causeway *n* násep
caustic *a.* žíravý
caution *n.* varování
caution *v. t.* varovat
cautious *a.* obezřetný
cavalry *n.* vojenská jízda
cave *n.* jeskyně
cavern *n.* sluj
cavil *v. t* šťourat
cavity *n.* dutina

caw *n.* krákání
caw *v. i.* krákat
cease *v. i.* ustat
ceaseless *~a.* neustálý
cedar *n.* cedr
ceiling *n.* strop
celebrate *v. t. & i.* oslavovat
celebration *n.* oslava
celebrity *n* celebrita
celestial *adj* nebeský
celibacy *n.* celibát
cèlibacy *n.* celibát
cell *n.* komůrka
cellar *n* sklep
cellular *adj* buňkovitý
cement *n.* cement
cement *v. t.* cementovat
cemetery *n.* hřbitov
cense *v. t* okuřovat
censer *n* kadidelnice
censor *n.* cenzor
censor *v. t.* cenzurovat
censorious *adj* cenzorský
censorship *n.* cenzura
censure *n.* zavržení
censure *v. t.* zavrhnout
census *n.* sčítání lidu
cent *n* haléř
centenarian *n* stoletost
centenary *n.* stoleté výročí
centennial *adj.* stoletý
center *n* střed

centigrade *a.* stupně Celsia
centipede *n.* stonožka
central *a.* ústřední
centre *n* centrum
centrifugal *adj.* odstředivý
centuple *n. & adj* stonásobek,
   stonásobný
century *n.* století
ceramics *n* keramika
cerated *adj.* voskovaný
cereal *n.* cereálie
cereal *a* cereální
cerebral *adj* mozkový
ceremonial *a.* slavnostní
ceremonious *a.* obřadný
ceremony *n.* ceremonie
certain *a* jistý
certainly *adv.* jistě
certainty *n.* jistota
certificate *n.* certifikát
certify *v. t.* certifikovat
cerumen *n* ušní maz
cesspool *n.* žumpa
chain *n* řetěz
chair *n.* židle
chairman *n* předseda
Chaice *n* ženské jméno
chaise *n* druh kočáru
challenge *n.* zpochybnění
challenge *v. t.* zpochybnit
chamber *n.* síň
chamberlain *n* komoří

champion *n.* zastánce
champion *v. t.* prosazovat
chance *n.* šance
chancellor *n.* kancléř
chancery *n* prospěchářství
change *v. t.* změnit
change *n.* změna
channel *n* kanál
chant *n* pokřik
chaos *n.* chaos
chaotic *adv.* chaotický
chapel *n.* kaple
chapter *n.* kapitola
character *n.* postava
charge *v. t.* zpoplatnit
charge *n.* poplatek
chariot *n* válečný vůz
charitable *a.* dobročinný
charity *n.* charita
charm *n.* osobní koulo
charm *v. t.* učarovat
chart *n.* graf
charter *n* charta
chase *v. t.* pronásledovat
chase *n.* honička
chaste *a.* počestný
chastity *n.* počestnost
chat *n.* pokec
chat *v. i.* povídat si
chatter *v. t.* brebentit
chauffeur *n.* šofér
cheap *a* levný

cheapen *v. t.* zlevnit
cheat *v. t.* podvádět
cheat *n.* podvod
check *v. t.* zkontrolovat
check *n* kontrola
checkmate *n* šachmat
cheek *n* líce
cheep *v. i* pípat
cheer *n.* povzbuzení
cheer *v. t.* povzbudit
cheerful *a.* veselý
cheerless *a* neveselý
cheese *n.* sýr
chemical *a.* chemický
chemical *n.* chemikálie
chemise *n* dámská košile
chemist *n.* lékarník
chemistry *n.* lékárna
cheque *n.* šek
cherish *v. t.* uchovávat
cheroot *n* druh doutníku
chess *n.* šachy
chest *n* hrudník
chestnut *n.* kaštan
chew *v. t* žvýkat
chevalier *n* kavalír
chicken *n.* kuře
chide *v. t.* peskovat
chief *a.* přednosta
chieftain *n.* náčelník
child *n* dítě
childhood *n.* dětství

childish *a.* dětinský
chill *n.* chlad
chilli *n.* chilli
chilly *a* chladný
chiliad *n.* tisíciletí
chimney *n.* komín
chimpanzee *n.* šimpanz
chin *n.* brada
china *n.* čínský porcelán
chirp *v.i.* cvrkat
chirp *n* cvrkot
chisel *n* dláto
chisel *v. t.* dlabat
chit *n.* paragon
chivalrous *a.* ušlechtilý
chivalry *n.* ušlechtilost
chlorine *n* chlór
chloroform *n* chloroform
choice *n.* výběr
choir *n* sbor
choke *v. t.* kuckat
cholera *n.* cholera
chocolate *n* čokoláda
choose *v. t.* vybrat si
chop *v. t* nasekat
chord *n.* akord
choroid *n* cévnatka
chorus *n.* refrén
Christ *n.* Kristus
Christendom *n.* křesťanstvo
Christian *n* křesťan
Christian *a.* křesťanský

Christianity *n.* křesťanství
Christmas *n* Vánoce
chrome *n* chrom
chronic *a.* chronický
chronicle *n.* kronika
chronology *n.* chronologie
chronograph *n* stopky
chuckle *v. i* usmívat se
chum *n* spolubydlící
church *n.* kostel
churchyard *n.* hřbitov
churl *n* venkovan
churn *v. t. & i.* vířit
churn *n.* víření
cigar *n.* doutník
cigarette *n.* cigareta
cinema *n.* kino
cinnabar *n* rumělka
cinnamon *n* skořice
cipher, cipher *n.* cifra
circle *n.* kruh
circuit *n.* okruh
circumfluence *n.* obtékání
circumspect *adj.* obezřetný
circular *a* oběžný
circular *n.* oběžník
circulate *v. i.* obíhat
circulation *n* oběh
circumference *n.* obvod
circumstance *n* okolnost
circus *n.* cirkus
cist *n* cysta

40

citadel *n.* tvrz
cite *v. t* citovat
citizen *n* občan
citizenship *n* občanství
citric *adj.* citrónový
city *n* město
civic *a* městský
civics *n* občanská výchova
civil *a* civilní
civilian *n* civilista
civilization *n.* civilizace
civilize *v. t* civilizovat
clack *n. & v. i* rachot, rachotit
claim *n* žaloba
claim *v. t* žalovat
claimant *n* nárokovatel
clamber *v. i* šplhat
clamour *n* lomoz
clamour *v. i.* lomozit
clamp *n* svorka
clandestine *adj.* utajovaný
clap *v. i.* tleskat
clap *n* tleskání
clarify *v. t* vyjasnit
clarification *n* vyjasnění
clarion *n.* jasný zvuk
clarity *n* jasnost
clash *n.* kolize
clash *v. t.* kolidovat
clasp *n* svírat
class *n* třída
classic *a* památný

classic *n* klasika
classical *a* klasický
classification *n* klasifikace
classify *v. t* klasifikovat
clause *n* doložka
claw *n* spár
clay *n* jíl
clean čistý
clean *v. t* čistit
cleanliness *n* čistota
cleanse *v. t* očistit
clear *a* čirý
clear *v. t* pročistit
clearance *n* výprodej
clearly *adv* jasně
cleft *n* štěrbina
clergy *n* duchovenstvo
clerical *a* uřednický
clerk *n* úředník
clever *a.* chytrý
clew *n.* klubko
click *n.* klik
client *n..* klient
cliff *n.* útes
climate *n.* klima
climax *n.* vrchol
climb1 *n.* stoupání
climb *v.i* stoupat
cling *v. i.* přilnout
clinic *n.* klinika
clink *n.* cinkot
cloak *n.* plášť

clock *n.* hodiny
clod *n.* hrouda
cloister *n.* kláštěr
close *n.* ohrada
close *a.* zavřený
close *v. t* zavřít
closet *n.* klozet
closure *n.* uzavření
clot *n.* sraženina
clot *v. t* srazit
cloth *n* tkanina
clothe *v. t* odít
clothes *n.* oblečení
clothing *n* oděv
cloud *n.* mrak
cloudy *a* zatažený
clove *n* hřebíček
clown *n* klaun
club *n* klub
clue *n* vodítko
clumsy *a* nemotorný
cluster *n* chumel
cluster *v. i.* nahromadit
clutch *n* sevření
clutter *v. t* rozházet
coach *n* autokar
coachman *n* kočí
coal *n* uhlí
coalition *n* koalice
coarse *a* surový
coast *n* pobřeží
coat *n* kabát

coating *n* poleva
coax *v. t* vymámit
cobalt *n* kobalt
cobbler *n* obuvník
cobra *n* kobra
cobweb *n* pavučina
cocaine *n* kokain
cock *n* kohout
cocker *v. t* kokršpaněl
cockle *v. i* zvlnit
cock-pit *n.* pilotní kabina
cockroach *n* šváb
coconut *n* kokos
code *n* kód
co-education *n.* koedukace
coefficient *n.* koeficient
co-exist *v. i* koexistovat
co-existence *n* koexistence
coffee *n* káva
coffin *n* rakev
cog *n* cvrček
cogent *adj.* přesvědčivý
cognate *adj* obdobný
cognizance *n* vědomí
cohabit *v. t* žít společně
coherent *a* koherentní
cohesive *adj* soudržný
coif *n* čapka
coin *n* mince
coinage *n* oběživo
coincide *v. i* shodovat se
coir *n* pletivo

42

coke v. t fetovat
cold a studený
cold n chlad
collaborate v. i spolupracovat
collaboration n spolupráce
collapse v. i zřítit se
collar n límeček
colleague n kolega
collect v. t sbírat
collection n sbírka
collective a společný
collector n sběratel
college n vyšší odborná škola
collide v. i. střetnout se
collision n střet
collusion n tajná úmluva
colon n dvojtečka
colon n tračník
colonel n. plukovník
colonial a koloniální
colony n kolonie
colour n barva
colour v. t barvit
colter n předradlička
column n sloupec
coma n. kóma
comb n hřeben
combat1 n boj
combat v. t. bojovat
combatant1 n bojovník
combatant a. bojující
combination n kombinace

combine v. t kombinovat
come v. i. přijít
comedian n. bavič
comedy n. komedie
comet n kometa
comfit n. bonbon
comfort1 n. útěcha
comfort v. t utěšit
comfortable a pohodlný
comic a komický
comic n komik
comical a legrační
comma n čárka
command n rozkaz
command v. t rozkazovat
commandant n velitel
commander n vojevůdce
commemorate v. t. připomenout
commemoration n. připomínka
commence v. t zahájit
commencement n zahájení
commend v. t doporučit
commendable a. chvályhodný
commendation n doporučení
comment v. i komentovat
comment n koment
commentary n komentář
commentator n komentátor
commerce n obchodování
commercial a komerční
commiserate v. t politovat
commission n. provize

commissioner *n.* komisař
commissure *n.* spára
commit *v. t.* zavázat se
committee *n* kolegium
commodity *n.* zboží
common *a.* obvyklý
commoner *n.* prostý občan
commonplace *a.* běžný
commonwealth *n.* obecné blaho
commotion *n* rozruch
commove *v. t* podnítit
communal *a* komunální
commune *v. t* obec
communicate *v. t.* komunikovat
communication *n.* komunikace
communiqué *n.* komunikát
communism *n* komunismus
community *n.* komunita
commute *v. t* dojíždět
compact *a.* kompaktní
compact *n.* výlisek
companion *n.* druh
company *n.* společnost
comparative *a* srovnávací
compare *v. t* srovnat
comparison *n* porovnání
compartment *n.* přihrádka
compass *n* kompas
compassion *n* soucit
compel *v. t* donutit
compensate *v.t* kompenzovat
compensation *n* kompenzace

compete *v. i* soupeřit
competence *n* kompetence
competent *a.* kompetentní
competition *n.* konkurence
competitive *a* konkurenční
compile *v. t* sestavit
complacent *adj.* uspokojený
complain *v. i* stěžovat si
complaint *n* stížnost
complaisance *n.* úslužnost
complaisant *adj.* úslužný
complement *n* doplněk
complementary *a* doplňující
complete *a* kompletní
complete *v. t* kompletovat
completion dohotovení
complex *a* souhrnný
complex *n* souhrn
complexion *n* pleť
compliance *n.* shoda
compliant *adj.* svolný
complicate *v. t* komplikovat
complication *n.* komplikace
compliment *n.* lichotka
compliment *v. t* lichotit
comply *v. i* dostát
component *adj.* dílčí
compose *v. t* složit
composition *n* skladba
compositor skladatel
compost *n* kompost
composure *n.* vyrovnanost

44

compound *n* složenina
compound *a* složený
compound *n* kompozitum
compound *v. i* skládat
compounder *n.* míchač
comprehend *v. t* chápat
comprehension *n* pohopení
comprehensive *a* ucelený
compress *v. t.* stlačit
compromise *n* kompromis
compromise *v. t* uzavřít
kompromis
compulsion *n* donucení
compulsory *a* povinný
compunction *n.* výčitky
computation *n.* výpočet
compute *v.t.* vypočítat
comrade *n.* druh
conation *n.* usilování
concave *adj.* vydutý
conceal *v. t.* zatajit
concede *v.t.* přiznat
conceit *n* ješitnost
conceive *v. t* počít
concentrate *v. t* soustředit se
concentration *n.* soustředění
concept *n* koncept
conception *n* početí
concern *v. t* obávat se
concern *n* obava
concert *n.* koncert
concert *v. t* koncertovat

concession *n* oprávnění
conch *n.* lastura
conciliate *v.t.* smířit
concise *a* stručný
conclude *v. t* ukončit
conclusion *n.* závěr
conclusive *a* nezvratný
concoct *v. t* osnovat
concoction *n.* namíchání
concord *n.* soulad
concrescence *n.* srůst
concrete *n* konkrétní
concrete *a* konkrétně
concrete *v. t* vybetonovat
concubinage *n.* konkubinát
concubine *n* konkubína
conculcate *v.t.* zadusat
condemn *v. t.* odporučit
condemnation *n* odporučení
condense *v. t* zhustit
condite *v.t.* zavařit
condition *n* podmínka
conditional *a* podmínečný
condole *v. i.* kondolovat
condolence *n* kondolence
condonation *n.* prominutí
conduct *n* provedení
conduct *v. t* provést
conductor *n* průvodčí
cone *n.* kužel
confectioner *n* cukrář
confectionery *n* cukrárna

confer v. i radit se
conference n konference
confess v. t. vyzpovídat se
confession n zpověď
confidant n důvěrník
confide v. i důvěřovat
confidence n důvěrnost
confident a. důvěřivý
confidential a. důvěrný
confine v. t omezit
confinement n. omezení
confirm v. t potvrdit
confirmation n potvrzení
confiscate v. t konfiskovat
confiscation n konfiskace
conflict n. rozpor
conflict v. i být v rozporu
confluence n soutok
confluent adj. stékající se
conformity n. shoda
conformity n. přizpůsobení
confraternity n. bratrstvo
confrontation n. konfrontace
confuse v. t zmást
confusion n zmatek
confute v.t. vyvrátit
conge n. rozlučka
congenial a příbuzný
conglutinat v.t. slepit
congratulate v. t poblahopřát
congratulation n blahopřání
congress n kongres

conjecture n domněnka
conjecture v. t domnívat se
conjugal a manželský
conjugate v.t. & i. časovat
conjunct adj. spojený
conjunctiva n. spojivka
conjuncture n. spojení
conjure v.t. vykouzlit
conjure v.i. kouzlit
connect v. t. spojit
connection n spojitost
connivance n. schvalování
conquer v. t dobýt
conquest n dobytí
conscience n svědomí
conscious a vědomý
consecrate v.t. zasvětit
consecutive adj. nepřetržitý
consecutively adv nepřetržitě
consensus n. souhlas
consent n. svolení
consent v. i svolit
consent v.t. souhlasit
consequence n důsledek
consequent a výsledný
conservative a konzervativní
conservative n konzervativec
conserve v. t uchovávat
consider v. l zvažovat
considerable a značný
considerate a. rozvážný
consideration n uvážení

considering *prep.* vzhledem k
consign *v.t.* odevzdat
consign *v. t.* odevzdat
consignment *n.* odevzdání
consist *v. i* obsahovat
consistence,-cy *n.* konzistence
consistent *a* konzistentní
consolation *n* útěcha
console *v. t* utěšit
consolidate *v. t.* sjednotit
consolidation *n* sjednocení
consonance *n.* souzvuk
consonant *n.* konsonant
consort *n.* choť
conspectus *n.* konspekt
conspicuous *a.* zřejmý
conspiracy *n.* spiknutí
conspirator *n.* spiklenec
conspire *v. i.* spiknout
constable *n* strážník
constant *a* ustavičný
constellation *n.* souhvězdí
constipation *n.* zácpa
constituency *n* voliči
constituent *n.* volič
constituent *adj.* ústavodárný
constitute *v. t* ustanovit
constitution *n* ústava
constrict *v.t.* sevřít
construct *v. t.* stavět
construction *n* stavba
consult *v. t* konzultovat

consultation *n* konzultace
consume *v. t* spotřebovat
consumption *n* spotřeba
consumption *n* záhuba
contact *n.* kontakt
contact *v. t* kontaktovat
contagious *a* nakažlivý
contain *v.t.* obsahovat
contaminate *v.t.* znečistit
contemplate *v. t* rozjímat
contemplation *n* rozjímání
contemporary *a* současný
contempt *n* opovržení
contemptuous *a* pohrdavý
contend *v. i* zápolit
content *a.* spokojený
content *v. t* obsahovat
content *n* obsah
content *n.* náplň
contention *n* spor
contentment *n* spokojenost
contest *v. t* soutěžit
contest *n.* soutěž
context *n* kontext
continent *n* kontinent
continental *a* kontinentální
contingency *n.* eventualita
continual *adj.* nepřetržitý
continuation *n.* pokračování
continue *v. i.* pokračovat
continuity *n* plynulost
continuous *a* plynulý

contour *n* kontura
contra *pref.* proti
contraception *n.* antikoncepce
contract *n* smlouva
contract *v. t* zúžit
contrapose *v.t.* postavit do protikladu
contractor *n* dodavatel
contradict *v. t* odporovat
contradiction *n* rozpor
contrary *a* nepříznivý
contrast *v. t* kontrastovat
contrast *n* kontrast
contribute *v. t* přispět
contribution *n* příspěvek
control *n* kontrola
control *v. t* kontrolovat
controller *n.* kontrolující
controversy *n* kontroverze
contuse *v.t.* pohmoždit
conundrum *n.* hlavolam
convene *v. t* předvolat
convener *n* svolavatel
convenience *n.* vhodnost
convenient *a* vhodný
convent *n* konvent
convention *n.* úmluva
conversant *a* obeznámený
conversant *adj.* obeznáměně
conversation *n* rozhovor
converse *v.t.* obrátit se
conversion *n* obrat

convert *v. t* konvertovat
convert *n* změna smýšlení
convey *v. t.* sdělit
conveyance *n* převod
convict *v. t.* usvědčit
convict *n* odsoucenec
conviction *n* přesvědčení
convince *v. t* přesvědčit
convivial *adj.* družný
convocation *n.* shromáždění
convoke *v.t.* svolat
convolve *v.t.* svinout
coo *n* vrkot
coo *v. i* vrkat
cook *v. t* vařit
cook *n* kuchař
cooker *n* vařič
cool *a* chladný
cool *v. i.* chladnout
cooler *n* chladič
coolie *n* kolie
co-operate *v. i* spolupracovat
co-operation *n* spolupráce
co-operative *a* spolupracující
co-ordinate *a.* souřadnicový
co-ordinate *v. t* souřadit
co-ordination *n* souřadnice
coot *n.* lyska
co-partner *n* spolupodílník
cope *v. i* vyrovávat se
coper *n.* koňský handlíř
copper *n* měď

coppice *n.* podrost
coprology *n.* skatologie
copulate *v.i.* pářit se
copy *n* kopie
copy *v. t* kopírovat
coral *n* korál
cord *n* šňůra
cordial *a* srdečný
corbel *n.* krakorec
cordate *adj.* srdcovitý
core *n.* jádro
coriander *n.* koriandr
Corinth *n.* Korynt
cork *n.* zátka
cormorant *n.* kormorán
corn *n* kukuřice
cornea *n* rohovka
corner *n* roh
cornet *n.* kornout
cornicle *n.* část těla hmyzu
coronation *n* korunovace
coronet *n.* korunka
corporal *a* tělesný
corporate *adj.* podnikový
corporation *n* podnik
corps *n* jednotky
corpse *n* mrtvola
correct *a* správný
correct *v. t* opravit
correction *n* oprava
correlate *v.t.* souviset
correlation *n.* shoda

correspond *v. i* odpovídat
correspondence *n.* korepondence
correspondent *n.* dopisovatel
corridor *n.* chodba
corroborate *v.t.* dosvědčit
corrosive *adj.* žíravý
corrupt *v. t.* zkorumpovat
corrupt *a.* zkorumpovaný
corruption *n.* korupce
cosier *a.* útulnější
cosmetic *a.* kosmetický
cosmetic *n.* kosmetika
cosmic *adj.* kosmický
cost *v.t.* stát (o ceně)
cost *n.* náklady
costal *adj.* žeberní
cote *n.* kotec
costly *a.* nákladný
costume *n.* kostým
cosy *a.* útulný
cot *n.* kolébka
cottage *n* chata
cotton *n.* bavlna
couch *n.* gauč
cough *n.* kašel
cough *v. i.* kašlat
council *n.* koncil
councillor *n.* radní
counsel *n.* obhajoba
counsel *v. t.* obhajovat
counsellor *n.* poradce

count *n.* počet
count *v. t.* počítat
countenance *n.* výraz
counter *n.* přepážka
counter *v. t* odporovat
counteract *v.t.* potlačit
countercharge *n.* protižaloba
counterfeit *a.* padělaný
counterfeiter *n.* padělatel
countermand *v.t.* odvolat
counterpart *n.* protějšek
countersign *v. t.* spolupodepsat
countess *n.* hraběnka
countless *a.* nespočetný
country *n.* země
county *n.* kraj
coup *n.* bravurní kousek
couple *n* pár
couple *v. t* spárovat
couplet *n.* dvojverší
coupon *n.* poukázka
courage *n.* odvaha
courageous *a.* odvážný
courier *n.* kurýr
course *n.* cesta
court *n.* dvůr
court *v. t.* pozornost
courteous *a.* galantní
courtesan *n.* kurtizána
courtesy *n.* zdvořilost
courtier *n.* dvořan
courtship *n.* dvoření

courtyard *n.* nádvoří
cousin *n.* bratranec, sestřenice
covenant *n.* závazek
cover *v. t.* přikrýt
cover *n.* ochrana
coverlet *n.* přehoz
covet *v.t.* prahnout
cow *n.* kráva
cow *v. t.* vyděsit
coward *n.* zbabělec
cowardice *n.* zbabělost
cower *v.i.* choulit se
cozy útulný
crab *n* krab
crack *n* prasklina
crack *v. i* prasknout
cracker *n* suchar
crackle *v.t.* jiskřit
cradle *n* vidlice telefonu
craft *n* řemeslo
craftsman *n* řemeslník
crafty *a* poťouchlý
cram *v. t* biflovat
crambo *n.* rýmovačky
crane *n* jeřáb
crankle *v.t.* zakroutit
crash *v. i* narazit
crash *n* náraz
crass *adj.* necitlivý
crate *n.* krabice
crave *v.t.* toužit
craw *n.* vole

crawl *v. t* plížit se
crawl *n* plížení
craze *n* šílenství
crazy *a* šílený
creak *v. i* skřípat
creak *n* skřípění
cream *n* krém
crease *n* záhyb
create *v. t* stvořit
creation *n* výtvor
creative *adj.* tvořivý
creator *n* stvořitel
creature *n* stvoření
credible *a* důvěryhodný
credit *n* úvěr
creditable *a* započitatelný
creditor *n* věřitel
credulity *adj.* lehkověrnost
creed *n.* vyznání
creed *n* učení
creek *n.* zátoka
creep *v. i* plazit se
creeper *n* popínavá rostlina
cremate *v. t* zpopelnit
cremation *n* zpopelnění
crest *n* hřbet
crevet *n.* kreveta
crew *n.* posádka
crib *n.* jesle
cricket *n* kriket
crime *n* zločin
crimp *n* překážka

crimple *v. t.* zmačkat
criminal *n* zločinec
criminal *a* zločinný
crimson *n* karmín
cringe *v. i.* krčit se
cripple *n* mrzák
crisis *n* krize
crisp *a* křupavý
criterion *n* měřítko
critic *n* kritik
critical *a* kritický
criticism *n* kritika
criticize *v. t* kritizovat
croak *n.* kuňkání
crockery *n.* hliněné nádobí
crocodile *n* krokodýl
Croesus *n.* antický král
crook *a* darebný
crop *n* úroda
cross *v. t* přejet
cross *n* kříž
cross *a* mrzutý
crossing *n.* křižovatka
crotchet *n.* háček
crouch *v. i.* hrbit se
crow *n* vrána
crow *v. i* jásat
crowd *n* dav
crown *n* koruna
crown *v. t* korunovat
crucial *adj.* zásadní
crude *a* neopracovaný

cruel *a* krutý
cruelty *n* krutost
cruise *v.i.* plavit se
cruiser *n* křižník
crumb *n* drobek
crumble *v. t* drobit
crump *adj.* úder
crusade *n* křížová výprava
crush *v. t* narazit
crust *n.* kůrka
crutch *n* berla
cry *n* pláč
cry *v. i* plakat
cryptography *n.* šifrování
crystal *n* krystal
cub *n* lvíče
cube *n* krychle
cubical *a* krychlový
cubiform *adj.* krychlovitý
cuckold *n.* paroháč
cuckoo *n* kukačka
cucumber *n* okurek
cudgel *n* kyj
cue *n* pokyn
cuff *n* facka
cuff *v. t* zfackovat
cuisine *n.* kuchyně
cullet *n.* drcené sklo
culminate *v.i.* vrcholit
culpable *a* zaviněný
culprit *n* pachatel
cult *n* kult

cultivate *v. t* pěstovat
cultrate *adj.* zaostřený
cultural *a* kulturní
culture *n* kultura
culvert *n.* odtok
cunning *a* dovedný
cunning *n* dovednost
cup *n.* šálek
cupboard *n* kredenc
Cupid *n* Kupid
cupidity *n* hamižnost
curable *a* vyléčitelný
curative *a* hojivý
curb *n* obrubník
curb *v. t* omezit
curcuma *n.* citvar
curd *n* tvaroh
cure *n* léčba
cure *v. t.* léčit
curfew *n* zákaz vycházení
curiosity *n* zvědavost
curious *a* zvědavý
curl *n.* kudrlina
currant *n.* rybíz
currency *n* měna
current *n* proud
current *a* současný
curriculum *n* osnova
curse *n* kletba
curse *v. t* proklít
cursory *a* letmý
curt *a* úsečný

curtail v. t odstřihnout
curtain n závěs
curve n křivka
curve v. t křivit
cushion n polštář
cushion v. t vypodložit
custard n pudink
custodian n strážce
custody v vazba
custom n. zvyk
customary a zvykový
customer n zákazník
cut v. t stříhat
cut n střih
cutis n. škára
cuvette n. laboratorní nádobka
cycle n koloběh
cyclic a cyklický
cyclist n cyklista
cyclone n. cyklón
cyclostyle n cyklostyl
cyclostyle v. t cyklostylovat
cylinder n cylindr
cynic n cynik
cypress n cypřiš

D

dabble v. i. nimrat se
dacoit n. bandita
dacoity n. loupežné přepadení

dad, daddy n tatínek
daffodil n. narcis
daft adj. bláznivý
dagger n. dýka
daily a denní
daily adv. denně
daily n. deník
dainty a. lahůdka
dainty n. delikátní
dairy n mlékárna
dais n. stupínek
daisy n sedmikráska
dale n údolí
dam n hráz
damage n. škoda
damage v. t. poškodit
dame n. dáma
damn v. t. zatratit
damnation n. zatracení
damp a vlhký
damp n vlhko
damp v. t. navlhčit
damsel n. milostslečna
dance n tanec
dance v. t. tančit
dandelion n. pampeliška
dandle v.t. hýčkat
dandruff n lupy
dandy n švihák
danger n. nebezpečí
dangerous a nebezpečný
dangle v. t klátit

53

dank *adj.* zatuchlý
dap *v.i.* odskočit
dare *v. i.* troufat si
daring *n.* smělost
daring *a* smělý
dark *a* tmavý
dark *n* tmavý
darkle *v.i.* číhat ve tmě
darling *n* miláček
darling *a* milený
dart *n.* šipka
dash *v. i.* řítit se
dash *n* srážka
date *n* datum
date *v. t* datovat
daub *n.* skvrna
daub *v. t.* zamazat
daughter *n* dcera
daunt *v. t* zastrašit
dauntless *a* neochvějný
dawdle *v.i.* lelkovat
dawn *n* úsvit
dawn *v. i.* svítat
day *n* den
daze *n* omámení
daze *v. t* omámit
dazzle *n* lesk
dazzle *v. t.* lesknout se
deacon *n.* jáhen
dead *a* mrtvý
deadlock *n* slepá ulička
deadly *a* mrtvolný

deaf *a* hluchý
deal *n* obchod
deal *v. i* obchodovat
dealer *n* obchodník
dealing *n.* obchodování
dean *n.* děkan
dear *a* milý
dearth *n* nouze
death *n* smrt
debar *v. t.* překážet
debase *v. t.* znehodnotit
debate *n.* debata
debate *v. t.* debatovat
debauch *v. t.* hýřit
debauch *n* hýření
debauchee *n* zhýralec
debauchery *n* zhýralost
debility *n* ochablost
debit *n* debet
debit *v. t* zaúčtovat
debris *n* suť
debt *n* dluh
debtor *n* dlužník
decade *n* dekáda
decadent *a* dekadentní
decamp *v. i* vzít do zaječích
decay *rozklad*
decay *v. i* rozkládat se
decease *n* skon
decease *v. i* skonat
deceit *n* kalm
deceive *v. t* klamat

december *n* prosinec
decency *n* slušnost
decennary *n.* desetileté
decent *a* slušný
deception *n* podvod
decide *v. t* rozhodnout
decillion *n.* decilion
decimal *a* desetinný
decimate *v.t.* podlomit
decision *n* rozhodnutí
decisive *a* rozhodný
deck *n* sada
deck *v. t* vyparádit
declaration *n* prohlášení
declare *v. t.* prohlásit
decline *n* zamítnutí
decline *v. t.* zamítnout
declivous *adj.* svažující
decompose *v. t.* rozložit
decomposition *n.* rozložení
decontrol *v.t.* zbavit kontroly
decorate *v. t* ozdobit
decoration *n* ozdoba
decorum *n* dekórum
decrease *v. t* snížit
decrease *n* snížení
decree *n* nařídit
decree *v. i* nařízení
decrement *n.* úbytek
dedicate *v. t.* věnovat
dedication *n* věnování
deduct *v.t.* dedukovat

deed *n* skutek
deem *v.i.* soudit
deep *a.* hluboký
deer *n* jelen
defamation *n* pomluva
defame *v. t.* pomluvit
default *n.* neplnění
defeat *n* porážka
defeat *v. t.* porazit
defect *n* defekt
defence *n* obrana
defend *v. t* ubránit
defendant *n* odpůrce
defensive *adv.* obranný
deference *n* ohled
defiance *n* poklesek
deficit *n* nedostatek
deficient *adj.* nedostatečný
defile *n.* soutěska
define *v. t* definovat
definite *a* definitivní
definition *n* definice
deflation *n.* deflace
deflect *v.t. & i.* odklonit
deft *adj.* švarný
degrade *v. t* pokořit
degree *n* stupeň
dehort *v.i.* odradit
deist *n.* deista
deity *n.* božstvo
deject *v. t* sklíčit
dejection *n* sklíčenost

delay v.t. & i. zpozdit
delibate v.t. okoštovat
deligate1 n půvab
delegate v. t delegovat
delegation n delegace
delete v. t smazat
deliberate v. i promýšlet
deliberate a uvážený
deliberation n úvaha
delicate a delikátní
delicious a chutný
delight n potěšení
delight v. t. pootěšit
deliver v. t doručit
delivery n doručení
delta n ústí řeky
delude n.t. podvést
delusion n. podvod
demand n požadavek
demand v. t požádat
demarcation n. ohraničení
dement v.t dohnat k šílenství
demerit n provinění
democracy n demokracie
democratic a demokratický
demolish v. t. zbourat
demon n. démon
demonetize v.t. znehodnotit
demonstrate v. t předvést
demonstration n. demonstrace
demoralize v. t. demoralizovat
demur n námitka

demur v. t namítat
demurrage n. zdržení
den n doupě
dengue n. horečka dengue
denial n odmítnutí
denote v. i označit
denounce v. t odhalit
dense a hustý
density n hustota
dentist n zubař
denude v.t. obnažit
denunciation n. udání
deny v. t. popřít
depart v. i. odjet
department n oddělení
departure n odjezd
depauperate v.t. zakrnět
depend v. i. záviset
dependant n závislá osoba
dependence n závislost
dependent a závislý
depict v. t. zobrazit
deplorable a žalostný
deploy v.t. rozvinout
deponent n. přísežný svědek
deport v.t. vykázat
depose v. t sesadit
dcposit n. záruka
deposit v. t vložit
depot n skladiště
depreciate v.t.i. znehodnotit
depredate v.t. vydrancovat

depress v. t zkličovat
depression n deprese
deprive v. t odpírat
depth n hloubka
deputation n delegace
depute v. t vyslat
deputy n náměstek
derail v. t. vykolejit
derive v. t. odvodit
descend v. i. sestoupit
descendant n následovník
descent n. nápor
describe v. t popsat
description n popis
descriptive a popisný
desert v. t. opustit
desert n poušť
deserve v. t. zasloužit
design v. t. navrhnout
design n. design
desirable a žádaný
desire n přání
desire v.t přát si
desirous a žádostivý
desk n lavice
despair n zoufalství
despair v. i zoufat si
desperate a zoufalý
despicable a opovrženíhodný
despise v. t opovrhnout
despot n tyran
destination n destinace

destiny n osud
destroy v. t zničit
destruction n zničení
detach v. t odloučit
detachment n odloučení
detail n detail
detail v. t detailně vylíčit
detain v. t zadržet
detect v. t odhalit
detective a detektivní
detective n. detektiv
determination n. odhodlání
determine v. t odhodlat se
dethrone v. t zbavit trůnu
develop v. t. vyvinout
development n. vývoj
deviate v. i uchýlit se
deviation n úchylka
device n zařízení
devil n ďábel
devise v. t odkázat
devoid a postrádající
devote v. t věnovat
devotee n přívrženec
devotion n oddanost
devour v. t hltat
dew n. rosa
diabetes n cukrovka
diagnose v. t diagnostikovat
diagnosis n diagnóza
diagram n diagram
dial n. vytočit

57

dialect *n* dialekt
dialogue *n* dialog
diameter *n* průměr
diamond *n* diamant
diarrhoea *n* průjem
diary *n* diář
dice *n.* kostky
dice *v. i.* krájet na kostky
dictate *v. t* diktovat
dictation *n* diktatura
dictator *n* diktátor
diction *n* způsob
dictionary *n* slovník
dictum *n* výrok
didactic *a* výchovný
die *v. i* umřít
die *n* hrací kostka
diet *n* dieta
differ *v. i* lišit se
difference *n* rozdíl
different *a* odlišný
difficult *a* složitý
difficulty *n* obtíž
dig *n* vykopávky
dig *v.t.* vykopat
digest *v. t.* trávit
digest *n.* výběr
digestion *n* trávení
digit *n* číslice
dignify *v.t* pozvednout
dignity *n* důstojnost
dilemma *n* dilema

diligence *n* pilnost
diligent *a* pilný
dilute *v. t* zředit
dilute *a* zředěný
dim *a* mdlý
dim *v. t* ztlumit
dimension *n* rozměr
diminish *v. t* ubývat
din *n* rámus
dine *v. t.* povečeřet
dinner *n* večeře
dip *n.* omáčka
dip *v. t* namočit
diploma *n* diplom
diplomacy *n* diplomacie
diplomat *n* diplomat
diplomatic *a* diplomatický
dire *a* ubohý
direct *a* přímý
direct *v. t* nasměrovat
direction *n* směr
director *n.* ředitel
directory *n* rejstřík
dirt *n* špína
dirty *a* špinavý
disability *n* postižení
disable *v. t* zmrzačit
disabled *a* postižený
disadvantage *n* nevýhoda
disagree *v. i* nesouhlasit
disagreeable *a.* nelibý
disagreement *n.* nesouhlas

disappear v. i mizet
disappearance n zmizení
disappoint v. t. zklamat
disapproval n odmítnutí
disapprove v. t odmítnout
disarm v. t odzbrojit
disarmament n. odzbrojení
disaster n katastrofa
disastrous a katastrofický
disc n. disk
discard v. t vyřadit
discharge v. t propustit
discharge n. výtok
disciple n učedník
discipline n disciplína
disclose v. t přiložit
discomfort n nepohodlí
disconnect v. t odpojit
discontent n nespokojený
discontinue v. t ukončit
discord n nesvár
discount n sleva
discourage v. t. vzít odvahu
discourse n diskurz
discourteous a nezdvořilý
discover v. t objevit
discovery n. objev
discretion n možnost
discriminate v. t. diskriminovat
discrimination n diskriminace
discuss v. t. diskutovat
disdain n opovržení

disdain v. t. opovrhovat
disease n nemoc
disguise n převlek
disguise v. t maskovat
dish n nádobí
dishearten v. t odradit
dishonest a nečestný
dishonesty n. nečestnost
dishonour v. t zneuctít
dishonour n zneuctětní
dislike v. t nemít rád
dislike n averze
disloyal a neloajální
dismiss v. t. zbavit funkce
dismissal n propuštění
disobey v. t neuposlechnout
disorder n porucha
disparity n nepoměr
dispensary n výdejna léků
disperse v. t rozptýlit
displace v. t vyhnat
display v. t vystavit
display n předvedení
displease v. t podráždit
displeasure n podráždění
disposal n odstranění
dispose v. t disponovat
disprove v. t vyvrátit
dispute n spor
dispute v. i přít se
disqualification n diskvalifikace
disqualify v. t. diskvalifikovat

disquiet *n* znepokojení
disregard *n* nevšímavost
disregard *v. t* nebrat v úvahu
disrepute *n* špatná pověst
disrespect *n* neúcta
disrupt *v. t* narušit
dissatisfaction *n* nespokojenost
dissatisfy *v. t.* neuspokojit
dissect *v. t* rozpitvat
dissection *n* pitva
dissimilar *a* nepodobný
dissolve *v.t* rozpustit
dissuade *v. t* rozmluvit
distance *n* vzdálenost
distant *a* vzdálený
distil *v. t* destilovat
distillery *n* lihovar
distinct *a* zřetelný
distinction *n* rozlišení
distinguish *v. i* rozlišit
distort *v. t* zkreslit
distress *n* trápení
distress *v. t* utrápit
distribute *v. t* distribuovat
distribution *n* distribuce
district *n* distrikt
distrust *n* nedůvěra
distrust *v. t.* nedůvěřovat
disturb *v. t* rušit
ditch *n* příkop
ditto *n.* odkaz na právě uvedené
dive *v. i* potápět

dive *n* potápění
diverse *a* různorodý
divert *v. t* odklonit
divide *v. t* rozdělit
divine *a* božský
divinity *n* bohosloví
division *n* divize
divorce *n* rozvod
divorce *v. t* rozvést
divulge *v. t* vyzradit
do *v. t* dělat
docile *a* poddajný
dock *n.* loděnice
doctor *n* doktor
doctorate *n* doktorát
doctrine *n* doktrína
document *n* dokument
dodge *n* úskok
dodge *v. t* uskočit
doe *n* laň
dog *n* pes
dog *v. t* pronásledovat
dogma *n* dogma
dogmatic *a* dogmatický
doll *n* panenka
dollar *n* dolar
domain *n* doména
dome *n* dóm
domestic *a* domácí
domestic *n* pomocnice v domácnosti
domicile *n* trvalé bydliště

dominant *a* dominantní
dominate *v. t* dominovat
domination *n* dominace
dominion *n* nadvláda
donate *v. t* darovat
donation *n.* dar
donkey *n* osel
donor *n* dárce
doom *n* záhuba
doom *v. t.* zahubit
door *n* dveře
dose *n* dávka
dot *n* tečka
dot *v. t* tečkovat
double *a* dvojitý
double *v. t.* zdvojit
double *n* dvoulůžkový pokoj
doubt *v. i* pochybovat
doubt *n* pochyba
dough *n* těsto
dove *n* hrdlička
down *adv* dolů
down *prep* pod
down *v. t* vypít
downfall *n* zhroucení
downpour *n* liják
downright *adv* naprosto
downright *a* naprostý
downward *a* sestupný
downward *adv* sestupně
downwards *adv* směrem dolů
dowry *n* věno

doze *n.* zdřímnutí
doze *v. i* dřímat
dozen *n* tucet
draft *v. t* načrtout
draft *n* náčrtek
draftsman *a* technický kreslič
drag *n* zátěž
drag *v. t* vláčet
dragon *n* drak
drain *n* odtok
drain *v. t* odtéct
drainage *n* drenáž
dram *n* druh počítačové paměti
drama *n* drama
dramatic *a* dramatický
dramatist *n* dramatik
draper *n* obchodník s textilem
drastic *a* drastický
draught *n* průvan
draw *v.t* nakreslit
draw *n* los
drawback *n* stinná stránka
drawer *n* kreslič
drawing *n* kreslení
drawing-room *n* přijímací pokoj
dread *n* děs
dread *v.t* děsit se
dread *a* děsivý
dream *n* sen
dream *v. i.* snít
drench *v. t* promočit
dress *n* šaty

dress v. t obléct
dressing n zálivka
drill n vrták
drill v. t. vrtat
drink n nápoj
drink v. t pít
drip n kapka
drip v. i kapat
drive v. t řídit
drive n jízda
driver n řidič
drizzle n mrholení
drizzle v. i mrholit
drop n pokles
drop v. i klesat
drought n sucho
drown v.i topit se
drug n léčivo
druggist n lékárník
drum n buben
drum v.i. bubnovat
drunkard n opilec
dry a suchý
dry v. i. schnout
dual a dvojitý
duck n. kachna
duck v.i. přikrčit se
due a očekávaný
due n členské poplatky
due adv očekávaně
duel n duel
duel v. i utkat se

duke n vévoda
dull a nezáživný
dull v. t. pohasnout
duly adv nezáživně
dumb a němý
dunce n tupec
dung n hnůj
duplicate a zopakovaný
duplicate n duplikát
duplicate v. t zopakovat
duplicity n licoměrnost
durable a odolný
duration n trvání
during prep během
dusk n soumrak
dust n prach
dust v.t. utírat prach
duster n prachovka
dutiful a svědomitý
duty n služba
dwarf n trpaslík
dwell v. i přebývat
dwelling n příbytek
dwindle v. t scvrknout se
dye v. t obarvit
dye n barvivo
dynamic a dynamický
dynamics n. dynamika
dynamite n dynamit
dynamo n dynamo
dynasty n dynastie
dysentery n úplavice

E

each *a* vzájemný
each *pron.* každý
eager *a* dychtivý
eagle *n* orel
ear *n* ucho
early *adv* brzy
early *a* brzký
earn *v. t* vydělat
earnest *a* opravdový
earth *n* země
earthen *a* hliněný
earthly *a* světský
earthquake *n* zemětřesení
ease *n* lehkost
ease *v. t* ulevit
east *n* východ
east *adv* východně
east *a* východní
easter *n* velikonoce
eastern *a* východní
easy *a* snadný
eat *v. t* jíst
eatable *n.* poživatina
eatable *a* jedlý
ebb *n* odliv
ebb *v. i* opadat
ebony *n* eben
echo *n* ozvěna
echo *v. t* ozvat se
eclipse *n* zatmění
economic *a* hospodářský

economical *a* úsporný
economics *n.* ekonomie
economy *n* ekonomika
edge *n* okraj
edible *a* poživatelný
edifice *n* stavba
edit *v. t* editovat
edition *n* edice
editor *n* redaktor
editorial *a* redakční
editorial *n* editorial
educate *v. t* vzdělávat
education *n* vzdělání
efface *v. t* zahladit
effect *n* efekt
effect *v. t* ovlivnit
effective *a* efektivní
effeminate *a* zženštilý
efficacy *n* účinnost
efficiency *n* efektivita
efficient *a* účinný
effigy *n* figurína
effort *n* snaha
egg *n* vejce
ego *n* ego
egotism *n* egoismus
eight *num.* osm
eighteen *num.* osmnáct
eighty *num.* osmdesát
either *pron.* jakýkoliv
either *adv.* ani
eject *v. t.* vysunout

elaborate *v. t* propracovat
elaborate *a* propracovaný
elapse *v. t* uplynout
elastic *a* elastický
elbow *n* loket
elder *a* starší
elder *n* stařešina
elderly *a* postarší
elect *v. t* zvolit
election *n* volby
electorate *n* voliči
electric *a* elektrický
electricity *n* elektřina
electrify *v. t* elektrifikovat
elegance *n* elegance
elegant *adj* elegantní
elegy *n* žalozpěv
element *n* čístice
elementary *a* základní
elephant *n* slon
elevate *v. t* vyvýšit
elevation *n* vyvýšenina
eleven *n* jedenáct
elf *n* skřítek
eligible *a* oprávněný
eliminate *v. t* eliminovat
elimination *n* eliminace
elope *v. i* prchat
eloquence *n* výřečnost
eloquent *a* výřečný
else *a* jiný
else *adv* jinam

elucidate *v. t* ozřejmit
elude *v. t* nedostávat se
elusion *n* únik
elusive *a* prchavý
emancipation *n.* emancipace
embalm *v. t* nabalzamovat
embankment *n* nábřeží
embark *v. t* pustit se do
embarrass *v. t* ztrapnit
embassy *n* ambasáda
embitter *v. t* roztrpčený
emblem *n* emblém
embodiment *n* ztělesnění
embody *v. t.* ztělesnit
embolden *v. t.* povzbudit
embrace *v. t.* obejmout
embrace *n* objetí
embroidery *n* výšivka
embryo *n* embryo
emerald *n* emerald
emerge *v. i* vynořit se
emergency *n* stav nouze
eminence *n* proslulost
eminent *a* význačný
emissary *n* emisar
emit *v. t* vyzařovat
emolument *n* odměny
emotion *n* emoce
emotional *a* emotivní
emperor *n* císař
emphasis *n* důraz
emphasize *v. t* zdůraznit

emphatic *a* emapický
empire *n* empórium
employ *v. t* zaměstnat
employee *n* zaměstanec
employer *n* zaměstnavatel
employment *n* zaměstnání
empower *v. t* zplnomocnit
empress *n* císařovna
empty *a* prázdný
empty *v* vyprázdnit
emulate *v. t* napodobovat
enable *v. t* umožnit
enact *v. t* ustanovit
enamel *n* zubní sklovina
enamour *v. t* zamilovat
encase *v. t* uzavřít
enchant *v. t* nadchnout
encircle *v. t.* obkroužit
enclose *v. t* přiložit
enclosure *n.* příloha
encompass *v. t* zahrnovat
encounter *n.* setkání
encounter *v. t* setkat se
encourage *v. t* dodat odvahy
encroach *v. i* omezovat
encumber *v. t.* zatížit
encyclopaedia *n.* encyklopedie
end *v. t* skončit
end *n.* konec
endanger *v. t.* ohrozit
endear *v.t* získat přízeň
endearment *n.* projev přízně

endeavour *n* snaha
endeavour *v.i* snažit se
endorse *v. t.* podporovat
endow *v. t* obdařit
endurable *a* snesitelný
endurance *n.* výdrž
endure *v.t.* snést
enemy *n* nepřítel
energetic *a* energetický
energy *n.* energie
enfeeble *v. t.* vysílit
enforce *v. t.* vynutit
enfranchise *v.t.* udělit právo
engage *v. t* zasnoubit
engagement *n.* zásnuby
engine *n* motor
engineer *n* inženýr
English *n* angličtina
engrave *v. t* vyrýt
engross *v.t* pohroužit
engulf *v.t* pohltit
enigma *n* záhada
enjoy *v. t* těšit se
enjoyment *n* potěšení
enlarge *v. t* zvětšit
enlighten *v. t.* osvítit
enlist *v. t* narukovat
enliven *v. t.* rozproudit
enmity *n* nevraživost
ennoble *v. t.* zušlechtit
enormous *a* ohromný
enough *a* dostatečný

65

enough *adv* dostatečně
enrage *v. t* rozlítit
enrapture *v. t* uchvátit
enrich *v. t* obohatit
enrol *v. t* zapsat se
enshrine *v. t* uschovat
enslave *v. t.* zotročit
ensue *v. i* plynout
ensure *v. t* zaručit
entangle *v. t* zamotat
enter *v. t* vstoupit
enterprise *n* podnik
entertain *v. t* zabavit
entertainment *n.* zábava
enthrone *v. t* korunovat
enthusiasm *n* entusiasmus
enthusiastic *a* entusiastický
entice *v. t.* nalákat
entire *a* naprostý
entirely *adv* neprosto
entitle *v. t.* opravňovat
entity *n* entita
entomology *n.* entomologie
entrails *n.* útroby
entrance *n* vchod
entrap *v. t.* polapit
entreat *v. t.* naléhavě prosit
entreaty *n.* naléhavá prosba
entrust *v. t* svěřit
entry *n* přístup
enumerate *v. t.* vyjmenovat
envelop *v. t* obalit

envelope *n* obálka
enviable *a* zaviděníhodný
envious *a* závistivý
environment *n.* prostředí
envy *n* závist
envy *v. t* závidět
epic *n* epos
epidemic *n* epidemie
epigram *n* epigram
epilepsy *n* epilepsie
epilogue *n* doslov
episode *n* epizoda
epitaph *n* náhrobní nápis
epoch *n* éra
equal *a* rovný
equal *v. t* rovnat
equal *n* srovnatelný protějšek
equality *n* rovnost
equalize *v. t.* vyrovnat
equate *v. t* znamenat totéž
equation *n* rovnice
equator *n* rovník
equilateral *a* rovnostranný
equip *v. t* vybavit
equipment *n* vybavení
equitable *a* nestranný
equivalent *a* ekvivalentní
equivocal *a* dvojznačný
era *n* období
eradicate *v. t* vymítit
erase *v. t* vymazat
erect *v. t* vztyčit

erect *a* vztyčený
erection *n* vztyčení
erode *v. t* podléhat erozi
erosion *n* eroze
erotic *a* erotický
err *v. i* chybovat
errand *n* pochůzka
erroneous *a* mylný
error *n* chyba
erupt *v. i* vybuchnout
eruption *n* výbuch
escape *n* útěk
escape *v. i* utéci
escort *n* doprovod
escort *v. t* doprovodit
especial *a* mimořádný
essay *n.* esej
essay *v. t.* pokusit se
essayist *n* esejista
essence *n* podstata
essential *a* podstatný
establish *v. t.* zřídit
establishment *n* zřízení
estate *n* pozemek
esteem *n* úcta
esteem *v. t* považovat si
estimate *n.* odhad
estimate *v. t* odhadnout
estimation *n* mínění
etcetera *a* tak dále
eternal věčný
eternity *n* věčnost

ether *n* éter
ethical *a* etický
ethics *n.* etika
etiquette *n* etiketa
etymology *n.* etymologie
eunuch *n* eunuch
evacuate *v. t* evakuovat
evacuation *n* evakuace
evade *v. t* vyvléknout se
evaluate *v. t* ocenit
evaporate *v. i* vyprchat
evasion *n* vytáčky
even *a* sudý
even *v. t* vypořádat
even *adv* dokonce
evening *n* večer
event *n* událost
eventually *adv.* nakonec
ever *adv* někdy
evergreen *a* neopadavý
evergreen *n* šlágr
everlasting *a.* věčně trvající
every *pron.* každý
evict *v. t* vyvlastnit
eviction *n* vyvlastnění
evidence *n* důkaz
evident *a.* evidentní
evil *n* zlo
evil *a* zlý
evoke *v. t* vyvolat
evolution *n* vývoj
evolve *v. t* rozvinout se

ewe *n* ovce samice

exact *a* přesný

exaggerate *v. t.* přehánět

exaggeration *n.* nadsázka

exalt *v. t* velebit

examination *n.* zkouška

examine *v. t* zkoušet

examinee *n* zkoušený

examiner *n* zkoušející

example *n* příklad

excavate *v. t.* dělat vykopávky

excavation *n.* vykopávka

exceed *v.t* přesáhnout

excel *v.i* vynikat

excellence *n.* znamenitost

excellency *n* excelence

excellent *a.* znamenitý

except *v. t* opominout

except *prep* kromě

exception *n* výjimka

excess *n* přebytek

excess *a* přebývat

exchange *n* výměna

exchange *v. t* vyměnit

excise *n* spotřební daň

excite *v. t* vzrušit

exclaim *v.i* zvolat

exclamation *n* vykřičník

exclude *v. t* vyloučit

exclusive *a* výhradní

excommunicate *v. t.* vyobcovat
z církve

excursion *n.* exkurze

excuse *v.t* omluvit

excuse *n* výmluva

execute *v. t* popravit

execution *n* poprava

executioner *n.* popravčí

exempt *v. t.* zprostit

exempt zprostit

exercise *n.* cvičení

exercise *v. t* cvičit

exhaust *v. t.* vyčerpat

exhibit *n.* exponát

exhibit *v. t* vystavit

exhibition *n.* výstava

exile *n.* exil

exile *v. t* být vykázán

exist *v.i* existovat

existence *n* existence

exit *n.* východ

expand *v.t.* rozšířit

expansion *n.* expanze

ex-parte *a* stranický

ex-parte *adv* stranicky

expect *v. t* očekávat

expectation *n.* očekávání

expedient *a* účelný

expedite *v. t.* popohnat

expedition *n* expedice

expel *v. t.* vypovědět

expend *v. t* vynaložit

expenditure *n* výlohy

expense *n.* výdaj

expensive *a* drahý
experience *n* zkušenost
experience *v. t.* zažít
experiment *n* experiment
expert *a* odborný
expert *n* odborník
expire *v.i.* vypršet
expiry *n* vypršení
explain *v. t.* vysvětlit
explanation *n* vysvětlení
explicit *a.* výslovný
explode *v. t.* explodovat
exploit *n* hrdinský čin
exploit *v. t* vykořišťovat
exploration *n* průzkum
explore *v.t* prozkoumat
explosion *n.* výbuch
explosive *n.* výbušnina
explosive *a* výbušný
exponent *n* mocnitel
export *n* vývoz
export *v. t.* vyvézt
expose *v. t* vystavit
express *v. t.* vyjádřit
express *a* konkrétní
express *n* rychlík
expression *n.* výraz
expressive *a.* expresivní
expulsion *n.* vyloučení
extend *v. t* prodloužit
extent *n.* dosah
external *a* vnější

extinct *a* vyhynulý
extinguish *v.t* vyhladit
extol *v. t.* opěvovat
extra *a* dodatečný
extra *adv* navíc
extract *n* výňatek
extract *v. t* vytáhnout
extraordinary *a.* výjimečný
extravagance *n* extravagance
extravagant *a* extravagantní
extreme *a* extrémní
extreme *n* extrém
extremist *n* extrémista
exult *v. i* plesat
eye *n* oko
eyeball *n* oko orgán
eyelash *n* oční řasa
eyelet *n* očko
eyewash *n* oční roztok

F

fable *n.* bajka
fabric *n* látka
fabricate *v.t* vykonstruovat
fabrication *n* smyšlenka
fabulous *a* báječný
facade *n* fasáda
face *n* obličej
face *v.t* čelit
facet *n* aspekt

facial *a* obličejový
facile *a* povrchní
facilitate *v.t* usnadnit
facility *n* zařízení
fac-simile *n* přesná kopie
fact *n* fakt
faction *n* rozkol
factious *a* nedůtklivý
factor *n* faktor
factory *n* továrna
faculty *n* fakulta
fad *n* výstřelek
fade *v.i* blednout
faggot *n* otep
fail *v.i* selhávat
failure *n* selhání
faint *a* malátný
faint *v.i* mdlít
fair *a* čestný
fair *n.* jarmark
fairly *adv.* čestně
fairy *n* víla
faith *n* víra
faithful *a* věrný
falcon *n* sokol
fall *v.i.* padat
fall *n* pád
fallacy *n* klam
fallow *n* úhor
false *a* chybný
falter *v.i* stagnovat
fame *n* sláva

familiar *a* povědomý
family *n* rodina
famine *n* hladomor
famous *a* slavný
fan *n* fanoušek
fanatic *a* fanatický
fanatic *n* fanatik
fancy *n* chuť
fancy *v.t* mít chuť
fantastic *a* fantastický
far *adv.* daleko
far *a* daleký
far *adv* dalece
farce *n* fraška
fare *n* jízdné
farewell *n* rozloučení
farewell *interj.* sbohem
farm *n* farma
farmer *n* farmář
fascinate *v.t* fascinovat
fascination *n.* fascinace
fashion *n* móda
fashionable *a* módní
fast *a* rychlý
fast *adv* rychle
fast *n* půst
fast *v.i* postit se
fasten *v.t* zapásat
fat *a* tučný
fat *n* tuk
fatal *a* smrtelný
fate *n* osud

father *n* otec
fathom *v.t* dostat se na kloub
fathom *n* sáh
fatigue *n* únava
fatigue *v.t* unavit
fault *n* závada
faulty *a* vadný
fauna *n* fauna
favour1 *n* náklonnost
favour *v.t* dávat přednost
favourable *a* příznivý
favourite *a* nejoblíbenější
favourite *n* favorit
fear *n* strach
fear *v.i* strachovat se
fearful *a.* bojácný
feasible *a* proveditelný
feast *n* hody
feast *v.i* hodovat
feat *n* počin
feather *n* peří
feature *n* znak
February *n* únor
federal *a* federální
federation *n* federace
fee *n* poplatek
feeble *a* neprůbojný
feed *v.t* krmit
feed *n* krmení
feel *v.t* cítit
feeling *n* pocit
feign *v.t* předstírat

felicitate *v.t* blažit
felicity *n* blaženost
fell *v.t* pokácet
fellow *n* spolupracovník
female *a* ženský
female *n* samice
feminine *a* femininní
fence *n* plot
fence *v.t* oplotit
fend *v.t* postarat se
ferment *n* vzruch
ferment *v.t* fermentovat
fermentation *n* fermentace
ferocious *a* lítý
ferry *n* trajekt
ferry *v.t* převážet
fertile *a* plodný
fertility *n* plodnost
fertilize *v.t* oplodnit
fertilizer *n* hnojivo
fervent *a* vroucí
fervour *n* vřelost
festival *n* festival
festive *a* slavnostní
festivity *n* slavnost
festoon *n* girlanda
fetch *v.t* obskakovat
fetter *n* omezení
fetter *v.t* omezovat
feud *n.* léno
feudal *a* feudální
fever *n* horečka

few *a* nemnohý
fiasco *n* naprostý nezdar
fibre *n* vláknina
fickle *a* vrtkavý
fiction *n* fikce
fictitious *a* fiktivní
fiddle *n* podfuk
fiddle *v.i* pohrávat si
fidelity *n* oddanost
fie *interj* fíha
field *n* pole
fiend *n* zloduch
fierce *a* nelítostný
fiery *a* plamenný
fifteen *num.* patnáct
fifty *num.* padesát
fig *n* fík
fight *n* boj
fight *v.t* bojovat
Figment *n* jméno kreslené
    postavičky
figurative *a* přenesený
figure *n* cifra
figure *v.t* figurovat
file *n* složka
file *v.t* založit
file *n* spis
file *v.t* zaslat
file *n* soubor
file *v.i.* řadit do evidence
fill *v.t* naplnit
film *n* film

film *v.t* filmovat
filter *n* filtr
filter *v.t* filtrovat
filth *n* svinstvo
filthy *a* špinavý
fin *n* ploutev
final *a* konečný
finance *n* finance
finance *v.t* financovat
financial *a* finanční
financier *n* finančník
find *v.t* najít
fine *n* pokuta
fine *v.t* zjemnit
fine *a* jemný
finger *n* prst
finger *v.t* ohmatat
finish *v.t* skončit
finish *n* dokončení
finite *a* konečný
fir *n* smrk
fire *n* oheň
fire *v.t* vzplanout
firm *a* pevný
firm *n.* firma
first *num.* první
first *n* první toho druhu
first *adv* nejprve
fiscal *a* fiskální
fish *n* ryba
fish *v.i* rybařit
fisherman *n* rybář

fissure *n* puklina
fist *n* pěst
fistula *n* píštěl
fit *v.t* vyzkoušet si
fit *a* způsobilý
fit *n* zapadnutí
fitful *a* trhaný
fitter *n* montér
five *num.* pět
fix *v.t* spravit
fix *n* šlamastyka
flabby *a* ochablý
flag *n* vlajka
flagrant *a* nehorázný
flame *n* plamen
flame *v.i* rozdmýchat
flannel *n* flanel
flare *v.i* zářit
flare *n* světlice
flash *n* záblesk
flash *v.t* vznítit se
flask *n* polní láhev
flat *a* rovný
flat *n* byt
flatter *v.t* pochlebovat
flattery *n* pochlebování
flavour *n* příchuť
flaw *n* nedostatek
flea *n.* blecha
flee *v.i* prchat
fleece *n* flauš
fleece *v.t* oškubat

fleet *n* flotila
flesh *n* maso
flexible *a* pružný
flicker *n* třepotání
flicker *v.t* třepotat
flight *n* let
flimsy *a* chatrný
fling *v.t* mrštit
flippancy *n* lehkovážnost
flirt *n* flirt
flirt *v.i* flirtovat
float *v.i* plout
flock *n* hejno
flock *v.i* hrnout se
flog *v.t* zbičovat
flood *n* záplava
flood *v.t* zaplavit
floor *n* podlaha
floor *v.t* srazit k zemi
flora *n* květena
florist *n* květinář
flour *n* mouka
flourish *v.i* vzkvétat
flow *n* proud
flow *v.i* proudit
flower *n* květina
flowery *a* květinový
fluent *a* plynulý
fluid *a* kapalný
fluid *n* kapalina
flush *v.i* spláchnout
flush *n* spláchnutí

flute *n* píšťala
flute *v.i* drážkovat
flutter *n* poletování
flutter *v.t* poletovat
fly *n* moucha
fly *v.i* létat
foam *n* pěna
foam *v.t* pěnit
focal *a* ohniskový
focus *n* zaměření
focus *v.t* zaměřit
fodder *n* píce
foe *n* nepřítel
fog *n* mlha
foil *v.t* zabalit do alobalu
fold *n* přehyb
fold *v.t* přeložit
foliage *n* listoví
follow *v.t* následovat
follower *n* následovník
folly *n* pošetilost
foment *v.t* podněcovat
fond *a* laskavý
fondle *v.t* pomazlit
food *n* jídlo
fool *n* pošetilec
foolish *a* pošetilý
foolscap *n* kancelářský papír
foot *n* chodidlo
for *prep* pro
for *conj.* neboť
forbid *v.t* zakázat

force *n* síla
force *v.t* přinutit
forceful *a* rázný
forcible *a* důrazný
forearm *n* předloktí
forearm *v.t* předpažit
forecast *n* předpověď
forecast *v.t* předpovědět
forefather *n* praotec
forefinger *n* ukazováček
forehead *n* čelo
foreign *a* cizí
foreigner *n* cizinec
foreknowledge *n.* povědomost
foreleg *n* přední noha
forelock *n* patka vlasů
foreman *n* předák
foremost *a* nejpřednější
forenoon *n* dopoledne
forerunner *n* předzvěst
foresee *v.t* předvídat
foresight *n* prozíravost
forest *n* les
forestall *v.t* předejít
forester *n* lesník
forestry *n* lesnictví
foretell *v.t* prorokovat
forethought *n* obezřetnost
forever *adv* navždy
forewarn *v.t* upozornit předem
foreword *n* předmluva
forfeit *v.t* pozbýt

forfeit *n* daň za chybu
forfeiture *n* zabavení
forge *n* kovárna
forge *v.t* ukovat
forgery *n* padělání
forget *v.t* zapomenout
forgetful *a* zapomnětlivý
forgive *v.t* odpustit
forgo *v.t* zříci se
forlorn *a* pustý
form *n* forma
form *v.t.* formovat
formal *a* formální
format *n* formát
formation *n* formace
former *a* předchozí
former *n* tvůrce
formerly *adv* dříve
formidable *a* impozantní
formula *n* vzorec
formulate *v.t* formulovat
forsake *v.t.* zanechat
forswear *v.t.* vzdát se
fort *n.* hradiště
forte *n.* silná stránka
forth *adv.* pryč
forthcoming *a.* nadcházející
forthwith *adv.* ihned
fortify *v.t.* posilnit
fortitude *n.* síla ducha
fort-night *n.* dvounedělí
fortress *n.* pevnost

fortunate *a.* šťastný
fortune *n.* majlant
forty *num.* čtyřicet
forum *n.* fórum
forward *a.* pokrokový
forward *adv* kupředu
forward *v.t* přeposlat
fossil *n.* zkamenělina
foster *v.t.* mít v pěstounské péči
foul *a.* bídný
found *v.t.* zřídit
foundation *n.* nadace
founder *n.* zakladatel
foundry *n.* slévárna
fountain *n.* fontána
four *num.* čtyři
fourteen *num.* čtrnáct
fowl *n.* drůbež
fowler *n.* lovec ptáků
fox *n.* liška
fraction *n.* zlomek
fracture *n.* zlomenina
fracture *v.t* zlomit
fragile *a.* křehký
fragment *n.* fragment
fragrance *n.* vůně
fragrant *a.* vonný
frail *a.* slabý
frame *v.t.* zarámovat
frame *n* rám
franchise *n.* koncese
frank *a.* upřímný

frantic *a.* zoufalý
fraternal *a.* bratrský
fraternity *n.* bratrstvo
fratricide *n.* bratrovražda
fraud *n.* podvod
fraudulent *a.* podvodný
fraught *a.* napjatý
fray *n* potyčka
free *a.* svobodný
free *v.t* osvobodit
freedom *n.* svoboda
freeze *v.i.* mrznout
freight *n.* náklad
French *a.* francouzský
French *n* francouzština
frenzy *n.* běsnění
frequency *n.* frekvence
frequent *n.* frekventní
fresh *a.* svěží
fret *n.* podrážděnost
fret *v.t.* sžírat
friction *n.* třenice
Friday *n.* pátek
fridge *n.* lednice
friend *n.* přítel
fright *n.* úlek
frighten *v.t.* strašit
frigid *a.* frigidní
frill *n.* kanýr
fringe *n.* ofina
fringe *v.t* ozdobit třásněmi
frivolous *a.* frivolní

frock *n.* kutna
frog *n.* žába
frolic *n.* dovádění
frolic *v.i.* dovádět
from *prep.* od
front *n.* předek
front *a* přední
front *v.t* předsedat
frontier *n.* pohraničí
frost *n.* jinovatka
frown *n.* zamračený výraz
frown *v.i* mračit se
frugal *a.* šetrný
fruit *n.* ovoce
fruitful *a.* plodný
frustrate *v.t.* frustrovat
frustration *n.* frustrace
fry *v.t.* usmažit
fry *n* hranolka
fuel *n.* palivo
fugitive *a.* prchající
fugitive *n.* uprchlík
fulfil *v.t.* splnit
fulfilment *n.* splnění
full *a.* plný
full *adv.* plně
fullness *n.* plnost
fully *adv.* zcela
fumble *v.i.* tápat
fun *n.* zábava
function *n.* funkce
function *v.i* fungovat

functionary *n.* funkcionář
fund *n.* fond
fundamental *a.* nezbytný
funeral *n.* pohřeb
fungus *n.* plíseň
funny *n.* zábavný
fur *n.* kožešina
furious *a.* rozzuřený
furl *v.t.* svinout
furlong *n.* anglická délka 220 yardů
furnace *n.* hutní pec
furnish *v.t.* vybavit
furniture *n.* nábitek
furrow *n.* brázda
further *adv.* ohledně
further *a* dodatečný
further *v.t* prosazovat
fury *n.* zuřivost
fuse *v.t.* sloučit
fuse *n* pojistka
fusion *n.* směsice
fuss *n.* poprask
fuss *v.i* vyvádět
futile *a.* marný
futility *n.* marnost
future *a.* budoucí
future *n* budoucnost

G

gabble *v.i.* drmolit
gadfly *n.* ovád
gag *v.t.* dát roubík
gag *n.* roubík
gaiety *n.* veselí
gain *v.t.* získat
gain *n* výnos
gainsay *v.t.* upřít
gait *n.* držení těla
galaxy *n.* galaxie
gale *n.* salva
gallant *a.* galantní
gallant *n* galantní muž
gallantry *n.* udatnost
gallery *n.* galerie
gallon *n.* galon
gallop *n.* trysk
gallop *v.t.* jet tryskem
gallows *n.* . šibenice
galore *adv.* hojně
galvanize *v.t.* galvanizovat
gamble *v.i.* hazardovat
gamble *n* hazardovat
gambler *n.* gambler
game *n.* hra
game *v.i* hrát o peníze
gander *n.* houser
gang *n.* gang
gangster *n.* gangster
gap *n* mezera
gape *v.i.* zírat

garage *n.* garáž
garb *n.* úbor
garb *v.t* odít
garbage *n.* odpadky
garden *n.* zahrada
gardener *n.* zahradník
gargle *v.i.* kloktat
garland *n.* věnec
garland *v.t.* ověnčit
garlic *n.* česnek
garment *n.* svršek
garter *n.* podvazek
gas *n.* plyn
gasket *n.* těsnění
gasp *n.* lapání po dechu
gasp *v.i* lapat po dechu
gassy *a.* perlivý
gastric *a.* žaludeční
gate *n.* brána
gather *v.t.* shromáždit
gaudy *a.* křiklavý
gauge *n.* měřidlo
gauntlet *n.* ochrannná rukavice
gay *a.* rozjařilý
gaze *v.t.* civět
gaze *n* upřený pohled
gazette *n.* věstník
gear *n.* výstroj
geld *v.t.* vykleštit
gem *n* drahokam
gender *n.* pohlaví
general *a.* obecný

generally *adv.* obecně
generate *v.t.* vyrábět
generation *n.* generace
generator *n.* generátor
generosity *n.* velkorysost
generous *a.* velkorysý
genius *n.* génius
gentle *a.* vlídný
gentleman *n.* džentlmen
gentry *n.* nižší šlechta
genuine *a.* ryzí
geographer *n.* zeměpisec
geographical *a.* zeměpisný
geography *n.* zeměpis
geological *a.* geologický
geologist *n.* geolog
geology *n.* geologie
geometrical *a.* geometrický
geometry *n.* geometrie
germ *n.* bakterie
germicide *n.* germicid
germinate *v.i.* klíčit
germination *n.* klíčení
gerund *n.* gerundium
gesture *n.* gesto
get *v.t.* dostat
ghastly *a.* sinalý
ghost *n.* duch
giant *n.* obr
gibbon *n.* druh opice
gibe *v.i.* posmívat se
gibe *n* posměšek

giddy *a.* vrtkavý
gift *n.* dar
gifted *a.* obdarovaný
gigantic *a.* obrovský
giggle *v.i.* chichotat se
gild *v.t.* okrášlit
gilt *a.* pozlacený
ginger *n.* zázvor
giraffe *n.* žirafa
gird *v.t.* udeřit
girder *n.* trám
girdle *n.* pás
girdle *v.t* přepásat
girl *n.* dívka
girlish *a.* dívčí
gist *n.* hlavní bod
give *v.t.* dát
glacier *n.* ledovec
glad *a.* potěšený
gladden *v.t.* potěšit
glamour *n.* přitažlivý
glance *n.* letmý pohled
glance *v.i.* míhat se
gland *n.* žláza
glare *n.* prudké světlo
glare *v.i* oslňovat
glass *n.* sklo
glaucoma *n.* zelený zákal
glaze *v.t.* zasklít
glaze *n* poleva
glazier *n.* skleánř
glee *n.* škodolibost

glide *v.t.* klouznout
glider *n.* větroň
glimpse *n.* záblesk
glitter *v.i.* třpytit se
glitter *n* třpyt
global *a.* globální
globe *n.* zeměkoule
gloom *n.* soumrak
gloomy *a.* skličující
glorification *n.* velebení
glorify *v.t.* velebit
glorious *a.* skvostný
glory *n.* sláva
gloss *n.* lesk
glossary *n.* glosář
glossy *a.* lesklý
glove *n.* rukavice
glow *v.i.* žhnout
glow *n* žár
glucose *n.* glokóza
glue *n.* lepidlo
glut *v.t.* přeplnit
glut *n* nadbytek
glutton *n.* nenasyta
gluttony *n.* nenasytnost
glycerine *n.* gylicerín
go *v.i.* jít
goad *n.* bodec
goad *v.t* pohánět
goal *n.* cíl
goat *n.* koza
gobble *n.* hlt**

goblet n. číše
god n. bůh
goddess n. bohyně
godhead n. božská přirozenost
godly a. bohabojný
godown n. krám
godsend n. dar z nebes
goggles n. ochranné brýle
gold n. zlato
golden a. zlatý
goldsmith n. zlatník
golf n. golf
gong n. gong
good a. dobrý
good n dobro
good-bye interj. nashle
goodness n. dobrota
goodwill n. dobrá vůle
goose n. husa
gooseberry n. angrešt
gorgeous a. rozkošný
gorilla n. gorila
gospel n. slovo boží
gossip n. pomluva
gourd n. tykev
gout n. krůpěj
govern v.t. vládnout
governance n. vládnutí
governess n. guvernantka
government n. vláda
governor n. guvernér
gown n. plášť

grab v.t. uchopit
grace n. milost
grace v.t. okrášlit
gracious a. milostivý
gradation n. stupňování
grade n. stupeň
grade v.t klasifikovat
gradual a. postupný
graduate v.i. absolvovat školu
graduate n absolvent školy
graft n. štěp
graft v.t naroubovat
grain n. zrno
grammar n. gramatika
grammarian n. filolog
gramme n. gram
gramophone n. gramofon
granary n. obilnice
grand a. znamenitý
grandeur n. vznešenost
grant v.t. dopřát
grant n dotace
grape n. hrozen
graph n. graf
graphic a. grafický
grapple n. rvačka
grapple v.i. poprat se
grasp v.t. sáhnout
grasp n úchop
grass n tráva
grate n. rošt
grate v.t nastrouhat

grateful *a.* vděčný
gratification *n.* uspokojení
gratis *adv.* bezplatně
gratitude *n.* vděk
gratuity *n.* odměna
grave *n.* hrob
grave *a.* prostý
gravitate *v.i.* přitahovat
gravitation *n.* přitažlivost
gravity *n.* tíže
graze *v.i.* pást se
graze *n* pastva
grease *n* mazivo
grease *v.t* namazat
greasy *a.* mastný
great *a* svkělý
greed *n.* chamtivost
greedy *a.* chamtivý
Greek *n.* řečtina
Greek *a* řecký
green *a.* zelený
green *n* zeleň
greenery *n.* vegetace
greet *v.t.* pozdravit
grenade *n.* granát
grey *a.* šedý
greyhound *n.* chrt
grief *n.* žal
grievance *n.* křivda
grieve *v.t.* truchlit
grievous *a.* trudný
grind *v.i.* rozmělňovat

grinder *n.* mlýnek
grip *v.t.* stisknout
grip *n* stisk
groan *v.i.* sténat
groan *n* sten
grocer *n.* kupec
grocery *n.* obchod s potravinami
groom *n.* ženich
groom *v.t* upravit se
groove *n.* rýha
groove *v.t* rýhovat
grope *v.t.* šátrat
gross *n.* brutto
gross *a* odporný
grotesque *a.* gortesktní
ground *n.* země
group *n.* skupina
group *v.t.* seskupit
grow *v.t.* růst
grower *n.* pěstitel
growl *v.i.* bručet
growl *n* bručení
growth *n.* růst
grudge *v.t.* odepřít
grudge *n* zášť
grumble *v.i.* reptat
grunt *n.* rachot
grunt *v.i.* rachotit
guarantee *n.* záruka
guarantee *v.t* zaručit
guard *v.i.* strážit
guard strážce

guardian *n.* ochránce
guava *n.* guava
guerilla *n.* partyzán
guess *n.* odhad
guess *v.i* hádat
guest *n.* host
guidance *n.* návod
guide *v.t.* vést
guide *n.* průvodce
guild *n.* spolek
guile *n.* záludnost
guilt *n.* vina
guilty *a.* vinný
guise *n.* přestrojení
guitar *n.* kytara
gulf *n.* záliv
gull *n.* racek
gull *n* ťulpas
gull *v.t* napálit
gulp *n.* jednohubka
gum *n.* dáseň
gun *n.* zbraň
gust *n.* poryv
gutter *n.* škarpa
guttural *a.* hrdelní
gymnasium *n.* tělocvična
gymnast *n.* gymnasta
gymnastic *a.* gymnastický
gymnastics *n.* gymnastika

habeas corpus *n.* právní termín
habit *n.* zvyk
habitable *a.* obyvatelný
habitat *n.* naleziště
habitation *n.* usedlost
habituate *v. t.* navyknout
hack *v.t.* zkomolit
hag *n.* čarodějnice
haggard *a.* vychrtlý
haggle *v.i.* smlouvat
hail *n.* kroupy
hail *v.i* pršet kroupy
hail *v.t* hlasitě volat
hair *n* vlasy
hale *a.* čilý
half *n.* půlka
half *a* poloviční
hall *n.* hala
hallmark *n.* punc
hallow *v.t.* posvětit
halt *v. t.* zadržet
halt *n* zadržení
halve *v.t.* půlit
hamlet *n.* dědina
hammer *n.* palice
hammer *v.t* bušit
hand *n* ruka
hand *v.t* dodat
handbill *n.* prospekt
handbook *n.* příručka

handcuff *n.* pouta
handcuff *v.t* spoutat
handful *n.* hrst
handicap *v.t.* znevýhodnit
handicap *n* nevýhoda
handicraft *n.* řemeslná výroba
handiwork *n.* ruční práce
handkerchief *n.* kapesník
handle *n.* klika
handle *v.t* manipulovat
handsome *a.* pohledný
handy *a.* užitečný
hang *v.t.* pověsit
hanker *v.i.* bažit
haphazard *a.* chaotický
happen *v.t.* stát se
happening *n.* dění
happiness *n.* štěstí
happy *a.* šťastný
harass *v.t.* obtěžovat
harassment *n.* obtěžování
harbour *n.* přístav
harbour *v.t* kotvit
hard *a.* těžký
harden *v.t.* ztvrdnout
hardihood *n.* neohroženost
hardly *adv.* těžce
hardship *n.* útrapy
hardy *adj.* neohrožený
hare *n.* zajíc
harm *n.* újma
harm *v.t* ublížit

harmonious *a.* harmonický
harmonium *n.* harmonium
harmony *n.* harmonie
harness *n.* postroj
harness *v.t* připřáhnout
harp *n.* harfa
harsh *a.* nevlídný
harvest *n.* slizeň
haverster *n.* kombajn
haste *n.* chvat
hasten *v.i.* spěchat
hasty *a.* ukvapený
hat *n.* klobouk
hatchet *n.* sekera
hate *n.* odpor
hate *v.t.* nesnášet
haughty *a.* nadutý
haunt *v.t.* pronásledovat
haunt *n* úkryt
have *v.t.* podvést
haven *n.* útulek
havoc *n.* zpustošení
hawk *n* jestřáb
hawker *n* sokolník
hawthorn *n.* hloh
hay *n.* seno
hazard *n.* hazard
hazard *v.t* hazardovat
haze *n.* mlha
hazy *a.* zamlžený
he *pron.* on
head *n.* hlava

head *v.t* směřovat
headache *n.* bolest hlavy
heading *n.* záhlaví
headlong *adv.* překotně
headstrong *a.* svéhlavý
heal *v.i.* léčit
health *n.* zdraví
healthy *a.* zdravý
heap *n.* hromada
heap *v.t* navršit
hear *v.t.* slyšet
hearsay *n.* šuškanda
heart *n.* srdce
hearth *n.* výheň
heartily *adv.* srdečně
heat *n.* horko
heat *v.t* sálat
heave *v.i.* namáhat se
heaven *n.* nebesa
heavenly *a.* nebeský
hedge *n.* živý plot
hedge *v.t* ohradit se
heed *v.t.* všimnout si
heed *n* zřetel
heel *n.* pata
hefty *a.* houževnatý
height *n.* výška
heighten *v.t.* zvýšlt
heinous *a.* protivný
heir *n.* dědic
hell *n.* peklo
helm *n.* přilba

helmet *n.* helma
help *v.t.* pomoci
help *n* pomoci
helpful *a.* nápomocný
helpless *a.* bezmocný
helpmate *n.* pomocník
hemisphere *n.* hemisféra
hemp *n.* juta
hen *n.* slepice
hence *adv.* od nynějška
henceforth *adv.* napříště
henceforward *adv.* nadále
henchman *n.* přisluhovač
henpecked *a.* pod pantoflem
her *pron.* její
her *pron.* svůj
herald *n.* posel
herald *v.t* oznámit
herb *n.* bylina
herculean *a.* herkulovský
herd *n.* stádo
herdsman *n.* pastevec
here zde
hereabouts *adv.* poblíž
hereafter *adv.* potom
hereditary *a.* dědický
heredity *n.* dědičnost
heritablc *a.* dědičný
heritage *n.* dědictví
hermit *n.* poustevík
hermitage *n.* poustevna
hernia *n.* kýla

hero *n.* hrdina
heroic *a.* hrdinný
heroine *n.* hrdinka
heroism *n.* hrdinství
herring *n.* sleď
hesitant *a.* váhavý
hesitate *v.i.* váhat
hesitation *n.* váhání
hew *v.t.* vytesat
heyday *n.* rozkvět
hibernation *n.* hibernace
hiccup *n.* škytavka
hide *n.* drzost
hide *v.t* schovat
hideous *a.* šeredný
hierarchy *n.* hierarchie
high *a.* vysoký
highly *adv.* vysoce
Highness *n.* výsost
highway *n.* dálnice
hilarious *a.* rozjažený
hilarity *n.* veselost
hill *n.* kopec
hillock *n.* návrší
him *pron.* jemu
hinder *v.t.* překážet
hindrance *n.* překážka
hint *n.* náznak
hint *v.i* naznačit
hip *n* bok
hire *n.* nájem
hire *v.t* najmout

hireling *n.* námezdník
his *pron.* jeho
hiss *n* sykot
hiss *v.i* syčet
historian *n.* dějepisec
historic *a* . historický
historical *a.* dějinný
history *n.* dějiny
hit *v.t.* udeřit
hit *n* úder
hitch *n.* klička
hither *adv.* dřívěji
hitherto *adv.* doposud
hive *n.* roj
hoarse *a.* ochraptělý
hoax *n.* švindl
hoax *v.t* napálit
hobby *n.* koníček
hobby-horse *n.* hůl s koňskou
hlavou
hockey *n.* hokej
hoist *v.t.* zdvihnout
hold *n.* vězená
hold *v.t* zadržet
hole *n* díra
hole *v.t* vrtat
holiday *n.* prázdniny
hollow *a.* bezcenný
hollow *n.* kotlina
hollow *v.t* hloubit
holocaust *n.* hollokaust
holy *a.* svatý

homage *n.* pocta
home *n.* domov
homicide *n.* zabití
homoeopath *n.* homeopat
homeopathy *n.* homeopatie
homogeneous *a.* homogenní
honest *a.* čestný
honesty *n.* čestnost
honey *n.* med
honeycomb *n.* plástev medu
honeymoon *n.* líbánky
honorarium *n.* honorář
honorary *a.* pamětní
honour *n.* čest
honour *v. t* vzdát čest
honourable *a.* vznešený
hood *n.* kapuce
hoodwink *v.t.* oblafnout
hoof *n.* kopyto
hook *n.* hák
hooligan *n.* chuligán
hoot *n.* psina
hoot *v.i* hulákat
hop *v. i* skočit si
hop *n* chmel
hope *v.t.* doufat
hope *n* naděje
hopeful *a.* naděmý
hopeless *a.* beznadějný
horde *n.* horda
horizon *n.* horizont
horn *n.* roh

hornet *n.* sršeň
horrible *a.* strašný
horrify *v.t.* zděsit
horror *n.* horor
horse *n.* kůň
horticulture *n.* zahradnictví
hose *n.* hadice
hosiery *n.* punčochy
hospitable *a.* pohostinný
hospital *n.* nemocnice
hospitality *n.* pohostinnost
host *n.* hostitel
hostage *n.* rukojmí
hostel *n.* hostel
hostile *a.* nepřátelský
hostility *n.* nepřátelství
hot *a.* horký
hotchpotch *n.* směsice
hotel *n.* hotel
hound *n.* lovecký pes
hour *n.* hodina
house *n* dům
house *v.t* ubytovat
how *adv.* jak
however *adv.* ačkoliv
however *conj* jak
howl *v.t.* zavýt
howl *n* zavytí
hub *n.* středisko
hubbub *n.* pozdvižení
huge *a.* obrovský
hum *v. i* hučet

hum *n* hukot
human *a.* lidský
humane *a.* člověčenský
humanitarian *a* humanitní
humanity *n.* lidskost
humanize *v.t.* zlidštit
humble *a.* skromný
humdrum *a.* fádní
humid *a.* vlhký
humidity *n.* vlhkost
humiliate *v.t.* ponížit
humiliation *n.* ponížení
humility *n.* pokora
humorist *n.* humorista
humorous *a.* humorný
humour *n.* humor
hunch *n.* předtucha
hundred *n.* stovka
hunger *n* hlad
hungry *a.* hladový
hunt *v.t.* lovit
hunt *n* lov
hunter *n.* myslivec
huntsman *n.* lovec
hurdle *n.* košatina
hurdle *v.t* přeskočit
hurl *v.t.* metat
hurrah *interj.* hurá
hurricane *n.* hurikán
hurry *v.t.* hnát
hurry *n* hon
hurt *v.t.* zranit

hurt *n* škoda
husband *n* manžel
husbandry *n.* hospodárnost
hush *n* ticho
hush *v.i* ukonejšit
husk *n.* lusk
husky *a.* robustní
hut *n.* chatrč
hyaena, hyena *n.* hyena
hybrid *a.* hybridní
hybrid *n* hybrid
hydrogen *n.* vodík
hygiene *n.* hygiena
hygienic *a.* hygienický
hymn *n.* hymnus
hyperbole *n.* nadsázka
hypnotism *n.* hypnóza
hypnotize *v.t.* zhypnotizovat
hypocrisy *n.* pokrytectví
hypocrite *n.* pokrytec
hypocritical *a.* pokrytecký
hypothesis *n.* hypotéza
hypothetical *a.* hypotetický
hysteria *n.* hysterie
hysterical *a.* hysterický

I *pron.* já
ice *n.* led
iceberg *n.* plovoucí kra
icicle *n.* rampouch

icy *a.* ledový
idea *n.* nápad
ideal *a.* ideální
ideal *n* ideál
idealism *n.* idealismus
idealist *n.* idealista
idealistic *a.* idylický
idealize *v.t.* idealizovat
identical *a.* identický
indentification *n.* identifikace
identify *v.t.* identifikovat
identity *n.* identita
ideocy *n.* idiocie
idiom *n.* idiom
idiomatic *a.* idiomatický
idiot *n.* idiot
idiotic *a.* idiotický
idle *a.* nečinný
idleness *n.* zahálka
idler *n.* povaleč
idol *n.* idol
idolater *n.* modlář
if *conj.* jesli
ignoble *a.* mrzký
ignorance *n.* ignorance
ignorant *a.* ignorantský
ignore *v.t.* ignorovat
ill *a.* nemocný
ill *adv.* nemocně
ill *n* nemoc
illegal *a.* nelegální
illegibility *n.* nečitelnost

illegible *a.* nečitelný
illegitimate *a.* nelegitimní
illicit *a.* nezákonný
illiteracy *n.* negramotnost
illiterate *a.* negramotný
illness *n.* nemoc
illogical *a.* nelogický
illuminate *v.t.* osvětlit
illumination *n.* osvětlení
illusion *n.* iluze
illustrate *v.t.* ilustrovat
illustration *n.* ilustrace
image *n.* obrázek
imagery *n.* obrazy
imaginary *a.* imaginární
imagination *n.* imaginace
imaginative *a.* vynalézavý
imagine *v.t.* představit si
imitate *v.t.* imitovat
imitation *n.* imitace
imitator *n.* imitátor
immaterial *a.* nehmotný
immature *a.* nevyspělý
immaturity *n.* nevyspělost
immeasurable *a.* neměřitelný
immediate *a* pradávný
immemorial *a.* nesmírný
immense *a.* nesmírnost
immensity *n.* nezměrnost
immerse *v.t.* ponořit
immersion *n.* ponoření
immigrant *n.* přistěhovalec

immigrate *v.i.* přistěhovat se
immigration *n.* imigrace
imminent *a.* bezprostřední
immodest *a.* neskromný
immodesty *n.* neskromnost
immoral *a.* nemorální
immorality *n.* nemorálnost
immortal *a.* nesmrtelný
immortality *n.* nesmrtelnost
immortalize *v.t.* zvěčnit
immovable *a.* nepohyblivý
immune *a.* imunní
immunity *n.* imunita
immunize *v.t.* imunizovat
impact *n.* dopad
impart *v.t.* ovlivňovat
impartial *a.* nestranný
impartiality *n.* nestrannost
impassable *a.* neschůdný
impasse *n.* slepá ulička
impatience *n.* netrpělivost
impatient *a.* netrpělivý
impeach *v.t.* obžalovat
impeachment *n.* obvinění
impede *v.t.* zdržovat
impediment *n.* zábrana
impenetrable *a.* neprostupný
imperative *a.* rozkazovací
imperfect *a.* nedokonalý
imperfection *n.* nedokonalost
imperial *a.* imperiální
imperialism *n.* imperialismus

imperil *v.t.* vystavit nebezpečí
imperishable *a.* nehynoucí
impersonal *a.* neosobní
impersonate *v.t.* zosobnit
impersonation *n.* zosobnění
impertinence *n.* nemístnost
impertinent *a.* nemístný
impetuosity *n.* neuváženost
impetuous *a.* neuvážený
implement *n.* nástroj
implement *v.t.* zavést
implicate *v.t.* naznačit
implication *n.* důsledek
implicit *a.* nesporný
implore *v.t.* žadonit
imply *v.t.* vyplynout
impolite *a.* nezdvořilý
import *v.t.* dopravit
import *n.* dovoz
importance *n.* důležitost
important *a.* důležitý
impose *v.t.* nařídit
imposing *a.* vnucující
imposition *n.* vnucení
impossibility *n.* nemožnost
impossible *a.* nemožný
impostor *n.* šejdíř
imposture *n.* podvádění
impotence *n.* impotence
impotent *a.* impotentní
impoverish *v.t.* ochudit

impracticability *n.* neproveditelnost

impracticable *a.* neproveditelný

impress *v.t.* zapůsobit

impression *n.* dojem

impressive *a.* působivý

imprint *v.t.* vytisknout

imprint *n.* otisk

imprison *v.t.* uvěznit

improper *a.* nepatřičný

impropriety *n.* nepatřičnost

improve *v.t.* zlepšit

improvement *n.* zlepšení

imprudence *n.* nerozum

imprudent *a.* nerozumný

impulse *n.* impuls

impulsive *a.* impulzivní

impunity *n.* beztrestnost

impure *a.* nečistý

impurity *n.* nečistota

impute *v.t.* připisovat

in *prep.* v

inability *n.* neschopnost

inaccurate *a.* nepřesný

inaction *n.* nečinnost

inactive *a.* nečinný

inadmissible *a.* nepřípustný

inanimate *a.* bezduchý

inapplicable *a.* nepoužitelný

inattentive *a.* roztěkaný

inaudible *a.* neslyšitelný

inaugural *a.* zahajovací

inauguration *n.* uvedení do úřadu

inauspicious *a.* neblahý

inborn *a.* vrozený

incalculable *a.* nevypočitatelný

incapable *a.* neschopný

incapacity *n.* nezpůsobilost

incarnate *a.* vtělený

incarnate *v.t.* vtělit

incarnation *n.* vtělení

incense *v.t.* rozlítit

incense *n.* vonná tyčinka

incentive *n.* podnět

inception *n.* počátek

inch *n.* coul

incident *n.* nehoda

incidental *a.* náhodný

incite *v.t.* podněcovat

inclination *n.* sklon

incline *v.i.* tíhnout

include *v.t.* zahrnovat

inclusion *n.* zahrnutí

inclusive *a.* zahrnující

incoherent *a.* nesouvislý

income *n.* příjem

incomparable *a.* nesrovnatelný

incompetent *a.* nekompetentní

incomplete *a.* nekompletní

inconsiderate *a.* bezohledný

inconvenient *a.* nepohodlný

incorporate *v.t.* začlenit

incorporate *a.* začleněný

90

incorporation *n.* začlenění
incorrect *a.* nesprávný
incorrigible *a.* nepoučitelný
incorruptible *a.* nepodplatitelný
increase *v.t.* zvýšit
increase *n* zvýšení
incredible *a.* neuvěřitelný
increment *n.* přírůstek
incriminate *v.t.* usvědčit
incubate *v.i.* líhnout
inculcate *v.t.* vštípit
incumbent *n.* držitel úřadu
incumbent *a* úřadující
incur *v.t.* přivodit
incurable *a.* nevyléčitelný
indebted *a.* zadlužený
indecency *n.* neslušnost
indecent *a.* neslušný
indecision *n.* nerozhodnost
indeed *adv.* vskutku
indefensible *a.* neobhajitelný
indefinite *a.* nekonečný
indemnity *n.* odškodnění
independence *n.* nezávislost
independent *a.* nezávislý
indescribable *a.* nepopsatelný
index *n.* rejstřík
Indian *a.* indiánský
indicate *v.t.* indikovat
indication *n.* indikace
indicative *a.* naznačující
indicator *n.* indikátor

indict *v.t.* obvinit
indictment *n.* svědectví
indifference *n.* netečnost
indifferent *a.* netečný
indigenous *a.* domorodý
indigestible *a.* nestravitelný
indigestion *n.* porucha trávení
indignant *a.* pohoršený
indignation *n.* pohoršení
indigo *n.* indigová modř
indirect *a.* nepřímý
indiscipline *n.* nekázeň
indiscreet *a.* nediskrétní
indiscretion *n.* nediskrétnost
indiscriminate *a.* nerozlišující
indispensable *a.* nepostradatelný
indisposed *a.* zdráhající se
indisputable *a.* nepopíratelný
indistinct *a.* nezřetelný
individual *a.* individuální
individualism *n.* individualismus
individuality *n.* individualita
indivisible *a.* nedělitelný
indolent *a.* lenivý
indomitable *a.* nezdolný
indoor *a.* sálový
indoors *adv.* vevnitř
induce *v.t.* vyvolat
inducement *n.* vyvolání
induct *v.t.* uvést do funkce
induction *n.* uvedení
indulge *v.t.* oddávat se

indulgence *n.* požitkářství
indulgent *a.* benevolentní
industrial *a.* průmyslový
industrious *a.* přičinlivý
industry *n.* průmysl
ineffective *a.* neefektivní
inert *a.* bezvládný
inertia *n.* apatie
inevitable *a.* neodvratný
inexact *a.* neexaktní
inexorable *a.* neprozkoumatelný
inexpensive *a.* poměrně levný
inexperience *n.* nezkušenost
inexplicable *a.* nevysvětlitelný
infallible *a.* neomylný
infamous *a.* neslavný
infamy *n.* hanebonost
infancy *n.* útlé dětství
infant *n.* nemluvně
infanticide *n.* vražda novorozeně
infantile *a.* dětinský
infantry *n.* pěchota
infatuate *v.t.* pobláznit
infatuation *n.* pobláznění
infect *v.t.* nakazit
infection *n.* nákaza
infectious *a.* nakažlivý
infer *v.t.* vyvodit
inference *n.* vyvozování
inferior *a.* podřadný
inferiority *n.* podřadnost
infernal *a.* pekelný

infinite *a.* bezmezný
infinity *n.* nekonečno
infirm *a.* neduživý
infirmity *n.* neduživost
inflame *v.t.* roznítit
inflammable *a.* hořlavý
inflammation *n.* zánět
inflammatory *a.* zánětlivý
inflation *n.* inflace
inflexible *a.* nepružný
inflict *v.t.* uštědřit
influence *n.* vliv
influence *v.t.* ovlivňování
influential *a.* vlivný
influenza *n.* chřipka
influx *n.* příliv
inform *v.t.* informovat
informal *a.* neformální
information *n.* informace
informative *a.* informatiovní
informer *n.* informátor
infringe *v.t.* přestoupit
infringement *n.* přestupek
infuriate *v.t.* rozvzteklit
infuse *v.t.* vyluhovat
infusion *n.* dodání
ingrained *a.* zažraný
ingratitude *n.* novděk
ingredient *n.* přísada
inhabit *v.t.* obývat
inhabitable *a.* neobyvatelný
inhabitant *n.* obyvatel

inhale *v.i.* inhalovat
inherent *a.* nedílný
inherit *v.t.* zdědit
inheritance *n.* pozůstalost
inhibit *v.t.* ztlumit
inhibition *n.* ztlumení
inhospitable *a.* nehostinný
inhuman *a.* nelidský
inimical *a.* nepříznivý
inimitable *a.* nenapodobitelný
initial *a.* počáteční
initial *n.* monogram
initial *v.t* podepsat iniciály
initiate *v.t.* iniciovat
initiative *n.* iniciative
inject *v.t.* vstříknout
injection *n.* injekce
injudicious *a.* nerozvážný
injunction *n.* soudní zákaz
injure *v.t.* poškodit
injurious *a.* škodící
injury *n.* zranění
injustice *n.* nespravedlnost
ink *n.* inkoust
inkling *n.* náznak
inland *a.* tuzemský
inland *adv.* ve vnitrozemí
in-laws *n.* příbuzní
inmate *n.* chovanec
inmost *a.* nejvnitřnější
inn *n.* hostinec
innate *a.* vlastní

inner *a.* vnitřní
innermost *a.* nejniternější
innings *n.* směna v kriketu
innocence *n.* nevinnost
innocent *a.* nevinný
innovate *v.t.* zinovovat
innovation *n.* inovace
innovator *n.* inovátor
innumerable *a.* nespočetný
inoculate *v.t.* neočkovat
inoculation *n.* nedočkavost
inoperative *a.* nefunkční
inopportune *a.* nepříhodný
input *n.* vstupní data
inquest *n.* zhodnocení
inquire *v.t.* zjišťovat
inquiry *n.* dotaz
inquisition *n.* šetření
inquisitive *a.* všetečný
insane *a.* choromyslný
insanity *n.* vyšinutost
insatiable *a.* neukojitelný
inscribe *v.t.* vyrýt
inscription *n.* vyrytý nápis
insect *n.* hmyz
insecticide *n.* insekticid
insecure *a.* nejistý
insecurity *n.* nejistota
insensibility *n.* necitlivost
insensible *a.* necitlivý
inseparable *a.* neoddělitelný
insert *v.t.* vložit

insertion n. vložení
inside n. vnitřnosti
inside prep. vevnitř
inside a vnitřní
inside adv. uvnitř
insight n. vhled
insignificance n. bezvýznamnost
insignificant a. bezvýznamný
insincere a. neupřímný
insincerity n. neupřímnost
insinuate v.t. potlačit
insinuation n. narážka
insipid a. nemastný neslaný
insipidity n. fádnost
insist v.t. vyžadovat
insistence n. vyžadování
insistent a. neústopný
insolence n. nestydatost
insolent a. nestydatý
insoluble n. nerozluštitelný
insolvency n. insolvence
insolvent a. nesolventní
inspect v.t. provést inspekci
inspection n. inspekce
inspector n. inspektor
inspiration n. inspirace
inspire v.t. inspirovat
instability n. nestabilnost
install v.t. instalovat
installation n. instalace
instalment n. splátka
instance n. případ

instant n. okamžik
instant a. okamžitý
instantaneous a. mžikový
instantly adv. okamžitě
instigate v.t. popíchnout
instigation n. popichování
instil v.t. nakapat
instinct n. instinkt
instinctive a. instinktivní
institute n. institut
institution n. instituce
instruct v.t. dát pokyny
instruction n. pokyny
instructor n. instruktor
instrument n. nástroj
instrumental a. nápomocný
instrumentalist n. hráč
insubordinate a. vzpurný
insubordination n. porušení
    kázně
insufficient a. nedostatečný
insular a. izolovaný
insularity n. izolovanost
insulate v.t. izolovat
insulation n. izolace
insulator n. izolátor
insult n. urážka
Insult v.l. urazit
insupportable a. nepodporující
insurance n. pojištění
insure v.t. pojistit
insurgent a. vzbouřenecký

insurgent *n.* vzbouřenec
insurmountable *a.* nepřekonatelný
insurrection *n.* vzpoura
intact *a.* nedotčený
intangible *a.* nehmatatelný
integral *a.* ucelený
integrity *n.* ucelenost
intellect *n.* intelekt
intellectual *a.* intelektuální
intellectual *n.* intelektuál
intelligence *n.* inteligence
intelligent *a.* inteligentní
intelligentsia *n.* vzdělanec
intelligible *a.* srozumitelný
intend *v.t.* hodlat
intense *a.* intenzivní
intensify *v.t.* zintenzivnit
intensity *n.* intenzita
intensive *a.* usilovný
intent *n.* záměr
intent *a.* soustředěný
intention *n.* úmysl
intentional *a.* úmyslný
intercept *v.t.* zachytit
interception *n.* zachycení
interchange *n.* výměna
interchange *v.* zaměnit
intercourse *n.* soulož
interdependence *n.* nezávislost
interdependent *a.* nezávislý
interest *n.* zájem

interested *a.* zaujatý
interesting *a.* zajímavý
interfere *v.i.* vměšovat se
interference *n.* vměšování
interim *n.* provizornost
interior *a.* vnitřní
interior *n.* interiér
interjection *n.* citoslovce
interlock *v.t.* zapadnout
interlude *n.* mezidobí
intermediary *n.* mezičlánek
intermediate *a.* prostřední
interminable *a.* nekončící
intermingle *v.t.* promísit se
intern *v.t.* internovat
internal *a.* interní
international *a.* mezinárodní
interplay *n.* mezihra
interpret *v.t.* tlumočit
interpreter *n.* tlumočník
interrogate *v.t.* dotázat
interrogation *n.* dotazování
interrogative *a.* tázací
interrogative *n* tázací způsob
interrupt *v.t.* přerušit
interruption *n.* přerušení
intersect *v.t.* protnout
intersection *n.* protnutí
interval *n.* interval
intervene *v.i.* zakračovat
intervention *n.* zakročení
interview *n.* pohovor

95

interview *v.t.* udělat pohovor
intestinal *a.* střevní
intestine *n.* střevo
intimacy *n.* intimita
intimate *a.* intimní
intimate *v.t.* naznačit
intimation *n.* naznačení
intimidate *v.t.* zastrašit
intimidation *n.* zastrašování
into *prep.* do
intolerable *a.* nesnesitelný
intolerance *n.* nesnesitelnost
intolerant *a.* netolerantní
intoxicant *n.* omamný
intoxicate *v.t.* otrávit
intoxication *n.* otrava
intransitive *a.* nepřechodný
intrepid *a.* nebojácný
intrepidity *n.* nebojácnost
intricate *a.* spletitý
intrigue *v.t.* pletichařit
intrigue *n* pletichy
intrinsic *a.* plynoucí z podstaty
introduce *v.t.* představit
introduction *n.* předmluva
introductory *a.* úvodní
introspect *v.i.* sebezkoumat
introspection *n.* sebezkoumání
intrude *v.t.* vetřít se
intrusion *n.* obtěžování
intuition *n.* intuice
intuitive *a.* intuitivní

invade *v.t.* napadnout
invalid *a.* invalidní
invalid *a.* neplatný
invalid *n* invalida
invalidate *v.t.* zrušit platnost
invaluable *a.* bezcenný
invasion *n.* invaze
invective *n.* nadávka
invent *v.t.* vynalézt
invention *n.* vynález
inventive *a.* důvtipný
inventor *n.* vynálezce
invert *v.t.* převrátit
invest *v.t.* investovat
investigate *v.t.* vyšetřit
investigation *n.* vyšetřování
investment *n.* investice
invigilate *v.t.* mít dozor
invigilation *n.* dozor
invigilator *n.* dozorce
invincible *a.* nezlomný
inviolable *a.* neporušitelný
invisible *a.* neviditelný
invitation *v.* pozvání
invite *v.t.* pozvat
invocation *n.* vzývání
invoice *n.* faktura
invoke *v.t.* odvolat se
involve *v.t.* zapojit se
inward *a.* příchozí
inwards *adv.* směrem dovnitř
irate *a.* rozlícený

ire *n.* hněv
Irish *a.* irský
Irish *n.* Ir
irksome *a.* otravný
iron *n.* žehlička
iron *v.t.* žehlit
ironical *a.* ironický
irony *n.* ironie
irradiate *v.i.* ozařovat
irrational *a.* iracionální
irreconcilable *a.* nesmiřitelný
irrecoverable *a.* nezhojitelný
irrefutable *a.* nesporný
irregular *a.* nepravidelný
irregularity *n.* nepravidelnost
irrelevant *a.* nerelevantní
irrespective *a.* bez ohledu
irresponsible *a.* nezodpovědný
irrigate *v.t.* zavlažit
irrigation *n.* zavlažování
irritable *a.* nedůtklivý
irritant *a.* dráždivý
irritant *n.* dráždidlo
irritate *v.t.* dráždit
irritation *n.* podráždění
irruption *n.* populační expanze
island *n.* ostrůvek
isle *n.* ostrov
isobar *n.* izobar
isolate *v.t.* odloučit
isolation *n.* odloučení
issue *v.i.* vydávat

issue *n.* náklad (publikace)
it *pron.* to
Italian *a.* italský
Italian *n.* Ital
italic *a.* tištěný kurzívou
italics *n.* kurzíva
itch *n.* svrbění
itch *v.i.* svrbět
item *n.* položka
ivory *n.* slonovina
ivy *n* břečťan

jab *v.t.* bodnout
jabber *v.t.* drmolit
jack *n.* hever
jack *v.t.* zvednout heverem
jackal *n.* šakal
jacket *n.* bunda
jade *n.* nefrit
jail *n.* žalář
jailer *n.* žalářník
jam *n.* marmeláda
jam *v.t.* zaseknout se
jar *n.* zavařovací sklenice
jargon *n.* hantýrka
jasmine, jessamine *n.* jasmín
jaundice *n.* žloutenka
jaundice *v.t.* mít žloutenku
javelin *n.* kopí

jaw *n.* čelist
jay *n.* sojka
jealous *a.* žárlivý
jealousy *n.* žárlivost
jean *n.* denim
jeer *v.i.* vysmívat se
jelly *n.* želé
jeopardize *v.t.* ohrozit
jeopardy *n.* ohrožení
jerk *n.* škubnutí
jerkin *n.* kabátec bez rukávů
jerky *a.* škubavý
jersey *n.* svetr
jest *n.* šprým
jest *v.i.* šprýmovat
jet *n.* tryskáč
Jew *n.* Žid
jewel *n.* klenot
jewel *v.t.* být šperkem
jeweller *n.* klenotník
jewellery *n.* klenoty
jingle *n.* rolnička
jingle *v.i.* cinkat
job *n.* práce
jobber *n.* makléř
jobbery *n.* makléřství
jocular *a.* šprýmovný
jog *v.t.* běhat
join *v.t.* přidat se
joiner *n.* stolař
joint *n.* kloub
jointly *adv.* společnými silami

joke *n.* vtip
joke *v.i.* vtipkovat
joker *n.* žolík
jollity *n.* srdečnost
jolly *a.* srdečný
jolt *n.* otřes
jolt *v.t.* otřást
jostle *n.* strkanice
jostle *v.t.* strčit
jot *n.* náznak
jot *v.t.* poznamenat
journal *n.* deník
journalism *n.* novinařina
journalist *n.* novinář
journey *n.* cesta
journey *v.i.* cestovat
jovial *a.* bodrý
joviality *n.* bodrost
joy *n.* radost
joyful, joyous *n.* radostný
jubilant *a.* jásající
jubilation *n.* jásot
jubilee *n.* kulaté výročí
judge *n.* soudce
judge *v.i.* soudit
judgement *n.* úsudek
judicature *n.* judikatura
judicial *a.* justiční
judiciary *n.* justice
judicious *a.* uvážlivý
jug *n.* džbánek
juggle *v.t.* žonglovat

juggler *n.* žonglér
juice *n* šťáva
juicy *a.* šťavnatý
jumble *n.* míchanice
jumble *v.t.* smíchat
jump *n.* skok
jump *v.i* skočit
junction *n.* sjezd
juncture *n.* klíčový okamžik
jungle *n.* džungle
junior *a.* mladší
junior *n.* junior
junk *n.* veteš
jupiter *n.* jupiter
jurisdiction *n.* soudní pravomoc
jurisprudence *n.* právní věda
jurist *n.* znalec práva
juror *n.* soudní porotce
jury *n.* porota
juryman *n.* porotce
just *a.* spravedlivý
just *adv.* právě
justice *n.* spravedlnost
justifiable *a.* opodstatněný
justification *n.* odpodstatnění
justify *v.t.* opodstatnit
justly *adv.* oprávněně
jute *n.* juta
juvenile *a.* nezletilý

K

keen *a.* nadšený
keenness *n.* nadšení
keep *v.t.* podržet
keeper *n.* správce
keepsake *n.* dárek na památku
kennel *n.* kotec
kerchief *n.* šátek
kernel *n.* jadérko
kerosene *n.* petrolej
ketchup *n.* kečup
kettle *n.* varná konvice
key *n.* klíč
key *v.t* sladit
kick *n.* kopanec
kick *v.t.* kopnout
kid *n.* dítě
kidnap *v.t.* unést
kidney *n.* ledvina
kill *v.t.* zabít
kill *n.* zabití
kiln *n.* vypalovací pec
kin *n.* příbuzenstvo
kind *n.* druh
kind *a* laskavý
kindergarten ; *n.* školka
kindle *v.t.* roznítit
kindly *adv.* laskavě
king *n.* král
kingdom *n.* království
kinship *n.* spříznění
kiss *n.* polibek

kiss *v.t.* políbit
kit *n.* sada
kitchen *n.* kuchyně
kite *n.* papírový drak
kith *n.* známí
kitten *n.* kotě
knave *n.* lump
knavery *n.* lumpárna
knee *n.* koleno
kneel *v.i.* klanět se
knife *n.* nůž
knight *n.* rytíř
knight *v.t.* pasovat na rytíře
knit *v.t.* uplést
knock *v.t.* zaklepat
knot *n.* uzel
knot *v.t.* zauzlit
know *v.t.* vědět
knowledge *n.* znalost

label *n.* štítek
label *v.t.* opatřit štítkem
labial *a.* retní
laboratory *n.* laboratoř
laborious *a.* lopotný
labour *n.* práce
labour *v.i.* lopotit se
laboured *a.* namáhavý
labourer *n.* dělník

labyrinth *n.* labyrint
lac, lakh *n* velké množství
lace *n.* šňůrka
lace *v.t.* zašněrovat
lacerate *v.t.* rozervat
lachrymose *a.* plačtivý
lack *n.* nedostatek
lack *v.t.* postrádat
lackey *n.* lokaj
lacklustre *a.* nevýrazný
laconic *a.* lakonický
lactate *v.i.* laktat
lactometer *n.* laktometr
lactose *n.* mléčný cukr
lacuna *n.* dutinka
lacy *a.* krajkový
lad *n.* chlapík
ladder *n.* žebřík
lade *v.t.* ladit
ladle *n.* naběračka
ladle *v.t.* nabrat
lady *n.* paní
lag *v.i.* zaostávat
laggard *n.* zaostalec
lagoon *n.* laguna
lair *n.* pelech
lake *n.* jezero
lama *n.* lama
lamb *n.* jehně
lambaste *v.t.* zkritizovat
lame *a.* ubohý
lame *v.t.* zmrzačit

lament *v.i.* bědovat
lament *n* truchlení
lamentable *a.* žalostný
lamentation *n.* bědování
lambkin *n.* beránek
laminate *v.t.* laminovat
lamp *n.* lampa
lampoon *n.* parodie
lampoon *v.t.* parodovat
lance *n.* kopí
lance *v.t.* probodnout
lancer *n.* kopiník
lancet *a.* skalpel
land *n.* země
land *v.i.* přistávat
landing *n.* přistání
landscape *n.* krajina
lane *n.* pruh
language *n.* jazyk
languish *v.i.* chřadnout
lank *a.* vytáhlý
lantern *n.* lucerna
lap *n.* klín
lapse *v.i.* chybovat
lapse *n* pochybení
lard *n.* sádlo
large *a.* rozsáhlý
largesse *n.* velkorysost
lark *n.* skřivan
lascivious *a.* lascivní
lash *v.* bičovat
lash *n* řasa

lass *n.* děvče
last *a.* poslední
last *adv.* posledně
last *v.i.* trvat
last *n* zbytek
lastly *adv.* nakonec
lasting *a.* trvající
latch *n.* závora
late *a.* pozdní
late *adv.* pozdě
lately v poslední době
latent *a.* latentní
lath *n.* laťka
lathe *n.* soustruh
lathe *v.* soustružit
lather *n.* pěna
latitude *n.* zeměpisná šířka
latrine *n.* latrína
latter *a.* pozdější
lattice *n.* mřížka
laud *v.t.* vychválit
laud *n* chvalozpěv
laudable *a.* chvályhodný
laugh *n.* legrace
laugh *v.i* smát se
laughable *a.* směšný
laughter *n.* smích
launch *v.t.* zahájit
launch *n.* zahájení
launder *v.t.* prát
laundress *n.* pradlena
laundry *n.* prádlo

laurel *n.* vavřín
laureate *a.* laureátský
laureate *n* laureát
lava *n.* láva
lavatory *n.* záchodky
lavender *n.* levandule
lavish *a.* okázalý
lavish *v.t.* hýřit
law *n.* právo
lawful *a.* zákonný
lawless *a.* nezákonný
lawn *n.* trávník
lawyer *n.* právník
lax *a.* nedbalý
laxative *n.* projímadlo
laxative *a* projímavý
laxity *n.* nedbalost
lay *v.t.* položit
lay *a.* laický
lay *n* sexuální partner
layer *n.* vrstva
layman *n.* laik
laze *v.i.* lenošit
laziness *n.* lenost
lazy *a.* líný
lea *n.* louka
leach *v.t.* louhovat
lead *n.* náskok
lead *v.t.* zavést
lead *n.* vodítko
leaden *a.* těžkopádný
leader *n.* vedoucí

leadership *n.* vedení
leaf *n.* list
leaflet *n.* leták
leafy *a.* listový
league *n.* liga
leak *n.* únik
leak *v.i.* téci
leakage *n.* ucházení
lean *n.* náklon
lean *v.i.* naklánět se
leap *v.i.* vyskakovat
leap *n* výskok
learn *v.i.* učit se
learned *a.* naučený
learner *n.* žák
learning *n.* učení
lease *n.* pronájem
lease *v.t.* pronajmout
least *a.* nejmenší
least *adv.* nejméně
leather *n.* kůže
leave *n.* propustka
leave *v.t.* opustit
lecture *n.* přednáška
lecture *v* přednášet
lecturer *n.* přednášející
ledger *n.* účetní kniha
lee *n.* závětří
leech *n.* pijavice
leek *n.* pórek
left *a.* levý
left *n.* levá

leftist *n* levičák
leg *n.* noha
legacy *n.* odkaz
legal *a.* legální
legality *n.* legalita
legalize *v.t.* legalizovat
legend *n.* legenda
legendary *a.* legendární
leghorn *n.* druh slepice
legible *a.* čitelný
legibly *adv.* čitelně
legion *n.* legie
legionary *n.* legionář
legislate *v.i.* uzákonit
legislation *n.* legislativa
legislative *a.* legislativní
legislator *n.* zákonodárce
legislature *n.* zákonodárci
legitimacy *n.* legitimnost
legitimate *a.* legitimní
leisure *n.* volný čas
leisure *a* volnočasový
leisurely *a.* poklidný
leisurely *adv.* v poklidu
lemon *n.* citrón
lemonade *n.* limonáda
lend *v.t.* zapůjčit
length *n.* délka
lengthen *v.t.* prodloužit
lengthy *a.* zdlouhavý
lenience, leniency *n.*shovívavost
lenient *a.* shovívavý

lens *n.* objektiv
lentil *n.* čočka
Leo *n.* lev
leonine *a* lví
leopard *n.* leopard
leper *n.* malomocný
leprosy *n.* malomocenství
leprous *a.* malomocný
less *a.* menší
less *n* menší množství
less *adv.* méně
less *prep.* bez
lessee *n.* najímatel
lessen *v.t* zmírnit
lesser *a.* druhotný
lesson *n.* lekce
lest *conj.* aby ne
let *v.t.* nechat
lethal *a.* smrtonosný
lethargic *a.* letargický
lethargy *n.* letargie
letter *n* dopis
level *n.* úroveň
level *a* zarovnaný
level *v.t.* zarovnat
lever *n.* páčka
lever *v.t.* vypáčit
leverage *n.* působení
levity *n.* lehkovážnost
levy *v.t.* odvádět
levy *n.* odvod
lewd *a.* oplzlý

lexicography *n.* slovníkářství
lexicon *n.* slovní zásoba
liability *n.* závazek
liable *a.* závazný
liaison *n.* úzká spolupráce
liar *n.* lhář
libel *n.* nařčení
libel *v.t.* nařknout
liberal *a.* liberální
liberalism *n.* liberalismus
liberality *n.* osvícenost
liberate *v.t.* osvobodit
liberation *n.* osvobození
liberator *n.* osvoboditel
libertine *n.* volnomyšlenkář
liberty *n.* svoboda
librarian *n.* knihovník
library *n.* knihovna
licence *n.* licence
license *v.t.* licencovat
licensee *n.* držitel licence
licentious *a.* bezuzdý
lick *v.t.* olíznout
lick *n* líznutí
lid *n.* víko
lie *v.i.* ležet
lie *v.i* lhát
lie *n* ležet
lien *n.* slezina
lieu *n.* místo
lieutenant *n.* nadporučík
life *n* život

lifeless *a.* bez žívota
lifelong *a.* celoživotní
lift *n.* výtah
lift *v.t.* vyzvednout
light *n.* světlo
light *a* světlý
light *v.t.* osvětlit
lighten *v.i.* zapalovat
lighter *n.* zapalovač
lightly *adv.* lehce
lightening *n.* osvětlení
lignite *n.* hnědé uhlí
like *a.* souhlasný
like *n.* protějšek
like *v.t.* mít rád
like *prep* jako
likelihood *n.* pravděpodobost
likely *a.* pravděpodobně
liken *v.t.* přirovnat
likeness *n.* podobnost
likewise *adv.* nápodobně
liking *n.* zalíbení
lilac *n.* šeřík
lily *n.* lilie
limb *n.* úd
limber *v.t.* procvičit
limber *n* odvětvovač
lime *n.* limetka
lime *v.t* chytit na lep
lime *n.* lípa
limelight *n.* záře reflektorů
limit *n.* limit

104

limit *v.t.* omezit
limitation *n.* omezení
limited *a.* omezený
limitless *a.* neomezený
line *n.* čára
line *v.t.* seřadit
line *v.t.* ohradit
lineage *n.* rodokmen
linen *n.* ložní prádlo
linger *v.i.* přetrvávat
lingo *n.* hatmatilka
lingua franca *n.* společný jazyk
lingual *a.* jazykový
linguist *n.* jazykovědec
linguistic *a.* jazykovědný
linguistics *n.* jazykověda
lining *n* podšívka
link *n.* spojení
link *v.t* spojit
linseed *n.* lněné semínko
lintel *n.* dveřní překlad
lion *n* lev
lioness *n.* lvice
lip *n.* ret
liquefy *v.t.* zkapalnit
liquid *a.* kapalný
liquid *n* kapalina
liquidate *v.t.* zlikvidovat
liquidation *n.* likvidace
liquor *n.* likér
lisp *v.t.* zašišlat
lisp *n* šišlání

list *n.* seznam
list *v.t.* uvést v seznamu
listen *v.i.* poslouchat
listener *n.* posluchač
listless *a.* netečný
lists *n.* listy
literacy *n.* gramotnost
literal *a.* doslovný
literary *a.* literární
literate *a.* gramotný
literature *n.* literatura
litigant *n.* sporná strana
litigate *v.t.* vést spor
litigation *n.* vedení sporu
litre *n.* litr
litter *n.* odpadky
litter *v.t.* zaneřádit
litterateur *n.* literát
little *a.* malý
little *adv.* málo
little *n.* maličkost
littoral *a.* pobřežní
liturgical *a.* liturgický
live *v.i.* žít
live *a.* živý
livelihood *n.* živobytí
lively *a.* plný života
liver *n.* játro
livery *n.* livrej
living *a.* žijící
living *n* žití
lizard *n.* ještěrka

load *n.* náklad
load *v.t.* naložit
loadstar *n.* typ počítačového disku
loadstone *n.* magnetovec
loaf *n.* bochník
loaf *v.i.* marnit
loafer *n.* pobuda
loan *n.* půjčka
loan *v.t.* půjčit
loath *a.* neochotný
loathe *v.t.* zošklivit si
loathsome *a.* ohavný
lobby *n.* předsíň
lobe *n.* lalok
lobster *n.* humr
local *a.* místní
locale *n.* dějiště
locality *n.* lokalita
localize *v.t.* lokalizovat
locate *v.t.* určit polohu
location *n.* poloha
lock *n.* zámek
lock *v.t* zamknout
lock *n* kadeř
locker *n.* skříňka
locket *n* brož
locomotive *n.* lokomotiva
locus *n.* akát
locust *n.* saranče
locution *n.* úslová
lodge *n.* chatka

lodge *v.t.* být v podnájmu
lodging *n.* střecha nad hlavou
loft *n.* poschodí
lofty *a.* nadutý
log *n.* poleno
logarithim *n.* logaritmus
loggerhead *n.* hlupák
logic *n.* logika
logical *a.* logický
logician *n.* logik
loin *n.* bedra
loiter *v.i.* loudat se
loll *v.i.* povalovat se
lollipop *n.* lízátko
lone *a.* osamělý
loneliness *n.* osamělost
lonely *a.* osamocený
lonesome *a.* opuštěný
long *a.* dlouhý
long *adv* dlouze
long *v.i* toužit
longevity *n.* dlouhověkost
longing *n.* touha
longitude *n.* zeměpisná délka
look *v.i* dívat se
look *n* vzezření
loom *n* tkalcovský stav
loom *v.i.* tkát na stavu
loop *n.* klička
loop-hole *n.* střílna
loose *a.* uvolněný
loose *v.t.* uvolnit

loosen *v.t.* zmírnit
loot *n.* kořist
loot *v.i.* rabovat
lop *v.t.* oklestit
lop *n.* klestí
lord *n.* pán
lordly *a.* panský
lordship *n.* lordstvo
lore *n.* lidovvá tradice
lorry *n.* nákladní auto
lose *v.t.* prohrát
loss *n.* ztráta
lot *n.* los
lot *n* pozemek
lotion *n.* vodička
lottery *n.* loterie
lotus *n.* lotus
loud *a.* hlasitý
lounge *v.i.* flákat se
lounge *n.* flákání
louse *n.* veš
lovable *a.* líbezný
love *n* láska
love *v.t.* milovat
lovely *a.* milý
lover *n.* milenec
loving *a.* milující
low *a.* nízký
low *adv.* nízce
low *v.i.* bučet
low *n.* bučení
lower *v.t.* snížit

lowliness *n.* poníženost
lowly *a.* prostý
loyal *a.* loajální
loyalist *n.* stoupenec
loyalty *n.* loajalita
lubricant *n.* lubrikant
lubricate *v.t.* lubrikovat
lubrication *n.* lubrikace
lucent *a.* zářicí
lucerne *n.* lucerna
lucid *a.* jasný
lucidity *n.* jasnost
luck *n.* štěstí
luckily *adv.* šťastně
luckless *a.* smolařský
lucky *a.* šťastlivý
lucrative *a.* lukratiní
lucre *n.* výdělek
luggage *n.* zavazadla
lukewarm *a.* lhostejný
lull *v.t.* uklidnit
lull *n.* klid
lullaby *n.* ukolébavka
luminary *n.* svítidlo
luminous *a.* světelný
lump *n.* boule
lump *v.t.* vytvořit bouli
lunacy *n.* bláznovství
lunar *a.* měsíční
lunatic *n.* šílenec
lunatic *a.* šílený
lunch *n.* oběd

lunch v.i. obědvat
lung n plíce
lunge n. otěž
lunge v.i razit si cestu
lurch n. prudké naklonění
lurch v.i. potácet se
lure n. lákadlo
lure v.t. lákat
lurk v.i. číhat
luscious a. atraktivní
lush a. bujný
lust n. chtíč
lustful a. chtivý
lustre n. lustr
lustrous a. třpytný
lusty a. vitální
lute n. loutna
luxuriance n. hojnost
luxuriant a. hojný
luxurious a. přepychový
luxury n. přepych
lynch v.t. lynčovat
lyre n. lyra
lyric a. lyrický
lyric n. lyrika
lyrical a. nadšený
lyricist n. textař

M

magical a.

magician n. kouzelný
magisterial a. kouzelník
magistracy n. smírčí
soudcovství
magistrate n. smírčí soudce
magnanimity n. velkodušnost
magnanimous a. velkodušný
magnate n. magnát
magnet n. magnet
magnetic a. magnetický
magnetism n. magnetismus
magnificent a. velkolepý
magnify v.t. velebit
magnitude n. veličina
magpie n. stračena
mahogany n. mahagon
mahout n. vodič slona
maid n. služebná
maiden n. panna
maiden a panenský
mail n. pošta
mail v.t. poslat poštou
mail n brnění
main a hlavní
main n hlavní vedení
mainly adv. hlavně
mainstay n. ústřední pilíř
maintain v.t. uchovat
maintenance n. udržování
maize n. kukuřice
majestic a. majestátný
majesty n. veličenstvo

major *a.* většinový
major *n* major
majority *n.* většina
make *v.t.* udělat
make *n* značka
maker *n.* výrobce
mal adjustment *n.* neseřízenost
mal administration *n.* špatná
správa
malady *n.* choroba
malaria *n.* malárie
maladroit *a.* neohrabaný
malafide *a.* bezvěrecký
malafide *adv* bezvěrecky
malaise *n.* neklidnost
malcontent *a.* nespokojený
malcontent *n* nespokojenec
male *a.* samčí
male *n* samec
malediction *n.* zlořečení
malefactor *n.* pachatel
maleficent *a.* škodlivý
malice *n.* zlomyslnost
malicious *a.* zlomyslný
malign *v.t.* osočit
malign *a* zákeřný
malignancy *n.* zákeřnost
malignant *a.* zhoubný
malignity *n.* zášť
malleable *a.* kujný
malmsey *n.* sladké víno
malnutrition *n.* podvýživa

malpractice *n.* nedbalost
malt *n.* slad
mal-treatment *n.* špatné
zacházení
mamma *n.* maminka
mammal *n.* savec
mammary *a.* prsní
mammon *n.* mamon
mammoth *n.* mamut
mammoth *a* mamutí
man *n.* člověk
man *v.t.* vzmužit se
manage *v.t.* zvládnout
manageable *a.* zvládnutelný
management *n.* řízení
manager *n.* manažer
managerial *a.* manažerský
mandate *n.* mandát
mandatory *a.* závazný
mane *n.* hříva
manes *n.* antický duch
manful *a.* mužný
manganese *n.* mangan
manger *n.* žlab
mangle *v.t.* rozdrtit
mango *n* manglo
manhandle *v.t.* hrubě zacházet
manhole *n.* otvor
manhood *n.* mužství
mania *n* mánie
maniac *n.* maniak
manicure *n.* manikúra

manifest *a.* zřejmý
manifest *v.t.* projevit
manifestation *n.* manifestace
manifesto *n.* manifest
manifold *a.* všelijaký
manipulate *v.t.* manipulovat
manipulation *n.* manipulace
mankind *n.* lidstvo
manlike *a.* mužský
manliness *n* srdnatost
manly *a.* hodný muže
manna *n.* mana
mannequin *n.* manekýna
manner *n.* manýr
mannerism *n.* manýrismus
mannerly *a.* uhlazený
manoeuvre *n.* manévr
manoeuvre *v.i.* manévrovat
manor *n.* panství
manorial *a.* panský
mansion *n.* sídlo
mantel *n.* římsa
mantle *n* kryt
mantle *v.t* zakrýt
manual *a.* ruční
manual *n* návod
manufacture *v.t.* vyrobit
manufacture *n* výroba
manufacturer *n* výrobce
manumission *n.* propuštění
  z otroctví
manumit *v.t.* propustit otroka

manure *n.* hnůj
manure *v.t.* pohnojit
manuscript *n.* rukopis
many *a.* mnohý
map *n* mapa
map *v.t.* zmapovat
mar *v.t.* zkazit
marathon *n.* maratón
maraud *v.i.* plenit
marauder *n.* nájezdník
marble *n.* mramor
march *n* pochod
march *n.* březen
march *v.i* kráčet
mare *n.* klisna
margarine *n.* margarín
margin *n.* minimální zisk
marginal *a.* pokrajový
marigold *n.* afrikán
marine *a.* námořní
mariner *n.* námořník
marionette *n.* loutka
marital *a.* manželský
maritime *a.* mořský
mark *n.* stopa
mark *v.t* označit
marker *n.* označovač
market *n* trh
market *v.t* obchodovat
marketable *a.* prodejný
marksman *n.* ostrostřelec
marl *n.* jíl

marmalade *n.* marmeláda
maroon *n.* kaštan
maroon *a* kaštanový
maroon *v.t* zanechat bez pomoci
marriage *n.* sňatek
marriageable *a.* na vdávání
marry *v.t.* uzavřít sňatek
Mars *n* mars
marsh *n.* mokřad
marshal *n* maršál
marshal *v.t* seřadit
marshy *a.* bažinatý
marsupial *n.* vačnatec
mart *n.* tržnice
marten *n.* kuna
martial *a.* bojový
martinet *n.* pedant
martyr *n.* mučedník
martyrdom *n.* mučednictví
marvel *n.* div
marvel *v.i* žasnout
marvellous *a.* úřasný
mascot *n.* maskot
masculine *a.* chlapský
mash *n.* směs
mash *v.t* rozmačkat
mask *n.* maska
mask *v.t.* zamaskovat
mason *n.* zedník
masonry *n.* zdivo
masquerade *n.* maškaráda
mass *n.* masa

mass *v.i* kupit se
massacre *n.* masakr
massacre *v.t.* zmasakrovat
massage *n.* masáž
massage *v.t.* masírovat
masseur *n.* masér
massive *a.* ohromný
massy, *a.* soucitný
mast *n.* bukvice
master *n.* pán
master *v.t.* ovládnout
masterly *a.* mistrovský
masterpiece *n.* veledílo
mastery *n.* mistrovství
masticate *v.t.* hníst
masturbate *v.i.* masturbovat
mat *n.* podložka
matador *n.* matador
match *n.* partie
match *v.i.* porovnávat
match *n* soupeř
matchless *a.* nevyrovnatelný
mate *n.* kámoš
mate *v.t.* spářit
mate *n* druh
mate *v.t.* sdružit
material *a.* materiální
material *n* materiál
materialism *n.* materialismus
materialize *v.t.* zhmotnit
maternal *a.* mateřský
maternity *n.* maternity

mathematical *a.* matematický

mathematician *n.* matematik

mathematics *n* matematika

matinee *n.* odpolední koncert

matriarch *n.* matriarcha

matricidal *a.* matkovražedný

matricide *n.* matkovražda

matriculate *v.t.* imatrikulovat

matriculation *n.* imatrikulace

matrimonial *a.* manželský

matrimony *n.* manželský stav

matrix *n* matice

matron *n.* matróna

matter *n.* záležitost

matter *v.i.* záležet

mattock *n.* krumpáč

mattress *n.* matrace

mature *a.* vyzrálý

mature *v.i* zrát

maturity *n.* zralost

maudlin *a* uplakaný

maul *n.* palice

maul *v.t* dobít

maulstick *n.* typ malířského štětce

maunder *v.t.* mumlat

mausoleum *n.* mauzoleum

mawkish *a.* falešně sentimentální

maxilla *n.* horní čelist

maxim *n.* rčení

maximize *v.t.* maximalizovat

maximum *a.* maximální

maximum *n* maximum

May *n.* květen

may *v* moci

mayor *n.* major

maze *n.* bludiště

me *pron.* mně

mead *n.* medovina

meadow *n.* louka

meagre *a.* skrovný

meal *n.* pokrm

mealy *a.* moučný

mean *a.* lakomý

mean *n.* prostředek

mean *v.t* znamenat

meander *v.i.* klikatit se

meaning *n.* význam

meaningful *a.* smysluplný

meaningless *a.* nesmyslný

meanness *n.* zlovonost

means *n* prostředky

meanwhile *adv.* zatímco

measles *n* spalničky

measurable *a.* měřitelný

measure *n.* míra

measure *v.t* změřit

measureless *a.* bezměrný

measurement *n.* velikost

meat *n.* maso

mechanic *n.* mechanik

mechanic *a* mechanický

mechanical *a.* strojový

mechanics *n.* mechanika
mechanism *n.* mechanismus
medal *n.* medaile
medallist *n.* držitel medaile
meddle *v.i.* plést se
medieval *a.* středověký
medieval *a.* středověký
median *a.* středový
mediate *v.i.* zprostředkovávat
mediation *n.* zprostředkování
mediator *n.* zprostředkovatel
medical *a.* zdravotnický
medicament *n.* léčivo
medicinal *a.* medicínský
medicine *n.* medicína
medico *n.* medik
mediocre *a.* průměrný
mediocrity *n.* průměrnost
meditate *v.t.* meditovat
mediation *n.* meditace
meditative *a.* meditativní
medium *n* medium
medium *a* prostřední
meek *a.* poddajný
meet *n.* sraz
meet *v.t.* setkat se
meeting *n.* setkání
megalith *n.* megalit
megalithic *a.* megalitický
megaphone *n.* tlampač
melancholia *n.* melancholie
melancholic *a.* melancholický

melancholy *n.* zádumčivost
melancholy *adj* zádumčivý
melee *n.* rvačka
meliorate *v.t.* zlepšit
mellow *a.* uvolněný
melodious *a.* melodický
melodrama *n.* melodrama
melodramatic *a.* dramatický
melody *n.* melodie
melon *n.* meloun
melt *v.i.* tát
member *n.* člen
membership *n.* členství
membrane *n.* membrána
memento *n.* vzpomínka
memoir *n.* memoár
memorable *a.* pamětihodný
memorandum *n* memorandum
memorial *n.* památník
memorial *a* památný
memory *n.* paměť
menace *n* hrozba
menace *v.t* ohrozit
mend *v.t.* zotavit se
mendacious *a.* klamný
menial *a.* podřadný
menial *n* služebník
meningitis *n.* zápal mozkových blan
menopause *n.* menopauza
menses *n.* měsíčky
menstrual *a.* menstruační

menstruation *n.* menstruace
mental *a.* duševní
mentality *n.* mentalita
mention *n.* zmínka
mention *v.t.* zmínit se
mentor *n.* rádce
menu *n.* jídelní lístek
mercantile *a.* obchodnický
mercenary *a.* námezdní
mercerise *v.t.* mercerovat
merchandise *n.* zboží
merchant *n.* obchodník
merciful *a.* milosrdný
merciless *adj.* nemilosrdný
mercurial *a.* rtuťový
mercury *n.* rtuť
mercy *n.* milosrdenství
mere *a.* pouhý
merge *v.t.* smísit
merger *n.* sloučení
meridian *a.* polední
merit *n.* hodnota
merit *v.t.* zasloužit si
meritorious *a.* záslužný
mermaid *n.* mořská víla
merman *n.* mořský muž
merriment *n.* veselí
merry *a.* veselý
mesh *n.* spleť
mesh *v.t.* chytit do sítě
mesmerism *n.* uchvácení
mesmerize *v.t.* uchvátit

mess *n.* nepořádek
mess *v.i* zaneřádit
message *n.* zpráva
messenger *n.* posel
messiah *n.* mesiáš
Messrs *n.* pánové
metabolism *n.* metabolismus
metal *n.* kov
metallic *a.* kovový
metallurgy *n.* metalurgie
metamorphosis *n.* metamorfóza
metaphor *n.* metafora
metaphysical *a.* metafyzický
metaphysics *n.* metafyzika
mete *v.t* vyměřit
meteor *n.* meteor
meteoric *a.* meteorický
meteorologist *n.* meteorolog
meteorology *n.* meteorologie
meter *n.* metr
method *n.* metoda
methodical *a.* metodický
metre *n.* metrum
metric *a.* metrický
metrical *a.* měřičský
metropolis *n.* hlavní město
metropolitan *a.* metropolitní
metropolitan *n.* obyvatel
    metropole
mettle *n.* kuráž
mettlesome *a.* bujný
mew *v.i.* mňoukat

mew *n.* mňoukání
mezzanine *n.* mezipatro
mica *n.* slída
microfilm *n.* mikrofilm
micrology *n.* mikrologie
micrometer *n.* mikrometr
microphone *n.* mikrofon
microscope *n.* mikroskop
microscopic *a.* mikroskopický
microwave *n.* mikrovlnná trouba
mid *a.* prostřední
midday *n.* poledne
middle *a.* střední
middle *n* střed
middleman *n.* prostředník
middling *a.* průměrný
midget *n.* střízlík
midland *n.* vnitrozemí
midnight *n.* půlnoc
mid-off *n.* pozice kriketového hráče
mid-on *n.* pozice kriketového hráče
midriff *n.* bránice
midst uprostřed
midsummer *n.* letní slunovrat
midwife *n.* porodní asistentka
might *n.* moc
mighty *adj.* mocný
migraine *n.* migréna
migrant *n.* migrant
migrate *v.i.* migrovat

migration *n.* migrace
milch *a.* dojný
mild *a.* jemný
mildew *n.* plesnivina
mile *n.* míle
mileage *n.* délka v mílích
milestone *n.* mezník
milieu *n.* prostředí
militant *a.* bojovný
militant *n* bojovník
military *a.* armádní
military *n* armáda
militate *v.i.* bojovat
militia *n.* milice
milk *n.* mléko
milk *v.t.* dojit
milky *a.* mléčný
mill *n.* mlýn
mill *v.t.* mlít
millennium *n.* milénium
miller *n.* mlynář
millet *n.* proso
milliner *n.* modistka
milliner *n.* kloboučník
millinery *n.* kloboučnictví
million *n.* milion
millionaire *n.* milionář
millipede *n.* stonožka
mime *n.* pantomima
mime *v.i* hrát pantomimu
mimesis *n.* mimézis
mimic *a.* mimický

mimic *n* imitátor
mimic *v.t* imitovat
mimicry *n* mimikry
minaret *n.* minaret
mince *v.t.* rozkrájet
mind *n.* mysl
mind *v.t.* dbát
mindful *a.* dbalý
mindless *a.* nedbalý
mine *pron.* můj
mine *n* důl
miner *n.* horník
mineral *n.* minerál
mineral *a* minerální
mineralogist *n.* mineralog
mineralogy *n.* mineralogie
mingle *v.t.* promíchat
miniature *n.* miniatura
miniature *a.* miniaturní
minim *n.* částečka
minimal *a.* minimální
minimize *v.t.* zminimalizovat
minimum *n.* minimum
minimum *a* nejnižší
minion *n.* nohsled
minister *n.* ministr
minister *v.i.* pečovat
ministrant *a.* přisluhující
ministry *n.* ministerstvo
mink *n.* norek
minor *a.* vedlejší
minor *n* půltón

minority *n.* minorita
minster *n.* dóm
mint *n.* máta
mint *n* mincovna
mint *v.t.* razit mince
minus *prep.* bez
minus *a* minusový
minus *n* nedostatek
minuscule *a.* nepatrný
minute *a.* minutový
minute *n.* minuta
minutely *adv.* minutově
minx *n.* semetrika
miracle *n.* zázrak
miraculous *a.* zázračný
mirage *n.* optický klam
mire *n.* bláto
mire *v.t.* zablátit
mirror *n* zrcadlo
mirror *v.t.* zrcadlit se
mirth *n.* radostná nálada
mirthful *a.* radostný
misadventure *n.* nešťastná
náhoda
misalliance *n.* nerovné spojení
misanthrope *n.* mrzout
misapplication *n.* nesprávné
použití
misapprehend *v.t.* nepochopit
misapprehension *n*
nepochopení
misappropriate *v.t.* zpronevěřit

misappropriation *n.*
zpronevěření
misbehave *v.i.* chovat se
neslušně
misbehaviour *n.* neslušné
chování
misbelief *n.* nedůvěra
miscalculate *v.t.* přepočítat se
miscalculation *n.* špatná
kalkulace
miscall *v.t.* nadávat
miscarriage *n.* přirozený potrat
miscarry *v.i.* přirozeně potratit
miscellaneous *a.* rozmanitý
miscellany *n.* rozmanitost
mischance *n.* smůla
mischief *n* rošťáctví
mischievous *a.* rošťácký
misconceive *v.t.* neporozumět
misconception *n.* neporozumění
misconduct *n.* prohřešek
misconstrue *v.t.* nesprávně
interpretovat
miscreant *n.* bezvěrec
misdeed *n.* přestupek
misdemeanour *n.* přečin
misdirect *v.t.* uvést v omyl
misdirection *n.* uvedení v omyl
miser *n.* skrblík
miserable *a.* mizerný
miserly *a.* lakotný
misery *n.* mizérie

misfire *v.i.* míjet cíl
misfit *n.* ztracená existence
misfortune *n.* rána osudu
misgive *v.t.* mít obavu
misgiving *n.* obava
misguide *v.t.* svést na zcestí
mishap *n.* malér
misjudge *v.t.* posoudit nesprávně
mislead *v.t.* pomýlit
mismanagement *n.* nesprávné
vedení
mismatch *v.t.* nehodit se
misnomer *n.* chybný název
misplace *v.t.* umístit chybně
misprint *n.* chyba tisku
misprint *v.t.* tisknout chybně
misrepresent *v.t.* překroutit
misrule *n.* špatná vláda
miss *n.* slečna
miss *v.t.* zmeškat
missile *n.* střela
mission *n.* mise
missionary *n.* misionář
missis, missus *n..* panička
missive *n.* formální dopis
mist *n.* mlžení
mistake *n.* chyba
mistake *v.t.* pochybit
mister *n.* pan
mistletoe *n.* jmelí
mistreat *v.* zacházet špatně
mistress *n.* milenka

mistrust *n.* nedůvěra
mistrust *v.t.* nedůvěřovat
misty *a.* mlhavý
misunderstand *v.t.* neporozumět
misunderstanding *n.*
  nedorozumění
misuse *n.* zneužití
misuse *v.t.* zneužít
mite *n.* roztoč
mite *n* drobeček
mithridate *n.* protijed
mitigate *v.t.* zmírnit
mitigation *n.* zmírnění
mitre *n.* mitra
mitten *n.* palčák
mix *v.i* mísit
mixture *n.* směsice
moan *v.i.* sténat
moan *n.* sténání
moat *n.* hradní příkop
moat *v.t.* obehnat příkopem
mob *n.* chátra
mob *v.t.* srotit se
mobile *a.* přenosný
mobility *n.* pohyblivost
mobilize *v.t.* mobilizovat
mock *v.i.* zesměšňovat
mock *adj* posměšně
mockery *n.* posměch
modality *n.* forma
mode *n.* způsob
model *n.* model

model *v.t.* vymodelovat
moderate *a.* umírněný
moderate *v.t.* umírnit
moderation *n.* mírnost
modern *a.* moderní
modernity *n.* modernita
modernize *v.t.* zmodernizovat
modest *a.* skromný
modesty *n* skromnost
modicum *n.* špetka
modification *n.* modifikace
modify *v.t.* modifikovat
modulate *v.t.* modulovat
moil *v.i.* dřít se
moist *a.* vlhký
moisten *v.t.* zvlhčit
moisture *n.* vláha
molar *n.* zub stolička
molar *a* molární
molasses *n* melasa
mole *n.* krtek
molecular *a.* molekulový
molecule *n.* molekula
molest *v.t.* obtěžovat
molestation *n.* obtěžování
molten *a.* roztavený
moment *n.* moment
momentary *a.* chvilkový
momentous *a.* závažný
momentum *n.* podnět
monarch *n.* monarcha
monarchy *n.* monarchie

monastery n. klášter
monasticism n mnišství
Monday n. pondělí
monetary a. měnový
money n. peníze
monger n. podněcovatel
mongoose n. mungo
mongrel a zparchantělý
monitor n. monitor
monitory a. varovný
monk n. mnich
monkey n. opice
monochromatic a. monochromatický
monocle n. monokl
monocular a. jednooční
monody n. monódie
monogamy n. monogamie
monogram n. monogram
monograph n. monograf
monogynous a. jednopestíkový
monolatry n. monolatrie
monolith n. monolit
monologue n. monolog
monopolist n. monopolista
monopolize v.t. získat monopol
monopoly n. monopol
monosyllable n. jednoslabičné slovo
monosyllabic a. jednoslabičný
monotheism n. monoteismus
monotheist n. monoteista

monotonous a. monotónní
monotony n monotónie
monsoon n. monzun
monster n. příšera
monstrous a. příšerný
monstrous a. příšerný
month n. měsíc
monthly a. měsíční
monthly adv měsíčně
monthly n měsíčník
monument n. monument
monumental a. monumentální
moo v.i bučet
mood n. nálada
moody a. náladový
moon n. měsíc
moor n. planina
moor v.t zakotvit
moorings n. kotviště
moot n. diskuse
mop n. mop
mop v.t. setřít mopen
mope v.i. bloumat
moral a. morální
moral n. mravy
morale n. morálka
moralist n. moralista
morality n. mravnost
moralize v.t. moralizovat
morbid a. morbidní
morbidity n nemocnost
more a. další

more *adv* více
moreover *adv.* nadto
morganatic *a.* morganatický
morgue *n.* márnice
moribund *a.* skomírající
morning *n.* ráno
moron *n.* pitomec
morose *a.* mrzutý
morphia *n.* morfium
morrow *n.* zítřek
morsel *n.* ždibec
mortal *a.* smrtelný
mortal *n* smrtelník
mortality *n.* smrtelnost
mortar *v.t.* omítnout maltou
mortgage *n.* hypotéka
mortgage *v.t.* zastavit hypotékou
mortagagee *n.* hypotéční věřitel
mortgagor *n.* poskytovatel
hypotéky
mortify *v.t.* zostudit
mortuary *n.* umrlčí komora
mosaic *n.* mozaika
mosque *n.* mešita
mosquito *n.* komár
moss *n.* mech
most *a.* největší
most *adv.* nejvíce
most *n* většina
mote *n.* smítko
motel *n.* motel
moth *n.* mol

mother *n* matka
mother *v.t.* být matkou
motherhood *n.* mateřství
motherlike *a.* matce podobný
motherly *a.* mateřský
motif *n.* námět
motion *n.* pohyb
motion *v.i.* hýbat se
motionless *a.* nehybný
motivate *v* motivovat
motivation *n.* motivace
motive *n.* motiv
motley *a.* strakatý
motor *n.* motor
motor *v.i.* jet autem
motorist *n.* motorista
mottle *n.* skvrna
motto *n.* moto
mould *n.* zemina
mould *v.t.* hníst
mould *n* plíseň
mould *n* forma
mouldy *a.* plesnivý
moult *v.i.* pelichat
mound *n.* kupa
mount *n.* hora
mount *v.t.* upevnit
mount *n* montáž
mountain *n.* pohoří
mountaineer *n.* horolezec
mountainous *a.* hornatý
mourn *v.i.* truchlit

mourner *n.* truchlící
mournful *a.* truchlivý
mourning *n.* truchlení
mouse *n.* myš
moustache *n.* knír
mouth *n.* ústa
mouth *v.t.* deklamovat
mouthful *n.* sousto
movable *a.* pohyblivý
movables *n.* motivosti
move *n.* pohyb
move *v.t.* pohnout se
movement *n.* přesun
mover *n.* hybatel
movies *n.* kino
mow *v.t.* posekat
much *a* mnohý
much *adv* mnoho
mucilage *n.* klíh
muck *n.* hnůj
mucous *a.* slizový
mucus *n.* hlen
mud *n.* bláto
muddle *n.* nepořádek
muddle *v.t.* zkalit
muffle *v.t.* umlčet
muffler *n.* dusítko
mug *n.* hrnek
muggy *a.* dusný
mulatto *n.* míšenec
mulberry *n.* moruše
mule *n.* mezek

mulish *a.* paličatý
mull *n.* gáza
mull *v.t.* svařit
mullah *n.* mullah
mullion *n.* sloupek
multifarious *a.* rozličný
multiform *n.* mnohotvárnost
multilateral *a.* mnohostranný
multiparous *a.* vícerodící
multiple *a.* mnohonásobný
multiple *n* násobek
multiped *n.* stonožka
multiplex *a.* vícenásobný
multiplicand *n.* násobenec
multiplication *n.* násobení
multiplicity *n.* násobnost
multiply *v.t.* násobit
multitude *n.* zástup
mum *a.* mlčící
mum *n* mamka
mumble *v.i.* huhňat
mummer *n.* maškara
mummy *n.* maminka
mummy *n* mumie
mumps *n.* příušnice
munch *v.t.* požvýkat
mundane *a.* všední
municipal *a.* komunální
municipality *n.* samosprávná
obec
munificent *a.* štědrý
muniments *n.* archiv

munitions *n.* munice
mural *a.* nástěnný
mural *n.* nástěnná malba
murder *n.* vražda
murder *v.t.* zavraždit
murderer *n.* vrah
murderous *a.* vražedný
murmur *n.* zručení
murmur *v.t.* zručet
muscle *n.* sval
muscovite *n.* Moskvan
muscular *a.* svalový
muse *v.i.* přemítat
muse *n* múza
museum *n.* muzeum
mush *n.* kaše
mushroom *n.* hřib
music *n.* hudba
musical *a.* hudební
musician *n.* hudebník
musk *n.* pižmo
musket *n.* mušketa
musketeer *n.* mušketýr
muslin *n.* mušelín
must *v.* muset
must *n.* nutnost
must *n* nezbytnost
mustache *n.* knírek
mustang *n.* mustang
mustard *n.* hořčice
muster *v.t.* opatřit si
muster *n* shromáždění

musty *a.* zatuchlý
mutation *n.* mutace
mutative *a.* mutační
mute *a.* němý
mute *n.* nemluva
mutilate *v.t.* znetvořit
mutilation *n.* znetvoření
mutinous *a.* vzpurný
mutiny *n.* vzpoura
mutiny *v.i* bouřit se
mutter *v.i.* mručet
mutton *n.* skopové
mutual *a.* vzájemný
muzzle *n.* čenich
muzzle *v.t* nasadit náhubek
my *pron.* můj
myalgia *n.* svalová bolest
myopia *n.* krátkozrakost
myopic *a.* krátkozraký
myosis *n.* myóza
myriad *n.* myriáda
myriad *a* nesčetný
myrrh *n.* myrha
myrtle *n.* myrta
myself *pron.* sám
mysterious *a.* mysteriózní
mystery *n.* záhada
mystic *a.* mystický
mystic *n* mystik
mysticism *n.* mysticismus
mystify *v.t.* zmást
myth *n.* mýtus

mythical *a.* mýtický
mythological *a.* mytologický
mythology *n.* mytologie

N

nab *v.t.* chňapnout
nabob *n.* boháč z Orientu
nadir *n.* podnožník
nag *n.* kobylka
nag *v.t.* sekýrovat
nail *n.* nehet
nail *v.t.* přibít
naive *a.* naivní
naivete *n.* naivnost
naivety *n.* naivita
naked *a.* nahý
name *n.* jméno
name *v.t.* pojmenovat
namely *adv.* jmenovitě
namesake *n.* jmenovec
nap *v.i.* podřimovat
nap *n.* zdřímnutí
nap *n* chlup
nape *n.* zátylek
napkin *n.* plena
narcissism *n.* narcismus
narcissus *n* narcis
narcosis *n.* narkóza
narcotic *n.* omamný
narrate *v.t.* vyprávět

narration *n.* vyprávění
narrative *n.* historika
narrative *a.* vypravěčský
narrator *n.* vypravěč
narrow *a.* úzký
narrow *v.t.* narovnat
nasal *a.* nosní
nasal *n* nosovka
nascent *a.* počatý
nasty *a.* sprostý
natal *a.* vrozený
natant *a.* plovoucí
nation *n.* národ'
national *a.* národní
nationalism *n.* nacionalismus
nationalist *n.* nacionalista
nationality *n.* národnost
nationalization *n.* znárodnění
nationalize *v.t.* znárodnit
native *a.* rodný
native *n* rodák
nativity *n.* zrození
natural *a.* přírodní
naturalist *n.* přírodovědec
naturalize *v.t.* naturalizovat
naturally *adv.* přirozeně
nature *n.* příroda
naughty *a.* zlobivý
nausea *n.* nevolnost
nautic(al) *a.* námořní
naval *a.* námořnický
nave *n.* hlavní loď

navigable *a.* splavný
navigate *v.i.* navigovat
navigation *n.* navigace
navigator *n.* navigátor
navy *n.* loďstvo
nay *adv.* ba spíše
neap *a.* nízký
near *a.* blízký
near *prep.* vedle
near *adv.* blízko
near *v.i.* blížit se
nearly *adv.* téměř
neat *a.* uhlazený
nebula *n.* mlhovina
necessary *n.* nezbytnost
necessary *a* nezbytný
necessitate *v.t.* vynutit
necessity *n.* nutnost
neck *n.* krk
necklace *n.* náhrdelník
necklet *n.* řetízek
necromancer *n.* čaroděj
necropolis *n.* pohřebiště
nectar *n.* nektar
need *n.* potřeba
need *v.t.* potřebovat
needful *a.* potřebný
needle *n.* jehla
needless *a.* nepotřebný
needs *adv.* nutně
needy *a.* nuzný
nefandous *a.* rouhavý

nefarious *a.* hanebný
negation *n.* negace
negative *a.* negativní
negative *n.* záporka
negative *v.t.* zmařit
neglect *v.t.* zanedbat
neglect *n* zanedbání
negligence *n.* nedbalost
negligent *a.* nedbalý
negligible *a.* nepatrný
negotiable *a.* schůdný
negotiate *v.t.* vyjednat
nagotiation *n.* vyjednávání
negotiator *n.* vyjednávač
negress *n.* černoška
negro *n.* černoch
neigh *v.i.* řehtat
neigh *n.* řehtání
neighbour *n.* soused
neighbourhood *n.* sousedství
neighbourly *a.* sousedský
neither *conj.* ani
nemesis *n.* odplata
neolithic *a.* neolitický
neon *n.* neón
nephew *n.* synovec
nepotism *n.* protežování
    příbuzných
Neptune *n.* Neptun
nerve *n.* nerv
nerveless *a.* chladnokrevný
nervous *a.* nervózní

nescience *n.* nevědomost
nest *n.* hnízdo
nest *v.t.* hnízdit
nether *a.* dolní
nestle *v.i.* choulit se
nestling *n.* pískle
net *n.* síť
net *v.t.* chytit do sítě
net *a* čistý
net *v.t.* zahalit
nettle *n.* kopřiva
nettle *v.t.* žahnout
network *n.* systém
neurologist *n.* neurolog
neurology *n.* neurologie
neurosis *n.* neuróza
neuter *a.* bezpohlavní
neuter *n* bezpohlavní jedinec
neutral *a.* neutrální
neutralize *v.t.* zneutralizovat
neutron *n.* neutron
never *adv.* nikdy
nevertheless *conj.* nicméně
new *a.* nový
news *n.* novinka
next *a.* další
next *adv.* dále
nib *n.* hrot
nibble *v.t.* uždibnout
nibble *n* ždibec
nice *a.* pěkný
nicety *n.* jemnůstky

niche *n.* výklenek
nick *n.* chládek, vězení
nickel *n.* nikl
nickname *n.* přezdívka
nickname *v.t.* dát přezdívku
nicotine *n.* nikotion
niece *n.* neteř
niggard *n.* držgršle
niggardly *a.* skoupý
nigger *n.* negr
nigh *adv.* nedaleko
nigh *prep.* u
night *n.* noc
nightingale *n.* slavík
nightly *adv.* každonočně
nightmare *n.* noční můra
nightie *n.* noční košile
nihilism *n.* nihilismus
nil *n.* nula
nimble *a.* mrštný
nimbus *n.* svatozář
nine *num.* devět
nineteen *num.* devatenáct
nineteenth *num.* devatenáctý
ninetieth *num.* devadesátý
ninth *num.* devátý
ninety *num.* devadesát
nip *v.t* zabásnout
nipple *n.* bradavka
nitrogen *n.* dusík
no *a.* nijaký
no *adv.* nijak

no *n* protihlasující
nobility *n.* šlechta
noble *a.* vznešený
noble *n.* aristokrat
nobleman *n.* šlechtic
nobody *pron.* nikdo
nocturnal *a.* noční
nod *v.i.* přikyvovat
node *n.* uzlina
noise *n.* hluk
noisy *a.* hlučný
nomad *n.* nomád
nomadic *a.* nomádský
nomenclature *n.* názvosloví
nominal *a.* nominální
nominate *v.t.* nominovat
nomination *n.* nominace
nominee *n* nominovaný
non-alignment *n.* nezúčastněnost
nonchalance *n.* nonšalance
nonchalant *a.* nonšalantní
none *pron.* žádný
none *adv.* nikterak
nonentity *n.* nicka
nonetheless *adv.* i tak
nonpareil *a.* nesrovnatelný
nonpareil *n.* nevyrovnatelný
nonplus *v.t.* překvapit
nonsense *n.* nesmysl
nonsensical *a.* nesmyslný
nook *n.* kout

noon *n.* poledne
noose *n.* smyčka
noose *v.t.* chytit do smyčky
nor *conj* ani
norm *n.* norma
norm *n.* úroveň
normal *a.* normální
normalcy *n.* normální stav
normalize *v.t.* standardizovat
north *n.* sever
north *a* severní
north *adv.* k severu
northerly *a.* severní
northerly *adv.* severně
northern *a.* severský
nose *n.* nos
nose *v.t* vyčenichat
nosegay *n.* vonička
nosey *a.* vlezlý
nosy *a.* nosatý
nostalgia *n.* nostalgie
nostril *n.* nozdra
nostrum *n.* lektvar
not *adv.* ne
notability *n.* pozoruhodnost
notable *a.* proslulý
notary *n.* notář
notation *n.* označení
notch *n.* vrub
note *n.* poznámka
note *v.t.* poznačit
noteworthy *a.* pozoruhodný

nothing *n.* snadná věc
nothing *pron.* nic
notice *n.* upozornění
notice *v.t.* všimnout si
notification *n.* sdělení
notify *v.t.* obeznámit
notion *n.* představa
notional *a.* nociální
notoriety *n.* neblahá proslulost
notorious *a.* neblaze proslulý
notwithstanding *prep.* navzdory
notwithstanding *adv.* i přesto
notwithstanding *conj.* ačkoliv
nought *n.* kolečko
noun *n.* podstatné jméno
nourish *v.t.* vyživit
nourishment *n.* výživa
novel *a.* neotřelý
novel *n* román
novelette *n.* novela
novelist *n.* romanopisec
novelty *n.* novost
november *n.* listopad
novice *n.* novic
now *adv.* nyní
now *conj.* již
nowhere *adv.* nikde
noxious *a.* zhoubný
nozzle *n.* tryska
nuance *n.* odlišnost
nubile *a.* zralý
nuclear *a.* jaderný

nucleus *n.* jádro
nude *a.* obnažený
nude` *n* nahotina
nudity *n.* nahatost
nudge *v.t.* pošťouchnout
nugget *n.* valoun
nuisance *n.* obtíž
null *a.* nulový
nullification *n.* anulování
nullify *v.t.* anulovat
numb *a.* strnulý
number *n.* číslo
number *v.t.* očíslovat
numberless *a.* nespočetný
numeral *a.* číselný
numerator *n.* čitatel
numerical *a.* numerický
numerous *a.* četný
nun *n.* řeholnice
nunnery *n.* ženský klášter
nuptial *a.* svatební
nuptials *n.* svatební obřad
nurse *n.* zdravotní sestra
nurse *v.t* ošetřit
nursery *n.* jesle
nurture *n.* potrava
nurture *v.t.* vyživit
nut *n* ořech
nutrition *n.* příjem živin
nutritious *a.* výživný
nutritive *a.* nutriční
nuzzle *v.* tiskout se

nylon *n.* nylon
nymph *n.* nymfa

O

oak *n.* dub
oar *n.* veslo
oarsman *n.* veslař
oasis *n.* oáza
oat *n.* oves
oath *n.* přísaha
obduracy *n.* umíněnost
obdurate *a.* umíněný
obedience *n.* poslušnost
obedient *a.* poslušný
obeisance *n.* podřízenost
obesity *n.* obezita
obey *v.t.* uposlechnout
obituary *a.* úmrtní
object *n.* objekt
object *v.t.* namítat
objection *n.* námitka
objectionable *a.* sporný
objective *n.* cíl
objective *a.* objektivní
oblation *n.* obětování
obligation *n.* závazek
obligatory *a.* závazný
oblige *v.t.* být zavázán
oblique *a.* šikmý

obliterate *v.t.* vyhladit
obliteration *n.* vyhlazení
oblivion *n.* bezvědomý
oblivious *a.* nevnímající
oblong *a.* obdélníkový
oblong *n.* obdélník
obnoxious *a.* odporný
obscene *a.* obscénní
obscenity *n.* obscénnost
obscure *a.* obskurní
obscure *v.t.* zastřít
obscurity *n.* nejasnost
observance *n.* dodržování
observant *a.* dbalý
observation *n.* pozorování
observatory *n.* pozorovatelna
observe *v.t.* pozorovat
obsess *v.t.* posednout
obsession *n.* posedlost
obsolete *a.* překonaný
obstacle *n.* překážka
obstinacy *n.* zarputilost
obstinate *a.* zarputilý
obstruct *v.t.* zablokovat
obstruction *n.* blokáda
obstructive *a.* blokující
obtain *v.t.* obdržet
obtainable *a.* dostupný
obtuse *a.* zabedněný
obvious *a.* očividný
occasion *n.* příležitost
occasion *v.t* přivodit

occasional *a.* příležitostný
occasionally *adv.* příležitostně
occident *n.* západní civilizace
occidental *a.* stylem západní
occult *a.* okultní
occupancy *n.* pronajmutí
occupant *n.* nájemník
occupation *n.* povolání
occupier *n.* nájemce
occupy *v.t.* zabrat
occur *v.i.* vyskytovat se
occurrence *n.* výskyt
ocean *n.* oceán
oceanic *a.* oceánský
octagon *n.* osmiúhelník
octangular *a.* osmiúhelný
octave *n.* oktáva
October *n.* říjen
octogenarian *a.* osmdesátiletý
octogenarian *a* osmdesátiletý
octroi *n.* daň
ocular *a.* oční
oculist *n.* oční lékař
odd *a.* podivný
oddity *n.* podivínství
odds *n.* šance
ode *n.* óda
odious *a.* nenáviděný
odium *n.* opovržení
odorous *a.* aromatický
odour *n.* odér
offence *n.* urážka

offend *v.t.* urazit
offender *n.* provinilec
offensive *a.* urážlivý
offensive *n* útok
offer *v.t.* nabídnout
offer *n* nabídka
offering *n.* sbírka
office *n.* kancelář
officer *n.* funkcionář
official *a.* oficiální
official *n* úředník
officially *adv.* oficiálně
officiate *v.i.* úřadovat
officious *a.* úslužný
offing *n.* širé moře
offset *v.t.* odbočit
offset *n* ohyb
offshoot *n.* výhonek
offspring *n.* potomek
oft *adv.* nezřídka
often *adv.* často
ogle *v.t.* hodit očkem
ogle *n* zamilovaný pohled
oil *n.* olej
oil *v.t* naolejovat
oily *a.* olejnatý
ointment *n.* mast
old *a.* starý
oligarchy *n.* oligarchie
olive *n.* oliva
olympiad *n.* olympiáda
omega *n.* omega

omelette *n.* omeleta
omen *n.* předzvěst
ominous *a.* zlověstný
omission *n.* opomenutí
omit *v.t.* opomenout
omnipotence *n.* všemohoucnost
omnipotent *a.* všemohoucí
omnipresence *n.* všudypřítomnost
omnipresent *a.* všudypřítomný
omniscience *n.* vševědoucnost
omniscient *a.* vševědoucí
on *prep.* na
on *adv.* stále
once *adv.* kdysi
one *a.* jediný
one *pron.* ten
oneness *n.* totožnost
onerous *a.* tíživý
onion *n.* cibule
on-looker *n.* přihlížející
only *a.* pouhý
only *adv.* pouze
only *conj.* kdyby tak
onomatopoeia *n.* zvukomalba
onrush *n.* nápor
onset *n.* začátek
onslaught *n.* příval
onus *n.* břímě
onward *a.* pokračující
onwards *adv.* kupředu
ooze *n.* kal

ooze *v.i.* vytékat
opacity *n.* neprůhlednost
opal *n.* opál
opaque *a.* neprůhledný
open *a.* otevřený
open *v.t.* otevřít
opening *n.* otevření
openly *adv.* otevřeně
opera *n.* opera
operate *v.t.* operovat
operation *n.* operace
operative *a.* operativní
operator *n.* operátor
opine *v.t.* vyjádřit se
opinion *n.* názor
opium *n.* opium
opponent *n.* oponent
opportune *a.* příhodný
opportunism *n.* oportunista
opportunity *n.* příležitost
oppose *v.t.* vzepřít se
opposite *a.* protikladný
opposition *n.* opozice
oppress *v.t.* sklíčit
oppression *n.* potlačování
oppressive *a.* potlačující
oppressor *n.* utiskovatel
opt *v.i.* volit
optic *a.* optický
optician *n.* optik
optimism *n.* optimismus
optimist *n.* optimista

optimistic *a.* optimistický
optimum *n.* optimum
optimum *a* optimální
option *n.* možnost
optional *a.* volitelný
opulence *n.* hojnost
opulent *a.* hojný
oracle *n.* věštba
oracular *a.* věštecký
oral *a.* ústní
orally *adv.* ústně
orange *n.* pomeranč
orange *a* oranžový
oration *n.* proslov
orator *n.* řečník
oratorical *a.* řečnický
oratory *n.* řečnictví
orb *n.* prstenec
orbit *n.* oběžná dráha
orchard *n.* sad
orchestra *n.* orchestr
orchestral *a.* orchestrální
ordeal *n.* tvrdá zkouška
order *n.* nařízení
order *v.t* nařídit
orderly *a.* uspořádaný
orderly *n.* sluha
ordinance *n.* předpis
ordinarily *adv.* běžně
ordinary *a.* běžný
ordnance *n.* arzenál
ore *n.* ruda

organ *n.* orgán
organic *a.* organický
organism *n.* organismus
organization *n.* organizace
organize *v.t.* zorganizovat
orient *n.* Orient
orient *v.t.* zorientovat
oriental *a.* orientální
oriental *n* obyvatel Orientu
orientate *v.t.* postavit se
origin *n.* původ
original *a.* původní
original *n* originál
originality *n.* originalita
originate *v.t.* vzejít
originator *n.* původce
ornament *n.* ozdoba
ornament *v.t.* ozdobit
ornamentem
ornamental *a.* ozdobný
ornamentation *n.* zdobení
orphan *n.* sirotek
orphan *v.t* osiřet
orphanage *n.* sirotčinec
orthodox *a.* ortodoxní
orthodoxy *n.* ortodoxie
oscillate *v.i.* kmitat
oscillation *n.* kmitání
ossify *v.t.* zkostnatět
ostracize *v.t.* vyloučit ze
společnosti
ostrich *n.* pštros

other *a.* jiný
other *pron.* druzí
otherwise *adv.* v opačném případě
otherwise *conj.* sice
otter *n.* vydra
ottoman *n.* pohovka
ounce *n.* unce
our *pron.* náš
oust *v.t.* odstranit
out *adv.* ven
out-balance *v.t.* vyvést z rovnováhy
outbid *v.t.* nabídnout více
outbreak *n.* propuknutí
outburst *n.* záchvat
outcast *n.* štvanec
outcast *a* štvaný
outcome *n.* příjem
outcry *a.* bouřlivý
outdated *a.* zastaralý
outdo *v.t.* předčit
outdoor *a.* venkovní
outer *a.* vnější
outfit *n.* oděv
outfit *v.t* vybavit
outgrow *v.t.* předrůst
outhouse *n.* kůlna
outing *n.* výlet
outlandish *a.* prapodivný
outlaw *n.* psanec
outlaw *v.t* prohlásit za nezákonné
outline *n.* náčrt
outline *v.t.* načrtnout
outlive *v.i.* přežít
outlook *n.* náhled
outmoded *a.* nemoderní
outnumber *v.t.* převýšit počtem
outpatient *n.* ambulantní pacient
outpost *n.* výspa
output *n.* výkon
outrage *n.* poboření
outrage *v.t.* pobouřit
outright *adv.* naprostý
outright *a* naprosto
outrun *v.t.* předběhnout
outset *n.* počátek
outshine *v.t.* zastínit
outside *a.* krajní
outside *n* vnějšek
outside *adv* vně
outside *prep* před
outsider *n.* ten, kdo nezapadá
outsize *a.* nadměrný
outskirts *n.pl.* předměstí
outspoken *a.* přímočarý
outstanding *a.* vynikající
outward *a.* zevní
outward *adv* zvnějšku
outwards *adv* ven
outwardly *adv.* navenek
outweigh *v.t.* převážit
outwit *v.t.* přelstít

oval *a.* oválný
oval *n* ovál
ovary *n.* vaječník
ovation *n.* ovace
oven *n.* trouba
over *prep.* přes
over *adv* vrchem
over *a* skončený
overact *v.t.* přehnat
overall *n.* kombinéza
overall *a* celkový
overawe *v.t.* zastrašit
overboard *adv.* přes palubu
overburden *v.t.* přetížit
overcast *a.* zatažený
overcharge *v.t.* předražit
overcharge *n* předražení
overcoat *n.* svrchník
overcome *v.t.* překonat
overdo *v.t.* přepísknout
overdose *n.* nadměrná dávka
overdose *v.t.* předávkovat
overdraft *n.* přečerpání účtu
overdraw *v.t.* přečerpat
overdue *a.* zpožděný
overhaul *v.t.* přepracovat
overhaul *n.* přepracování
overhear *v.t.* přeslechnout
overjoyed *a* přešťastný
overlap *v.t.* přesáhnout
overlap *n* přesah
overleaf *adv.* na druhé straně

overload *v.t.* příliš naložit
overload *n* přetížení
overlook *v.t.* přehlédnout
overnight *adv.* přes noc
overnight *a* celonoční
overpower *v.t.* přemoct
overrate *v.t.* přecenit
overrule *v.t.* zamítnout
overrun *v.t* zaplavit
oversee *v.t.* dohlédnout
overseer *n.* dozorčí
overshadow *v.t.* vrhnout stín
oversight *n.* dozor
overt *a.* neskrývaný
overtake *v.t.* převzít
overthrow *v.t.* převrátit
overthrow *n* převrácení
overtime *adv.* přes čas
overtime *n* přesčas
overture *n.* převaha
overwhelm *v.t.* zachvátit
overwork *v.i.* přepracovávat
overwork *n.* přepracování
owe *v.t* vděčit
owl *n.* sova
own *a.* vlastní
own *v.t.* vlastnit
owner *n.* vlastník
ownership *n.* vlastnictví
ox *n.* dobytče
oxygen *n.* kyslík
oyster *n.* ústřice

P

pace *n* tempo
pace *v.i.* popocházet
pacific *a.* pokojný
pacify *v.t.* utišit
pack *n.* batoh
pack *v.t.* sbalit
package *n.* zásilka
packet *n.* balíček
packing *n.* balení
pact *n.* pakt
pad *n.* poduška
pad *v.t.* našlápnout zlehka
padding *n.* vypodložení
paddle *v.i.* pádlovat
paddle *n* pádlo
paddy *n.* rýžové pole
page *n.* stránka
page *v.t.* vyvolat
pageant *n.* průvod
pageantry *n.* pompa
pagoda *n.* pagoda
pail *n.* džber
pain *n.* bolest
pain *v.t.* bolet
painful *a.* bolestivý
painstaking *a.* důkladný
paint *n.* nátěr
paint *v.t.* natřít
painter *n.* natěrač
painting *n.* malba

pair *n.* pár
pair *v.t.* zpárovat
pal *n.* kámoš
palace *n.* palác
palanquin *n.* palankýn
palatable *a.* stravitelný
palatal *a.* palatální
palate *n.* vkus
palatial *a.* palácový
pale *n.* laťka
pale *a* bledý
pale *v.i.* blednout
palette *n.* paleta
palm *n.* palma
palm *v.t.* podstrčit
palm *n.* dlaň
palmist *n.* věštec
palmistry *n.* věštění z ruky
palpable *a.* hmatatelný
palpitate *v.i.* tlouci
palpitation *n.* tlukot
palsy *n.* obrna
paltry *a.* chatrný
pamper *v.t.* zhýčkat
pamphlet *n.* pamflet
pamphleteer *n.* pamfletista
panacea *n.* všelék
pandemonium *n.* vřava
pane *n.* výplň
panegyric *n.* chvalozpěv
panel *n.* porota
panel *v.t.* obložit

pang *n.* bodavá bolest
panic *n.* panika
panorama *n.* panoráma
pant *v.i.* supět
pant *n.* supění
pantaloon *n.* šašek
pantheism *n.* panteismus
pantheist *n.* panteista
panther *n.* panter
pantomime *n.* pantomima
pantry *n.* špižírna
papacy *n.* papežství
papal *a.* papežský
paper *n.* papír
par *n.* roveň
parable *n.* podobenství
parachute *n.* parašut
parachutist *n.* parašutista
parade *n.* přehlídka
parade *v.t.* promenovat
paradise *n.* ráj
paradox *n.* paradox
paradoxical *a.* paradoxní
paraffin *n.* petrolej
paragon *n.* vzor
paragraph *n.* odstavec
parallel *a.* rovnoběžný
parallel *v.t.* podobat se
parallelism *n.* rovnoběžnost
parallelogram *n.* rovnoběžník
paralyse *v.t.* ochrnout
paralysis *n.* ochrnutí

paralytic *a.* ochrnutý
paramount *n.* výsostný
paramour *n.* milenec
paraphernalia *n. pl* náčiní
paraphrase *n.* parafráze
paraphrase *v.t.* parafrázovat
parasite *n.* parazit
parcel *n.* pozemek
parcel *v.t.* zabalit do balíku
parch *v.t.* opražit
pardon *v.t.* udělit milost
pardon *n.* omilostnění
pardonable *a.* odpustitelný
parent *n.* rodič
parentage *n.* předkové
parental *a.* rodičkovský
parenthesis *n.* vsuvka
parish *n.* farnost
parity *n.* rovnost
park *n.* park
park *v.t.* zaparkovat
parlance *n.* žargon
parley *n.* vyjednávání
parley *v.i* vyjednávat
parliament *n.* parlament
parliamentarian *n.* poslanec
parliamentary *a.* parlamentní
parlour *n.* předpokoj
parody *n.* parodie
parody *v.t.* zparodovat
parole *n.* podmínečné
   propuštění

parole *v.t.* podmínečně propustit
parricide *n.* otcovrah
parrot *n.* papoušek
parry *v.t.* odrazit
parry *n.* odražení
parson *n.* kaplan
part *n.* část
part *v.t.* rozdělit se
partake *v.i.* zavánět
partial *a.* částečný
partiality *n.* zaujatost
participate *v.i.* účastnit se
participant *n.* účastník
participation *n.* účast
particle *n.* částice
particular *a.* jednotlivý
particular *n.* jednotlivost
partisan *n.* stoupenec
partisan *a.* fanatický
partition *n.* přepážka
partition *v.t.* přehradit
partner *n.* partner
partnership *n.* partnerství
party *n.* strana
pass *v.i.* míjet
pass *n* průkazka
passage *n.* průchod
passenger *n.* pasažér
passion *n.* vášeň
passionate *a.* vášnivý
passive *a.* pasivní
passport *n.* pas

past *a.* minulý
past *n.* minulost
past *prep.* po
paste *n.* pasta
paste *v.t.* nalepit
pastel *n.* pastelová barva
pastime *n.* kratochvíle
pastoral *a.* pastýřský
pasture *n.* pastvina
pasture *v.t.* spást
pat *v.t.* zaťukat
pat *n* ťuknutí
pat *adv* právě vhod
patch *v.t.* záplatovat
patch *n* záplata
patent *a.* vyložený
patent *n* patent
patent *v.t.* dát patentovat
paternal *a.* otcovský
path *n.* stezka
pathetic *a.* ubohý
pathos *n.* patos
patience *n.* trpělivost
patient *a.* trpělivý
patient *n* pacient
patricide *n.* otcovražda
patrimony *n.* dědičný majetek
patriot *n.* vlastenec
patriotic *a.* vlastenecký
partiotism *n.* vlastenectví
patrol *v.i.* hlídkovat
patrol *n* hlídka

patron *n.* patron
patronage *n.* patronát
patronize *v.t.* podpořit
pattern *n.* struktura
paucity *n.* nedostatek
pauper *n.* ubožák
pause *n.* pomlka
pause *v.i.* pozastavovat se
pave *v.t.* vydláždit
pavement *n.* chodník
pavilion *n.* pavilón
paw *n.* packa
paw *v.t.* osahat
pay *v.t.* zaplatit
pay *n* plat
payable *a.* splatný
payee *n.* věřitel
payment *n.* platba
pea *n.* hrách
peace *n.* mír
peaceable *a.* mírumilovný
peaceful *a.* mírový
peach *n.* broskev
peacock *n.* páv
peahen *n.* pávice
peak *n.* vrcholek
pear *n.* hruška
pearl *n.* perla
peasant *n.* venkovan
peasantry *n.* venkovský lid
pebble *n.* oblázek
peck *n.* klovnutí

peck *v.i.* klovat
peculiar *a.* osobitý
peculiarity *n.* osobitost
pecuniary *a.* peněžitý
pedagogue *n.* pedagog
pedagogy *n.* pedagogika
pedal *n.* pedál
pedal *v.t.* šlapat na kole
pedant *n.* puntičkář
pedantic *a.* puntičkářský
pedantry *n.* puntičkářství
pedestal *n.* podstavec
pedestrian *n.* chodec
pedigree *n.* plemeno
peel *v.t.* oloupat
peel *n.* slupka
peep *v.i.* nakukovat
peep *n* letmý pohled
peer *n.* vrstevník
peerless *a.* jedinečný
peg *n.* kolík
peg *v.t.* přikolíkovat
pelf *n.* mamon
pell-mell *adv.* nahodile
pen *n.* pero
pen *v.t.* napsat perem
penal *a.* donucovací
penalize *v.t.* pokutovat
penalty *n.* pokuta
pencil *n.* tužka
pencil *v.t.* namalovat tužkou
pending *prep.* až do

pending *a* očekávaný
pendulum *n.* kyvadlo
penetrate *v.t.* proniknout
penetration *n.* průnik
penis *n.* penis
penniless *a.* chudobný
penny *n.* pence
pension *n.* důchod
pension *v.t.* poslat do důchodu
pensioner *n.* důchodce
pensive *a.* zadumaný
pentagon *n.* pětiúhelník
peon *n.* poslíček
people *n.* lidé
people *v.t.* zalidnit
pepper *n.* pepř
pepper *v.t.* opepřit
per *prep.* za
perambulator *n.* kočárek
perceive *v.t.* uvědomit si
perceptible *adj* znatelný
per cent *adv.* procentuálně
percentage *n.* procentuální podíl
perception *n.* vnímání
perceptive *a.* vnímavý
perch *n.* bidýlko
perch *v.i.* usazoval se
perennial *a.* trvalý
perennial *n.* trvalka
perfect *a.* dokonalý
perfect *v.t.* zdokonalit
perfection *n.* dokonalost

perfidy *n.* zrada
perforate *v.t.* proděravět
perforce *adv.* nevyhnutelně
perform *v.t.* vystoupit
performance *n.* vystoupení
performer *n.* účinkující
perfume *n.* parfém
perfume *v.t.* navonět
perhaps *adv.* možná
peril *n.* nebezpečí
peril *v.t.* vydat v nebezpečí
perilous *a.* nebezpečný
period *n.* fáze
periodical *n.* týdeník
periodical *a.* cyklický
periphery *n.* periférie
perish *v.i.* zanikat
perishable *a.* pomíjivý
perjure *v.i.* křivě přísahat
perjury *n.* křivá přísaha
permanence *n.* konstantnost
permanent *a.* konstantní
permissible *a.* přípustný
permission *n.* povolení
permit *v.t.* povolit
permit *n.* propustka
permutation *n.* permutace
pernicious *a.* zkázonosný
perpendicular *a.* kolmý
perpendicular *n.* kolmice
perpetual *a.* ustavičný
perpetuate *v.t.* zvěčnit

perplex v.t. poplést
perplexity n. popletenost
persecute v.t. pronásledovat
persecution n. pronásledování
perseverance n. vytrvalost
persevere v.i. setrvávat
persist v.i. přetrvávat
persistence n. přetrvávání
persistent a. přetrvávající
person n. osoba
personage n. postava
personal a. osobní
personality n. osobnost
personification n. zosobnění
personify v.t. zosobnit
personnel n. personál
perspective n. perspektiva
perspiration n. pocení
perspire v.i. potit se
persuade v.t. přesvědčit
persuasion n. přesvědčení
pertain v.i. týkat se
pertinent a. vztahující se
perturb v.t. rozrušit
perusal n. prohlídka
peruse v.t. prohlédnout
pervade v.t. rozšířit se
perverse a. perverzní
perversion n. perverze
perversity n. zvrácenost
pervert v.t. zneužít
pessimism n. pesimismus

pessimist n. pesimista
pessimistic a. pesimistický
pest n. škůdce
pesticide n. hubicí prostředek
pestilence n. nákaza
pet n. mazlíček
pet v.t. pomazlit se
petal n. okvětní lístek
petition n. petice
petition v.t. zažádat
petitioner n. žadatel
petrol n. nafta
petroleum n. ropa
petticoat n. spodnička
petty a. titěrný
petulance n. nedůtklivost
petulant a. nedůtklivý
phantom n. fantom
pharmacy n. lékárna
phase n. etapa
phenomenal a. fenomenální
phenomenon n. fenomén
phial n. ampulka
philanthropic a. lidumilovný
philanthropist n. lidumil
philanthropy n. filantropie
philological a. filologický
philologist n. filologický
philology n. filologie
philosopher n. filozof
philosophical a. filozofický
philosophy n. filozofie

139

phone *n.* hláska
phonetic *a.* fonetický
phonetics *n.* fonetika
phosphate *n.* fosfát
phosphorus *n.* fosfor
photo *n* fotografie
photograph *v.t.* vyfotit
photograph *n* snímek
photographer *n.* fotografie
photographic *a.* fotografický
photography *n.* fotografování
phrase *n.* fráze
phrase *v.t.* formulovat
phraseology *n.* frazeologie
physic *n.* léčivo
physic *v.t.* podat lék
physical *a.* fyzický
physician *n.* lékař
physicist *n.* přírodovědec
physics *n.* fyzika
physiognomy *n.* tvářnost
physique *n.* tělesná stavba
pianist *n.* pianista
piano *n.* piano
pick *v.t.* sebrat
pick *n.* úlovek
picket *n.* roubík
picket *v.t.* upevnit
pickle *n.* lák
pickle *v.t* naložit do láku
picnic *n.* piknik
picnic *v.i.* piknikovat

pictorical *a.* obrázkový
picture *n.* obrázek
picture *v.t.* vyobrazit
picturesque *a.* malebný
piece *n.* kus
piece *v.t.* složit
pierce *v.t.* propíchnout
piety *n.* pieta
pig *n.* prase
pigeon *n.* holub
pigmy *n.* prcek
pile *n.* stoh
pile *v.t.* nakupit
piles *n.* haldy
pilfer *v.t.* vykrást
pilgrim *n.* poutník
pilgrimage *n.* pouť
pill *n.* pilulka
pillar *n.* pilíř
pillow *n* polštář
pillow *v.t.* podložit
pilot *n.* pilot
pilot *v.t.* politovat
pimple *n.* pupínek
pin *n.* špendlík
pin *v.t.* přišpendlit
pinch *v.t.* štípnout
pinch *v.* štípanec
pine *n.* borovice
pine *v.i.* hynout
pineapple *n.* ananas
pink *n.* karafiát

pink *a* růžový
pinkish *a.* narůžovělý
pinnacle *n.* vížka
pioneer *n.* průkopník
pioneer *v.t.* propagovat
pious *a.* pobožný
pipe *n.* roura
pipe *v.i* hvízdat
piquant *a.* pikantní
piracy *n.* pirátství
pirate *n.* pirát
pirate *v.t* uloupit
pistol *n.* pistol
piston *n.* píst
pit *n.* jáma
pit *v.t.* hodit do jámy
pitch *n.* hřiště
pitch *v.t.* postavit
pitcher *n.* džbán
piteous *a.* dojímavý
pitfall *n.* past
pitiable *a.* politováníhodný
pitiful *a.* soucitný
pitiless *a.* bezcitný
pitman *n.* havíř
pittance *n.* almužna
pity *n.* škoda
pity *v.t.* politovat
pivot *n.* osa otáčení
pivot *v.t.* otočit se
playcard *n.* hrací karta
place *n.* místo

place *v.t.* umístit
placid *a.* poklidný
plague *a.* soužený
plague *v.t.* soužit
plain *a.* prostý
plain *n.* pláň
plaintiff *n.* žalobce
plan *n.* plán
plan *v.t.* naplánovat
plane *n.* letoun
plane *v.t.* plachtit
plane *a.* plochý
plane *n* rovina
planet *n.* planeta
planetary *a.* planetární
plank *n.* prkno
plank *v.t.* obložit
plant *n.* rostlina
plant *v.t.* vysadit
plantain *n.* jitrocel
plantation *n.* plantáž
plaster *n.* náplast
plaster *v.t.* omítnout
plate *n.* talíř
plate *v.t.* postříbřit
plateau *n.* náhorní plošina
platform *n.* nástupiště
platonic *a.* platonický
platoon *n.* četa
play *n.* hra
play *v.i.* hrát
player *n.* hráč

plea *n.* obhajoba
plead *v.i.* obhajovat
pleader *n.* obhájce
pleasant *a.* příjemný
pleasantry *n.* legrácka
please *v.t.* potěšit
pleasure *n.* potěšení
plebiscite *n.* veřejné hlasování
pledge *n.* ručení
pledge *v.t.* zaručit
plenty *n.* hojnost
plight *n.* zástava
plod *v.i.* trmácet
plot *n.* děj
plot *v.t.* zmapoovat
plough *n.* pluh
plough *v.i.* brázdit
ploughman *n.* oráč
pluck *v.t.* vytrhat
pluck *n* droby
plug *n.* zásukva
plug *v.t.* strčit do zásuvky
plum *n.* švestka
plumber *n.* instalatér
plunder *v.t.* vyloupit
plunder *n* lup
plunge *v.t.* ponořit se
plunge *n* ponořcní
plural *a.* pluralitní
plurality *n.* pluralita
plus *a.* kladný
plus *n* kladná veličina

ply *v.t.* navrstvit
ply *n* vrstva
pneumonia zápal plic
pocket *n.* kapsa
pocket *v.t.* dát do kapsy
pod *n.* tobolka
poem *n.* báseň
poesy *n.* poesie
poet *n.* básník
poetaster *n.* fušerský básník
poetess *n.* básnířka
poetic *a.* poetický
poetics *n.* poetika
poetry *n.* básinctví
poignacy *n.* jímavost
poignant *a.* jímavý
point *n.* bod
point *v.t.* poukázat
poise *v.t.* držet v rovnováze
poise *n* vyrovnanost
poison *n.* jed
poison *v.t.* otrávit
poisonous *a.* jedovatý
poke *v.t.* dloubnout
poke *n.* dloubanec
polar *n.* polára
pole *n.* tyč
police *n.* policie
policeman *n.* policista
policy *n.* firemní postup
polish *v.t.* vyleštit
polish *n* leštěnka

polite *a.* zdvořilý
politeness *n.* zdvořilost
politic *a.* taktický
political *a.* politický
politician *n.* politik
politics *n.* politika
polity *n.* občanský řád
poll *n.* anketa
poll *v.t.* hlasovat
pollen *n.* pyl
pollute *v.t.* znečistit
pollution *n.* znečištění
polo *n.* pólo
polygamous *a.* polygamní
polygamy *n.* polygamie
polyglot *n.* polyglot
polyglot *a.* vícejazyčný
polytechnic *a.* polytechnický
polytechnic *n.* polytechnika
polytheism *n.* polyteismus
polytheist *n.* polyteista
polytheistic *a.* polyteistický
pomp *n.* okázalost
pomposity *n.* pompéznost
pompous *a.* okázalý
pond *n.* rybník
ponder *v.t.* uvažovat
pony *n.* koník
poor *a.* chudý
pop *v.i.* pražit kukuřici
pop *n* estráda
pope *n.* papež

poplar *n.* topol
poplin *n.* popelín
populace *n.* chátra
popular *a.* populární
popularity *n.* popularita
popularize *v.t.* popularizovat
populate *v.t.* osídlit
population *n.* obyvatelstvo
populous *a.* lidnatý
porcelain *n.* porcelán
porch *n.* veranda
pore *n.* pór
pork *n.* vepřové
porridge *n.* ovesná kaše
port *n.* brána
portable *a.* přenosný
portage *n.* přeprava
portal *n.* portál
portend *v.t.* předpovědět
porter *n.* vrátný
portfolio *n.* sloha
portico *n.* sloupoví
portion *n* porce
portion *v.t.* naporcovat
portrait *n.* portrét
portraiture *n.* portrétování
portray *v.t.* vykreslit
portrayal *n.* vykreslení
pose *v.i.* pózovat
pose *n.* póza
position *n.* pozice
position *v.t.* umístit

positive *a.* kladný
possess *v.t.* vlastnit
possession *n.* vlastnictví
possibility *n.* možnost
possible *a.* možný
post *n.* pošta
post *v.t.* poslat poštou
post *n* stanoviště
post *v.t.* publikovat
post *adv.* poštovní
postage *n.* poštovné
postal *a.* korespondenční
post-date *v.t.* postdatovat
poster *n.* plakát
posterity *n.* potomstvo
posthumous *a.* náhrobní
postman *n.* listonoš
postmaster *n.* přednosta
post-mortem *a.* posmrtný
post-mortem *n.* pitva
post-office *n.* pošta
postpone *v.t.* odročit
postponement *n.* odročení
postscript *n.* doložka
posture *n.* postoj
pot *n.* hrnec
pot *v.l.* naložit
potash *n.* potaš
potassium *n.* draslík
potato *n.* brambor
potency *n.* předpoklad
potent *a.* potentní

potential *a.* potenciální
potential *n.* možnosti
pontentiality *n.* potenciál
potter *n.* hrnčíř
pottery *n.* hrnčířství
pouch *n.* vak
poultry *n.* drůbež
pounce *v.i.* slétat se
pounce *n* pazour
pound *n.* ohrada
pound *v.t.* dusat
pour *v.i.* lít
poverty *n.* chudoba
powder *n.* prášek
powder *v.t.* poprášit
power *n.* moc
powerful *a.* mocný
practicability *n.* proveditelnost
practicable *a.* proveditelný
practical *a.* praktický
practice *n.* cvičení
practise *v.t.* procvičit
practitioner *n.* provozovatel
pragmatic *a.* pragmatický
pragmatism *n.* pragmatismus
praise *n.* chvála
praise *v.t.* pochválit
praiseworthy *a.* chvályhodný
prank *n.* vylomenina
prattle *v.i.* tlachat
prattle *n.* tlachání
pray *v.i.* modlit se

prayer *n.* modlitba
preach *v.i.* kázat
preacher *n.* kazatel
preamble *n.* preambule
precaution *n.* opatření
precautionary *a.* preventivní
precede *v.* předcházet
precedence *n.* přednost
precedent *n.* předchozí případ
precept *n.* poučka
preceptor *n.* instruktor
precious *a.* vzácný
precis *n.* souhrn
precise *a.* přesný
precision *n.* přesnost
precursor *n.* předzvěst
predecessor *n.* předchůdce
predestination *n.* předurčení
predetermine *v.t.* předurčit
predicament *n.* tíseň
predicate *n.* predikát
predict *v.t.* prorokovat
prediction *n.* proroctví
predominance *n.* převaha
predominant *a.* převládající
predominate *v.i.* převládat
pre-eminence *n.* výtečnost
pre-eminent *a.* výtečný
preface *n.* předmluva
preface *v.t.* zahájit
prefect *n.* prefekt
prefer *v.t.* dát přednost

preference *n.* preference
preferential *a.* preferenční
prefix *n.* předpona
prefix *v.t.* dát na začátek
pregnancy *n.* těhotenství
pregnant *a.* těhotná
prehistoric *a.* pravěký
prejudice *n.* předsudek
prelate *n.* prelát
preliminary *a.* předběžný
preliminary *n* kvalifikace
prelude *n.* preludium
prelude *v.t.* zapreludovat
premarital *a.* předmanželský
premature *a.* předčasný
premeditate *v.t.* promyslet
premeditation *n.* promyšlenost
premier *a.* přední
premier *n* premiér
premiere *n.* premiéra
premium *n.* příplatek
premonition *n.* zlá předtucha
preoccupation *n.* zaujetí
preoccupy *v.t.* ležet v hlavě
preparation *n.* příprava
preparatory *a.* přípravný
prepare *v.t.* připravit
preponderance *n.* množstevní
  převaha
preponderate *v.i.* převážit
preposition *n.* předložka
prerequisite *a.* nezbytný

prerequisite *n* podmínka
prerogative *n.* přednostní právo
prescience *n.* předvídavost
prescribe *v.t.* předepsat
prescription *n.* předpis
presence *n.* přítomnost
present *a.* přítomný
present *n.* dárek
present *v.t.* představit
presentation *n.* prezentace
presently *adv.* vzápětí
preservation *n.* uchování
preservative *n.* konzervant
preservative *a.* konzervační
preserve *v.t.* zachovat
preserve *n.* zavařenina
preside *v.i.* předsedat
president *n.* prezident
presidential *a.* prezidentský
press *v.t.* zmáčknout
press *n* tisk
pressure *n.* tlak
pressurize *v.t.* stlačit
prestige *n.* prestiž
prestigious *a.* prestižní
presume *v.t.* odhadnout
presumption *n.* odhad
presuppose *v.t.* předpokládat
presupposition *n.* předpoklad
pretence *n.* přetvářka
pretend *v.t.* přetvářet se
pretension *n.* domýšlivost

pretentious *a.* domýšlivý
pretext *n* záminka
prettiness *n.* půvab
pretty *a* pěkný
pretty *adv.* pěkně
prevail *v.i.* převládat
prevalance *n.* převládání
prevalent *a.* převažující
prevent *v.t.* předejít
prevention *n.* prevence
preventive *a.* preventivní
previous *a.* předchozí
prey *n.* kořist
prey *v.i.* kořistit
price *n.* cena
price *v.t.* ocenit
prick *n.* žihadlo
prick *v.t.* píchnout
pride *n.* pýcha
pride *v.t.* pyšnit se
priest *n.* kněz
priestess *n.* kněžka
priesthood *n.* kněžství
prima facie *adv.* zřejmě
primarily *adv.* zejména
primary *a.* základní
prime *a.* hlavní
prime *n.* vrchol
primer *n.* roznětka
primeval *a.* primární
primitive *a.* primitivní
prince *n.* princ

146

princely *a.* vznešený
princess *n.* princezna
principal *n.* ředitel
principal *a* nejdůležitější
principle *n.* princip
print *v.t.* vytisknout
print *n* nátisk
printer *n.* tiskárna
prior *a.* předcházející
prior *n* probošt
prioress *n.* proboštka
priority *n.* priorita
prison *n.* vězení
prisoner *n.* vězeň
privacy *n.* soukromí
private *a.* soukromý
privation *n.* nouze
privilege *n.* výsada
prize *n.* ocenění
prize *v.t.* ocenit
probability *n.* pravděpodobnost
probable *a.* pravděpodobný
probably *adv.* pravděpodobně
probation *n.* zkušební doba
probationer *n.* osoba ve
  zkušební době
probe *v.t.* vysondovat
probe *n* sonda .
problem *n.* problém
problematic *a.* problematický
procedure *n.* procedura
proceed *v.i.* postupovat

proceeding *n.* průběh
proceeds *n.* výtěžek
process *n.* proces
procession *n.* procesí
proclaim *v.t.* prohlásit
proclamation *n.* prohlášení
proclivity *n.* sklon
procrastinate *v.i.* odkládat
procrastination *n.* odklad
proctor *n.* dozorce
procure *v.t.* zaopatřit
procurement *n.* zaopatření
prodigal *a.* marnotratný
prodigality *n.* marnotratnost
produce *v.t.* vyprodukovat
produce *n.* výnos
product *n.* produkt
production *n.* produkce
productive *a.* produktivní
productivity *n.* prodiktivita
profane *a.* bezbožný
profane *v.t.* znesvětit
profess *v.t.* vyjádřit
profession *n.* stav
professional *a.* profesionální
professor *n.* profesor
proficiency *n.* zběhlost
proficient *a.* zběhlý
profile *n.* profil
profile *v.t.* vyprofilovat
profit *n.* zisk
profit *v.t.* vyzískat

profitable *a.* ziskový
profiteer *n.* šmelinář
profiteer *v.i.* šmelit
profligacy *n.* rozmařilost
profligate *a.* rozmařilý
profound *a.* hlubokomyslný
profundity *n.* hlubokomyslnost
profuse *a.* mohutný
profusion *n.* spousta
progeny *n.* následky
programme *n.* program
programme *v.t.* naprogramovat
progress *n.* pokrok
progress *v.i.* vyvíjet se
progressive *a.* pokrokový
prohibit *v.t.* zakázat
prohibition *n.* zákaz
prohibitive *a.* prohibitivní
prohibitory *a.* prohibiční
project *n.* projekt
project *v.t.* vyprojektovat
projectile *n.* projektil
projectile *a* vystřelitelný
projection *n.* projekce
projector *n.* projektor
proliferate *v.i.* rozrůstat se
proliferation *n.* rozmnožování
prolific *a.* plodný
prologue *n.* prolog
prolong *v.t.* prodloužit
prolongation *n.* prodloužení
prominence *n.* důležitost

prominent *a.* důležitý
promise *n* slib
promise *v.t* slíbit
promising *a.* slibný
promissory *a.* slibující
promote *v.t.* povýšit
promotion *n.* povýšení
prompt *a.* pohotový
prompt *v.t.* pobídnout
prompter *n.* pobízeč
prone *a.* náchylný
pronoun *n.* zájmeno
pronounce *v.t.* vyslovit
pronunciation *n.* výslovnost
proof *n.* důkaz
proof *a* důkazný
prop *n.* podpěra
prop *v.t.* podepřít
propaganda *n.* nábor
propagandist *n.* náborář
propagate *v.t.* propagovat
propagation *n.* propagace
propel *v.t.* vrhnout
proper *a.* pořádný
property *n.* majetek
prophecy *n.* proroctví
prophesy *v.t.* předpovědět
prophet *n.* prorokoval
prophetic *a.* prorocký
proportion *n.* proporce
proportion *v.t.* úměrně
    přizpůsobit

proportional a. úměrný
proportionate a. poměrný
proposal n. návrh
propose v.t. navrhnout
proposition n. tvrzení
propound v.t. předložit
proprietary a. vlastnický
proprietor n. vlastník
propriety n. náležitost
prorogue v.t. odložit
prosaic a. prozaický
prose n. próza
prosecute v.t. soudně stíhat
prosecution n. stíhání
prosecutor n. prokurátor
prosody n. prozódie
prospect n. vyhlídka
prospective a. nadějný
prospsectus n. prospekt
prosper v.i. vzkvétat
prosperity n. prosperita
prosperous a. prosperitující
prostitute n. prostitutka
prostitute v.t. prostituovat
prostitution n. prostituce
prostrate a. vyřízený
prostrate v.t. padnout na zem
prostration n. povalení
protagonist n. protagonista
protect v.t. ochránit
protection n. ochrana
protective a. ochranný

protector n. ochránce
protein n. bílkovina
protest n. protest
protest v.i. protestovat
protestation n. protestace
prototype n. prototyp
proud a. hrdý
prove v.t. dokázat
proverb n. přísloví
proverbial a. pověstný
provide v.i. poskytovat
providence n. prozíravost
provident a. prozíravý
providential a. příhodný
province n. provincie
provincial a. provinční
provincialism n. provincializmus
provision n. opatření
provisional a. prozatímní
proviso n. výhrada
provocation n. provokace
provocative a. provokativní
provoke v.t. vyprovokovat
prowess n. obratnost
proximate a. bezprostřední
proximity n. blízkost
proxy n. náhrada
prude n. puritán
prudence n. rozvážnost
prudent a. rozvážný
prudential a. opatrnický
prune v.t. prořezat

pry *v.i.* vrtat se
psalm *n.* žalm
pseudonym *n.* pseudonym
psyche *n.* duše
psychiatrist *n.* psychiatr
psychiatry *n.* psychiatrie
psychic *a.* psychický
psychological *a.* psychologický
psychologist *n.* psychologický
psychology *n.* psychologie
psychopath *n.* psychopat
psychosis *n.* psychóza
psychotherapy *n.* psychoterapie
puberty *n.* puberta
public *a.* veřejný
public *n.* veřejnost
publication *n.* uveřejnění
publicity *n.* pozornost veřejnosti
publicize *v.t.* uveřejnit
publish *v.t.* vydat
publisher *n.* vydavatel
pudding *n.* moučník
puddle *n.* louže
puddle *v.t.* přebrodit se
puerile *a.* slaboduchý
puff *n.* chomáček
puff *v.i.* bafat
pull *v.t.* zatáhnout
pull *n.* škubnutí
pulley *n.* kladka
pullover *n.* svetr
pulp *n.* dužnina

pulp *v.t.* vyjmout dužninu
pulpit *n.* obsluhovací plošina
pulpy *a.* dužnatý
pulsate *v.i.* chvět se
pulsation *n.* tep
pulse *n.* puls
pulse *v.i.* pulsovat
pulse *n* luštěnina
pump *n.* pumpa
pump *v.t.* vypumovat
pumpkin *n.* dýně
pun *n.* slovní hříška
pun *v.i.* pěchovat
punch *n.* děrovač
punch *v.t.* propíchnout
punctual *a.* dochvilný
punctuality *n.* dochvilnost
punctuate *v.t.* opatřit znaménky
punctuation *n.* interpunkce
puncture *n.* díra
puncture *v.t.* udělat díru
pungency *n.* štiplavost
pungent *a.* štiplavý
punish *v.t.* potrestat
punishment *n.* trest
punitive *a.* kárný
puny *a.* neduživý
pupil *n.* žák
puppet *n.* maňásek
puppy *n.* štěně
purblind *n.* slabozraký
purchase *n.* nákup

purchase *v.t.* zakoupit
pure *a* čistý
purgation *n.* očista
purgative *n.* projímadlo
purgative *a* očistný
purgatory *n.* očistec
purge *v.t.* očistit
purification *n.* rafinace
purify *v.t.* rafinovat
purist *n.* purista
puritan *n.* puritán
puritanical *a.* puritánský
purity *n.* ryzost
purple *adj./n.* fialový
purport *n.* záměr
purport *v.t.* dělat si nárok
purpose *n.* úmysl
purpose *v.t.* mít v úmyslu
purposely *adv.* úmyslně
purr *n.* vrnění
purr *v.i.* vrnět
purse *n.* peněženka
purse *v.t.* našpulit
pursuance *n.* sledování
pursue *v.t.* sledovat
pursuit *n.* činnost
purview *n.* dosah
pus *n.* hnis
push *v.t.* strčit
push *n.* nátlak
put *v.t.* položit
puzzle *n.* hlavolam

puzzle *v.t.* zmást
pygmy *n.* zakrslík
pyorrhoea *n.* nemoc zubů
pyramid *n.* pyramida
pyre *n.* hranice
python *n.* krajta

quack *v.i.* kvákat
quack *n* šarlatán
quackery *n.* šarlatánství
quadrangle *n.* čtyřúhelník
quadrangular *a.* čtyřúhelný
quadrilateral *a.* čtyřboký
quadruped *n.* čtyřnožec
quadruple *a.* čtyřnásobný
quadruple *v.t.* zčtyřnásobit
quail *n.* křepelka
quaint *a.* poutavý
quake *v.i.* zachvívat se
quake *n* záchvěv
qualification *n.* kvalifikace
qualify *v.i.* kvalifikovat se
qualitative *a.* kvalitativní
quality *n.* kvalita
quandary *n.* bezradnost
quantitative *a.* kvantitativní
quantity *n.* kvantita
quantum *n.* množství
quarrel *n.* hádka

quarrel *v.i.* prít se
quarrelsome *a.* haštěřivý
quarry *n.* lom
quarry *v.i.* dobývat
quarter *n.* čtvrť
quarter *v.t.* rozčtvrtit
quarterly *a.* čtvrtletně
queen *n.* královna
queer *a.* výstřední
quell *v.t.* zkrotit
quench *v.t.* uhasit
query *n.* dotaz
query *v.t* dotázat se
quest *n.* pátrání
quest *v.t.* vypátrat
question *n.* otázka
question *v.t.* otázat se
questionable *a.* sporný
questionnaire *n.* dotazník
queue *n.* fronta
quibble *n.* slovíčkaření
quibble *v.i.* slovíčkařit
quick *a.* rychlý
quick *n* živé maso
quicksand *n.* tekutý písek
quicksilver *n.* rtuť
quiet *a.* tichý
quiet *n.* ticho
quiet *v.t.* ztišit
quilt *n.* prošívaná deka
quinine *n.* chinin
quintessence *n.* podstata

quit *v.t.* zanechat
quite *adv.* docela
quiver *n.* třes
quiver *v.i.* třást se
quixotic *a.* donkichotský
quiz *n.* kvíz
quiz *v.t.* proklepnout
quorum *n.* usnášeníschopný počet
quota *n.* kvóta
quotation *n.* citace
quote *v.t.* citovat
quotient *n.* kvocient

rabbit *n.* králík
rabies *n.* vzteklina
race *n.* závod
race *v.i* závodit
racial *a.* rasový
racialism *n.* rasismus
rack *v.t.* natahovat na skřipec
rack *n.* police
racket *n.* rakcta
radiance *n.* záře
radiant *a.* zářivý
radiate *v.t.* zazářit
radiation *n.* záření
radical *a.* radikální

radio *n.* rádio
radio *v.t.* sdělit vysílačkou
radish *n.* ředkev
radium *n.* radium
radius *n.* dosah
rag *n.* majáles
rag *v.t.* vysmát se
rage *n.* zuřivost
rage *v.i.* vztekat se
raid *n.* nájezd
raid *v.t.* přepadnout
rail *n.* kolejnice
rail *v.t.* ohradit
railing *n.* zábradlí
raillery *n.* popichování
railway *n.* železnice
rain *v.i.* pršet
rain *n* déšť
rainy *a.* deštivý
raise *v.t.* vychovat
raisin *n.* hrozinka
rally *v.t.* zotavit se
rally *n* závod
ram *n.* skopec
ram *v.t.* vrazit
ramble *v.t.* toulat se
ramble *n* toulka
rampage *v.i.* běsnit
rampage *n.* běsnění
rampant *a.* nezkrotný
rampart *n.* val
rancour *n.* zášť

random *a.* náhodný
range *v.t.* sestavit
range *n.* rozsah
ranger *n.* ochránce přírody
rank *n.* šarže
rank *v.t.* zařadit
rank *a* bujný
ransack *v.t.* prohrabat
ransom *n.* výkupné
ransom *v.t.* vykoupit
rape *n.* znásilnění
rape *v.t.* znásilnit
rapid *a.* prudký
rapidity *n.* prudkost
rapier *n.* bodlo
rapport *n.* vztah
rapt *a.* zaujatý
rapture *n.* vytržení
rare *a.* ojedinělý
rascal *n.* uličník
rash *a.* zbrklý
rat *n.* krysa
rate *v.t.* ocenit
rate *n.* měřítko
rather *adv.* raději
ratify *v.t.* ratifikovat
ratio *n.* poměr
ration *n.* dávka
rational *a.* rozumový
rationale *n.* odůvodnění
rationality *n.* racionálnost
rationalize *v.t.* racionalizovat

rattle *v.i.* chrastit
rattle *n* chrastítko
ravage *n.* spoušť
ravage *v.t.* zpustošit
rave *v.i.* bouřit
raven *n.* havran
ravine *n.* rokle
raw *a.* syrový
ray *n.* paprsek
raze *v.t.* seškrabat
razor *n.* holítko
reach *v.t.* dosáhnout
react *v.i.* reagovat
reaction *n.* reakce
reactionary *a.* reakcionářský
read *v.t.* přečíst
reader *n.* čtenář
readily *adv.* připraveně
readiness *n.* připravenost
ready *a.* připravený
real *a.* skutečný
realism *n.* realizmus
realist *n.* realista
realistic *a.* realistický
reality *n.* realita
realization *n.* uskutečnění
realize *v.t.* uskutečnit
really *adv.* skutečně
realm *a.* říšský
ream *n.* říše
reap *v.t.* sklidit
reaper *n.* žnec

rear *n.* záď
rear *v.t.* odchovat
reason *n.* důvod
reason *v.i.* usuzovat
reasonable *a.* soudný
reassure *v.t.* ujistit se
rabate *n.* rabat
rebel *v.i.* bouřit se
rebel *n.* buřič
rebellion *n.* rebelie
rebellious *a.* vzbouřenecký
rebirth *n.* znovuzrození
rebound *v.i.* odrážet
rebound *n.* odražení
rebuff *n.* zavržení
rebuff *v.t.* zavrhnout
rebuke *v.t.* pokárat
rebuke *n.* pokárání
recall *v.t.* vybavit si
recall *n.* vybavování
recede *v.i.* ustupovat
receipt *n.* doklad
receive *v.t.* obdržet
receiver *n.* sluchátko
recent *a.* nedávný
recently *adv.* nedávno
reception *n.* recepce
receptive *a.* přístupný
recess *n.* zákoutí
recession *n.* recese
recipe *n.* recept
recipient *n.* příjemce

reciprocal *a.* vzájemný
reciprocate *v.t.* oplatit
recital *n.* recitál
recitation *n.* recitace
recite *v.t.* zarecitovat
reckless *a.* lehkovážný
reckon *v.t.* spočítat si
reclaim *v.t.* zreklamovat
reclamation *n* reklamace
recluse *n.* samotář
recognition *n.* uznání
recognize *v.t.* uznat
recoil *v.i.* lekat se
recoil *n.* zpětný náraz
recollect *v.t.* vzpomenout si
recollection *n.* vzpomínka
recommend *v.t.* doporučit
recommendation *n.* doporučení
recompense *v.t.* odškodnit
recompense *n.* odškodnění
reconcile *v.t.* smířit se
reconciliation *n.* smíření
record *v.t.* nahrát
record *n.* nahrávka
recorder *n.* magnetofon
recount *v.t.* přepočítat
recoup *v.t.* vynahradit
recourse *n.* východisko
recover *v.t.* zotavit se
recovery *n.* zotavení
recreation *n.* rekreace
recruit *n.* odvedenec

recruit *v.t.* provést nábor
rectangle *n.* obdélník
rectangular *a.* obdélníkový
rectification *n.* náprava
rectify *v.i.* napravovat
rectum *n.* konečník
recur *v.i.* opakovat se
recurrence *n.* opětovný výskyt
recurrent *a.* opakující se
red *a.* červený
red *n.* bolševik
redden *v.t.* zrudnout
reddish *a.* načervenalý
redeem *v.t.* vykoupit
redemption *n.* vykoupení
redouble *v.t.* znásobit
redress *v.t.* odčinit
redress *n* odškodné
reduce *v.t.* snížit
reduction *n.* snížení
redundancy *n.* propuštění
redundant *a.* nadbytečný
reel *n.* cívka
reel *v.i.* namotávat
refer *v.t.* odkázat se
referee *n.* rozhodčí
reference *n.* zmínka
referendum *n.* referendum
refine *v.t.* vylepšit
refinement *n.* vylepšení
refinery *n.* rafinerie
reflect *v.t.* naznat

reflection *n.* přemítání
reflective *a.* hloubavý
reflector *n.* reflektor
reflex *n.* reflex
reflex *a* reflexní
reflexive *a* zvratný
reform *v.t.* zreformovat
reform *n.* reforma
reformation *n.* reformace
reformatory *n.* nápravné
   zařízení
reformatory *a* reformní
reformer *n.* reformátor
refrain *v.i.* vyhýbat se
refrain *n* refrén
refresh *v.t.* osvěžit se
refreshment *n.* občerstvení
refrigerate *v.t.* zmrazit
refrigeration *n.* mrazení
refrigerator *n.* mraznička
refuge *n.* útulek
refugee *n.* uprchlík
refulgence *n.* lesk
refulgent *a.* lesklý
refund *v.t.* nahradit
refund *n.* náhrada
refusal *n.* zamítnutí
refuse *v.t.* zamítnout
refuse *n.* odpad
refutation *n.* protiargument
refute *v.t.* popřít
regal *a.* královský

regard *v.t.* dbát
regard *n.* zřetel
regenerate *v.t.* obnovit
regeneration *n.* obnovení
regicide *n.* královražda
regime *n.* režim
regiment *n.* regiment
regiment *v.t.* systematicky
zorganizovat
region *n.* okrsek
regional *a.* oblastní
register *n.* rejstřík
register *v.t.* zaregistrovat
registrar *n.* matrikář
registration *n.* registrace
registry *n.* matrika
regret *v.i.* litovat
regret *n* lítost
regular *a.* pravidelný
regularity *n.* pravidelnost
regulate *v.t.* regulovat
regulation *n.* regulace
regulator *n.* regulátor
rehabilitate *v.t.* rehabilitovat
rehabilitation *n.* rehabilitace
rehearsal *n.* nácvik
rehearse *v.l.* nacvičit
reign *v.i.* vládnout
reign *n* vládnutí
reimburse *v.t.* uhradit
rein *n.* otěže
rein *v.t.* držet na uzdě

reinforce *v.t.* posílit
reinforcement *n.* posila
reinstate *v.t.* znova dosadit
reinstatement *n.* znovuzřízení
reiterate *v.t.* opětovat
reiteration *n.* opětování
reject *v.t.* odmítnout
rejection *n.* odmítnutí
rejoice *v.i.* radovat se
rejoin *v.t.* znova spojit
rejoinder *n.* replika
rejuvenate *v.t.* omladit
rejuvenation *n.* omlazení
relapse *v.i.* znova upadat
relapse *n.* recidiva
relate *v.t.* vztahovat se
relation *n.* vztah
relative *a.* relativní
relative *n.* příbuzný
relax *v.t.* uvolnit se
relaxation *n.* relaxace
relay *n.* přenos
relay *v.t.* vystřídat
release *v.t.* uvolnit
release *n* vypuštění
relent *v.i.* ochabovat
relentless *a.* houževnatý
relevance *n.* relevance
relevant *a.* relevantní
reliable *a.* spolehlivý
reliance *n.* spolehnutí
relic *n.* pozůstatek

relief *n.* úleva
relieve *v.t.* ulevit
religion *n.* náboženství
religious *a.* nábožný
relinquish *v.t.* zříci se
relish *v.t.* mít požitek
relish *n* požitek
reluctance *n.* neochota
reluctant *a.* neochotný
rely *v.i.* spoléhat se
remain *v.i.* setrvávat
remainder *n.* zbytek
remains *n.* ostatky
remand *v.t.* poslat zpět
remand *n* vrácení do vazby
remark *n.* připomínka
remark *v.t.* postřehnout
remarkable *a.* pozoruhodný
remedial *a.* ozdravný
remedy *n.* lék
remedy *v.t* napravit
remember *v.t.* zapamatovat se
remembrance *n.* památka
remind *v.t.* připomenout
reminder *n.* upomínka
reminiscence *n.* vzpomínání
reminiscent *a.* připomínající
remission *n.* prominutí
remit *v.t.* prominout
remittance *n.* úhrada
remorse *n.* výčitky svědomí
remote *a.* odlehlý

removable *a.* odnímatelný
removal *n.* odsun
remove *v.t.* odstranit
remunerate *v.t.* odměnit
remuneration *n.* odměna
remunerative *a.* odměňující
renaissance *n.* renesance
render *v.t.* poskytnout
rendezvous *n.* schůzka
renew *v.t.* obnovit
renewal *n.* obnova
renounce *v.t.* zapudit
renovate *v.t.* zrenovovat
renovation *n.* renovace
renown *n.* proslulost
renowned *a.* proslulý
rent *n.* nájemné
rent *v.t.* pronajmout
renunciation *n.* sebezapření
repair *v.t.* opravit
repair *n.* oprava
reparable *a.* opravitelný
repartee *n.* pohotová odpověď
repatriate *v.t.* vrátit se do vlasti
repatriate *n.* repatriant
repatriation *n.* navrácení do vlasti
repay *v.t.* splatit
repayment *n.* splátka
repeal *v.t.* odvolat
repeal *n.* odvolání
repeat *v.t.* zopakovat

repel *v.t.* zahnat
repellent *a.* odpudivý
repellent *n.* repelent
repent *v.i.* kát se
repentance *n.* kajícnost
repentant *a.* kajícný
repercussion *n.* následky
repetition *n.* zopakování
replace *v.t.* vyměnit
replacement *n.* nahrazení
replenish *v.t.* doplnit
replete *a.* přeplněný
replica *n.* přesná kopie
reply *v.i.* odpovídat
reply *n.* odpověď
report *v.t.* ohlásit
report *n.* hlášení
reporter *n.* reportér
repose *n.* poklid
repose *v.i.* odpočívat
repository *n.* depozitář
represent *v.t.* reprezentovat
representation *n.* reprezentace
representative *n.* zástupce
representative *a.* zastupitelský
repress *v.t.* potlačit
repression *n.* utlačování
reprimand *n.* napomenutí
reprimand *v.t.* napomenout
reprint *v.t.* přetisknout
reprint *n.* přetisknout
reproach *v.t.* vytknout

158

reproach *n.* výtka
reproduce *v.t.* reprodukovat
reproduction *n* reprodukce
reproductive *a.* reprodukční
reproof *n.* důtka
reptile *n.* plaz
republic *n.* republika
republican *a.* republikánský
republican *n* republikán
repudiate *v.t.* zatratit
repudiation *n.* zapuzení
repugnance *n.* neslučitelnost
repugnant *a.* neslučitelný
repulse *v.t.* odrazit
repulse *n.* odpor
repulsion *n.* nevole
repulsive *a.* ohavný
reputation *n.* pověst
repute *v.t.* vážit si
repute *n.* věhlas
request *v.t.* vyžádat
request *n* žádost
requiem *n.* zádušní mše
require *v.t.* požádat
requirement *n.* požadavek
requisite *a.* nezbytný
requiste *n* náležitost
rquisition *n.* pohledávka
requisition *v.t.* zabavit
requite *v.t.* odměnit se
rescue *v.t.* zachránit
rescue *n* záchrana

research *v.i.* zkoumat
research *n* výzkum
resemblance *n.* podobnost
resemble *v.t.* podobat se
resent *v.t.* nelibě nést
resentment *n.* nelibost
reservation *n.* rezervace
reserve *v.t.* zarezervovat
reservoir *n.* nádrž
reside *v.i.* zdržovat se
residence *n.* bydliště
resident *a.* zdejší
resident *n* obyvatel
residual *a.* zbytkový
residue *n.* zůstatek
resign *v.t.* vzdát se
resignation *n.* odstoupení
resist *v.t.* odolat
resistance *n.* odolnost
resistant *a.* odolný
resolute *a.* rozhodný
resolution *n.* usnesení
resolve *v.t.* vyřešit
resonance *n.* zvučnost
resonant *a.* zvučný
resort *v.i.* uchylovat se
resort *n* letovisko
resound *v.i.* zaznívat
resource *n.* zdroj
resourceful *a.* nápaditý
respect *v.t.* respektovat
respect *n.* respekt

respectful *a.* uctivý
respective *a.* příslušný
respiration *n.* dýchání
respire *v.i.* dýchat
resplendent *a.* skvoucí
respond *v.i.* reagovat
respondent *n.* dotazovaný
response *n.* odezva
responsibility *n.* zodpovědnost
responsible *a.* zodpovědný
rest *v.i.* šetřit se
rest *n* ostatek
restaurant *n.* restaurace
restive *a.* nedočkavý
restoration *n.* znovuzavedení
restore *v.t.* znovu zavést
restrain *v.t.* zadržet
restrict *v.t.* omezit
restriction *n.* omezení
restrictive *a.* omezující
result *v.i.* vyplývat
result *n.* výsledek
resume *v.t.* znovunabytí
resume *n.* resumé
resumption *n.* pokračování
resurgence *n.* oživení
resurgent *a.* znovuožívající
retail *v.t.* prodat
retail *n.* maloobchod
retail *adv.* maloobchodně
retail *a* maloobchodní
retailer *n.* maloobchodník

retain *v.t.* ponechat si
retaliate *v.i.* oplácet
retaliation *n.* odplata
retard *v.t.* zpomalit
retardation *n.* zpomalení
retention *n.* zachování
retentive *a.* obsáhlý
reticence *n.* tajnůstkářství
reticent *a.* tajnůstkářský
retina *n.* sítnice
retinue *n.* družina
retire *v.i.* odcházet do důchodu
retirement *n.* důchod
retort *v.t.* odseknout
retort *n.* odseknnutí
retouch *v.t.* vyretušovat
retrace *v.t.* vystopovat
retread *v.t.* napodobit
retread *n.* napodobenina
retreat *v.i.* ustupovat
retrench *v.t.* seškrtat
retrenchment *n.* snížení výdajů
retrieve *v.t.* dohledat
retrospect *n.* ohlédnutí se
retrospection *n.* retrospektiva
retrospective *a.* retrospektivní
return *v.i.* vracet se
return *n.* návrat
revel *v.i.* hýřit
revel *n.* hýření
revelation *n.* odkrytí
reveller *n.* hýřil

revelry *n.* radovánky
revenge *v.t.* odplatit
revenge *n.* odveta
revengeful *a.* mstivý
revenue *n.* tržba
revere *v.t.* uctít
reverence *n.* velebnost
reverend *n.* reverend
reverent *a.* zbožný
reverential *a.* posvátný
reverie *n.* snění
reversal *n.* zvrat
reverse *a.* obrácený
reverse *n* couvání
reverse *v.t.* vycouvat
reversible *a.* oboustranný
revert *v.i.* navracet se
review *v.t.* přezkoumat
review *n* recenze
revise *v.t.* přehodnotit
revision *n.* přehodnocení
revival *n.* obrození
revive *v.i.* oživovat
revocable *a.* odvolatelný
revocation *n.* odnětí
revoke *v.t.* odejmout
revolt *v.i.* revoltovat
revolt *n.* revolta
revolution *n.* revoluce
revolutionary *a.* revolucionářský
revolutionary *n* revolucionář
revolve *v.i.* obíhat

revolver *n.* revolver
reward *n.* odměna
reward *v.t.* odměnit
rhetoric *n.* rétorika
rhetorical *a.* rétorický
rheumatic *a.* revmatický
rheumatism *n.* revmatismus
rhinoceros *n.* nosorožec
rhyme *n.* rým
rhyme *v.i.* rýmovat
rhymester *n.* rýmovač
rhythm *n.* rytmus
rhythmic *a.* rytmický
rib *n.* žebro
ribbon *n.* stužka
rice *n.* rýže
rich *a.* bohatý
riches *n.* hojnost
richness *n.* bohatost
rick *n.* stoh
rickets *n.* křivice
rickety *a.* vrtkavý
rickshaw *n.* rikša
rid *v.t.* zbavit se
riddle *n.* hádanka
riddle *v.i.* hádat
ride *v.t.* projet se
ride *n* projížďka
rider *n.* jezdec
ridge *n.* hřbet
ridicule *v.t.* zesměšnit
ridicule *n.* posměch

ridiculous *a.* směšný
rifle *v.t.* vybrakovat
rifle *n* puška
rift *n.* trhlina
right *a.* správný
right *adv* správně
right *n* pravá strana
right *v.t.* napravit
righteous *a.* spravedlivý
rigid *a.* neměnný
rigorous *a.* důkladný
rigour *n.* úskalí
rim *n.* lem
ring *n.* zvonění
ring *v.t.* zazvonit
ringlet *n.* lokna
ringworm *n.* lišej
rinse *v.t.* vypláchnout
riot *n.* výtržnost
riot *v.t.* dělat výtržnost
rip *v.t.* rozervat
ripe *a* zralý
ripen *v.i.* zrát
ripple *n.* vlnky
ripple *v.t.* zvlnit se
rise *v.* stoupat
rise *n.* vzestup
risk *v.t.* zariskovat
risk *n.* riziko
risky *a.* rizikový
rite *n.* obřad
ritual *n.* rituál

ritual *a.* rituální
rival *n.* sok
rival *v.t.* soupeřit
rivalry *n.* soupeřivost
river *n.* řeka
rivet *n.* nýt
rivet *v.t.* ohromit
rivulet *n.* říčka
road *n.* cesta
roam *v.i.* potulovat se
roar *n.* řev
roar *v.i.* řvát
roast *v.t.* upéct
roast *a* pečený
roast *n* pečínka
rob *v.t.* vyloupit
robber *n.* lupič
robbery *n.* loupež
robe *n.* roucho
robe *v.t.* odít se
robot *n.* robot
robust *a.* robustní
rock *v.t.* otřást
rock *n.* skála
rocket *n.* raketa
rod *n.* prut
rodent *n.* hlodavec
roe *n.* jikry, mlíčí
rogue *n.* lotr
roguery *n.* lotrovina
roguish *a.* šibalský
role *n.* role

roll *n.* závin
roll *v.i.* rolovat
roll-call *n.* kontrola účasti
roller *n.* váleček
romance *n.* románek
romantic *a.* romantický
romp *v.i.* dovádět
romp *n.* dovádění
rood *n.* krucifix
roof *n.* střecha
roof *v.t.* zastřešit
rook *n.* havran polní
rook *v.t.* podvést
room *n.* prostor
roomy *a.* prostorný
roost *n.* hnízdiště
roost *v.i.* hnízdit
root *n.* kořen
root *v.i.* hrabat se
rope *n.* provaz
rope *v.t.* přivázat
rosary *n.* růženec
rose *n.* růže
roseate *a.* narůžovělý
rostrum *n.* řečniště
rosy *a.* růžolící
rot *n.* hniloba
rot *v.i.* hnít
rotary *a.* otočný
rotate *v.i.* rotovat
rotation *n.* rotace
rote *n.* mechanické učení

rouble *n.* rubl
rough *a.* drsný
round *a.* oválný
round *adv.* kolem
round *n.* kolo
round *v.t.* vypořádat se
rouse *v.i.* burcovat
rout *v.t.* porazit
rout *n* drtivá porážka
route *n.* trasa
routine *n.* rutina
routine *a* rutinní
rove *v.i.* potloukat se
rover *n.* tulák
row *n.* řada
row *v.t.* veslovat
row *n* vyjížďka
row *n.* potyčka
rowdy *a.* neurvalý
royal *a.* královský
royalist *n.* roajalista
royalty *n.* královský majestát
rub *v.t.* promnout
rub *n* potíž
rubber *n.* guma
rubbish *n.* brak
rubble *n.* sutiny
ruby *n.* rubín
rude *a.* drzý
rudiment *n.* zárodek
rudimentary *a.* zakrnělý
rue *v.t.* oželet

163

rueful *a.* skleslý
ruffian *n.* gauner
ruffle *v.t.* rozcuchat
rug *n.* kobereček
rugged *a.* rozeklaný
ruin *n.* ruina
ruin *v.t.* zruinovat
rule *n.* pravidlo
rule *v.t.* rozhodnout
ruler *n.* panovník
ruling *n.* usnesení
rum *n.* rum
rum *a* prapodivný
rumble *v.i.* dunět
rumble *n.* dunění
ruminant *a.* přežvýkavý
ruminant *n.* přežvýkavec
ruminate *v.i.* přežvykovat
rumination *n.* přemítání
rummage *v.i.* prohrabovat se
rummage *n* harampádí
rummy *n.* žolíky
rumour *n.* fáma
rumour *v.t.* rozšířit fámy
run *v.i.* běžet
run *n.* běh
rung *n.* příčka
runner *n.* běžec
rupee *n.* rupie
rupture *n.* kýla
rupture *v.t.* prasknout
rural *a.* venkovský

ruse *n.* úskok
rush *n.* shon
rush *v.t.* vtrhnout
rush *n* příval
rust *n.* rez
rust *v.i* rezivět
rustic *a.* neotesaný
rustic *n* venkovan
rusticate *v.t.* přebývat
rustication *n.* vyhnanství
rusticity *n.* venkovanství
rusty *a.* rezavý
rut *n.* rutina
ruthless *a.* bezohledný
rye *n.* žito

S

sabbath *n.* sabat
sabotage *n.* sabotáž
sabotage *v.t.* sabotovat
sabre *n.* šavle
sabre *v.t.* šavlovat
saccharin *n.* sacharin
saccharine *a.* přeslazený
sack *n.* vak
sack *v.t.* vyrazit
sacrament *n.* svátost
sacred *a.* posvěcený
sacrifice *n.* oběť
sacrifice *v.t.* obětovat

sacrificial *a.* obětní
sacrilege *n.* svatokrádež
sacrilegious *a.* svatokrádežný
sacrosanct *a.* posvátný
sad *a.* smutný
sadden *v.t.* rozesmutnit se
saddle *n.* sedlo
saddle *v.t.* osedlat
sadism *n.* sadismus
sadist *n.* sadista
safe *a.* bezpečný
safe *n.* sejf
safeguard *n.* pojistka
safety *n.* bezpečnost
saffron *n.* šafrán
saffron *a* šafránový
sagacious *a.* prozíravý
sagacity *n.* prozíravost
sage *n.* šalvěj
sage *a.* moudrý
sail *n.* plavba
sail *v.i.* plavit se
sailor *n.* námořník
saint *n.* svatý
saintly *a.* ctnostný
sake *n.* upomínkový předmět
salable *a.* prodejný
salad *n.* salát
salary *n.* plat
sale *n.* sleva
salesman *n.* prodejce
salient *a.* nejvýraznější

saline *a.* solný
salinity *n.* slanost
saliva *n.* slina
sally *n.* vtipná poznámka
sally *v.i.* procházet se
saloon *n.* salón
salt *n.* sůl
salt *v.t* osolit
salty *a.* solený
salutary *a.* prospěšný
salutation *n.* pozdravení
salute *v.t.* pozdravit
salute *n* salva
salvage *n.* zachraňování
salvage *v.t.* zachránit
salvation *n.* vykoupení
same *a.* stejný
sample *n.* vzorek
sample *v.t.* zkusit
sanatorium *n.* ozdravovna
sanctification *n.* svatořečení
sanctify *v.t.* vysvětit
sanction *n.* sankce
sanction *v.t.* postihnout
sanctity *n.* nedotknutelnost
sanctuary *n.* útočiště
sand *n.* písek
sandal *n.* sandál
sandalwood *n.* santalové dřevo
sandwich *n.* sendvič
sandwich *v.t.* natěsnat
sandy *a.* písčitý

sane *a.* příčetný
sanguine *a.* plný naděje
sanitary *a.* sanitární
sanity *n.* příčetnost
sap *n.* míza
sap *v.t.* podkopat
sapling *n.* mladý stromek
sapphire *n.* safír
sarcasm *n.* sarkasmus
sarcastic *a.* sarkastický
sardonic *a.* cynický
satan *n.* satan
satchel *n.* brašna
satellite *n.* satelit
satiable *a.* ukojitelný
satiate *v.t.* ukojit
satiety *n.* přesycení
satire *n.* satira
satirical *a.* satirický
satirist *n.* satirik
satirize *v.t.* satirizovat
satisfaction *n.* uspokojení
satisfactory *a.* uspokojivý
satisfy *v.t.* uspokojit
saturate *v.t.* nasytit
saturation *n.* nasycení
Saturday *n.* sobota
sauce *n.* omáčka
saucer *n.* podtácek
saunter *v.t.* courat se
savage *a.* zpustlý
savage *n* divoch

savagery *n.* barbarství
save *v.t.* zachránit
save *prep* mimo
saviour *n.* spasitel
savour *n.* příchuť
savour *v.t.* vychutnat si
saw *n.* pila
saw *v.t.* odříznout
say *v.t.* říci
say *n.* slovo
scabbard *n.* pochva na meč
scabies *n.* svrab
scaffold *n.* lešení
scale *n.* stupnice
scale *v.t.* vyšplhat
scalp *n* skalp
scamper *v.i* poskakovat
scamper *n* úprk
scan *v.t.* prosvítit
scandal *n* skandál
scandalize *v.t.* skandalizovat
scant *a.* nedostatečný
scanty *a.* sporý
scapegoat *n.* obětní beránek
scar *n* jizva
scar *v.t.* zjizvit
scarce *a.* nedostatkový
scarcely *adv.* stěží
scarcity *n.* nedostatek
scare *n.* úlek
scare *v.t.* vyděsit
scarf *n.* šál

scatter *v.t.* rozptýlit
scavenger *n.* mrchžrout
scene *n.* scéna
scenery *n.* scenérie
scenic *a.* vyhlídkový
scent *n.* vůně
scent *v.t.* navonět
sceptic *n.* skeptik
sceptical *a.* skeptický
scepticism *n.* skepticismus
sceptre *n.* žezlo
schedule *n.* rozvrh
schedule *v.t.* rozvrhnout
scheme *n.* schéma
scheme *v.i.* plánovat
schism *n.* schizma
scholar *n.* učenec
scholarly *a.* učený
scholarship *n.* stipendium
scholastic *a.* školní
school *n.* škola
science *n.* věda
scientific *a.* vědecký
scientist *n.* vědec
scintillate *v.i.* jiskřit
scintillation *n.* zajiskření
scissors *n.* nůžky
scoff *n.* posměch
scoff *v.i.* posmívat se
scold *v.t.* vynadat
scooter *n.* skútr
scope *n.* záběr

scorch *v.t.* sežehnout
score *n.* skóre
score *v.t.* skórovat
scorer *n.* střelec
scorn *n.* pohrdání
scorn *v.t.* pohrdat
scorpion *n.* škorpión
Scot *n.* Skot
scotch *a.* skotský
scotch *n.* skotská whisky
scot-free *a.* nepotrestaný
scoundrel *n.* mizera
scourge *n.* pohroma
scourge *v.t.* ztrestat
scout *n* průzkumník
scout *v.i* pátrat
scowl *v.i.* mračit se
scowl *n.* zamračení
scramble *v.i.* šplhat
scramble *n* tahanice
scrap *n.* šrot
scratch *n.* škrábanec
scratch *v.t.* škrábnout
scrawl *v.t.* načmárat
scrawl *n* čmáranice
scream *v.i.* vřískat
scream *n* vřískot
screen *n.* obrazovka
screen *v.t.* promítnout
screw *n.* šroub
screw *v.t.* přišroubovat
scribble *v.t.* naškrábat

scribble *n.* škrábanice
script *n.* scénář
scripture *n.* Písmo svaté
scroll *n.* svitek
scrutinize *v.t.* podrobit kontrole
scrutiny *n.* podrobná kontrola
scuffle *n.* rvačka
scuffle *v.i.* rvát se
sculptor *n.* sochař
sculptural *a.* sochařský
sculpture *n.* socha
scythe *n.* kosa
scythe *v.t.* pokosit
sea *n.* moře
seal *n.* tuleň
seal *n.* pečeť
seal *v.t.* zapečetit
seam *n.* šev
seam *v.t.* sešít
seamy *a.* stinný
search *n.* pátrání
search *v.t.* prohledat
season *n.* období
season *v.t.* ochutit
seasonable *a.* dějící se v
    sezóně
seasonal *a.* sezónní
seat *n.* sedadlo
seat *v.t.* usadit
secede *v.i.* štěpit
secession *n.* secese
secessionist *n.* secesionista

seclude *v.t.* odloučit
secluded *a.* odloučený
seclusion *n.* ústraní
second *a.* druhý
second *n* sekunda
second *v.t.* podpořit
secondary *a.* středoškolský
seconder *n.* sekundant
secrecy *n.* diskrétnost
secret *a.* tajný
secret *n.* tajemství
secretariat (e) *n.* sekretariát
secretary *n.* sekretářka
secrete *v.t.* vyloučit
secretion *n.* vylučování
secretive *a.* uzavřený
sect *n.* sekta
sectarian *a.* sektářský
section *n.* sekce
sector *n.* sektor
secure *a.* zabezpečený
secure *v.t.* zabezpečit
security *n.* zabezpečení
sedan *n.* sedan
sedate *a.* usedlý
sedate *v.t.* dát sedativa
sedative *a.* sedativní
sedative *n* sedativum
sedentary *a.* sedavý
sediment *n.* usazenina
sedition *n.* rozvratná činnost
seditious *a.* rozvratný

seduce *n.* svádění
seduction *n.* lákání
seductive *a* svádivý
see *v.t.* uvidět
seed *n.* semínko
seed *v.t.* zasít
seek *v.t.* vyhledat
seem *v.i.* připadat
seemly *a.* patřičný
seep *v.i.* prosakovat
seer *n.* jasnovidec
seethe *v.i.* hemžit se
segment *n.* díl
segment *v.t.* rozdělit
segregate *v.t.* segregovat
segregation *n.* segregace
seismic *a.* seismický
seize *v.t.* zmocnit se
seizure *n.* uchopení
seldom *adv.* zřídka
select *v.t.* vybrat
select *a* vybraný
selection *n.* výběr
selective *a.* vybíravý
self *n.* vlastní osoba
selfish *a.* sobecký
selfless *a.* nesobecký
sell *v.t.* prodat
seller *n.* prodávající
semblance *n.* zdání
semen *n.* semeno
semester *n.* semestr

seminal *a.* vlivný
seminar *n.* seminář
senate *n.* senát
senator *n.* senátor
senatorial *a.* senátní
senatorial *a* senátorský
send *v.t.* poslat
senile *a.* senilní
senility *n.* senilita
senior *a.* starší
senior *n.* nadřizený
seniority *n.* služební věk
sensation *n.* senzace
sensational *a.* senzační
sense *n.* smysl
sense *v.t.* vycítit
senseless *a.* nesmyslný
sensibility *n.* vnímavost
sensible *a.* vnímavý
sensitive *a.* citlivý
sensual *a.* smyslný
sensualist *n.* požitkář
sensuality *n.* smyslnost
sensuous *a.* slastný
sentence *n.* věta
sentence *v.t.* odsoudit
sentience *n.* vnímání
sentient *a.* vnímající
sentiment *n.* sentimentalita
sentimental *a.* sentimentální
sentinel *n.* stráž
sentry *n.* strážný

separable *a.* oddělitelný
separate *v.t.* oddělit
separate *a.* oddělený
separation *n.* oddělení
sepsis *n.* sepse
September *n.* září
septic *a.* septický
sepulchre *n.* hrobka
sepulture *n.* pohřbení
sequel *n.* další díl
sequence *n.* posloupnost
sequester *v.t.* odstavit
serene *a.* nerušený
serenity *n.* nevzrušenost
serf *n.* nevolník
serge *n.* serž
sergeant *n.* seržant
serial *a.* mnohonásobný
serial *n.* série
series *n.* seriál
serious *a* závažný
sermon *n.* kázání
sermonize *v.i.* kázat
serpent *n.* had
serpentine *n.* serpentina
servant *n.* služebník
serve *v.t.* obsloužit
serve *n.* podání
service *n.* servis
service *v.t* prokázat službu
serviceable *a.* provozuschopený
servile *a.* podlézavý

servility *n.* podlézavost
session *n.* zasedání
set *v.t* unístit
set *a* umístěný
set *n* sada
settle *v.i.* urovnávat
settlement *n.* urovnání
settler *n.* osadník
seven *num.* sedm
seven *num.* sedm
seventeen *num.* sedmý
seventeenth *num.* sedmnáctý
seventh *num.* sedmý
seventieth *num.* sedmdesátý
seventy *num.* sedmdesát
sever *v.t.* přetrhnout
several *a* několik
severance *n.* přetržení
severe *a.* vážný
severity *n.* vážnost
sew *v.t.* přišít
sewage *n.* splašky
sewer *n* stoka
sewerage *n.* kanalizace
sex *n.* pohlaví
sexual *a.* pohlavní
sexuality *n.* sexualita
sexy *n.* sexy
shabby *a.* omšelý
shackle *n.* okovy
shackle *v.t.* spoutat
shade *n.* odstín

shade *v.t.* vystínovat
shadow *n.* stín
shadow *v.t* zastínit
shadowy *a.* šerý
shaft *n.* šachta
shake *v.i.* třást
shake *n* třas
shaky *a.* vratký
shallow *a.* mělký
sham *v.i.* simulovat
sham *n* švindl
sham *a* předstíraný
shame *n.* stud
shame *v.t.* zostudit
shameful *a.* ostudný
shameless *a.* nestoudný
shampoo *n.* šampon
shampoo *v.t.* našamponovat
shanty *n.* bouda
shape *n.* tvar
shape *v.t* dát tvar
shapely *a.* ladných tvarů
share *n.* podíl
share *v.t.* podělit se
share *n* akcie
shark *n.* žralok
sharp *a.* ostrý
sharp *adv.* ostře
sharpen *v.t.* naostřit
sharpener *n.* ořezávátko
sharper *n.* lapka
shatter *v.t.* roztříštit

shave *v.t.* oholit
shave *n* holení
shawl *n.* přehoz
she *pron.* ona
sheaf *n.* snop
shear *v.t.* ostříhat
shears *n. pl.* strojní nůžky
shed *v.t.* prolít
shed *n* kůlna
sheep *n.* ovce
sheepish *a.* zakřiknutý
sheer *a.* průsvitný
sheet *n.* prostěradlo
sheet *v.t.* povléct
shelf *n.* polička
shell *n.* ulita
shell *v.t.* vyloupat
shelter *n.* přístřešek
shelter *v.t.* poskytnout přístřeší
shelve *v.t.* odložit
shepherd *n.* pastýř
shield *n.* záštita
shield *v.t.* zaštítit
shift *v.t.* prohodit
shift *n* směna
shifty *a.* úskočný
shilling *n.* šilink
shilly-shally *v.i.* rozhodovat se
shilly-shally *n.* váhavost
shin *n.* holeň
shine *v.i.* zářit
shine *n* záře

shiny *a.* zářivý
ship *n.* loď
ship *v.t.* přepravit
shipment *n.* přeprava
shire *n.* hrabství
shirk *v.t.* vyhnout se
shirker *n.* flákač
shirt *n.* košile
shiver *v.i.* zachvívat se
shoal *n.* hejno
shoal *n* mělčina
shock *n.* šok
shock *v.t.* šokovat
shoe *n.* bota
shoe *v.t.* obout
shoot *v.t.* zastřelit
shoot *n* střelba
shop *n.* obchod
shop *v.i.* nakupovat
shore *n.* pobřeží
short *a.* krátký
short *adv.* krátce
shortage *n.* nedostatek
shortcoming *n.* slabina
shorten *v.t.* zkrátit
shortly *adv.* zanedlouho
shorts *n. pl.* kraťasy
shot *n.* výstřel
shoulder *n.* rameno
shoulder *v.t.* převzít
zodpovědnost
shout *n.* křik

shout *v.i.* křičet
shove *v.t.* strčit
shove *n.* strčení
shovel *n.* lopata
shovel *v.t.* odházet
show *v.t.* ukázat
show *n.* zábavné představení
shower *n.* sprcha
shower *v.t.* osprchovat se
shrew *n.* rejsek
shrewd *a.* prohnaný
shriek *n.* jekot
shriek *v.i.* ječení
shrill *a.* pronikavý
shrine *n.* svatyně
shrink *v.i* ubývat
shrinkage *n.* úbytek
shroud *n.* rubáš
shroud *v.t.* obestřít
shrub *n.* křovina
shrug *v.t.* pokrčit rameny
shrug *n* pokrčení rameny
shudder *v.i.* klepat se
shudder *n* zachvění
shuffle *v.i.* šourat se
shuffle *n.* šourání
shun *v.t.* stranit se
shunt *v.t.* odsunout
shut *v.t.* uzavřít
shutter *n.* okenice
shuttle *n.* kyvadlová doprava
shuttle *v.t.* pendlovat

shuttlecock *n.* košíček
shy *a.* stydlivý
shy *v.i.* stydět se
sick *a.* nemocný
sickle *n.* srp
sickly *a.* neduživý
sickness *n.* choroba
side *n.* strana
side *v.i.* nadržovat
siege *n.* obléhání
siesta *n.* siesta
sieve *n.* sítko
sieve *v.t.* prosít
sift *v.t.* posypat
sigh *n.* povzdech
sigh *v.i.* vzdychat
sight *n.* zrak
sight *v.t.* spatřit
sightly *a.* líbivý
sign *n.* znamení
sign *v.t.* podepsat
signal *n.* signál
signal *a.* signální
signal *v.t.* dát znamení
signatory *n.* signatář
signature *n.* podpis
significance *n.* významnost
significant *a.* významný
signification *n.* smysl
signify *v.t.* naznačit
silence *n.* ticho
silence *v.t.* umlčet

silencer *n.* tlumič
silent *a.* tichý
silhouette *n.* silueta
silk *n.* hedvábí
silken *a.* hebký
silky *a.* hedvábný
silly *a.* hloupý
silt *n.* naplavenina
silt *v.t.* naplavit
silver *n.* stříbro
silver *a* stříbrný
silver *v.t.* postříbřit
similar *a.* podobný
similarity *n.* podobnost
simile *n.* přirovnání
similitude *n.* podobnost
simmer *v.i.* doutnat
simple *a.* jednoduchý
simpleton *n.* jelimánek
simplicity *n.* jednoduchost
simplification *n.* zjednodušení
simplify *v.t.* zjednodušit
simultaneous *a.* souběžný
sin *n.* hřích
sin *v.i.* hřešit
since *prep.* od
since *conj.* jelikož
since *adv.* od té doby
sincere *a.* upřímný
sincerity *n.* upřímnost
sinful *a.* hříšný
sing *v.i.* zpívat

singe *v.t.* ožehnout
singe *n* ožehnutí
singer *n.* zpěvák
single *a.* jednotlivý
single *n.* nezadaný
single *v.t.* protrhat
singular *a.* ojedinělý
singularity *n.* ojedinělost
singularly *adv.* jedinečně
sinister *a.* zlověstný
sink *v.i.* klesat
sink *n* dřez
sinner *n.* hříšník
sinuous *a.* klikatý
sip *v.t.* usrknout
sip *n.* srknutí
sir *n.* vážený pán
siren *n.* siréna
sister *n.* sestra
sisterhood *n.* sesterství
sisterly *a.* sesterský
sit *v.i.* sedět
site *n.* plocha
situation *n.* situace
six *num.* šest
sixteen *num.* šestnáct
sixteenth *num.* šestnáctý
sixth *num.* šestý
sixtieth *num.* šedesátý
sixty *num.* šedesát
sizable *a.* značný
size *n.* velikost

size *v.t.* uspořádat
sizzle *v.i.* prskat
sizzle *n.* prskání
skate *n.* brusle
skate *v.t.* bruslit
skein *n.* přadeno
skeleton *n.* kostra
sketch *n.* črta
sketch *v.t.* načrtnout
sketchy *a.* útržkovitý
skid *v.i.* klouzat
skid *n* smyk
skilful *a.* obratný
skill *n.* dovednost
skin *n.* pokožka
skin *v.t* stáhnout z kůže
skip *v.i.* poskakovat
skip *n* poskočení
skipper *n.* kapitán
skirmish *n.* šarvátka
skirmish *v.t.* prát se
skirt *n.* sukně
skirt *v.t.* olemovat
skit *n.* parodie
skull *n.* lebka
sky *n.* obloha
sky *v.t.* odpálit do vzduchu
slab *n.* plát
slack *a.* volný
slacken *v.t.* zvlonit
slacks *n.* volné kalhoty
slake *v.t.* uhasit

slam *v.t.* zabouchnout
slam *n* bouchnutí
slander *n.* očerňování
slander *v.t.* očernit
slanderous *a.* pomlouvačný
slang *n.* slang
slant *v.t.* zkreslit
slant *n* sklon
slap *n.* facka
slap *v.t.* plesknout
slash *v.t.* pořezat
slash *n* řez
slate *n.* břidlice
slattern *n.* coura
slatternly *a.* nepořádný
slaughter *n.* porážka
slaughter *v.t.* povraždit
slave *n.* otrok
slave *v.i.* otročit
slavery *n.* otroctví
slavish *a.* otrocký
slay *v.t.* zabít
sleek *a.* uhlazený
sleep *v.i.* spát
sleep *n.* spánek
sleeper *n.* spáč
sleepy *a.* ospalý
sleeve *n* rukáv
sleight *n.* kouzlo
slender *n.* útlý
slice *n.* plátek
slice *v.t.* nakrájet

slick *a* vybroušený
slide *v.i.* klouzat
slide *n* skluzavka
slight *a.* nepatrný
slight *n.* urážka
slight *v.t.* znevážit
slim *a.* štíhlý
slim *v.i.* hubnout
slime *n.* sliz
slimy *a.* slizký
sling *n.* prak
slip *v.i.* smeknout se
slip *n.* návlek
slipper *n.* bačkora
slippery *a.* kluzký
slipshod *a.* lajdácký
slit *n.* štěrbina
slit *v.t.* proříznout
slogan *n.* slogan
slope *n.* svah
slope *v.i.* svažovat se
sloth *n.* lenochod
slothful *n.* lenošný
slough *n.* močál
slough *n.* bažina
slough *v.t.* odloupnout se
slovenly *a.* ledabylý
slow *a* pomalý
slow *v.i.* zpomalovat
slowly *adv.* pomalu
slowness *n.* pomalost
sluggard *n.* lenoch

sluggish *a.* vleklý
sluice *n.* kanál
slum *n.* chudinská čtvrť
slumber *v.i.* podřimovat
slumber *n.* dřímota
slump *n.* krize
slump *v.i.* propadat se
slur *n.* pomluva
slush *n.* břečka
slushy *a.* rozbředlý
slut *n.* běhna
sly *a.* potutelný
smack *n.* plácnutí
smack *v.i.* zavánět
smack *n* mlaskavá pusa
smack *n.* herák
smack *v.t.* plesknout
small *a.* malý
small *n* dolní část zad
smallness *n.* malost
smallpox *n.* neštovice
smart *a.* bystrý
smart *v.i* štípat
smart *n* smetánka
smash *v.t.* rozmlátit
smash *n* trhák
smear *v.t.* potřít
smear *n.* stěr
smell *n.* čich
smell *v.t.* přičichnout
smelt *v.t.* vytavovat
smile *n.* úsměv

smile *v.i.* usmívat se
smith *n.* kovář
smock *n.* zástěra
smog *n.* smog
smoke *n.* kouř
smoke *v.i.* kouřit
smoky *a.* kouřový
smooth *a.* hladký
smooth *v.t.* vyhladit
smother *v.t.* uhasit
smoulder *v.i.* doutnat
smug *a.* samolibý
smuggle *v.t.* propašovat
smuggler *n.* pašerák
snack *n.* svačinka
snag *n.* zádrhel
snail *n.* šnek
snake *n.* had
snake *v.i.* vinout se
snap *v.t.* prasknout
snap *n* prasknutí
snap *a* unáhlený
snare *n.* návnada
snare *v.t.* polapit
snarl *n.* vrčení
snarl *v.i.* vrčet
snatch *v.t.* chňapnout
snatch *n.* úryvek
sneak *v.i.* plížit se
sneak *n* donašeč
sneer *v.i* ušklíbat se
sneer *n* úšklebek

sneeze v.i. kýchat
sneeze n kýchnutí
sniff v.i. čichat
sniff n zavětření
snob n. snob
snobbery n. snobství
snobbish a. snobský
snore v.i. chrápat
snore n chrápání
snort v.i. frkat
snort n. frknutí
snout n. rypák
snow n. sníh
snow v.i. sněžit
snowy a. sněžný
snub v.t. urazit
snub n. shození
snuff n. šňupací tabák
snug n. salónek
so adv. taky
so conj. a tak
soak v.t. namočit
soak n. koupel
soap n. mýdlo
soap v.t. namydlit
soapy a. mýdlový
soar v.i. tyčit se
sob v.i. vzlykat
sob n vzlyk
sober a. střízlivý
sobriety n. střízlivost
sociability n. společenskost

sociable a. společenský
social n. večírek
socialism n socialismus
socialist n socialista
society n. společnost
sociology n. sociologie
sock n. ponožka
socket n. zásuvka
sod n. drn
sodomite n. sodomita
sodomy n. sodomie
sofa n. pohovka
soft a. hebký
soften v.t. změkčit
soil n. zemina
soil v.t. ušpinit
sojourn v.i. pobývat
sojourn n pobyt
solace v.t. utěšit
solace n. útěcha
solar a. sluneční
solder n. pájka
solder v.t. přiletovat
soldier n. voják
soldier v.i. sloužit v armádě
sole n. chodidlo
sole v.t podrazit boty
sole a výhradní
solemn a. slavnostní
solemnity n. vážnost
solemnize v.t. vykonat
solicit v.t. zažádat

solicitation n. žádost
solicitor n. právní poradce
solicitious a. starostlivý
solicitude n. starostlivost
solid a. pevný
solid n pevné těleso
solidarity n. solidarita
soliloquy n. samomluva
solitary a. osamocený
solitude n. osamění
solo n sólo
solo a. sám
solo adv. sólově
soloist n. sólista
solubility n. rozpustnost
soluble a. rozpustný
solution n. řešení
solve v.t. vyřešit
solvency n. platební schopnost
solvent a. solventní
solvent n rozpouštědlo
sombre a. chmurný
some pron. nějaký
some pron. některý
somebody pron. kdosi
somebody pron. kdosi
somehow pron. nějak
someone pron. někdo
somersault n. salto
somersault v.i. dělat salto
something pron. něco
something adv. dost

sometime adv. jednou
sometimes adv. někdy
somewhat adv. poněkud
somewhere adv. kdesi
somnambulism n. náměsíčnost
somnambulist n. náměsíčný
somnolence n. ospalost
somnolent n. ospalec
son n. syn
song n. píseň
songster n. pěvec
sonic a. akustický
sonnet n. sonet
sonority n. zvučnost
soon adv. brzy
soot n. saze
soot v.t. zašpinit sazemi
soothe v.t. upokojit
sophism n. sofismus
sophist n. sofista
sophisticate v.t. důmyslně
vylepšit
sophisticated a. sofistikovaný
sophistication n. kultivace
sorcerer n. čaroděj
sorcery n. čáry
sordid a. nechutný
sore a. bolestivý
sore n bolák
sorrow n. žal
sorrow v.i. soužit se
sorry a. bídný

sort *n.* druh
sort *v.t* roztřídit
soul *n.* duše
sound *a.* zvukový
sound *v.i.* znít
sound *n* zvuk
soup *n.* polévka
sour *a.* nakyslý
sour *v.t.* zkysnout
source *n.* zdroj
south *n.* jih
south *a.* jižní
south *adv* na jih
southerly *a.* jižní
southern *a.* jižní
souvenir *n.* suvenýr
sovereign *n.* vládce
sovereign *a* svrchovaný
sovereignty *n.* svrchovanost
sow *v.t.* osít
sow *n.* prasnice
space *n.* prostor
space *v.t.* rozestavit
spacious *a.* prostorný
spade *n.* rýč
spade *v.t.* vyrýt
span *n.* rozpětí
span *v.t.* překlenout
Spaniard *n.* Španělka
spaniel *n.* kokršpaněl
Spanish *a.* španělský
Spanish *n.* Španěl

spanner *n.* francouzský klíč
spare *v.t.* ušetřit
spare *a* náhradní
spare *n.* náhradní díl
spark *n.* jiskra
spark *v.i.* jiskřit
spark *n.* výboj
sparkle *v.i.* blyštět se
sparkle *n.* blyštění
sparrow *n.* vrabec
sparse *a.* prořídlý
spasm *n.* nával
spasmodic *a.* nárazový
spate *n.* záplava
spatial *a.* prostorový
spawn *n.* vajíčka
spawn *v.i.* klást vajíčka
speak *v.i.* mluvit
speaker *n.* řečník
spear *n.* oštěp
spear *v.t.* napíchnout
spearhead *n.* hlavice oštěpu
spearhead *v.t.* prorazit cestu
special *a.* speciální
specialist *n.* specialista
speciality *n.* specialita
specialization *n.* specializace
specialize *v.i.* specializovat se
species *n.* druh
specific *a.* specifický
specification *n.* specifikace
specify *v.t.* specifikovat

specimen *n.* jedinec
speck *n.* flíček
spectacle *n.* podívaná
spectacular *a.* podivuhodný
spectator *n.* divák
spectre *n.* přízrak
speculate *v.i.* dohadovat se
speculation *n.* spekulace
speech *n.* řeč
speed *n.* rychlost
speed *v.i.* uhánět
speedily *adv.* rychle
speedy *a.* rychlý
spell *n.* údobí
spell *v.t.* předznamenat
spell *n* kletba
spend *v.t.* utratit
spendthrift *n.* rozhazovačný
  člověk
sperm *n.* spermie
sphere *n.* koule
spherical *a.* kulovitý
spice *n.* koření
spice *v.t.* okořenit
spicy *a.* kořeněný
spider *n.* pavouk
spike *n.* špice
spike *v.t.* prudce vzrůst
spill *v.i.* valit se
spill *n* loužička
spin *v.i.* otáčet se
spin *n.* otáčky

spinach *n.* špenát
spinal *a.* míšní
spindle *n.* hřídel
spine *n.* páteř
spinner *n.* přadlena
spinster *n.* stará panna
spiral *n.* spirála
spiral *a.* spirálovitý
spirit *n.* duch
spirited *a.* kurážný
spiritual *a.* duchovní
spiritualism *n.* spiritismus
spiritualist *n.* duchař
spirituality *n.* duchovno
spit *v.i.* plivat
spit *n* plivanec
spite *n.* zášť
spittle *n* slina
spittoon *n.* plivátko
splash *v.i.* cákat
splash *n* cákanec
spleen *n.* zlost
splendid *a.* nádherný
splendour *n.* nádhera
splinter *n.* tříska
splinter *v.t.* rozštěpit se
split *v.i.* praskat
split *n* trhlina
spoil *v.t.* rozmazlit
spoil *n* kořist
spoke *n.* příčka
spokesman *n.* mluvčí

sponge *n.* hubka
sponge *v.t.* umýt hubkou
sponsor *n.* sponzor
sponsor *v.t.* sponzorovat
spontaneity *n.* spontánnost
spontaneous *a.* spontánní
spoon *n.* lžíce
spoon *v.t.* dát lžící
spoonful *n.* plná lžíce
sporadic *a.* zřídkavý
sport *n.* sport
sport *v.i.* sportovat
sportive *a.* sportovní
sportsman *n.* sportovec
spot *n.* pupínek
spot *v.t.* zahlédnout
spotless *a.* bez poskvrnky
spousal *n.* manželský
spouse *n.* choť
spout *n.* gejzír
spout *v.i.* chrlit
sprain *n.* výron
sprain *v.t.* vyvrtnout
spray *n.* sprej
spray *n* rozprašovač
spray *v.t.* pokropit
spread *v.i.* rozšiřovat
spread *n.* pomazánka
spree *n.* řádění
sprig *n.* snítka
sprightly *a.* čiperný
spring *v.i.* pružit

spring *n* pružina
sprinkle *v. t.* posypat
sprint *v.i.* závodit
sprint *n* běh na krátkou trať
sprout *v.i.* klíčit
sprout *n* výhonek
spur *n.* osten
spur *v.t.* podnítit
spurious *a.* neopodstatněný
spurn *v.t.* zavrhnout
spurt *v.i.* tryskat
spurt *n* proud
sputnik *n.* družice
sputum *n.* chrchel
spy *n.* špeh
spy *v.i.* špehovat
squad *n.* četa
squadron *n.* flotila
squalid *a.* zaneřáděný
squalor *n.* nečistota
squander *v.t.* zmařit
square *n.* čtverec
square *a* čtvereční
square *v.t.* podmáznout
squash *v.t.* namačkat
squash *n* šťáva
squat *v.i.* dřepět
squeak *v.i.* kvičet
squeak *n* zakvičení
squeeze *v.t.* zmáčknout
squint *v.i.* šilhat
squint *n* šilhání

squire *n.* statkář
squirrel *n.* veverka
stab *v.t.* bodnout
stab *n.* bodná rána
stability *n.* stabilita
stabilization *n.* stabilizace
stabilize *v.t.* stabilizovat
stable *a.* stabilní
stable *n* stáj
stable *v.t.* ustájit
stadium *n.* stadion
staff *n.* zaměstnanci
staff *v.t.* obsadit
stag *n.* jelen
stage *n.* plošina
stage *v.t.* zinscenovat
stagger *v.i.* vrávorat
stagger *n.* vrávorání
stagnant *a.* stojatý
stagnate *v.i.* stagnovat
stagnation *n.* stagnace
staid *a.* usedlý
stain *n.* skvrna
stain *v.t.* poskvrnit
stainless *a.* nerezový
stair *n.* schod
stake *n* vyč
stake *v.t.* vytyčit
stale *a.* zvětralý
stale *v.t.* zvětrat
stalemate *n.* mrtvý bod
stalk *n.* stonek

stalk *v.i.* vykračovat si
stalk *n* košťál
stall *n.* stánek
stall *v.t.* zastavit se
stallion *n.* hřebec
stalwart *a.* oddaný
stalwart *n* oddaný stoupenec
stamina *n.* výdrž
stammer *v.i.* koktat
stammer *n* koktání
stamp *n.* poštovní známka
stamp *v.i.* dupat
stampede *n.* úprk
stampede *v.i* plašit
stand *v.i.* stát
stand *n.* postoj
standard *n.* standard
standard *a* standardní
standardization *n.* standardizace
standardize *v.t.* standardizovat
standing *n.* stojící
standpoint *n.* hledisko
standstill *n.* ustálení
stanza *n.* znělka
staple *n.* svorka
staple *a* jakostní
star *n.* hvězda
star *v.t.* vystoupit v hlavní roli
starch *n.* škrob
starch *v.t.* naškrobit
stare *v.i.* zírat
stare *n.* strnulý pohled

stark *a.* strohý
stark *adv.* stroze
starry *a.* hvězdnatý
start *v.t.* začít
start *n* začátek
startle *v.t.* vylekat
starvation *n.* vyhladovění
starve *v.i.* hladovět
state *n.* stát
state *v.t* stanovit
stateliness *n.* okázalost
stately *a.* okázalý
statement *n.* výrok
statesman *n.* státník
static *n.* statik
statics *n.* statika
station *n.* stanice
station *v.t.* umístit
stationary *a.* nehybný
stationer *n.* papírník
stationery *n.* papírnictví
statistical *a.* statistický
statistician *n.* statistik
statistics *n.* statistika
statue *n.* socha
stature *n.* vzrůst
status *n.* status
statute *n.* předpis
statutory *a.* statutární
staunch *a.* zarytý
stay *v.i.* pobývat
stay *n* pobyt

steadfast *a.* neochvějný
steadiness *n.* stálost
steady *a.* stálý
steady *v.t.* ustálit se
steal *v.i.* krást
stealthily *adv.* kradmý
steam *n* pára
steam *v.i.* napařovat
steamer *n.* napařovací hrnec
steed *n.* oř
steel *n.* ocel
steep *a.* strmý
steep *v.t.* namočit
steeple *n.* špička věže
steer *v.t.* vyhnout se
stellar *a.* prvotřídní
stem *n.* stopka
stem *v.i.* plužit na lyžích
stench *n.* zápach
stencil *n.* šablona
stencil *v.i.* tisknout přes šablonu
stenographer *n.* stenograf
stenography *n.* těsnopis
step *n.* krok
step *v.i.* rozcházet se
steppe *n.* step
stereotype *n.* stereotyp
stereotype *v.t.* vidět stereotypně
stereotyped *a.* stereotypní
sterile *a.* neplodný
sterility *n.* neplodnost
sterilization *n.* sterilizace

183

sterilize *v.t.* sterilizovat
sterling *a.* vynikající
sterling *n.* šterlink
stern *a.* nezlomný
stern *n.* záď
stethoscope *n.* stetoskop
stew *n.* dušené maso se
zeleninou
stew *v.t.* podusit
steward *n.* palubní průvodčí
stick *n.* klacek
stick *v.t.* vrazit
sticker *n.* nálepka
stickler *n.* puntičkář
sticky *a.* lepkavý
stiff *n.* mrtvola
stiffen *v.t.* ztuhnout
stifle *v.t.* potlačit
stigma *n.* stigma
still *a.* nesycený
still *adv.* stále
still *v.t.* ztichnout
still *n.* poklid
stillness *n.* nehybnost
stilt *n.* chůdy
stimulant *n.* povzbuzující
prostředek
stimulate *v.t.* povzbudit
stimulus *n.* podnět
sting *v.t.* píchnout
sting *n.* žihadlo
stingy *a.* škudlivý

stink *v.i.* páchnout
stink *n* smrad
stipend *n.* stipendium
stipulate *v.t.* dojednat
stipulation *n.* vyjednaná
podmínka
stir *v.i.* míchat
stirrup *n.* třmen
stitch *n.* steh
stitch *v.t.* přistehovat
stock *n.* vývar
stock *v.t.* doplnit zboží
stock *a.* obehraný
stocking *n.* punčocha
stoic *n.* stoik
stoke *v.t.* přiložit
stoker *n.* topič
stomach *n.* žaludek
stomach *v.t.* strpět
stone *n.* kámen
stone *v.t.* ukamenovat
stony *a.* kamenitý
stool *n.* stolička
stoop *v.i.* hrbit se
stoop *n* vstupní schodiště
stop *v.t.* přestat
stop *n* zastávka
stoppage *n* přerušení
storage *n.* skladování
store *n.* prodejna
store *v.t.* uskladnit
storey *n.* podlaží

stork *n.* čáp
storm *n.* bouřka
storm *v.i.* bouřit
stormy *a.* bouřlivý
story *n.* příběh
stout *a.* zavalitý
stove *n.* plotna
stow *v.t.* uložit
straggle *v.i.* trousit se
straggler *n.* opozdilec
straight *a.* rovný
straight *adv.* rovně
straighten *v.t.* narovnat
straightforward *a.* přímočarý
straightway *adv.* rovnou
strain *v.t.* zatížit
strain *n* zátěž
strait *n.* úžina
straiten *v.t.* stísnit
strand *v.i.* uvíznout
strand *n* vlákno
strange *a.* podivný
stranger *n.* cizinec
strangle *v.t.* uškrtit
strangulation *n.* škrcení
strap *n.* pás
strap *v.t.* upevnit řemenem
strategem *n.* stratégství
strategic *a.* strategický
strategist *n.* stratég
strategy *n.* strategie
stratum *n.* vrstva

straw *n.* stéblo
strawberry *n.* jahoda
stray *v.i.* bloudit
stray *a* zaběhlý
stray *n* zaběhlé zvíře
stream *n.* tok
stream *v.i.* proudit
streamer *n.* stuha
streamlet *n.* stružka
street *n.* ulice
strength *n.* síla
strengthen *v.t.* posílit
strenuous *a.* usilovný
stress *n.* důraz
stress *v.t* zdůraznit
stretch *v.t.* protáhnout
stretch *n* protažení
stretcher *n.* nosítka
strew *v.t.* rozházet
strict *a.* přísný
stricture *n.* odsouzení
stride *v.i.* vykračovat si
stride *n* dlouhý krok
strident *a.* pronikavý
strife *n.* potyčka
strike *v.t.* udeřit
strike *n* stávka
striker *n.* stávkující
string *n.* struna
string *v.t.* zavěsit
stringency *n.* finanční tíseň
stringent *a.* striktní

strip *n.* proužek
strip *v.t.* svléknout se
stripe *n.* pruh
stripe *v.t.* udělat pruhy
strive *v.i.* usilovat
stroke *n.* mozková mrtvice
stroke *v.t.* pohladit
stroke *n* tempo
stroll *v.i.* procházet se
stroll *n* procházka
strong *a.* silný
stronghold *n.* opevnění
structural *a.* strukturální
structure *n.* struktura
struggle *v.i.* pachtit se
struggle *n* zápas
strumpet *n.* nevěstka
strut *v.i.* naparovat se
strut *n* podpěra
stub *n.* pahýl
stubble *n.* strniště
stubborn *a.* tvrdohlavý
stud *n.* cvok
stud *v.t.* pobít cvoky
student *n.* student
studio *n.* studio
studious *a.* pilný
study *v.i.* studovat
study *n.* studium
stuff *n.* věci
stuff *2 v.t.* narvat
stuffy *a.* zkostnatělý

stumble *v.i.* klopýtat
stumble *n.* klopýtnutí
stump *n.* pařez
stump *v.t* zarazit
stun *v.t.* ohromit
stunt *v.t.* zbrzdit
stunt *n* senzační kousek
stupefy *v.t.* omráčit
stupendous *a.* nesmírný
stupid *a* hloupý
stupidity *n.* hloupost
sturdy *a.* robustní
sty *n.* chlívek
stye *n.* ječné zrno
style *n.* styl
subdue *v.t.* podmanit
subject *n.* předmět
subject *a* podrobený
subject *v.t.* podrobit
subjection *n.* podrobení
subjective *a.* subjektivní
subjudice *a.* souzený
subjugate *v.t.* podmanit
subjugation *n.* podmanění
sublet *v.t.* dát do pronájmu
sublimate *v.t.* přetavit
sublime *a.* nepřekonatelný
sublime *n* dokonalost
sublimity *n.* velebnost
submarine *n.* ponorka
submarine *a* ponorkový
submerge *v.i.* nořit se

submission *n.* poddání
submissive *a.* poddajný
submit *v.t.* podřídit se
subordinate *a.* podřadný
subordinate *n* poddaný
subordinate *v.t.* podřadit
subordination *n.* podřízenost
subscribe *v.t.* předplatit si
subscription *n.* předplatné
subsequent *a.* navazující
subservience *n.* servilnost
subservient *a.* servilní
subside *v.i.* klesat
subsidiary *a.* druhotný
subsidize *v.t.* dotovat
subsidy *n.* dotace
subsist *v.i.* být živ
subsistence *n.* životní minimum
substance *n.* látka
substantial *a.* značný
substantially *adv.* značně
substantiate *v.t.* doložit
substantiation *n.* doložení
substitute *n.* náhradnk
substitute *v.t.* nahradit
substitution *n.* náhrada
subterranean *a.* podzemní
subtle *n.* jemný
subtlety *n.* jemnost
subtract *v.t.* odečíst
subtraction *n.* odpočet
suburb *n.* předměstí

suburban *a.* předměstský
subversion *n.* podvratná činnost
subversive *a.* podvratný
subvert *v.t.* rozvrátit
succeed *v.i.* mít úspěch
success *n.* úspěch
successful *a.* úspěšný
succession *n.* sled
successive *a.* následující
successor *n.* následník
succour *n.* podpora
succour *v.t.* poskytnout podporu
succumb *v.i.* podléhat
such *pron.* takový
such *pron.* jako
suck *v.t.* vysát
suck *n.* sání
suckle *v.t.* odkojit
sudden *a.* náhlý
suddenly *adv.* náhle
sue *v.t.* zažalovat
suffer *v.t.* vytrpět
suffice *v.i.* postačovat
sufficiency *n.* dostatek
sufficient *a.* dostatečný
suffix *n.* přípona
suffix *v.t.* připojit
suffocate *v.t* udusit
suffocation *n.* udušení
suffrage *n.* volební právo
sugar *n.* cukr
sugar *v.t.* ocukrovat

suggest *v.t.* navrhnout
suggestion *n.* návrh
suggestive *a.* nasvědčující
suicidal *a.* sebevražedný
suicide *n.* sebevražda
suit *n.* oblek
suit *v.t.* slušet
suitability *n.* vhodnost
suitable *a.* vhodný
suite *n.* apartmá
suitor *n.* nápadník
sullen *a.* naštvaný
sulphur *n.* síra
sulphuric *a.* sirný
sultry *a.* parný
sum *n.* částka
sum *v.t.* sečíst
summarily *adv.* neprodleně
summarize *v.t.* shrnout
summary *n.* shrnutí
summary *a* stručný
summer *n.* léto
summit *n.* vrcholek
summon *v.t.* předvolat
summons *n.* obsílka
sumptuous *a.* okázalý
sun *n.* slunce
sun *v.t.* opálit se
Sunday *n.* neděle
sunder *v.t.* rozdělit
sundry *a.* nejrůznější
sunny *a.* slunný

sup *v.i.* popíjet
superabundance *n.* přemíra
superabundant *a.* přehnaný
superb *a.* znamenitý
superficial *a.* povrchní
superficiality *n.* povrchnost
superfine *a.* výběrový
superfluity *n.* přebytek
superfluous *a.* postradatelný
superhuman *a.* nadlidský
superintend *v.t.* mít dozor
superintendence *n.* dozor
superintendent *n.* správce
superior *a.* nadřazený
superiority *n.* nadřazenost
superlative *a.* mimořádný
superlative *n.* superlativ
superman *n.* nadčlověk
supernatural *a.* nadpřirozený
supersede *v.t.* vytlačit
supersonic *a.* nadzvukový
superstition *n.* pověra
superstitious *a.* pověrčivý
supertax *n.* daňová přirážka
supervise *v.t.* dohlédnout
supervision *n.* dohled
supervisor *n.* dohližitel
supper *n.* lehká večeře
supple *a.* ohebný
supplement *n.* doplněk
supplement *v.t.* doplnit
supplementary *a.* dodatečný

supplier *n.* dodavatel
supply *v.t.* dodat
supply *n* dodávka
support *v.t.* podpořit
support *n.* podpora
suppose *v.t.* předpokládat
supposition *n.* předpoklad
suppress *v.t.* potlačit
suppression *n.* potlačení
supremacy *n.* převaha
supreme *a.* vrchní
surcharge *n.* příplatek
surcharge *v.t.* přirazit si
sure *a.* jistý
surely *adv.* jistě
surety *n.* kauce
surf *n.* příboj
surface *n.* povrch
surface *v.i* plout na povrchu
surfeit *n.* přejedení
surge *n.* poryv
surge *v.i.* valit se
surgeon *n.* chirurg
surgery *n.* operace
surmise *n.* domněnka
surmise *v.t.* domnívat se
surmount *v.t.* zdolat
surname *n.* příjmení
surpass *v.t.* předčit
surplus *n.* nadbytek
surprise *n.* překvapení
surprise *v.t.* překvapit

surrender *v.t.* vzdát se
surrender *n* kapitulace
surround *v.t.* obklíčit
surroundings *n.* okolí
surtax *n.* dodatečná daň
surveillance *n.* sledování
survey *n.* průzkum
survey *v.t.* prozkoumat
survival *n.* přežití
survive *v.i.* přežívat
suspect *v.t.* mít podezření
suspect *a.* podezřelý
suspect *n* podezřelá osoba
suspend *v.t.* pozastavit
suspense *n.* napjaté očekávání
suspension *n.* pozastavení
suspicion *n.* nedůvěra
suspicious *a.* nedůvěřivý
sustain *v.t.* udržet si
sustenance *n.* obživa
swagger *v.i.* chvástat se
swagger *n* naparování
swallow *v.t.* spolknout
swallow *n.* polknutí
swallow *n.* vlaštovka
swamp *n.* močál
swamp *v.t.* zavalit
swan *n.* labuť
swarm *n.* roj
swarm *v.i.* rojit se
swarthy *a.* snědý
sway *v.i.* kolébat se

sway *n* kolébání
swear *v.t.* odpřisáhnout
sweat *n.* pot
sweat *v.i.* potit se
sweater *n.* svetr
sweep *v.i.* zametat
sweep *n.* razie
sweeper *n.* metař
sweet *a.* sladký
sweet *n* sladkost
sweeten *v.t.* osladit
sweetmeat *n.* sladkosti
sweetness *n.* sladkost
swell *v.i.* natékat
swell *n* vzdouvání
swift *a.* pohotový
swim *v.i.* plavat
swim *n* plavání
swimmer *n.* plavec
swindle *v.t.* podvést
swindle *n.* podvod
swindler *n.* podvodník
swine *n.* prase
swing *v.i.* houpat se
swing *n* houpání
Swiss *n.* Švýcar
swiss *a* švýcarský
switch *n.* vypínač
switch *v.t.* vypnout
swoon *n.* mdloby
swoon *v.i* omdlívat
swoop *v.i.* dělat zátah

swoop *n* šťára
sword *n.* meč
sycamore *n.* platan
sycophancy *n.* patolízalství
sycophant *n.* patolízal
syllabic *a.* slabičný
syllable *n.* slabika
syllabus *n.* učební program
sylph *n.* sylfa
sylvan *a.* stinný
symbol *n.* symbol
symbolic *a.* symbolický
symbolism *n.* symbolismus
symbolize *v.t.* znázornit
symmetrical *a.* symetrický
symmetry *n.* symetrie
sympathetic *a.* soucitný
sympathize *v.i.* soucítit
sympathy *n.* soucit
symphony *n.* symfonie
symposium *n.* sympózium
symptom *n.* příznak
symptomatic *a.* příznačný
synonym *n.* synonymum
synonymous *a.* synonymní
synopsis *n.* shrnutí děje
syntax *n.* větná skladba
synthesis *n.* syntéza
synthetic *a.* umělý
synthetic *n* umělá vlákna
syringe *n.* stříkačka
syringe *v.t.* vstříknout

syrup *n.* sirup
system *n.* systém
systematic *a.* uspořádaný
systematize *v.t.* uspořádat

T

table *n.* stůl
table *v.t.* odložit ad acta
tablet *n.* tabletka
taboo *n.* tabu
taboo *a* tabuizovaný
taboo *v.t.* zakázat
tabular *a.* tabulkový
tabulate *v.t.* sestavit tabulku
tabulation *n.* výstupní sestava
tabulator *n.* tabulátor
tacit *a.* nevyslovený
taciturn *a.* nemluvný
tackle *n.* kladka
tackle *v.t.* vypořádat se
tact *n.* takt
tactful *a.* taktní
tactician *n.* taktik
tactics *n.* taktika
tactile *a.* dotekový
tag *n.* visačka
tag *v.t.* připevnit
tail *n.* ocas
tailor *n.* krejčí
tailor *v.t.* přizpůsobit

taint *n.* poskvrna
taint *v.t.* poskvrnit
take *v.t* vzít
tale *n.* povídka
talent *n.* talent
talisman *n.* talisman
talk *v.i.* mluvit
talk *n* promluva
talkative *a.* upovídaný
tall *a.* vysoký
tallow *n.* lůj
tally *n.* vrub
tally *v.t.* odsouhlasit
tamarind *n.* tamarind
tame *a.* krotký
tame *v.t.* zkrotnout
tamper *v.i.* podplácet
tan *v.i.* opalovat se
tan *n.* opálení
tangent *n.* tečna
tangible *a.* zjevný
tangle *n.* spleť
tangle *v.t.* zamotat
tank *n.* tank
tanker *n.* cisterna
tanner *n.* koželuh
tannery *n.* koželužna
tantalize *v.t.* vydráždit
tantamount *a.* rovnající se
tap *n.* čep
tap *v.t.* načepovat
tape *n.* páska

tape *v.t* nahrát
taper *v.i.* zužovat se
taper *n* zúžení
tapestry *n.* tapiserie
tar *n.* dehet
tar *v.t.* polít dehtem
target *n.* cíl
tariff *n.* sazba
tarnish *v.t.* zakalit
task *n.* zadání
task *v.t.* zadat
taste *n.* chuť
taste *v.t.* ochutnat
tasteful *a.* vkusný
tasty *a.* chutný
tatter *n.* cár
tatter *v.t* rozedrat
tattoo *n.* tetování
tattoo *v.i.* tetovat
taunt *v.t.* popíchnout
taunt *n* pošklebek
tavern *n.* krčma
tax *n.* daň
tax *v.t.* zdanit
taxable *a.* zdanitelný
taxation *n.* danění
taxi *n.* taxi
taxi *v.i.* rolovat
tea *n* čaj
teach *v.t.* naučit
teacher *n.* učitel
teak *n.* týk

team *n.* tým
tear *v.t.* roztrhnout
tear *n.* trhlina
tear *n.* slza
tearful *a.* plačtivý
tease *v.t.* znepokojit
teat *n.* prs
technical *a.* odborný
technicality *n.* formalita
technician *n.* technik
technique *n.* technika
technological *a.* technologický
technologist *n.* technolog
technology *n.* technologie
tedious *a.* otravný
tedium *n.* otrava
teem *v.i.* oplývat
teenager *n.* puberťák
teens *n. pl.* mladiství
teethe *v.i.* dostávat zuby
- teetotal *a.* naprostý
teetotaller *n.* abstinent
telecast *n.* televizní vysílání
telecast *v.t.* vysílat
telecommunications *n.*
    telekomunikace
telegram *n.* tlegram
telegraph *n.* telegraf
telegraph *v.t.* zatelegrafovat
telegraphic *a.* telegrafický
telegraphist *n.* telegrafista
telegraphy *n.* telegrafie

telepathic *a.* telepatický
telepathist *n.* telepatista
telepathy *n.* telepatie
telephone *n.* telefon
telephone *v.t.* zatelefonovat
telescope *n.* teleskop
telescopic *a.* teleskopický
televise *v.t.* přenést televizním
vysíláním
television *n.* televize
tell *v.t.* povykládat
teller *n.* vypravěč
temper *n.* výbušnost
temper *v.t.* zjemnit
temperament *n.* temperament
temperamental *a.*
temperamentní
temperance *n.* střídmost
temperate *a.* střídmý
temperature *n.* teplota
tempest *n.* smršť
tempestuous *a.* bouřlivý
temple *n.* chrám
temple *n* svatyně
temporal *a.* pozemský
temporary *a.* dočasný
tempt *v.t.* nalákat
temptation *n.* pokušení
tempter *n.* pokušitel
ten *num.* deset
tenable *a.* obhájitelný
tenacious *a.* houževnatý

tenacity *n.* houževnatost
tenancy *n.* nájem
tenant *n.* nájemník
tend *v.i.* tíhnout
tendency *n.* tendence
tender *n* soutěžní nabídka
tender *v.t.* formálně nabídnout
tender *n* ošetřovatel
tender *a* láskyplný
tenet *n.* hlavní zásada
tennis *n.* tenis
tense *n.* gramatický čas
tense *a.* napjatý
tension *n.* napjetí
tent *n.* stan
tentative *a.* provizorní
tenure *n.* držba
term *n.* termín
term *v.t.* označit
terminable *a.* časově omezený
terminal *a.* konečný
terminal *n* mez
terminate *v.t.* ukončit
termination *n.* ukončení
terminological *a.* terminologický
terminology *n.* terminologie
terminus *n.* konečná
terrace *n.* terasa
terrible *a.* strašný
terrier *n.* teriér
terrific *a.* děsivý
terrify *v.t.* vyděsit

territorial *a.* územní
territory *n.* území
terror *n.* teror
terrorism *n.* terorismus
terrorist *n.* terorista
terrorize *v.t.* zastrašit
terse *a.* strohý
test *v.t.* vyzkoušet
test *n* zkouška
testament *n.* závěť
testicle *n.* varle
testify *v.i.* svědčit
testimonial *n.* potvrzení
testimony *n.* svědectví
tete-a-tete *adv.* mezi čtyřma
   očima
tether *n.* řetěz
tether *v.t.* přivázat
text *n.* text
textile *a.* textilní
textile *n* textil
textual *n.* textový
texture *n.* tkanina
thank *v.t.* poděkovat
thanks *n.* díky
thankful *a.* vděčný
thankless *a.* nevděčný
that *a.* takový
that *dem. pron.* tento
that *rel. pron.* tamto
that *adv.* tolik
that *conj.* že

thatch *n.* došky
thatch *v.t.* pokrýt došky
thaw *v.i* tát
thaw *n* tání
theatre *n.* divadlo
theatrical *a.* divadelní
theft *n.* krádež
their *pron.* svůj
theirs *pron.* jejich
theism *n.* teismus
theist *n.* teista
them *pron.* ti
thematic *a.* tématický
theme *n.* téma
then *adv.* tehdy
then *adv.* potom
thence *adv.* odtamtud
theocracy *n.* teokracie
theologian *n.* teolog
theological *a.* teologický
theology *n.* teologie
theorem *n.* poučka
theoretical *a.* teoretický
theorist *n.* teoretik
theorize *v.i.* teoretizovat
theory *n.* teorie
therapy *n.* terapie
there *adv.* tam
thereabouts *adv.* blízko
thereafter *adv.* pak
thereby *adv.* takto
therefore *adv.* tedy

thermal *a.* termální
thermometer *n.* teploměr
thermos (flask) *n.* termoska
thesis *n.* teze
thick *a.* hustý
thick *n.* hlupák
thick *adv.* hustě
thicken *v.i.* houstnout
thicket *n.* lístek
thief *n.* zloděj
thigh *n.* stehno
thimble *n.* náprstek
thin *a.* tenký
thin *v.t.* ztenčit
thing *n.* věc
think *v.t.* myslet
thinker *n.* myslitel
third *num.* třetí
third *n.* třetina
thirdly *adv.* za třetí
thirst *n.* žízeň
thirst *v.i.* žíznivět
thirsty *a.* žíznivý
thirteen *num.* třináct
thirteen *num.* třináctina
thirteenth *num.* třináctý
thirtieth *num.* třicátý
thirtieth *num.* třicetina
thirty *num.* třicet
thirty *n.* třicítka
thistle *n.* bodlák
thither *adv.* tím směrem

thorn *n.* trn
thorny *a.* trnitý
thorough *a* důkladný
thoroughfare *n.* průjezd
though *conj.* ačkoliv
though *conj.* třebaže
thought *n* myšlenka
thoughtful *a.* zamyšlený
thousand *num.* tisíc
thousand *num.* tisíce
thrall *n.* područí
thralldom *n.* poddanství
thrash *v.t.* rozbít
thread *n.* pramínek
thread *v.t* proplést
threadbare *a.* ošuntělý
threat *n.* hrozba
threaten *v.t.* pohrozit
three *n.* trojka
three *num.* tři
thresh *v.t.* nařezat
thresher *n.* mlátička
threshold *n.* práh
thrice *adv.* třikrát
thrift *n.* hospodárnost
thrifty *a.* hospodárný
thrill *n.* záchvěv
thrill *v.t.* zachvět se
thrive *v.i.* bujet
throat *n.* hrdlo
throaty *a.* hrdelní
throb *v.i.* bušit

throb *n.* tlukot srdce
throe *n.* urputný boj
throne *n.* trůn
throne *v.t.* nastolit
throng *n.* nával
throng *v.t.* natlačit
throttle *n.* průdušnice
throttle *v.t.* přiškrtit
through *prep.* skrz
through *adv.* úplně
through *a* přímý
throughout *adv.* během
throughout *prep.* po celou dobu
throw *v.t.* mrštit
throw *n.* hod
thrust *v.t.* vrazit
thrust *n* vražení
thud *n.* žuchnutí
thud *v.i.* dunět
thug *n.* grázl
thumb *n.* palec
thumb *v.t.* zmáčknout palcem
thump *n.* úder
thump *v.t.* udeřit
thunder *n.* burácení
thunder *v.i.* burácet
thunderous *a.* burácející
Thursday *n.* čtvrtek
thus *adv.* tudíž
thwart *v.t.* překazit
tiara *n.* korunka
tick *n.* tikot

tick *v.i.* tikat
ticket *n.* vstupenka
tickle *v.t.* polechtat
ticklish *a.* lechtivý
tidal *a.* přílivový
tide *n.* přílivový
tidings *n. pl.* zvěsti
tidiness *n.* pořádkumilovnost
tidy *a.* pořádný
tidy *v.t.* uklidit
tie *v.t.* svázat
tie *n* vázanka
tier *n.* patro
tiger *n.* tygr
tight *a.* těsný
tighten *v.t.* sevřít
tigress *n.* tygřice
tile *n.* kachlička
tile *v.t.* vykachličkovat
till *prep.* až do
till *n. conj.* dokud
till *v.t.* zorat
tilt *v.i.* sklápět
tilt *n.* naklonění
timber *n.* trámy
time *n.* čas
time *v t* načasovat
timely *a.* příhodný
timid *a.* bázlivý
timidity *n.* bázlivost
timorous *a.* bojácný
tin *n.* konzerva

tin *v.t.* pocínovat
tincture *n.* tinktura
tincture *v.t.* obravit
tinge *n.* odstín
tinge *v.t.* podbarvit
tinker *n.* klempíř
tinsel *n.* cetka
tint *n.* nádech
tint *v.t.* přibarvit
tiny *a.* malinký
tip *n.* spropitné
tip *v.t.* dát spropitné
tip *n.* vrcholek
tip *v.t.* překotit
tip *n.* tip
tip *v.t.* vytipovat
tipsy *a.* podnapilý
tirade *n.* tiráda
tire *v.t.* vyčerat
tiresome *a.* únavný
tissue *n.* tkáň
titanic *a.* kolosální
tithe *n.* desátek
title *n.* titul
titular *a.* čestný
toad *n.* mlok
toast *n.* přípitek
toast *v.t.* připít
tobacco *n.* tabík
today *adv.* dnes
today *n.* dnešek
toe *n.* prst na noze

toe *v.t.* vykopnout
toffee *n.* karamela
toga *n.* tóga
together *adv.* společně
toil *n.* dřina
toil *v.i.* dřít
toilet *n.* záchod
toils *n. pl.* osidla
token *n.* odznak
tolerable *a.* přijatelný
tolerance *n.* tolerance
tolerant *a.* tolerantní
tolerate *v.t.* strpět
toleration *n.* snášenlivost
toll *n.* oběť
toll *n* clo
toll *v.t.* uvalit clo
tomato *n.* rajče
tomb *n.* hrobka
tomboy *n.* větroplach
tomcat *n.* kocour
tome *n.* bichle
tomorrow *n.* zítřek
tomorrow *adv.* zítra
ton *n.* tón v módě
tone *n.* tón
tone *v.t.* odstínit
tongs *n. pl.* kleštičky
tongue *n.* jazyk
tonic *a.* posilující
tonic *n.* tonik
to-night *n.* večer

tonight *adv.* dnes večer
tonne *n.* tuna
tonsil *n.* krční mandle
tonsure *n.* holení
too *adv.* příliš
tool *n.* pomůcka
tooth *n.* zub
toothache *n.* bolest zubů
toothsome *a.* lahodný
top *n.* špička
top *v.t.* dovršit
top *n.* elita
topaz *n.* topas
topic *n.* námět
topical *a.* místní
topographer *n.* topograf
topographical *a.* topografický
topography *n.* topografie
topple *v.i.* potácet
topsy turvy *a.* chaotický
topsy turvy *adv* vzhůru nohama
torch *n.* baterka
torment *n.* utrpení
torment *v.t.* umořit
tornado *n.* tornádo
torpedo *n.* torpédo
torpedo *v.t.* torpédovat
torrent *n.* bystřina
torrential *a.* strhující
torrid *a.* vyprahlý
tortoise *n.* želva
tortuous *a.* postranní

torture *n.* muka
torture *v.t.* umučit
toss *v.t.* pohodit
toss *n* losování
total *a.* naprostý
total *n.* součet
total *v.t.* sečíst
totality *n.* totalita
touch *v.t.* dotknout se
touch *n* dotyk
touchy *a.* choulostivý
tough *a.* tvrdý
toughen *v.t.* utužit
tour *n.* výprava
tour *v.i.* cestovat
tourism *n.* turismus
tourist *n.* turista
tournament *n.* souboj
towards *prep.* směrem k
towel *n.* ručník
towel *v.t.* utřít ručníkem
tower *n.* věž
tower *v.i.* vznášet se
town *n.* město
township *n.* okrsek
toy *n.* hračka
toy *v.i.* laškovat
trace *n.* stopa
trace *v.t.* vystopovat
traceable *a.* patrný
track *n.* kolej
track *v.t.* sledovat

tract *n.* trakt
tract *n* lán
traction *n.* tažná síla
tractor *n.* traktor
trade *n.* trh
trade *v.i* obchodovat
trader *n.* kupec
tradesman *n.* obchodník
tradition *n.* tradice
traditional *a.* tradiční
traffic *n.* veřejná doprava
traffic *v.i.* přepravovat
tragedian *n.* tragéd
tragedy *n.* tragédie
tragic *a.* tragický
trail *n.* dráha
trail *v.t.* smýknout
trailer *n.* přívěs
train *n.* vlak
train *v.t.* natrénovat
trainee *n.* učeň
training *n.* trénink
trait *n.* rys
traitor *n.* zrádce
tram *n.* tramvaj
trample *v.t.* udusat
trance *n.* vytržení
tranquil *a.* pokojný
tranquility *n.* pohoda
tranquillize *v.t.* upokojit
transact *v.t.* vyjednat
transaction *n.* transakce

transcend *v.t.* přesáhnout
transcendent *a.* přesahující
transcribe *v.t.* přepsat
transcription *n.* transkripce
transfer *n.* přesun
transfer *v.t.* přesunout
transferable *a.* přesunutelný
transfiguration *n.* přeměna
transfigure *v.t.* přeměnit
transform *v.* proměnit
transformation *n.* proměna
transgress *v.t.* přestoupit
transgression *n.* přestoupení
transit *n.* převoz
transition *n.* přechod
transitive *n.* přechodný
transitory *n.* pomíjející
translate *v.t.* přeložit
translation *n.* překlad
transmigration *n.* přesídlení
transmission *n.* přenášení
transmit *v.t.* přenést
transmitter *n.* vysílač
transparent *a.* průhledný
transplant *v.t.* transplantovat
transport *v.t.* dopravit
transport *n.* doprava
transportation *n.* deportace
trap *n.* past
trap *v.t.* chytit do pasti
trash *n.* drť
travel *v.i.* pojíždět

travel *n* cesta
traveller *n.* cestovatel
tray *n.* podnos
treacherous *a.* úkladný
treachery *n.* zrada
tread *v.t.* našlápnout
tread *n* našlapování
treason *n.* velezrada
treasure *n.* poklad
treasure *v.t.* vážit si
treasurer *n.* pokladník
treasury *n.* pokladnice
treat *v.t.* pohostit
treat *n* dáreček
treatise *n.* pojednání
treatment *n.* léčba
treaty *n.* pakt
tree *n.* strom
trek *v.i.* táhnout
trek *n.* horská výprava
tremble *v.i.* třást se
tremendous *a.* senzační
tremor *n.* třes
trench *n.* příkop
trench *v.t.* vykopat
trend *n.* směr
trespass *v.i.* hřčšit
trespass *n.* prohřešek
trial *n.* soud
triangle *n.* trojúhelník
triangular *a.* trojúhelníkový
tribal *a.* kmenový

tribe *n.* kmen
tribulation *n.* soužení
tribunal *n.* tribunál
tributary *n.* poplatník
tributary *a.* poplatný
trick *n* trik
trick *v.t.* přelstít
trickery *n.* darebnost
trickle *v.i.* crčet
trickster *n.* podvodník
tricky *a.* ošidný
tricolour *a.* trikolóra
tricolour *n* trojbarevný
tricycle *n.* trojkolka
trifle *n.* drobnost
trifle *v.i* žertovat
trigger *n.* spoušť
trim *a.* upravený
trim *n* ozdoba
trim *v.t.* přistříhnout
trinity *n.* trojice
trio *n.* trio
trip *v.t.* klopýtnout
trip *n.* výlet
tripartite *a.* třístranný
triple *a.* trojitý
triple *v.i.* trojnásobit
triplicate *a.* trojnásobný
triplicate *adv.* trojmo
triplicate *v.t.* ztrojnásobit
triplication *n.* ztrojnásobení
tripod *n.* trojnožka

triumph *n.* trimuf
triumph *v.i.* triumfovat
triumphal *a.* triumfální
triumphant *a.* vítězoslavný
trivial *a.* triviální
troop *n.* jednotka
troop *v.i* stýkat se
trooper *n.* pěšák
trophy *n.* trofej
tropic *n.* tropy
tropical *a.* tropický
trot *v.i.* cválat
trot *n* cval
trouble *n.* obtíž
trouble *v.t.* obtěžovat
troublesome *a.* nepříjemný
troupe *n.* skupina
trousers *n. pl* kalhoty
trowel *n.* lopatka
truce *n.* příměří
truck *n.* nákladní auto
true *a.* pravdivý
trump *n.* zatroubení
trump *v.t.* zatroubit
trumpet *n.* trumpeta
trumpet *v.i.* troubit
trunk *n.* trup
trust *n.* spolehnutí
trust *v.t* spolehnout se
trustee *n.* opatrovník
trustful *a.* důvěřivý
trustworthy *a.* důvěryhodný

trusty *n.* spolehlivý
truth *n.* pravdivost
truthful *a.* pravdomluvný
try *v.i.* zkoušet
try *n* pokus
trying *a.* namáhavý
tryst *n.* dostaveníčko
tub *n.* káď
tube *n.* podzemní dráha
tuberculosis *n.* tuberkolóza
tubular *a.* trubkovitý
tug *v.t.* trhnout
tuition *n.* školné
tumble *v.i.* kutálet se
tumble *n.* přemet
tumbler *n.* akrobat
tumour *n.* nádor
tumult *n.* vřava
tumultuous *a.* hřmotný
tune *n.* melodie
tune *v.t.* naladit
tunnel *n.* tunel
tunnel *v.i.* tunelovat
turban *n.* turban
turbine *n.* turbína
turbulence *n.* turbulence
turbulent *a.* neklidný
turf *n.* drn
turkey *n.* krocan
turmeric *n.* kurkuma
turmoil *n.* poprask
turn *v.i.* otáčet

turn *n* obrat
turner *n.* soustružník
turnip *n.* tuřín
turpentine *n.* terpentýn
turtle *n.* želva
tusk *n.* kel
tussle *n.* pranice
tussle *v.i.* prát se
tutor *n.* lektor
tutorial *a.* vychovatelský
tutorial *n.* tutoriál
twelfth *num.* dvanáctý
twelfth *n.* dvanáctina
twelve *num.* dvanáct
twelve *n* dvanáctka
twentieth *num.* dvanáctý
twentieth *n* dvacetina
twenty *num.* dvacet
twenty *n* dvacítka
twice *adv.* dvakrát
twig *n.* větvička
twilight *n* stmívání
twin *n.* dvojče
twin *a* zdvojený
twinkle *v.i.* mihotat se
twinkle *n.* míhání
twist *v.t.* překroutit
twist *n.* záhyb
twitter *n.* cvrlikání
twitter *v.i.* cvrlikat
two *n.* dvojice
two *num.* dva

twofold *a.* dvojitý
type *n.* typ
type *v.t.* napsat na stroji
typhoid *n.* tyfus
typhoon *n.* tajfun
typhus *n.* skvrnitý tyfus
typical *a.* typický
typify *v.t.* znázornit
typist *n.* písař
tyranny *n.* tyranie
tyrant *n.* tyran
tyre *n.* pneumatika

udder *n.* vemeno
uglify *v.t.* zohyzdit
ugliness *n.* ošklivost
ugly *a.* ošklivý
ulcer *n.* vřed
ulcerous *a.* vředový
ulterior *a.* vedlejší
ultimate *a.* nejzazší
ultimately *adv.* nakonec
ultimatum *n.* ultimátum
umbrella *n.* deštník
umpire *n.* rozhodčí
umpire *v.t.,* rozsoudit
unable *a.* neschopný
unanimity *n.* jednomyslnost

unanimous *a.* jednomyslný
unaware *a.* nevědomý
unawares *adv.* nevědomě
unburden *v.t.* odlehčit
uncanny *a.* podivný
uncertain *a.* nejistý
uncle *n.* strýc
uncouth *a.* neuhlazený
under *prep.* pod
under *adv* dolů
under *a* dolní
undercurrent *n.* spodní proud
underdog *n* smolař
undergo *v.t.* podstoupit
undergraduate *n.* vysokoškolák
underhand *a.* pokoutný
underline *v.t.* podtrhnout
undermine *v.t.* podrýt
underneath *adv.* ve spodu
underneath *prep.* pod
understand *v.t.* porozumět
undertake *v.t.* přijmout
undertone *n.* podtón
underwear *n.* spodní prádlo
underworld *n.* podsvětí
undo *v.t.* zrušit
undue *a.* nepatřičný
undulate *v.i.* čeřit
undulation *n.* čeření
unearth *v.t.* vykopat
uneasy *a.* nelehký
unfair *a* nespravedlivý

unfold *v.t.* rozvinout
unfortunate *a.* nešťastný
ungainly *a.* nemotorný
unhappy *a.* ubohý
unification *n.* sjednocení
union *n.* unie
unionist *n.* unionista
unique *a.* unikátní
unison *n.* jednohlas
unit *n.* jednotka
unite *v.t.* sjednotit
unity *n.* jednota
universal *a.* univerzální
universality *n.* univerzálnost
universe *n.* vesmír
university *n.* univerzita
unjust *a.* nesprávný
unless *conj.* pokud ne
unlike *a* nepodobný
unlike *prep* jiný než
unlikely *a.* nepravděpodobný
unmanned *a.* bez posádky
unmannerly *adv.* nevychovaně
unprincipled *a.* bezzásadový
unreliable *a.* nespolehlivý
unrest *n* nepokoj
unruly *a.* nezkrotný
unsettle *v.t.* zneklidnit
unsheathe *v.t.* vytasit
until *prep.* až do
until *conj* dokud
untoward *a.* nemístný

unwell *a.* indisponovaný
unwittingly *adv.* nevědomky
up *adv.* vzhůru
up *prep.* podél
upbraid *v.t* pokárat
upheaval *n.* pozdvižení
uphold *v.t* prosadit
upkeep *n* údržba
uplift *v.t.* povzbudit
uplift *n* povzbuzení
upon *prep* hned po
upper *a.* hořejší
upright *a.* vzpřímený
uprising *n.* povstání
uproar *n.* vřava
uproarious *a.* burácející
uproot *v.t.* vymýtit
upset *v.t.* rozrušit
upshot *n.* konečný výsledek
upstart *n.* zbohatlík
up-to-date *a.* nejnovější
upward *a.* vzestupný
upwards *adv.* vzestupně
urban *a.* městský
urbane *a.* uhlazený
urbanity *n.* uhlazenost
urchin *n.* uličník
urge *v.t* ponouknout
urge *n* naléhavá potřeba
urgency *n.* naléhavost
urgent *a.* naléhavý
urinal *n.* záchodek

urinary *a.* močový
urinate *v.i.* močit
urination *n.* močení
urine *n.* moč
urn *n* urna
usage *n.* použití
use *n.* využití
use *v.t.* použít
useful *a.* užitečný
usher *n.* uvaděč
usher *v.t.* uvést
usual *a.* obvyklý
usually *adv.* obvykle
usurer *n.* lichvář
usurp *v.t.* přisvojit si
usurpation *n.* přisvojení
usury *n.* lichva
utensil *n.* náčiní
uterus *n.* děloha
utilitarian *a.* prospěchářský
utility *n.* užitečnost
utilization *n.* upotřebení
utilize *v.t.* upotřebit
utmost *a.* nejkrajnější
utmost *n* nejvyšší míra
utopia *n .* utopie
utopian *a.* utopický
utter *v.t.* pronést
utter *a* bytostný
utterance *n.* výslovnost
utterly *adv.* výslovně

V

vacancy *n.* volné místo
vacant *a.* volný
vacate *v.t.* vyklidit
vacation *n.* prázdninování
vaccinate *v.t.* naočkovat
vaccination *n.* očkování
vaccinator *n.* sérum
vaccine *n.* vakcína
vacillate *v.i.* vrávorat
vacuum *n.* vakuum
vagabond *n.* pobuda
vagabond *a* potulný
vagary *n.* vrtoch
vagina *n.* vagína
vague *a.* nejasný
vagueness *n.* nejasnost
vain *a.* marný
vainglorious *a.* ješitný
vainglory *n.* ješitnost
vainly *adv.* marně
vale *n.* údolí
valiant *a.* udatný
valid *a.* platný
validate *v.t.* potvrdit
validity *n.* platnost
valley *n.* dolina
valour *n.* srdnatost
valuable *a.* cenný
valuation *n.* oceňování
value *n.* hodnota

value *v.t.* ohodnotit
valve *n.* ventil
van *n.* dodávka
vanish *v.i.* mizet
vanity *n.* marnost
vanquish *v.t.* porazit
vaporize *v.t.* vyprchat
vaporous *a.* mátožný
vapour *n.* výpar
variable *a.* proměnlivý
variance *n.* rozdílnost
variation *n.* obměna
varied *a.* rozmanitý
variety *n.* rozmanitost
various *a.* různý
varnish *n.* lak
varnish *v.t.* nalakovat
vary *v.t.* odlišit se
vasectomy *n.* vazektomie
vaseline *n.* vazelína
vast *a.* rozsáhlý
vault *n.* trezor
vault *n.* krypta
vault *v.t.* přehoupnout se
vegetable *n.* zelenina
vegetable *a.* zeleninový
vegetarian *n.* vegetarián
vegetarian *a* vegetariánský
vegetation *n.* vegetace
vehemence *n.* důraznost
vehement *a.* vehementní
vehicle *n.* vozidlo

vehicular *a.* automobilový
veil *n.* závoj
veil *v.t.* zahalit se
vein *n.* žíla
velocity *n.* průtoková rychlost
velvet *n.* samet
velvety *a.* sametový
venal *a.* úplatný
venality *n.* úplatnost
vendor *n.* prodejce
venerable *a.* úctyhodný
venerate *v.t.* uctít
veneration *n.* uctívání
vengeance *n.* odveta
venial *a.* omluvitelný
venom *n.* hmyzí jed
venomous *a.* otrávený
vent *n.* výfuk
ventilate *v.t.* vyvětrat
ventilation *n.* větrání
ventilator *n.* ventilátor
venture *n.* podnik
venture *v.t.* vystavit riziku
venturesome *a.* riskantní
venturous *a.* hazardní
venue *n.* dějiště
veracity *n* věrohodnost
verendah *n.* veranda
verb *n.* sloveso
verbal *a.* slovní
verbally *adv.* slovně
verbatim *a.* doslovný

verbatim *adv.* doslova
verbose *a.* rozvláčný
verbosity *n.* rozvláčnost
verdant *a.* zelenající se
verdict *n.* rozsudek
verge *n.* obruba
verification *n.* ověření
verify *v.t.* ověřit
verisimilitude *n.* autentičnost
veritable *a.* opravdový
vermillion *n.* rumělka
vermillion *a.* rumělkový
vernacular *n.* nářečí
vernacular *a.* nářeční
vernal *a.* jarní
versatile *a.* všestranný
versatility *n.* všestrannost
verse *n.* verš
versed *a.* veršovaný
versification *n.* veršování
versify *v.t.* zveršovat
version *n.* verze
versus *prep.* proti
vertical *a.* vertikální
verve *n.* verva
very *a.* vlastní
vessel *n.* plavidlo
vest *n.* vesta
vest *v.t.* odít
vestige *n.* zdání
vestment *n.* ornát
veteran *n.* veterán

veteran a. veteránský
veterinary a. veterinářský
veto n. veto
veto v.t. vetovat
vex v.t. pozlobit
vexation n zlobení
via prep. přes
viable a. životaschopná
vial n. ampulka
vibrate v.i. vibrovat
vibration n. vibrace
vicar n. vikář
vicarious a. zástupný
vice n. neřest
viceroy n. místokrál
vice-versa adv. naopak
vicinity n. blízké okolí
vicious a. zpustlý
vicissitude n. nestálost
victim n. oběť
victimize v.t. být obětí
victor n. vítěz
victorious a. vítězný
victory n. vítězství
victuals n. pl potraviny
vie v.i. soupeřit
view n. výhled
view v.t. prohlídnout
vigil n. bdění
vigilance n. ostražitost
vigilant a. bdělý
vigorous a. činorodý

vile a. pohoršlivý
vilify v.t. ponížit
villa n. vila
village n. vesnice
villager n. vesničan
villain n. lotr
vindicate v.t. ospravedlnit
vindication n. ospravedlnění
vine n. réva
vinegar n. ocet
vintage n. sklizeň
violate v.t. zneuctít
violation n. nedodržení
violence n. násilí
violent a. násilný
violet n. fialka
violin n. housle
violinist n. houslista
virgin n. panna
virgin n nezorané pole
virginity n. panenství
virile a. energický
virility n. energičnost
virtual a virtuální
virtue n. ctnost
virtuous a. ctnostný
virulence n. zášť
virulent a. záštiplný
virus n. vir
visage n. vizáž
visibility n. viditelnost
visible a. viditelný

vision *n.* vize
visionary *a.* vizionářský
visionary *n.* vizionář
visit *n.* návštěva
visit *v.t.* navštívit
visitor *n.* návštěvník
vista *n.* průhled
visual *a.* vizuální
visualize *v.t.* vizualizovat
vital *a.* vitální
vitality *n.* vitalita
vitalize *v.t.* oživit
vitamin *n.* vitamín
vitiate *v.t.* narušit
vivacious *a.* plný života
vivacity *n.* životní elán
viva-voce *adv.* ústně
viva-voce *a* ústní
viva-voce *n* ústní pohovor
vivid *a.* živý
vixen *n.* fúrie
vocabulary *n.* slovník
vocal *a.* hlasový
vocalist *n.* vokalista
vocation *n.* povolání
vogue *n.* móda
voice *n.* hlas
voice *v.t.* vyslovit
void *a.* zrušený
void *v.t.* zrušit
void *n.* pustina
volcanic *a.* sopečný

volcano *n.* sopka
volition *n.* chtění
volley *n.* salva
volley *v.t* vypálit salvu
volt *n.* volta
voltage *n.* voltáž
volume *n.* hlasitost
voluminous *a.* objemný
voluntarily *adv.* dobrovolně
voluntary *a.* dobrovolný
volunteer *n.* dobrovolník
volunteer *v.t.* dobrovolně
    pracovat
voluptuary *n.* vnadnost
voluptuous *a.* vnadný
vomit *v.t.* vyzvracet
vomit *n* zvratky
voracious *a.* dychtivý
votary *n.* ctitel
vote *n.* volební hlas
vote *v.i.* volit
voter *n.* volič
vouch *v.i.* ručit
voucher *n.* poukaz
vouchsafe *v.t.* ráčit
vow *n.* slavnostní slib
vow *v.t.* přísahat
vowel *n.* samohláska
voyage *n.* dlouhá cesta
voyage *v.i.* dlouze cestovat
voyager *n.* cestovatel
vulgar *a.* vulgární

vulgarity *n.* vulgárnost
vulnerable *a.* zranitelný
vulture *n.* vydřiduch

W

wade *v.i.*
brouzdat se
waddle *v.i.* batolit se
waft *v.t.* zavanout
waft *n* závan
wag *v.i.* třepetat
wag *n* šprýmař
wage *v.t.* vést kampaň
wage *n.* mzda
wager *n.* sázka
wager *v.i.* sázet
wagon *n.* vagón
wail *v.i.* kvílet
wail *n* kvílení
wain *n.* povoz
waist *n.* pas
waistband *n.* opasek
waistcoat *n.* kazajka
wait *v.i.* čekat
wait *n.* vyčkávání
waiter *n.* číšník
waitress *n.* číšnice
waive *v.t.* zříci se
wake *v.t.* probudit se

wake *n* probuzení
wake *n* posvícení
wakeful *a.* ostražitý
walk *v.i.* chodit
walk *n* procházka
wall *n.* zeď
wall *v.t.* obehnat zdí
wallet *n.* náprsní taška
wallop *v.t.* seřezat
wallow *v.i.* libovat si
walnut *n.* vlašský ořech
walrus *n.* mrož
wan *a.* bledý
wand *n.* taktovka
wander *v.i.* bloumat
wane *v.i.* slábnout
wane *n* úbytek
want *v.t.* potřebovat
want *n* požadavek
wanton *a.* oplzlý
war *n.* válka
war *v.i.* válčit
warble *v.i.* trylkovat
warble *n* trylek
warbler *n.* zpěvavý pták
ward *n.* oddělení
ward *v.t.* opatrovat
warden *n.* hlídka
warder *n.* bachař
wardrobe *n.* šatník
wardship *n.* poručnictví
ware *n.* výrobky

warehouse *v.t* uložit do skladu
warfare *n.* válečnictví
warlike *a.* bojechtivý
warm1 *a.* teplý
warm *v.t.* zahřát
warmth *n.* teplo
warn *v.t.* varovat
warning *n.* varování
warrant *n.* oprávnění
warrant *v.t.* oprávnit
warrantee *n.* zplnomocněnec
warrantor *n.* ručitel
warranty *n.* záruka
warren *n.* králíkárna
warrior *n.* bojovník
wart *n.* bradavice
wary *a.* obezřetný
wash *v.t.* umýt
wash *n* umytí
washable *a.* umyvatelný
washer *n.* myčka
wasp *n.* vosa
waspish *a.* bodavý
wassail *n.* pitka
wastage *n.* plýtvání
waste *a.* odpadní
waste *n.* odpad
waste *v.t.* vyplýtvat
wasteful *a.* plýtvavý
watch *v.t.* zhlédnout
watch *n.* hodinky
watchful *a.* pozorný

watchword *n.* heslo
water *n.* voda
water *v.t.* zavlažit
waterfall *n.* vodopád
water-melon *n.* vodní meloun
waterproof *a.* voděodolný
waterproof *n* pláštěnka
waterproof *v.t.* impregnovat
watertight *a.* vodotěsný
watery *a.* vodnatý
watt *n.* watt
wave *n.* vlna
wave *v.t.* zamávat
waver *v.i.* kolísat
wax *n.* vosk
wax *v.t.* navoskovat
way *n.* cesta
wayfarer *n.* pocestný
waylay *v.t.* vyčíhnout
wayward *a.* svéhlavý
weak *a.* slabý
weaken *v.t.* & *i* oslabit
weakling *n.* padavka
weakness *n.* slabost
weal *n.* podlitina
wealth *n.* bohatství
wealthy *a.* bohatý
wean *v.t.* odstavit
weapon *n.* zbraň
wear *v.t.* opotřebit
weary *a.* vyčerpávající
weary *v.t.* & *i* unavit

weary *a.* zmožený
weary *v.t.* unudit
weather *n* počasí
weather *v.t.* odolat
weave *v.t.* vetkat
weaver *n.* tkadlena
web *n.* síť
webby *a.* síťovitý
wed *v.t.* uzavřít sňatek
wedding *n.* svatba
wedge *n.* podpatek
wedge *v.t.* vklínit
wedlock *n.* sňatek
Wednesday *n.* středa
weed *n.* plevel
weed *v.t.* vytrhávat plevel
week *n.* týden
weekly *a.* týdenní
weekly *adv.* týdně
weekly *n.* týdeník
weep *v.i.* ronit slzy
weevil *n.* nosatec
weigh *v.t.* zvážit
weight *n.* váha
weightage *n.* zvážení
weighty *a.* pádný
weir *n.* jez
weird *a.* divný
welcome *a.* vítaný
welcome *n* uvítání
welcome *v.t* uvítat
weld *v.t.* svařit

weld *n* svár
welfare *n.* blahobyt
well *a.* v pořádku
well *adv.* dobře
well *n.* studna
well *v.i.* prýštit
wellignton *n.* holínka
well-known *a.* proslulý
well-read *a.* sečtělý
well-timed *a.* dobře načasovaný
well-to-do *a.* majetný
welt *n.* šrám
welter *n.* změť
wen *n.* výrůstek
wench *n.* děvečka
west *n.* západ
west *a.* západní
west *adv.* západně
westerly *a.* směřující na západ
westerly *adv.* na západ
western *a.* westernový
wet *a.* mokrý
wet *v.t.* navlhčit
wetness *n.* mokro
whack *v.t.* praštit
whale *n.* velryba
wharfage *n.* přístaviště
what *a.* jaký
what *pron.* co
what *interj.* cože
whatever *pron.* cokoliv
wheat *n.* pšenice

wheedle *v.t.* přemluvit
wheel *n.* kolečko
wheel *v.t.* otočit
whelm *v.t.* zachvátit
whelp *n.* mládě
when *pron.* kdy
when *conj.* když
whence *pron.* odkud
whenever *conj* kdykoliv
where *adv.* kde
where *conj.* zatímco
whereabout *adv.* kdepak
whereas *conj.* kdežto
whereat *conj.* načež
wherein *adv.* v kterém
whereupon *conj.* pročež
wherever *adv.* kamkoliv
whet *v.t.* povzbudit
whether *conj.* zda-li
which *pron.* jenž
which *a* který
whichever *pron* kterýkoliv
whiff *n.* závan
while *n.* chvíle
while *conj.* přestože
while *conj.* mezitímco
whim *n.* vrtoch
whimper *v.i.* fňukat
whimsical *a.* vrtošivý
whine *v.i.* kňourat
whine *n* kňourání
whip *v.t.* našlehat

whip *n.* bičík
whipcord *n.* provázek
whir *n.* bzukot
whirl *n.i.* točit
whirl *n* obrtlík
whirligig *n.* větrníček
whirlpool *n.* vodní vír
whirlwind *n.* cyklón
whisk *v.t.* ušlehat
whisk *n* šlehání
whisker *n.* šlehač
whisky *n.* whisky
whisper *v.t.* zašeptat
whisper *n* šepot
whistle *v.i.* pískat
whistle *n* píšťalka
white *a.* bílý
white *n* běloch
whiten *v.t.* vybělit
whitewash *n.* vápno
whitewash *v.t.* obílit
whither *adv.* kam až
whitish *a.* bělavý
whittle *v.t.* vyřezat
whiz *v.i.* svištět
who *pron.* kdo
whoever *pron.* kdokoliv
whole *a.* celý
whole *n* celek
whole-hearted *a.* dobrosrdečný
wholesale *n.* velkoobchod
wholesale *a* velkoobchodní

wholesale *adv.* velkoobchodně
wholesaler *n.* velkoobchodník
wholesome *a.* užitečný
wholly *adv.* zcela
whom *pron.* jimž
whore *n.* děvka
whose *pron.* jehož
why *adv.* proč
wick *n.* knot
wicked *a.* zlomyslný
wicker *n.* prut
wicket *n.* branka
wide *a.* široký
wide *adv.* široce
widen *v.t.* rozšířit
widespread *a.* rozšířený
widow *n.* vdova
widow *v.t.* ovdovět
widower *n.* vdovec
width *n.* šířka
wield *v.t.* ovládnout
wife *n.* žena
wig *n.* paruka
wight *n.* nadpřirozená bytost
wigwam *n.* vigvam
wild *a.* divoký
wilderness *n.* divočina
wile *n.* úskok
will *n.* vůle
will *v.t.* prosadit vůli
willing *a.* ochotný
willingness *n.* ochota

willow *n.* vrba
wily *a.* úskočný
wimble *n.* kolovrátek
wimple *n.* plachetka
win *v.t.* vyhrát
win *n* výhra
wince *v.i.* svíjet se
winch *n.* naviják
wind *n.* vítr
wind *v.t.* nabrat dech
wind *v.t.* namotat
windbag *n.* měch dud
winder *n.* navíječ
windlass *n.* rumpál
windmill *n.* větrný mlýn
window *n.* okno
windy *a.* větrný
wine *n.* víno
wing *n.* letka
wink *v.i.* mrknout
wink *n* mrkání
winner *n.* výherce
winnow *v.t.* rozfoukat
winsome *a.* podmanivý
winter *n.* zima
winter *v.i* zimovat
wintry *a.* zimní
wipe *v.t.* vytřít
wipe *n.* kapesníček
wire *n.* drát
wire *v.t.* připevnit drátem
wireless *a.* bezdrátový

wireless *n* bezdrátová síť
wiring *n.* elektroinstalace
wisdom *n.* moudrost
wisdom-tooth *n.* zub moudrosti
wise *a.* moudrý
wish *n.* přání
wish *v.t.* popřát
wishful *a.* toužebný
wisp *n.* chomáč
wistful *a.* tesklivý
wit *n.* důvtip
witch *n.* čarodějnice
witchcraft *n.* čarodějnictví
witchery *n.* kouzlo
with *prep.* s
withal *adv.* zároveň
withdraw *v.t.* vytáhnout
withdrawal *n.* ústup
withe *n.* vrbový prut
wither *v.i.* vadout
withhold *v.t.* odepřít
within *prep.* za
within *adv.* v mezích
within *n.* vnitřek
without *prep.* bez
without *adv.* zevně
without *n* vnčjšek
withstand *v.t.* ustát
witless *a.* bezduchý
witness *n.* svědek
witness *v.i.* být svědkem
witticism *n.* duchaplnost

witty *a.* duchaplný
wizard *n.* čaroděj
wobble *v.i* vikat se
woe *n.* hoře
woebegone *a.* zkroušený
woeful *a.* bídný
wolf *n.* vlk
woman *n.* žena
womanhood *n.* ženství
womanish *a.* zženštilý
womaniser *a.* sukničkář
womb *n.* lůno
wonder *n* div
wonder *v.i.* divit se
wonderful *a.* nádherný
wondrous *a.* podivuhodný
wont *a.* zvyklý
wont *n* zvyk
wonted *a.* obvyklý
woo *v.t.* namluvit si
wood *n.* les
woods *n.* dřevo
wooden *a.* dřevěný
woodland *n.* zalesněná krajina
woof *n.* štěkot
wool *n.* vlna
woollen *a.* vlněný
woollen *n* vlněná látka
word *n.* slovo
word *v.t* formulovat
wordy *a.* upovídaný
work *n.* práce

work *v.t.* pracovat
workable *a.* proveditelný
workaday *n.* pracovní den
worker *n.* dělník
workman *n.* pracovník
workmanship *n.* řemeslnická
zručnost
workshop *n.* dílna
world *n.* svět
worldling *n.* světák
worldly *a.* světácký
worm *n.* červ
wormwood *n.* pelyněk
worn *a.* obnošený
worry *n.* obava
worry *v.i.* obávat se
worsen *v.t.* zhoršit
worship *n.* pobožnost
worship *v.t.* vykonat pobožnost
worshipper *n.* věřící
worst *n.* největší zlo
worst *a* horší
worst *v.t.* vyzrát na
worsted *n.* příze
worth *n.* hodnota
worth *a* cenný
worthless *a.* bezcenný
worthy *a.* hodnotný
would-be *a.* aspirující
wound *n.* zranění
wound *v.t.* poranit
wrack *n.* zkáza

wraith *n.* strašidlo
wrangle *v.i.* tahat se
wrangle *n.* tahanice
wrap *v.t.* zabalit
wrap *n* obal
wrapper *n.* balič
wrath *n.* hněv
wreath *n.* věnec
wreathe *v.t.* vyplést
wreck *n.* vrak
wreck *v.t.* zničit
wreckage *n.* sutiny
wrecker *n.* vyprošťovací vozidlo
wren *n.* střízlík
wrench *n.* šroubovák
wrench *v.t.* zašroubovat
wrest *v.t.* vymámit
wrestle *v.i.* zápolit
wrestler *n.* zápasník
wretch *n.* ubožák
wretched *a.* ubohý
wrick *n* vymknutí
wriggle *v.i.* kroutit
wriggle *n* kroucení
wring *v.t* vyždímat
wrinkle *n.* vráska
wrinkle *v.t.* zvrásnit
wrist *n.* zápěstí
writ *n.* písmo
write *v.t.* napsat
writer *n.* spisovatel
writhe *v.i.* zmítat

wrong *a.* špatný
wrong *adv.* špatně
wrong *v.t.* učinit příkoří
wrongful *a.* mylný
wry *a.* křivý

xerox *n.* kopie
xerox *v.t.* okopírovat
Xmas *n.* Vánoce
x-ray *n.* rentgentový paprsek
x-ray *a.* rentgenový
x-ray *v.t.* zrentgenovat
xylophagous *a.* dřevožravý
xylophilous *a.* rostoucí na dřevě
xylophone *n.* xylofon

yacht *n.* jachta
yacht *v.i* plavit se na jachtě
yak *n.* jak
yap *v.i.* ňafat
yap *n* ňafání
yard *n.* dvorek
yarn *n.* příze
yawn *v.i.* zívat
yawn *n.* zívnutí
year *n.* rok
yearly *a.* roční

yearly *adv.* ročně
yearn *v.i.* prahnout
yearning *n.* tužba
yeast *n.* kvas
yell *v.i.* ječet
yell *n* jekot
yellow *a.* žlutý
yellow *n* žlutost
yellow *v.t.* zažloutnout
yellowish *a.* žlutavý
Yen *n.* jen
yeoman *n.* menší statkář
yes *int.* ano
yesterday *n.* včerejšek
yesterday *adv.* včera
yet *adv.* ještě
yet *conj.* a přesto
yield *v.t.* vynést
yield *n* výtěžek
yoke *n.* jařmo
yoke *v.t.* být svázán
yolk *n.* žloutek
yonder *a.* viditelně vzdálený
yonder *adv.* támhle
young *a.* mladý
young *n* mladí
youngster *n.* mladík
youth *n.* mládí
youthful *a.* mladistvý

Z

zany *a.* potrhlý
zeal *n.* nadšení
zealot *n.* fanatický stoupenec
zealous *a.* nadšený
zebra *n.* zebra
zenith *n.* zenit
zephyr *n.* vánek
zero *n.* nula
zest *n.* kůra ovoce
zigzag *n.* klikatá čára
zigzag *a.* klikatý
zigzag *v.i.* klikatit se
zinc *n.* zinek
zip *n.* zip
zip *v.t.* zapnout zip
zodiac *n* zvěrokruh
zonal *a.* pásmový
zone *n.* pásmo
zoo *n.* ZOO
zoological *a.* zoologický
zoologist *n.* zoolog
zoology *n.* zoologie
zoom *n.* bzučení
zoom *v.i.* bzučet

CZECH-ENGLISH

A

a *conj.* and
a přesto *conj.* yet
a tak *conj.* so
a tak dále etcetera
abeceda *n.* alphabet
abecedně *n.* alphabetically
abecední *a.* alphabetical
absces *n* abscess
absolvent *n* alumna
absolvent školy *n* graduate
absolvovat školu *v.i.*
   graduate
abstinent *n.* teetotaller
abstrahovat *v.t* abstract
abstrakce *n.* abstraction
abstraktní *a* abstract
aby ne *conj.* lest
ačkoliv *conj.* albeit
ačkoliv *conj.* although
ačkoliv *adv.* however
ačkoliv *conj.* notwithstanding
ačkoliv *conj.* though
admirál *n.* admiral
adresa *n.* address
adresát *n.* addressee
adresovat *v.t.* address
aforismus *n* aphorism
afrikán *n.* marigold
agentura *n.* agency
agitovat *v.t.* agit

agitovat *v. t.* canvass
agorafobie *n.* agoraphobia
agronom *n.* agronomy
akademický *a* academic
akademie *n* academy
akát *n.* locus
akce *n.* action
akcie *n* share
aklimatizovat *v.t* acclimatise
akné *n* acne
akord *n.* chord
akr *n.* acre
akrobat *n.* acrobat
akrobat *n.* tumbler
aktiva *n.* asset
aktivita *n.* activity
aktivní *a.* active
aktivovat *v.t.* activate
akustický *a* acoustic
akustický *a.* sonic
akustika *n.* acoustics
akutní *a.* acute
akvadukt *n* aqueduct
akváruim *n.* aquarium
album *n.* album
alchymie *n.* alchemy
ale *conj.* but
alegorický *a.* allegorical
alegorie *n.* allegory
alegorie *n* apologue
alergie *n.* allergy
alfa *n* alpha

algebra *n.* algebra
alibi *n.* alibi
aligátor *n* alligator
aliterace *n.* alliteration
aliterovat *v.* alliterate
alkohol *n* alcohol
almanach *n.* almanac
almužna *n.* alms
almužna *n.* pittance
alpinista *n* alpinist
alpská pastvina *n.* alp
alt *n* alto
alternativa *n.* alternative
alternativní *a.* alternative
amalgám *n* amalgam
amatér *n.* amateur
ambasáda *n* embassy
ambulantní *adj* ambulant
ambulantní pacient *n.*
  outpatient
ámen *interj.* amen
amfiteátr *n* amphitheatre
amnestie *n.* amnesty
ampér *n* ampere
ampulka *n.* phial
ampulka *n.* vial
amulet *n.* amulet
anachronismus *n*
anachronism
analytický *a* analytical
analytik *n* analyst
anamnéza *n* anamnesis

anamorfózní *adj*
  anamorphous
ananas *n.* pineapple
anarchie *n* anarchy
anarchismus *n.* anarchism
anarchista *n* anarchist
anatomie *n.* anatomy
anděl *n* angel
aneb *adv.* alias
anémie *n* anaemia
anestetikum *n.* anaesthetic
anestézie *n* anaesthesia
angína *n* angina
anglická délka 220 yardů *n.*
  furlong
angličtina *n* English
angrešt *n.* gooseeberry
ani *adv.* either
ani *conj.* neither
ani *conj* nor
anketa *n.* poll
ano *int.* yes
anonymita *n.* anonymity
anonymní *a.* anonymous
antacidum *adj.* antacid
antagonista *n.* antagonist
antagonisums *n* antagonism
antarktický *a.* antarctic
anténa *n.* aerial
anticardium *n* anticardium
antický duch *n.* manes
antický král *n.* Croesus

antifona *n.* antiphony
antikoncepce *n.* contraception
antilopa *n.* antelope
antimon *n.* antinomy
antologie *n.* anthology
antonymum *n.* antonym
antropoid *adj.* anthropoid
anulátor *n* annulet
anulování *n.* nullification
anulovat *v. t.* abrogate
anulovat *v.t.* annul
anulovat *v.t.* nullify
anýz *n* aniseed
apartmá *n.* suite
apatie *n.* apathy
apatie *n.* inertia
apendix *n.* appendix
apoštol *n.* apostle
apostrof *n.* apostrophe
arbitr *n.* arbiter
archa *n* ark
archanděl *n* archangel
architektura *n.* architecture
architkt *n.* architect
archiv *n.* muniments
archívy *n.pl.* archives
arcibiskup *n.* archbishop
aréna *n* arena
aristofanický *adj* aristophanic
aristokracie *n.* aristocracy
aristokrat *n.* aristocrat

aristokrat *n.* noble
aritmetický *a.* arithmetical
aritmetika *n.* arithmetic
Arktida *n* Arctic
armáda *n.* armada
armáda *n* military
armádní *a.* military
arogance *n.* arrogance
arogantní *a.* arrogant
aromatický *a.* odorous
artikulovaný *a.* articulate
artritida *n* arthritis
artyčok *n.* artichoke
arzén *n* arsenic
arzenál *n.* ordnance
asibilovat *v.* assibilate
asistence *n.* assistance
asistent *n.* assistant
asketa *n.* ascetic
asketický *a.* ascetic
aspekt *n* facet
aspirující *a.* would-be
asteroid *adj.* asteroid
astma *n.* asthma
astrolog *n.* astrologer
astrologie *n.* astrology
astronaut *n.* astronaut
astronom *n.* astronomer
astronomie *n.* astronomy
ataše *n.* attache
ateismus *n* atheism
ateista *n* atheist

atlas *n.* atlas
atlet *n.* athlete
atletický *a.* athletic
atletika *n.* athletics
atmosféra *n.* atmosphere
atom *n.* atom
atomový *a.* atomic
atraktivní *a.* luscious
audit *n.* audit
August *n.* August
autentičnost *n.* verisimilitude
auto *n.* car
autobiografie *n.*
   autobiography
autobus *n* bus
autogram *n.* autograph
autokar *n* coach
autokrat *n* autocrat
autokratice *n* autocracy
autokratický *a* autocratic
automatický *a.* automatic
automobil *n.* automobile
automobilový *a.* vehicular
autor *n.* author
autorita *n.* authority
averze *n.* aversion
averze *n* dislike
až do *prep.* pending
až do *prep.* till
až do *prep.* until
azbest *n.* asbestos
azyl *n* asylum

B

ba spíše *adv.* nay
bachař *n.* warder
bačkora *n.* slipper
badminton *n.* badminton
bafat *v.i.* puff
báječný *a* fabulous
bajka *n.* fable
bajonet *n* bayonet
bakalář *n.* bachelor
bakterie *n.* bacteria
bakterie *n.* germ
balada *n.* ballad
baldachýn *n.* canopy
balení *n.* packing
balet *n.* ballet
balič *n.* wrapper
balíček *n.* packet
balík *n.* bale
balík *n* bundle
balíkovat *v.t.* bale
balkón *n.* balcony
balón *n.* ball
balónek *n.* balloon
balšám *n.* balm
balvan *n* boulder
balzám *n.* balsam
bambus *n.* bamboo
banální *a.* banal
banán *n.* banana
bandita *n.* bandit
bandita *n.* dacoit

banka *n.* bank
bankéř *n.* banker
bankrot *n.* bankrupt
banyán *n.* banyan
barbar *n.* barbarian
barbarismus *n.* barbarism
barbarský *a.* barbarian
barbarství *n* barbarity
barbarství *n.* savagery
barel *n.* barrel
bariéra *n.* barrier
barikáda *n.* barricade
barometr *n* barometer
barva *n* colour
barvit *v. t* colour
barvivo *n* dye
bas *n.* bass
báseň *n.* poem
básinctví *n.* poetry
básník *n.* poet
básnířka *n.* poetess
batalion *n* battalion
baterie *n* battery
baterka *n.* torch
batoh *n.* pack
batolit se *v.i.* waddle
bavič *n.* comedian
bavit *v.t.* amuse
bavlna *n.* cotton
bazalka *n.* basil
bazální *adj.* basal
bazální *a.* basial

bázeň *n.* awe
bažina *n* bog
bažina *n.* slough
bažinatý *a.* marshy
bažit *v.i.* hanker
bázlivost *n.* timidity
bázlivý *a.* timid
bdělý *a* awake
bdělý *a.* vigilant
bdění *n.* vigil
bečet *v. i* bleat
běda *interj.* alas
bědování *n.* lamentation
bědovat *v.i.* lament
bedra *n.* loin
běh *n.* run
běh na krátkou trať *n* sprint
běhat *v.t.* jog
během *prep* during
během *adv.* throughout
běhna *n.* slut
bekot *n* bleat
bělavý *a.* whitish
běloch *n* white
belvedér *n* belvedere
bendžo *n.* banjo
beneficium *n* benefice
benefiční *a* beneficial
benevolence *n* benevolence
benevolentní *a* benevolent
benevolentní *a.* indulgent
Beran *n* aries

beránek *n.* lambkin
berla *n* crutch
besídka *n* bower
běsnění *n.* frenzy
běsnění *n.* rampage
běsnit *v.i.* rampage
betel *n* betel
betonování *n* casting
bez *prep.* less
bez *prep.* minus
bez *prep.* without
bez ohledu *a.* irrespective
bez posádky *a.* unmanned
bez poskvrnky *a.* spotless
bez žívota *a.* lifeless
bezbarvý *adj* achromatic
bezbožný *a.* profane
bezcenný *a.* hollow
bezcenný *a.* invaluable
bezcenný *a.* worthless
bezcitný *a.* callous
bezcitný *a.* pitiless
bezdrátová síť *n* wireless
bezdrátový *a.* wireless
bezduchý *a.* inanimate
bezduchý *a.* witless
běžec *n.* runner
běžet *v.i.* run
bezhlavec *n.* acephalus
bezhlavý *adj.* acephalous
bezměrný *a.* measureless
bezmezný *a.* infinite

bezmocný *a.* helpless
beznadějný *a.* hopeless
běžně *adv.* ordinarily
běžný *a.* commonplace
běžný *a.* ordinary
bezohledný *a.* inconsiderate
bezohledný *a.* ruthless
bezpečnost *n.* safety
bezpečný *a.* safe
bezplatně *adv.* gratis
bezpohlavní *a.* neuter
bezpohlavní jedinec *n* neuter
bezprostřední *a.* imminent
bezprostřední *a.* proximate
bezradnost *n.* quandary
beztrestnost *n.* impunity
bezuzdý *a.* licentious
bezvědomý *n.* oblivion
bezvěrec *n.* miscreant
bezvěrecky *adv* malafide
bezvěrecký *a.* malafide
bezvládný *a.* inert
bezvýznamná věc *n.*
　anonymity
bezvýznamnost *n.*
　insignificance
bezvýznamný *a.* insignificant
bezzásadový *a.* unprincipled
bible *n* bible
bibliograf *n* bibliographer
bibliografie *+n* bibliography
biceps *n* biceps

bichle *n.* tome
bičík *n.* whip
bičovat *v.* lash
bídný *a.* foul
bídný *a.* sorry
bídný *a.* woeful
bidýlko *n.* perch
biflovat *v. t* cram
bigamie *n* bigamy
bílek *n* albumen
bílit *v. t. & i* blanch
bílkovina *n.* protein
bílý *a.* white
binární *adj* binary
binokulární *n.* binocular
biolog *n* biologist
biologie *n* biology
biřic *n.* bailiff
bisexuální *adj.* bisexual
biskup *n* bishop
biskvit *n* bisque
bitva *n* battle
bizarní *adj* bizarre
bizon *n* bison
blábolení *n.* babble
blábolit *v.i.* babble
blábolit *v. i* blether
blahobyt *n.* affluence
blahobyt *n.* welfare
blahopřání *n* congratulation
bláto *n.* mire
bláto *n.* mud

blaženost *n* felicity
blažit *v.t* felicitate
bláznivý *adj.* daft
blažnost *n* bliss
bláznovství *n.* lunacy
blecha *n.* flea
blednout *v.i* fade
blednout *v.i.* pale
bledý *a* pale
bledý *a.* wan
blížit se *v.i.* near
blízké okolí *n.* vicinity
blízko *adv.* near
blízko *adv.* thereabouts
blízkost *n* affinity
blízkost *n.* proximity
blízký *a.* near
blok *n* block
blokáda *n* blockade
blokáda *n.* obstruction
blokovat *v.t* block
blokující *a.* obstructive
bloudit *v.i.* stray
bloumat *v.i.* mope
bloumat *v.i.* wander
bludiště *n.* maze
blyštění *n.* sparkle
blyštět se *v.i.* sparkle
bobr *n* beaver
bochník *n.* loaf
bod *n.* point
bodavá bolest *n.* pang

bodavý *a.* waspish
bodec *n.* barb
bodec *n.* goad
bodlák *n.* thistle
bodlo *n.* rapier
bodná rána *n.* stab
bodnout *v.t.* jab
bodnout *v.t.* stab
bodrost *n.* joviality
bodrý *a.* jovial
bohabojný *a.* godly
boháč z Orientu *n.* nabob
bohatost *n.* richness
bohatství *n.* wealth
bohatý *a.* rich
bohatý *a.* wealthy
bohosloví *n* divinity
bohyně *n.* goddess
boj *n* combat1
boj *n* fight
bojácný *a.* fearful
bojácný *a.* timorous
bóje *n* buoy
bojechtivý *a.* warlike
bojkotovat *v. t.* boycott
bojkotovat *n* boycott
bojler *n* boiler
bojovat *v. i.* battle
bojovat *v. t.* combat
bojovat *v.t* fight
bojovat *v.i.* militate
bojovník *n* combatant1

bojovník *n* militant
bojovník *n.* warrior
bojovnost *n* belligerent
bojovný *a* belligerent
bojovný *a.* militant
bojový *a.* martial
bojující *a.* combatant
bok *n* hip
bolák *n* sore
bolest *n.* ache
bolest *n.* pain
bolest hlavy *n.* headache
bolest zubů *n.* toothache
bolestivý *a.* painful
bolestivý *a.* sore
bolet *v.i.* ache
bolet *v.t.* pain
bolševik *n.* red
bomba *n* bomb
bombardér *n* bomber
bombardování *n* bombardment
bombardovat *v. t* bomb
bonbon *n.* comfit
bonus *n* bonus
borovice *n.* pine
bota *n.* shoe
botanika *n* botany
bouchnutí *n* slam
bouda *n* booth
bouda *n.* shanty
boule *n.* lump

bouřit *v.i.* rave
bouřit *v.i.* storm
bouřit se *v. i* mutiny
bouřit se *v.i.* rebel
bouřka *n.* storm
bouřlivý *a.* outcry
bouřlivý *a.* stormy
bouřlivý *a.* tempestuous
boxování *n* boxing
božská přirozenost *n.*
  godhead
božský *a* divine
božstvo *n.* deity
brada *n.* chin
bradavice *n.* wart
bradavka *n.* nipple
bradka *n* beard
brak *n.* rubbish
brambor *n.* potato
brána *n.* gate
brána *n.* port
brandy *n* brandy
bránice *n.* midriff
branka *n.* wicket
brašna *n.* satchel
bratr *n* brother
bratranec, sestřenice *n.*
  cousin
bratrovražda *n.* fratricide
bratrský *a.* fraternal
bratrství *n* brotherhood
bratrstvo *n.* confraternity

bratrstvo *n.* fraternity
bravurní kousek *n.* coup
brázda *n.* furrow
brázdit *v.i* plough
brebentit *v. t.* chatter
břečka *n.* slush
břečťan *n* ivy
břeh *n.* brink
breviář *n.* breviary
březen *n.* march
břicho *n* abdomen
břicho *n* belly
břidlice *n.* slate
brigáda *n.* brigade
brigadýr *n* brigadier
břímě *n* burden
břímě *n.* onus
břišní *a.* abdominal
britský *adj* british
bříza *n.* birch
brnění *n.* armour
brnění *n* mail
brokát *n* brocade
brokolice *n.* broccoli
bronz *n. & adj* bronze
broskev *n.* peach
brouk *n* agnus
brouk *n* beetle
brouk *n.* bug
brouzdat se *v.i.* wade
brož *n.* locket
brožura *n* booklet

brožura *n* brochure
brožura *n* brochure
bručení *n* growl
bručet *v.i.* growl
brusle *n.* skate
bruslit *v.t.* skate
brutální *a* brutal
brutto *n.* gross
bryčka *n.* barouche
brzda *n* brake
brzdit *v. t* brake
brzký *a* early
brzy *adv* early
brzy *adv.* soon
buben *n* drum
bublina *n* bubble
bublinka *n* bleb
bubnovat *v.i.* drum
bučení *n.* low
bučet *v.i.* low
bučet *v.i* moo
buď! *pref.* be
budoucí *a.* future
budoucnost *n* future
budova *n* building
bůh *n.* god
bujet *v.i.* thrive
bujný *a.* lush
bujný *a.* mettlesome
bujný *a* rank
buk *n.* beech
bukvice *n.* mast

buldok *n* bulldog
buletin *n* bulletin
bulvár *n.* avenue
bunda *n.* jacket
bungalow *n* bungalow
buňkovitý *adj* cellular
bunkr *n* bunker
burácející *a.* thunderous
burácející *a.* uproarious
burácení *n.* thunder
burácet *v.i.* thunder
burcovat *v.i.* rouse
buřič *n.* rebel
bušit *v.t* hammer
bušit *v.i.* throb
buvol *n.* buffalo
bydliště *n* abode
bydliště *n.* residence
býk *n* bull
bylina *n.* herb
byrokracie *n.* Bureacuracy
byrokrat *n* bureaucrat
bystřina *n.* beck
bystřina *n.* torrent
bystrý *a.* smart
byt *n.* apartment
byt *n* flat
být *v.t.* be
být matkou *v.t.* mother
být obětí *v.t.* victimize
být oděn *v.t.* attire
být šperkem *v.t.* jewel

být svázán *v.t.* yoke
být svědkem *v.i.* witness
být v podnájmu *v.t.* lodge
být v rozporu *v. i* conflict
být vykázán *v. t* exile
být zavázán *v.t.* oblige
být závislý *v.t.* addict
být živ *v.i.* subsist
bytí *n* being
bytostný *a* utter
byznys *n* business
byznysmen *n* businessman
bzučení *n.* zoom
bzučet *v.i.* zoom
bzukot *n.* whir

C

čaj *n* tea
cákanec *n* splash
cákat *v.i.* splash
čáp *n.* stork
čapka *n* coif
cár *n.* tatter
čára *n.* line
čárka *n* ague
čárka *n* comma
čaroděj *n.* necromancer
čaroděj *n.* sorcerer
čaroděj *n.* wizard

čarodějnice *n.* hag
čarodějnice *n.* witch
čarodějnictví *n.* witchcraft
čáry *n.* sorcery
čas *n.* time
čas jít spát *n.* bed-time
časovat *v.t. & i.* conjugate
časově omezený *a.*
   terminable
část *n.* part
část těla hmyzu *n.* cornicle
částečka *n.* minim
částečný *a.* partial
částice *n.* particle
částka *n.* sum
často *adv.* often
cedr *n.* cedar
čekat *v.i.* wait
celebrita *n* celebrity
celek *n* all
celek *n* whole
celibát *n.* celibacy
celibát *n.* celibacy
čelist *n.* jaw
čelit *v.t* face
celkový *a* overall
čelo *n* brow
čelo *n* forehead
celonoční *a* overnight
celou vahou *adv.* bodily
celoživotní *a.* lifelong
celý *a.* all

celý *a.* whole
cement *n.* cement
cementovat *v. t.* cement
cena *n.* price
čenich *n.* muzzle
cenný *a.* valuable
cenný *a* worth
centrum *n* centre
cenzor *n.* censor
cenzorský *adj* censorious
cenzura *n.* censorship
cenzurovat *v. t.* censor
čep *n.* tap
čepec *n* bonnet
čepel *n.* blade
čepice *n.* cap
cereálie *n.* cereal
cereální *a* cereal
ceremonie *n.* ceremony
čeření *n.* undulation
čeřit *v.i.* undulate
černoch *n.* negro
černoška *n.* negress
černý *a* black
certifikát *n.* certificate
certifikovat *v. t.* certify
červ *n.* worm
červenajíc *adv* ablush
červený *a.* red
česnek *n.* garlic
čest *n.* honour
cesta *n.* course

cesta *n.* journey
cesta *n.* road
cesta *n* travel
cesta *n.* way
čestně *adv.* fairly
čestnost *n.* honesty
čestný *a* fair
čestný *a.* honest
čestný *a.* titular
cestovat *v.i.* journey
cestovat *v.i.* tour
cestovatel *n.* traveller
cestovatel *n.* voyager
četa *n.* platoon
četa *n.* squad
cetka *n.* tinsel
četný *a.* numerous
cévnatka *n* choroid
chabý *adj.* bland
chamtivost *n.* greed
chamtivý *a.* greedy
chaos *n.* chaos
chaotický *adv.* chaotic
chaotický *a.* haphazard
chaotický *a.* topsy turvy
chápat *v. t* comprehend
charita *n.* charity
charta *n* charter
chata *n* cottage
chatka *n.* lodge
chátra *n.* mob
chátra *n.* populace

chatrč *n.* hut
chatrný *a* flimsy
chatrný *a.* paltry
chemický *a.* chemical
chemikálie *n.* chemical
chichotat se *v.i.* giggle
chilli *n.* chilli
chinin *n.* quinine
chirurg *n.* surgeon
chlad *n.* chill
chlad *n* cold
chládek, vězení *n.* nick
chladič *n* cooler
chladnokrevný *a.* nerveless
chladnout *v. i.* cool
chladný *a* chilly
chladný *a* cool
chlap *n* carl
chlapec *n* boy
chlapectví *n* boyhood
chlapík *n.* lad
chlapský *a.* masculine
chléb *n* bread
chlebový *a* breaden
chlév *n* byre
chlívek *n.* sty
chlór *n* chlorine
chloroform *n* chloroform
chlubit se *v. i* brag
chlup *n* nap
chmel *n* hop
chmurný *a.* sombre

chňapnout *v.t.* nab
chňapnout *v.t.* snatch
chodba *n.* corridor
chodec *n.* pedestrian
chodidlo *n* foot
chodidlo *n.* sole
chodit *v.i.* walk
chodník *n.* pavement
cholera *n.* cholera
chomáč *n.* wisp
chomáček *n.* puff
choroba *n.* malady
choroba *n.* sickness
choromyslný *a.* insane
choť *n.* consort
choť *n.* spouse
choulit se *v.i.* cower
choulit se *v.i.* nestle
choulostivý *a.* touchy
chovanec *n.* inmate
chování *n* behaviour
chovat se *v. i.* behave
chovat se neslušně *v.i.*
misbehave
chřadnout *v.i.* languish
chrám *n.* temple
chrápání *n* snore
chrápat *v.i.* snore
chrastit *v.i.* rattle
chrastítko *n* rattle
chrchel *n.* sputum
chřipka *n.* influenza

chrlit *v.i.* spout
chrom *n* chrome
chronický *a.* chronic
chronologie *n.* chronology
chrt *n.* greyhound
chtění *n.* volition
chtíč *n.* lust
chtivý *a.* lustful
chudinská čtvrť *n.* slum
chudoba *n.* poverty
chudobný *a.* penniless
chudý *a.* poor
chůdy *n.* stilt
chuligán *n.* hooligan
chumel *n* cluster
chuť *n.* appetite
chuť *n* fancy
chuť *n.* taste
chutný *a* delicious
chutný *a.* tasty
chvála *n* acclamation
chvála *n.* praise
chvalozpěv *n* laud
chvalozpěv *n.* panegyric
chvályhodný *a.*
  commendable
chvályhodný *a.* laudable
chvályhodný *a.* praiseworthy
chvástání *n* brag
chvástat se *v.i.* swagger
chvat *n.* haste
chvátat *v. t* bustle

chvět se *v.i.* pulsate
chvíle *n.* while
chvilkový *a.* momentary
chyba *n* error
chyba *n.* mistake
chyba tisku *n.* misprint
chybět *v.t* absent
chybné pojmenování *n.*
  misnomer
chybný *a* false
chybovat *v. i* err
chybovat *v.i.* lapse
chytit *v. t.* catch
chytit do pasti *v.t.* trap
chytit do sítě *v.t* mesh
chytit do sítě *v.t.* net
chytit do smyčky *v.t.* noose
chytit na lep *v.t* lime
chytrý *a.* clever
cibule *n.* onion
čich *n.* smell
čichat *v.i.* sniff
cifra *n.* cipher, cipher
cifra *n* figure
cigareta *n.* cigarette
číhat *v.i.* lurk
číhat ve tmě *v.i.* darkle
cihla *n* brick
cíl *n.* goal
cíl *n.* objective
cíl *n.* target
čilý *adj* brisk

čilý *a.* hale
činitel *n* agent
cinkat *v.i.* jingle
cinkot *n.* clink
činnost *n.* pursuit
činorodý *a.* vigorous
čínský porcelán *n.* china
čiperný *a.* sprightly
cirkus *n.* circus
čirý *a* clear
císař *n* emperor
císařovna *n* empress
číše *n.* goblet
číselný *a.* numeral
číslice *n* digit
číslo *n.* number
číšnice *n.* waitress
číšník *n.* waiter
cisterna *n.* tanker
čístice *n* element
čistit *v. t* clean
čistota *n* cleanliness
čistý clean
čistý *a* net
čistý *a* pure
citace *n.* quotation
čitatel *n.* numerator
čitelně *adv.* legibly
čitelný *a.* legible
cítit *v.t* feel
citlivý *a.* sensitive
citoslovce *n.* interjection

citovat *v. t* cite
citovat *v.t.* quote
citrón *n.* lemon
citrónový *adj.* citric
citvar *n.* curcuma
civět *v.t.* gaze
civilista *n* civilian
civilizace *n.* civilization
civilizovat *v. t* civilize
civilní *a* civil
cívka *n.* reel
cizí *a.* alien
cizí *a* foreign
cizinec *n* foreigner
cizinec *n.* stranger
cizoložství *n.* adultery
článek *n* article
člen *n.* member
členské poplatky *n* due
členství *n.* membership
clo *n* toll
clona *n* blindage
člověčenský *a.* humane
člověk *n.* man
čmáranice *n* scrawl
co *pron.* what
čočka *n.* lentil
čokoláda *n* chocolate
cokoliv *pron.* whatever
coul *n.* inch
coura *n.* slattern
courat se *v.t.* saunter

couvání *n* reverse
cože *interj.* what
crčet *v.i.* trickle
črta *n.* sketch
čtenář *n.* reader
ctitel *n.* votary
ctižádost *n.* ambition
ctižádostivý *a.* ambitious
ctnost *n.* virtue
ctnostný *a.* saintly
ctnostný *a.* virtuous
čtrnáct *num.* fourteen
čtverec *n.* square
čtvereční *a* square
čtvrť *n.* quarter
čtvrtek *n.* Thursday
čtvrtletně *a.* quarterly
čtyřboký *a.* quadrilateral
čtyři *num.* four
čtyřicet *num.* forty
čtyřnásobný *a.* quadruple
čtyřnožec *n.* quadruped
čtyřúhelník *n.* quadrangle
čtyřúhelný *a.* quadrangular
cukr *n.* sugar
cukrář *n* confectioner
cukrárna *n* confectionery
cukrovinka *n.* candy
cukrovka *n* diabetes
cval *n* canter
cval *n* trot
cválat *v.i.* trot

cvičení *n.* exercise
cvičení *n.* practice
cvičit *v. t* exercise
cvok *n.* stud
cvrček *n* cog
cvrkat *v.i.* chirp
cvrkot *n* chirp
cvrlikání *n.* twitter
cvrlikat *v.i.* twitter
cyklický *a* cyclic
cyklický *a.* periodical
cyklista *n* cyclist
cyklón *n.* cyclone
cyklón *n.* whirlwind
cyklostyl *n* cyclostyle
cyklostylovat *v. t* cyclostyle
cylindr *n* cylinder
cynický *a.* sardonic
cynik *n* cynic
cypřiš *n* cypress
cysta *n* cist

ďábel *n* devil
dále *adv.* next
dalece *adv* far
daleko *adv.* afar
daleko *adv.* far
daleký *a* far
dálnice *n.* highway
další *a* another

další *a.* more
další *a.* next
další díl *n.* sequel
dáma *n.* dame
dámská košile *n* chemise
daň *n.* octroi
daň *n.* tax
daň za chybu *n* forfeit
danění *n.* taxation
daňová přirážka *n.* supertax
dar *n.* donation
dar *n.* gift
dar z nebes *n.* godsend
dárce *n* donor
darebnost *n.* trickery
darebný *a* crook
dáreček *n* treat
dárek *n.* present
dárek na památku *n.*
   keepsake
darovat *v. t* donate
dáseň *n.* gum
dát *v.t.* give
dát do kapsy *v.t.* pocket
dát do pronájmu *v.t.* sublet
dát lžící *v.t.* spoon
dát na začátek *v.t.* prefix
dát patentovat *v.t.* patent
dát pokyny *v.t.* instruct
dát přednost *v.t.* prefer
dát přezdívku *v.t.* nickname
dát roubík *v.t.* gag

dát sedativa *v.t.* sedate
dát spropitné *v.t.* tip
dát tvar *v.t* shape
dát znamení *v.t.* signal
datovat *v. t* date
datum *n* date
dav *n* crowd
dávat přednost *v.t* favour
dávka *n* dose
dávka *n.* ration
dbalý *a.* mindful
dbalý *a.* observant
dbát *v.t.* mind
dbát *v.t.* regard
dcera *n* daughter
debata *n.* debate
debatovat *v. t.* debate
debet *n* debit
dech *n* breath
decilion *n.* decillion
dědic *n.* heir
dědický *a.* hereditary
dědičnost *n.* heredity
dědičný *a.* heritable
dědičný majetek *n.*
   patrimony
dědictví *n.* heritage
dědina *n.* hamlet
dedukovat *v.t.* deduct
defekt *n* defect
definice *n* definition
definitivní *a* definite

definovat *v. t* define
deflace *n.* deflation
dehet *n.* tar
deista *n.* deist
děj *n.* plot
dějepisec *n.* historian
dějící se v sezóně *a.*
seasonable
dějinný *a.* historical
dějiny *n.* history
dějiště *n.* locale
dějiště *n.* venue
deka *n* blanket
dekáda *n* decade
dekadentní *a* decadent
děkan *n.* dean
deklamovat *v.t.* mouth
dekolt *n* bosom
dekórum *n* decorum
dělat *v. t* do
dělat salto *v.i.* somersault
dělat si nárok *v.t.* purport
dělat vykopávky *v. t.*
excavate
dělat výtržnost *v.t.* riot
dělat zátah *v.i.* swoop
delegace *n* delegation
delegace *n* deputation
delegovat *v. t* delegate
delikátní *n.* dainty
delikátní *a* delicate
dělitelný beze zbytku *n.*

aliquot
délka *n.* length
délka v mílích *n.* mileage
dělník *n.* labourer
dělník *n.* worker
děloha *n.* uterus
dělostřelectvo *n.* artillery
demokracie *n* democracy
demokratický *a* democratic
démon *n.* demon
demonstrace *n.*
demonstration
demoralizovat *v. t.*
demoralize
den *n* day
dění *n.* happening
deník *n.* daily
deník *n.* journal
denim *n.* jean
denně *adv* adays
denně *adv.* daily
denní *a* daily
deportace *n.* transportation
depozitář *n.* repository
deprese *n* depression
děrovač *n.* punch
děs *n* dread
desátek *n.* tithe
deset *num.* ten
desetileté *n.* decennary
desetinný *a* decimal
design *n.* design

děsit se *v.t* dread
děsivý *a* dread
děsivý *a.* terrific
déšť *n* rain
destilovat *v. t* distil
destinace *n* destination
deštivý *a.* rainy
deštník *n.* umbrella
detail *n* detail
detailně vylíčit *v. t* detail
detektiv *n.* detective
detektivní *a* detective
dětinský *a.* childish
dětinský *a.* infantile
dětství *n.* childhood
devadesát *num.* ninety
devadesátý *num.* ninetieth
devatenáct *num.* nineteen
devatenáctý *num.* nineteenth
devátý *num.* ninth
děvče *n.* lass
děvečka *n.* wench
devět *num.* nine
děvka *n.* whore
dezinfekce *n.* antiseptic
dezinfekční *a.* antiseptic
diagnostikovat *v. t* diagnose
diagnóza *n* diagnosis
diagram *n* diagram
dialekt *n* dialect
dialog *n* dialogue
diamant *n* diamond

diář *n* diary
dieta *n* diet
diktátor *n* dictator
diktatura *n* dictation
diktovat *v. t* dictate
díky *n.* thanks
díl *n.* segment
dílčí *adj.* component
dilema *n* dilemma
dílna *n.* workshop
diplom *n* diploma
diplomacie *n* diplomacy
diplomat *n* diplomat
diplomatický *a* diplomatic
díra *n* hole
díra *n.* puncture
disciplína *n* discipline
disk *n.* disc
diskrétnost *n.* secrecy
diskriminace *n* discrimination
diskriminovat *v. t.*
   discriminate
diskurz *n* discourse
diskuse *n.* moot
diskutovat *v. t.* discuss
diskvalifikace *n*
disqualification
diskvalifikovat *v. t.* disqualify
disponovat *v. t* dispose
distribuce *n* distribution
distribuovat *v. t* distribute
distrikt *n* district

dítě *n.* baby
dítě *n* child
dítě *n.* kid
div *n.* marvel
div *n* wonder
divadelní *a.* theatrical
divadlo *n.* theatre
divák *n.* spectator
dívat se *v.i* look
dívčí *a.* girlish
divit se *v.i.* wonder
divize *n* division
dívka *n.* girl
divný *a.* weird
divoch *n* savage
divočina *n.* wilderness
divoký *a.* wild
dlabat *v. t.* chisel
dlaň *n.* palm
dláto *n* chisel
dloubanec *n.* poke
dloubnout *v.t.* poke
dlouhá cesta *n.* voyage
dlouhověkost *n.* longevity
dlouhý *a.* long
dlouhý krok *n* stride
dlouze *adv* long
dlouze cestovat *v.i.* voyage
dluh *n* debt
dlužník *n* debtor
dnes *adv.* today
dnes večer *adv.* tonight

dnešek *n.* today
dno *n* bottom
do *prep.* into
dobírat si *v.t.* banter
dobít *v.t* maul
dobrá vůle *n.* goodwill
dobře *adv.* well
dobře načasovaný *a.* well-timed
dobré znamení *n.* auspice
dobro *n* good
dobročinnost *n.* benefaction
dobročinný *a.* charitable
dobrodiní *n* boon
dobrodružný *a.* adventurous
dobrodružství *n* adventure
dobrosrdečný *a.* whole-hearted
dobrota *n.* goodness
dobrovolně *adv.* voluntarily
dobrovolně pracovat *v.t.* volunteer
dobrovolník *n.* volunteer
dobrovolný *a.* voluntary
dobrý *a.* good
dobýt *v. t* conquer
dobytče *n.* ox
dobytek *n.* cattle
dobytí *n* conquest
dobývat *v.i.* quarry
dočasně *adv.* awhile
dočasný *a.* temporary

docela *adv.* quite
docházka *n.* attendance
dochvilnost *n.* punctuality
dochvilný *a.* punctual
dodání *n.* infusion
dodat *v.t* hand
dodat *v.t.* supply
dodat odvahy *v. t* encourage
dodatečná daň *n.* surtax
dodatečný *a.* additional
dodatečný *a* extra
dodatečný *a* further
dodatečný *a.* supplementary
dodatek *n.* addition
dodatek *n.* adjunct
dodatek *n.* amendment
dodatek *n.* appendix
dodavatel *n* contractor
dodavatel *n.* supplier
dodávka *n* supply
dodávka *n.* van
dodržování *n.* adherence
dodržování *n.* observance
dodržovat *v. t* bide
dogma *n* dogma
dogmatický *a* dogmatic
dohadovat se *v.i.* speculate
dohled *n.* supervision
dohledat *v.t.* retrieve
dohlédnout *v.t.* oversee
dohlédnout *v.t.* supervise
dohližitel *n.* supervisor

dohnat k šílenství *v.t* dement
dohoda *n.* accord
dohotovení completion
dojednat *v.t.* stipulate
dojem *n.* impression
dojímavý *a.* piteous
dojit *v.t.* milk
dojíždět *v. t* commute
dojný *a.* milch
dokázat *v.t.* prove
doklad *n.* receipt
dokonalost *n.* perfection
dokonalost *n* sublime
dokonalý *n.* arrant
dokonalý *a.* perfect
dokonce *adv* even
dokončení *n* finish
dokořán *adv.*, agape
doktor *n* doctor
doktorát *n* doctorate
doktrína *n* doctrine
dokud *n. conj.* till
dokud *conj* until
dokument *n* document
dolar *n* dollar
dole *adv* below
dolina *n.* valley
dolní *a.* nether
dolní *a* under
dolní část zad *n* small
doložení *n.* substantiation
doložit *v.t.* substantiate

doložka *n* clause
doložka *n.* postscript
dolů *adv* down
dolů *adv* under
dóm *n* dome
dóm *n.* minster
domácí *a* domestic
doména *n* domain
doměnka *n.* assumption
dominace *n* domination
dominantní *a* dominant
dominovat *v. t* dominate
domluva *n.* agreement
domluva *n.* arrangement
domluvit *v.t.* arrange
domněnka *n* conjecture
domněnka *n.* surmise
domnívat se *v.t.* assume
domnívat se *v. t* conjecture
domnívat se *v.t.* surmise
domorodci *n. pl* aborigines
domorodý *a* aboriginal
domorodý *a.* indigenous
domov *n.* home
domýšlivost *n.* pretension
domýšlivý *a.* pretentious
donašeč *n* sneak
donkichotský *a.* quixotic
donucení *n* compulsion
donucovací *a.* penal
donutit *v. t* compel
dopad *n.* impact

dopis *n* letter
dopisovatel *n.* correspondent
doplněk *n.* auxiliary
doplněk *n* complement
doplněk *n.* supplement
doplnit *v.t.* replenish
doplnit *v.t.* supplement
doplnit zboží *v.t.* stock
doplňkový *a.* auxiliary
doplňovací volby *n* by-election
doplňující *a* complementary
dopoledne *n* forenoon
doporučení *n* commendation
doporučení *n.* recommendation
doporučit *v. t* commend
doporučit *v.t.* recommend
doposud *adv.* hitherto
dopřát *v.t.* grant
doprava *n.* carriage
doprava *n.* transport
dopravce *n.* carrier
dopravit *v.t.* import
dopravit *v.t.* transport
doprovod *n* accompaniment
doprovod *n* escort
doprovodit *v.t.* accompany
doprovodit *v. t* escort
doručení *n* delivery
doručit *v. t* deliver
dosah *n.* extent

dosah *n.* purview
dosah *n.* radius
dosáhnout *v.t.* achieve
dosáhnout *v.t.* acquire
dosáhnout *v.t.* attain
dosáhnout *v.t.* reach
dosažení *n.* achievement
dosažení *n.* acquirement
dosažení *n.* attainment
došky *n.* thatch
doslov *n* epilogue
doslova *adv.* verbatim
doslovný *a.* literal
doslovný *a.* verbatim
dospěle *a* adult
dospělý *n.* adult
dospívající *a.* adolescent
dospívání *n.* adolescence
dost *adv.* something
dostat *v.t.* get
dostát *v. i* comply
dostat se na kloub *v.t* fathom
dostatečně *adv* enough
dostatečný *a* enough
dostatečný *a.* sufficient
dostatek *n.* sufficiency
dostávat zuby *v.i.* teethe
dostaveníčko *n.* tryst
dostupný *a* available
dostupný *a.* obtainable
dosvědčit *v.t.* corroborate
dotace *n.* appropriation

dotace *n* grant
dotace *n.* subsidy
dotaz *n.* inquiry
dotaz *n.* query
dotázat *v.t.* interrogate
dotázat se *v.t* query
dotazník *n.* questionnaire
dotazování *n.* interrogation
dotazovaný *n.* respondent
dotekový *a.* tactile
dotknout se *v.t.* touch
dotovat *v.t.* appropriate
dotovat *v.t.* subsidize
dotyk *n* touch
doufat *v.t.* hope
doupě *n* burrow
doupě *n* den
doutnat *v.i.* simmer
doutnat *v.i.* smoulder
doutník *n.* cigar
dovádění *n.* frolic
dovádění *n.* romp
dovádět *v.i.* frolic
dovádět *v.i.* romp
dovednost *n* cunning
dovednost *n.* skill
dovedný *a* cunning
dovolit si *v.t.* afford
dovoz *n.* import
dovršit *v.t.* top
doznat *v.t.* avow
dozor *n.* invigilation

dozor *n.* oversight
dozor *n.* superintendence
dozorce *n.* invigilator
dozorce *n.* proctor
dozorčí *n.* overseer
dráb *n.* beadle
dráha *n.* trail
drahokam *n* gem
drahý *a* expensive
drak *n* dragon
drama *n* drama
dramatický *a* dramatic
dramatický *a.* melodramatic
dramatik *n* dramatist
draslík *n.* potassium
drastický *a.* barbarous
drastický *a* drastic
drát *n.* wire
dražba *n* auction
dráždidlo *n.* irritant
dráždit *v.t.* irritate
dráždivý *a.* irritant
dražit *v.t.* auction
dražit *v.t* bid
dražitel *n* bidder
drážkovat *v.i* flute
drcené sklo *n.* cullet
drenáž *n* drainage
dřepět *v.i.* squat
dřevěný *a.* wooden
dřevo *n.* woods
dřevožravý *a.* xylophagous

dřez *n* sink
dřímat *v. i* doze
dřímota *n.* slumber
dřina *n.* toil
dřít *v.i.* toil
dřít se *v.i.* moil
dříve *adv.* ago
dříve *adv* formerly
dříve než *conj* before
dřívěji *adv.* hither
drmolit *v.i.* gabble
drmolit *v.t.* jabber
drn *n.* sod
drn *n.* turf
drobeček *n* mite
drobek *n* crumb
drobit *v. t* crumble
drobnost *n.* trifle
droby *n* pluck
drsný *a.* rough
drť *n.* trash
drtivá porážka *n* rout
drůbež *n.* fowl
drůbež *n.* poultry
druh *n.* companion
druh *n.* comrade
druh *n.* kind
druh *n* mate
druh *n.* sort
druh *n.* species
druh doutníku *n* cheroot
druh dýky *n.* basilard

druh kočáru *n* chaise
druh koření *n.* asafoetida
druh opice *n.* gibbon
druh počítačové paměti *n*
 dram
druh pokojové rostliny *n*
 areca
druh slepice *n.* leghorn
druhotný *a.* lesser
druhotný *a.* subsidiary
druhý *a.* second
druzí *pron.* other
družice *n.* sputnik
družina *n.* retinue
družný *adj.* convivial
držba *n.* tenure
držení těla *n.* gait
držet na uzdě *v.t.* rein
držet se *v.i.* adhere
držet v rovnováze *v.t.* poise
držgršle *n.* niggard
držitel licence *n.* licensee
držitel medaile *n.* medallist
držitel úřadu *n.* incumbent
drzost *n.* hide
drzý *a.* bold
drzý *a.* rude
dub *n.* oak
duch *n.* ghost
duch *n.* spirit
duchaplnost *n.* witticism
duchaplný *a.* witty

duchař *n.* spiritualist
důchod *n.* pension
důchod *n.* retirement
důchodce *n.* pensioner
duchovenstvo *n* clergy
duchovní *a.* spiritual
duchovno *n.* spirituality
dudy *n.* bagpipe
duel *n* duel
důkaz *n* evidence
důkaz *n.* proof
důkazný *a* proof
důkladný *a.* painstaking
důkladný *a.* rigorous
důkladný *a* thorough
důl *n* mine
důležitost *n.* importance
důležitost *n.* prominence
důležitý *a.* important
důležitý *a.* prominent
dům *n* house
důmyslně vylepšit *v.t.*
 sophisticate
dunění *n.* rumble
dunět *v.i.* rumble
dunět *v.i.* thud
dupat *v.i.* stamp
duplikát *n* duplicate
důraz *n* accent
důraz *n* emphasis
důraz *n.* stress
důraznost *n.* vehemence

důrazný *a* forcible
dusat *v.t.* pound
duše *n.* psyche
duše *n.* soul
dušené maso se zeleninou
   n. stew
duševní *a.* mental
dusík *n.* nitrogen
dusítko *n.* muffler
důsledek *n* consequence
důsledek *n.* implication
dusný *a.* muggy
důstojnost *n* dignity
dutina *n.* cavity
dutinka *n.* lacuna
důtka *n.* reproof
dutý náraz *n.* bam
důvěřivý *a.* confident
důvěřivý *a.* trustful
důvěrník *n* confidant
důvěrnost *n* confidence
důvěrný *a.* confidential
důvěřovat *v. i* confide
důvěryhodný *a* bonafide
důvěryhodný *a* credible
důvěryhodný *a.* trustworthy
důvod *n.* cause
důvod *n.* reason
důvtip *n.* wit
důvtipný *a.* inventive
dužnatý *a.* pulpy
dužnina *n.* pulp

dva *num.* two
dvacet *num.* twenty
dvacetina *n* twentieth
dvacítka *n* twenty
dvakrát *adv.* twice
dvanáct *num.* twelve
dvanáctina *n.* twelfth
dvanáctka *n* twelve
dvanáctý *num.* twelfth
dvanáctý *num.* twentieth
dveře *n* door
dveřní překlad *n.* lintel
dvojče *n.* twin
dvojice *n.* two
dvojitý *a* double
dvojitý *a* dual
dvojitý *a.* twofold
dvojjazyčný *a* bilingual
dvojměsíčně *adj.* bimonthly
dvojtečka *n* colon
dvojúhlý *adj.* biangular
dvojverší *n.* couplet
dvojznačný *a* equivocal
dvořan *n.* courtier
dvorek *n.* yard
dvoření *n.* courtship
dvouletý *adj* biennial
dvoulůžkový pokoj *n* double
dvounedělí *n.* fort-night
dvounožec *n* biped
dvouosý *adj* biaxial
dvoupísmenový *adj* biliteral

dvousetletý *adj* bicentenary
dvoutýdení *adj* bi-weekly
dvůr *n.* barton
dvůr *n.* court
dýchání *n.* respiration
dýchat *v. i.* breathe
dýchat *v.i.* respire
dychtivý *a* eager
dychtivý *a.* voracious
dýka *n.* dagger
dynamický *a* dynamic
dynamika *n.* dynamics
dynamit *n* dynamite
dynamo *n* dynamo
dynastie *n* dynasty
dýně *n.* pumpkin
džbán *n.* pitcher
džbánek *n.* jug
džber *n.* pail
džentlmen *n.* gentleman
džungle *n.* jungle

E

eben *n* ebony
edice *n* edition
editorial *n* editorial
editovat *v. t* edit
efekt *n* effect
efektivita *n* efficiency
efektivní *a* effective

ego *n* ego
egoismus *n* egotism
ekonomie *n.* economics
ekonomika *n* economy
ekvivalentní *a* equivalent
elastický *a* elastic
elegance *n* elegance
elegantní *adj* elegant
elektrický *a* electric
elektrifikovat *v. t* electrify
elektřina *n* electricity
elektroinstalace *n.* wiring
eliminace *n* elimination
eliminovat *v. t* eliminate
elita *n.* top
emancipace *n.* emancipation
emapický *a* emphatic
emblém *n* emblem
embryo *n* embryo
emerald *n* emerald
emisar *n* emissary
emoce *n* emotion
emotivní *a* emotional
empórium *n* empire
encyklopedie *n.* encyclopaedia
energetický *a* energetic
energický *a.* virile
energičnost *n.* virility
energie *n.* energy
entita *n* entity
entomologie *n.* entomology

entusiasmus *n* enthusiasm
entusiastický *a* enthusiastic
epidemie *n* epidemic
epigram *n* epigram
epilepsie *n* epilepsy
epizoda *n* episode
epos *n* epic
éra *n* epoch
erotický *a* erotic
eroze *n* erosion
esej *n.* essay
esejista *n* essayist
eso *n* ace
estetický *a.* aesthetic
estetika *n.pl.* aesthetics
estráda *n* pop
etapa *n.* phase
éter *n* ether
etický *a* ethical
etika *n.* ethics
etiketa *n* etiquette
etymologie *n.* etymology
eunuch *n* eunuch
evakuace *n* evacuation
evakuovat *v. t* evacuate
eventualita *n.* contingency
evidentní *a.* evident
excelence *n* excellency
excentrický *adj* acentric
exil *n.* exile
existence *n* existence
existovat *v.i* exist

exkurz *n.* aside
exkurze *n.* excursion
expanze *n.* expansion
expedice *n* expedition
experiment *n* experiment
explodovat *v. t.* explode
exponát *n.* exhibit
expresivní *a.* expressive
extravagance *n* extravagance
extravagantní *a* extravagant
extrém *n* extreme
extrémista *n* extremist
extrémní *a* extreme

facka *n* cuff
facka *n.* slap
fádní *a.* humdrum
fádnost *n.* insipidity
fakt *n* fact
faktor *n* factor
faktura *n.* invoice
fakulta *n* faculty
falešně sentimentální *a.*
    mawkish
falešný *a* bogus
fáma *n.* rumour
fanatický *a* fanatic
fanatický *a.* partisan
fanatický stoupenec *n.*

zealot
fanatik *n* fanatic
fanoušek *n* fan
fantastický *a* fantastic
fantom *n.* phantom
farma *n* farm
farmář *n* farmer
farnost *n.* parish
fasáda *n* facade
fascinace *n.* fascination
fascinovat *v.t* fascinate
fauna *n* fauna
favorit *n* favourite
fáze *n.* period
fazole *n.* bean
federace *n* federation
federální *a* federal
femininní *a* feminine
fena *n* bitch
fenomén *n.* phenomenon
fenomenální *a.* phenomenal
fermentace *n* fermentation
fermentovat *v.t* ferment
festival *n* festival
fetovat *v. t* coke
feudální *a* feudal
fialka *n.* violet
fialový *adj./n.* purple
figurína *n* effigy
figurovat *v.t* tigure
fíha *interj* fie
fík *n* fig

fikce *n* fiction
fiktivní *a* fictitious
filantropie *n.* philanthropy
film *n* film
filmovat *v.t* film
filolog *n.* grammarian
filologický *a.* philological
filologický *n.* philologist
filologie *n.* philology
filozof *n.* philosopher
filozofický *a.* philosophical
filozofie *n.* philosophy
filtr *n* filter
filtrovat *v.t* filter
finance *n* finance
finanční *a* financial
finanční tíseň *n.* stringency
finančník *n* financier
financovat *v.t* finance
firemní postup *n.* policy
firma *n.* firm
fiskální *a* fiscal
flákač *n.* shirker
flákání *n.* lounge
flákat se *v.i.* lounge
flanel *n* flannel
flauš *n* fleece
flíček *n.* speck
flirt *n* flirt .
flirtovat *v.i* flirt
flotila *n* fleet
flotila *n.* squadron

fňukat *v.i.* whimper
fond *n.* fund
fonetický *a.* phonetic
fonetika *n.* phonetics
fontána *n.* fountain
forma *n* form
forma *n.* modality
forma *n* mould
formace *n* formation
formalita *n.* technicality
formálně nabídnout *v.t.* tender
formální *a* formal
formální dopis *n.* missive
formát *n* format
formovat *v.t.* form
formulovat *v.t* formulate
formulovat *v.t.* phrase
formulovat *v.t* word
fórum *n.* forum
fosfát *n.* phosphate
fosfor *n.* phosphorus
fotoaparát *n.* camera
fotografie *n* photo
fotografie *n.* photographer
fotografování *n.* photography
fotgratický *a.* photographic
foukat *v.i.* blow
fragment *n.* fragment
francouzský *a.* French
francouzský klíč *n.* spanner

francouzština *n* French
fraška *n* antic
fraška *n* farce
fráze *n.* phrase
frazeologie *n.* phraseology
frekvence *n.* frequency
frekventní *n.* frequent
frigidní *a.* frigid
frivolní *a.* frivolous
frkat *v.i.* snort
frknutí *n.* snort
fronta *n.* queue
frustrace *n.* frustration
frustrovat *v.t.* frustrate
fungovat *v.i* function
funkce *n.* function
funkcionář *n.* functionary
funkcionář *n.* officer
fúrie *n.* vixen
fušeřina *n* bungle
fušerský básník *n.* poetaster
fyzický *a.* physical
fyzika *n.* physics

G

galantní *a.* courteous
galantní *a.* gallant
galantní muž *n* gallant
galaxie *n.* galaxy

galerie *n.* gallery
galon *n.* gallon
galvanizovat *v.t.* galvanize
gambler *n.* gambler
gang *n.* gang
gangster *n.* gangster
garáž *n.* garage
gauč *n.* couch
gauner *n.* ruffian
gáza *n.* mull
gejzír *n.* spout
generace *n.* generation
generátor *n.* generator
génius *n.* genius
geolog *n.* geologist
geologický *a.* geological
geologie *n.* geology
geometrický *a.* geometrical
geometrie *n.* geometry
germicid *n.* germicide
gerundium *n.* gerund
gesto *n.* gesture
girlanda *n* festoon
globální *a.* global
glokóza *n.* glucose
glosář *n.* glossary
golf *n.* golf
gong *n.* gong
gorila *n.* gorilla
gortesktní *a.* grotesque
graf *n.* chart
graf *n.* graph

grafický *a.* graphic
gram *n.* gramme
gramatický čas *n.* tense
gramatika *n.* grammar
gramofon *n.* gramophone
gramotnost *n.* literacy
gramotný *a.* literate
granát *n.* grenade
grázl *n.* thug
guava *n.* guava
guma *n.* rubber
guvernantka *n.* governess
guvernér *n.* governor
gylicerín *n.* glycerine
gymnasta *n.* gymnast
gymnastický *a.* gymnastic
gymnastika *n.* gymnastics

háček *n.* crotchet
had *n.* serpent
had *n.* snake
hádanka *n.* riddle
hádat *v.i* guess
hádat *v.i.* riddle
hádat se *v.t.* argue
hádat se *v. i. & n* brawl
hadice *n.* hose
hádka *n.* argument
hádka *n.* quarrel

hák *n.* hook
hala *n.* hall
haldy *n.* piles
halenka *n* blouse
haléř *n* cent
hamižnost *n* cupidity
handlovat *v.t.* barter1
hanebný *a.* nefarious
hanebonost *n.* infamy
hanobit *v. t.* calumniate
hantýrka *n.* jargon
harampádí *n* rummage
harfa *n.* harp
harmonický *a.* harmonious
harmonie *n.* harmony
harmonium *n.* harmonium
hašteřit *v. t* bicker
hašteřit *v. i* brangle
haštěřivý *a.* quarrelsome
hatmatilka *n.* lingo
háv *n.* attire
havíř *n.* pitman
havran *n.* raven
havran polní *n.* rook
hazard *n.* hazard
hazardní *a.* venturous
hazardovat *v.i.* gamble
hazardovat *n* gamble
hazardovat *v.t* hazard
hbitost *n.* agility
hbitý *a.* agile
hebký *a.* silken

hebký *a.* soft
hedvábí *n.* silk
hedvábný *a.* silky
hejno *n* flock
hejno *n.* shoal
helma *n.* helmet
hemisféra *n.* hemisphere
hemžit se *v.i.* seethe
herák *n.* smack
herečka *n.* actress
herecký výkon *n.* acting
herecký výkon *n.* actor
herkulovský *a.* herculean
heslo *n.* watchword
hever *n.* jack
hibernace *n.* hibernation
hierarchie *n.* hierarchy
historický *a .* historic
historika *n.* narrative
hlad *n* hunger
hladký *a.* smooth
hladomor *n* famine
hladovět *v.i.* starve
hladový *a.* hungry
hlas *n.* voice
hlášení *n.* report
hlasitě *adv.* aloud
hlasitě volat *v.t* hail
hlasitost *n.* volume
hlasitý *a.* loud
hláska *n.* phone
hlasovací lístek *n* ballot

hlasování *v.i.* ballot
hlasovat *v.t.* poll
hlasový *a.* vocal
hlava *n.* head
hlavice oštěpu *n.* spearhead
hlavně *adv.* mainly
hlavní *a.* capital
hlavní *a* main
hlavní *a.* prime
hlavní bod *n.* gist
hlavní loď *n.* nave
hlavní město *n.* capital
hlavní město *n.* metropolis
hlavní vedení *n* main
hlavní zásada *n.* tenet
hlavolam *n.* conundrum
hlavolam *n.* puzzle
hledisko *n* angle
hledisko *n.* standpoint
hlen *n.* mucus
hlídka *n* patrol
hlídka *n.* warden
hlídkovat *v.i.* patrol
hliněné nádobí *n.* crockery
hliněný *a* earthen
hliník *n.* aluminium
hlodavec *n.* rodent
hloh *n.* hawthorn
hloubavý *a.* reflective
hloubit *v.t* hollow
hloubka *n* depth
hloupost *n.* stupidity

hloupý *adj.* asinine
hloupý *a.* silly
hloupý *a* stupid
hlt *n.* gobble
hltat *v. t* devour
hlubokomyslnost *n.* profundity
hlubokomyslný *a.* profound
hluboký *a.* deep
hluchý *a* deaf
hlučný *a.* noisy
hluk *n.* noise
hlupák *n.* loggerhead
hlupák *n.* thick
hmatatelný *a.* palpable
hmyz *n.* insect
hmyzí jed *n.* venom
hnát *v.t.* hurry
hněď *n* brown
hned po *prep* upon
hnědé uhlí *n.* lignite
hnědý *a* brown
hněv *n.* ire
hněv *n.* wrath
hniloba *n.* rot
hnis *n.* pus
hníst *v.t.* masticate
hníst *v.t.* mould
hnít *v.i.* rot
hnízdiště *n.* roost
hnízdit *v.t.* nest
hnízdit *v.i.* roost

hnízdo *n.* nest
hnojivo *n* fertilizer
hnůj *n* dung
hnůj *n.* manure
hnůj *n.* muck
hod *n.* throw
hodina *n.* hour
hodinky *n.* watch
hodiny *n.* clock
hodit do jámy *v.t.* pit
hodit očkem *v.t.* ogle
hodlat *v.t.* intend
hodnota *n.* merit
hodnota *n.* value
hodnota *n.* worth
hodnotný *a.* worthy
hodný muže *a.* manly
hodovat *v.i* feast
hody *n* feast
hojivý *a* curative
hojně *adv.* galore
hojnost *n* bounty
hojnost *n.* luxuriance
hojnost *n.* opulence
hojnost *n.* plenty
hojnost *n.* riches
hojný *a.* ample
hojný *a.* luxuriant
hojný *a.* opulent
hokej *n.* hockey
holeň *n.* shin
holení *n* shave

holení *n.* tonsure
holič *n.* barber
holínka *n.* wellignton
holítko *n.* razor
hollokaust *n.* holocaust
holub *n.* pigeon
homeopat *n.* homoeopath
homeopatie *n.* homeopathy
homogenní *a.* homogeneous
hon *n* hurry
honička *n.* chase2
honorář *n.* honorarium
hora *n.* mount
hořčice *n.* mustard
horda *n.* horde
hoře *n.* woe
horečka *n* fever
horečka dengue *n.* dengue
hořejší *a.* upper
horizont *n.* horizon
horko *n.* heat
horký *a.* hot
hořký *a* bitter
hořlavý *a.* inflammable
horlivost *n.* alacrity
horlivost *n.* ardour
horlivý *a.* arduous
hornatý *a.* mountainous
horní čelist *n.* maxilla
horník *n.* miner
horolezec *n.* mountaineer
horor *n.* horror

horoucí *a.* ardent
horší *a* worst
horská výprava *n.* trek
hospodárnost *n.* husbandry
hospodárnost *n.* thrift
hospodárný *a.* thrifty
hospodářský *a* economic
host *n.* guest
hostel *n.* hostel
hostina *n.* banquet
hostinec *n.* inn
hostitel *n.* host
hotel *n.* hotel
hotovost *n.* cash
houpání *n* swing
houpat se *v.i.* swing
housenka *n* caterpillar
houser *n.* gander
housle *n.* violin
houslista *n.* violinist
houští *n* bush
houstnout *v.i.* thicken
houževnatost *n.* tenacity
houževnatý *a.* hefty
houževnatý *a.* relentless
houževnatý *a.* tenacious
hovězí *n* beef
hra *n.* game
hra *n.* play
hrabat se *v.i.* root
hraběnka *n.* countess
hrabivost *n.* avarice

hrabství *n.* shire
hráč *n.* instrumentalist
hráč *n.* player
hrách *n.* pea
hrací karta *n.* playcard
hrací kostka *n* die
hračka *n.* toy
hradiště *n.* fort
hradní nádvoří *n.* bawn
hradní příkop *n.* moat
hranice *n* border
hranice *n.* pyre
hraničící *a.* adjacent
hraničit *v.t* border
hranolka *n* fry
hrát *v.i.* play
hrát o peníze *v.i* game
hrát pantomimu *v.i* mime
hráz *n* dam
hřbet *n* crest
hřbet *n.* ridge
hrbit se *v. i.* crouch
hrbit se *v.i.* stoop
hřbitov *n.* cemetery
hřbitov *n.* churchyard
hrbolatý *adj* bumpy
hrdelní *a.* guttural
hrdelní *a.* throaty
hrdina *n.* hero
hrdinka *n.* heroine
hrdinný *a.* heroic
hrdinský čin *n* exploit

hrdinství *n.* heroism
hrdlička *n* dove
hrdlo *n.* throat
hrdý *a.* proud
hřebec *n.* stallion
hřeben *n* comb
hřebíček *n* clove
hřešit *v.i.* sin
hřešit *v.i.* trespass
hřib *n.* mushroom
hřích *n.* sin
hřídel *n.* spindle
hříšník *n.* sinner
hříšný *a.* sinful
hřiště *n.* pitch
hříva *n.* mane
hřmotný *a.* tumultuous
hrnčíř *n.* potter
hrnčířská hlína *n* argil
hrnčířství *n.* pottery
hrnec *n.* pot
hrnek *n.* mug
hrnout se *v.i* flock
hrob *n.* grave
hrobka *n.* sepulchre
hrobka *n.* tomb
hromada *n.* heap
hrot *n.* acorn
hrot *n.* nib
hrouda *n.* clod
hrozba *n* menace
hrozba *n.* threat

hrozen *n.* grape
hrozinka *n.* raisin
hrozný *a.* awful
hrst *n.* handful
hrubá chyba *n* blunder
hrubě zacházet *v.t.*
  manhandle
hrubián *n* bully
hrudník *n* chest
hruška *n.* pear
hubicí prostředek *n.*
  pesticide
hubka *n.* sponge
hubnout *v.i.* slim
hučet *v. i* buzz
hučet *v. i* hum
hudba *n.* music
hudební *a.* musical
hudebník *n.* musician
huhňat *v.i.* mumble
hukot *n.* buzz
hukot *n* hum
hůl s koňskou hlavou *n.*
  hobby-horse
hulákat *v.i.* bawl
hulákat *v. i* bellow
hulákat *v.i* hoot
humanitní *a* humanitarian
humor *n.* humour
humorista *n.* humorist
humorný *a.* humorous
humr *n.* lobster

hurá *interj.* hurrah
hurikán *n.* hurricane
husa *n.* goose
hustě *adv.* thick
hustota *n* density
hustý *a* dense
hustý *a.* thick
hutní pec *n.* furnace
hvězda *n.* star
hvězdička *n.* asterisk
hvězdnatý *a.* starry
hvízdat *v.i* pipe
hýbat se *v.i.* motion
hybatel *n.* mover
hybrid *n* hybrid
hybridní *a.* hybrid
hýčkat *v.t.* dandle
hyena *n.* hyaena, hyena
hygiena *n.* hygiene
hygienický *a.* hygienic
hymna *n* anthem
hymnus *n.* hymn
hynout *v.i.* pine
hypnóza *n.* hypnotism
hypotéční věřitel *n.*
    mortagagee
hypotéka *n.* mortgage
hypotetický *a.* hypothetical
hypotéza *n.* hypothesis
hýření *n* debauch
hýření *n.* revel
hýřil *n.* reveller

hýřit *v. t.* debauch
hýřit *v.t.* lavish
hýřit *v.i.* revel
hysterický *a.* hysterical
hysterie *n.* hysteria

i *conj* both
i přesto *adv.* notwithstanding
i tak *adv.* nonetheless
ideál *n* ideal
idealismus *n.* idealism
idealista *n.* idealist
idealizovat *v.t.* idealize
ideální *a.* ideal
identický *a.* identical
identifikace *n.* indentification
identifikovat *v.t.* identify
identita *n.* identity
idiocie *n.* ideocy
idiom *n.* idiom
idiomatický *a.* idiomatic
idiot *n.* idiot
idiotický *a.* idiotic
idol *n.* idol
idylický *a.* idealistic
ignorance *n.* ignorance
ignorantský *a.* ignorant
ignorovat *v.t.* ignore
ihned *adv.* forthwith

ilustrace *n.* illustration
ilustrovat *v.t.* illustrate
iluze *n.* illusion
imaginace *n.* imagination
imaginární *a.* imaginary
imatrikulace *n.* matriculation
imatrikulovat *v.t.* matriculate
imigrace *n.* immigration
imitace *n.* imitation
imitátor *n.* imitator
imitátor *n* mimic
imitovat *v.t.* imitate
imitovat *v.t* mimic
imperialismus *n.* imperialism
imperiální *a.* imperial
impotence *n.* impotence
impotentní *a.* impotent
impozantní *a* formidable
impregnovat *v.t.* waterproof
impuls *n.* impulse
impulzivní *a.* impulsive
imunita *n.* immunity
imunizovat *v.t.* immunize
imunní *a.* immune
indiánský *a.* Indiaň
indigová modř *n.* indigo
indikace *n.* indication
indikátor *n.* indicator
indikovat *v.t.* indicate
indisponovaný *a.* unwell
individualismus *n.*
   individualism

individualita *n.* individuality
individuální *a.* individual
inflace *n.* inflation
informace *n.* information
informatiovní *a.* informative
informátor *n.* informer
informovat *v.t.* inform
inhalovat *v.i.* inhale
iniciative *n.* initiative
iniciovat *v.t.* initiate
injekce *n.* injection
inkoust *n.* ink
inovace *n.* innovation
inovátor *n.* innovator
insekticid *n.* insecticide
insolvence *n.* insolvency
inspekce *n.* inspection
inspektor *n.* inspector
inspirace *n.* inspiration
inspirovat *v.t.* inspire
instalace *n.* installation
instalatér *n.* plumber
instalovat *v.t.* install
instinkt *n.* instinct
instinktivní *a.* instinctive
instituce *n.* institution
institut *n.* institute
instruktor *n.* instructor
instruktor *n.* preceptor
intelekt *n.* intellect
intelektuál *n.* intellectual
intelektuální *a.* intellectual

inteligence *n.* intelligence
inteligentní *a.* intelligent
intenzita *n.* intensity
intenzivní *a.* intense
interiér *n.* interior
interní *a.* internal
internovat *v.t.* intern
interpunkce *n.* punctuation
interval *n.* interval
intimita *n.* intimacy
intimní *a.* intimate
intuice *n.* intuition
intuitivní *a.* intuitive
invalida *n* invalid
invalidní *a.* invalid
invaze *n.* invasion
investice *n.* investment
investovat *v.t.* invest
inženýr *n* engineer
inzerovat *v.t.* advertise
Ir *n.* Irish
iracionální *a.* irrational
ironický *a.* ironical
ironie *n.* irony
irský *a.* Irish
Ital *n.* Italian
italský *a.* Italian
izobar *n.* isobar
izolace *n.* insulation
izolátor *n.* insulator
izolovanost *n.* insularity
izolovaný *a.* insular

izolovat *v.t.* insulate

já *pron.* I
jablko *n.* apple
jachta *n.* yacht
jadérko *n.* kernel
jaderný *a.* nuclear
jádro *n.* core
jádro *n.* nucleus
jáhen *n.* deacon
jahoda *n.* strawberry
jak *adv.* as
jak *adv.* how
jak *conj* however
jak *n.* yak
jakkoliv *adv.* anyhow
jakmile *conj.* as
jako *prep* like
jako *pron.* such
jakostní *a* staple
jaký *a.* what
jakýkoliv *pron.* either
jáma *n.* pit
jarmark *n.* fair
jařmo *n.* yoke
jarní *a.* vernal
jas *n* brilliance
jásající *a.* jubilant
jásat *v. i* crow
jasmín *n.* jasmine, jessamine
jasně *adv* clearly

jasnost *n* clarity
jasnost *n.* lucidity
jasnovidec *n.* seer
jasný *a.* lucid
jasný zvuk *n.* clarion
jásot *n.* jubilation
játro *n.* liver
jazyk *n.* language
jazyk *n.* tongue
jazykověda *n.* linguistics
jazykovědec *n.* linguist
jazykovědný *a.* linguistic
jazykový *a.* lingual
ječení *v.i.* shriek
ječet *v.i.* yell
ječmen *n.* barley
ječné zrno *n.* stye
jed *n.* poison
jedenáct *n* eleven
jedinec *n.* specimen
jedinečně *adv.* singularly
jedinečný *a.* peerless
jediný *a.* one
jedlý *a* eatable
jednání *n.* act
jednat *v.i.* act
jednoduchost *n.* simplicity
jednoduchý *a.* simple
jednohlas *n.* unison
jednohubka *n.* gulp
jednomyslnost *n.* unanimity
jednomyslný *a.* unanimous

jednooční *a.* monocular
jednopestíkový *a.* monogynous
jednoslabičné slovo *n.* monosyllable
jednoslabičný *a.* monosyllabic
jednota *n.* unity
jednotka *n.* troop
jednotka *n.* unit
jednotky *n* corps
jednotlivost *n.* particular
jednotlivý *a.* particular
jednotlivý *a.* single
jednou *adv.* sometime
jedovatý *a.* poisonous
jehla *n.* needle
jehně *n.* lamb
jeho *pron.* his
jehož *pron.* whose
její *pron.* her
jejich *pron.* theirs
jekot *n.* shriek
jekot *n* yell
jelen *n* deer
jelen *n.* stag
jelenice *n* buff
jelikož *conj.* since
jelimánek *n.* simpleton
jemnost *n.* subtlety
jemnůstky *n.* nicety
jemný *a* fine

jemný *a.* mild
jemný *n.* subtle
jemu *pron.* him
jen *n.* Yen
jenž *pron.* which
jeřáb *n* crane
ješitnost *n* conceit
ješitnost *n.* vainglory
ješitný *a.* vainglorious
jeskyně *n.* cave
jesle *n.* crib
jesle *n.* nursery
jesli *conj.* if
ještě *adv.* yet
ještěrka *n.* lizard
jestřáb *n* hawk
jet autem *v.i.* motor
jet na loďce *v.i* boat
jet tryskem *v.t.* gallop
jez *n.* barrage
jez *n.* weir
jezdec *n.* rider
jezero *n.* lake
jezevec *n.* badger
jídelní lístek *n.* menu
jídlo *n* food
jih *n.* soulh
jikry, mlíčí *n.* roe
jíl *n* clay
jíl *n.* marl
jímavost *n.* poignacy
jímavý *a.* poignant

jimž *pron.* whom
jinam *adv* else
jinovatka *n.* frost
jiný *a* else
jiný *a.* other
jiný než *prep* unlike
jiskra *n.* spark
jiskřit *v.t.* crackle
jiskřit *v.i.* scintillate
jiskřit *v.i.* spark
jíst *v. t* eat
jistě *adv.* certainly
jistě *adv.* surely
jistota *n.* assurance
jistota *n.* certainty
jistý *a* certain
jistý *a.* sure
jít *v.i.* go
jitrocel *n.* plantain
již *adv.* already
již *conj.* now
jízda *n* drive
jízdné *n* fare
jižní *a.* south
jižní *a.* southerly
jižní *a.* southern
jizva *n* scar
jmelí *n.* mistletoe
jménem koho *n* behalf
jméno *n.* name
jméno kreslené postavičky
    n Bonten

jméno kreslené postavičky
   n Figment
jmenovec *n.* namesake
jmenovitě *adv.* namely
jsem am
judikatura *n.* judicature
junior *n.* junior
jupiter *n.* jupiter
justice *n.* judiciary
justiční *a.* judicial
juta *n.* hemp
juta *n.* jute

k severu *adv.* north
kabaret *n.* cabaret
kabát *n* coat
kabátec bez rukávů *n.* jerkin
kabel *n.* cable
kabina *n.* cabin
kachlička *n.* tile
kachna *n.* duck
káď *n.* tub
kadeř *n* lock
kadet *n.* cadet
kadidelnice *n* censer
kádinka *n* beaker
kadmium *n* cadmium
kafr *n.* camphor

Kain *n* Cain
kajícnost *n.* repentance
kajícný *a.* repentant
kaktus *n.* cactus
kal *n.* ooze
kalamita *n.* calamity
kalatog *n.* catalogue
kalcium *n* calcium
kalendář *n.* calendar
kalhoty *n. pl* trousers
kaligrafie *n* calligraphy
kalkulačka *n* calculator
kalm *n* deceit
kalorie *n.* calorie
kam až *adv.* whither
kamelot *n* camlet
kámen *n.* stone
kamenitý *a.* stony
kamkoliv *adv.* wherever
kámoš *n.* mate
kámoš *n.* pal
kampaň *n.* campaign
kanál *n.* canal
kanál *n* channel
kanál *n.* sluice
kanalizace *n.* sewerage
kancelář *n.* office
kancléř *n.* chancellor
kandidát *n.* candidate
kandovat *v. t.* candy
kaňka *n.* blot
kanón *n.* cannon

kánon *n* canon
kanonáda *n. v. & t* cannonade
kanton *n* canton
kantonování *n.* cantonment
kantýna *n.* canteen
kanýr *n.* frill
kanystr *n.* canister
kapacita *n.* capacity
kapalina *n* fluid
kapalina *n* liquid
kapalný *a* fluid
kapalný *a.* liquid
kapat *v. i* drip
kapesníček *n.* wipe
kapesník *n.* handkerchief
kapitalista *n.* capitalist
kapitán *n.* captain
kapitán *n.* skipper
kapitánství *n.* captaincy
kapitola *n.* chapter
kapitulace *n* surrender
kapitulovat *v. t* capitulate
kapka *n* drip
kaplan *n.* parson
kaple *n.* chapel
kaprál *adj* carpal
kapsa *n.* pocket
kapuce *n.* hood
kára *n.* cart
karafiát *n.* pink
karamela *n.* toffee

karát *n.* carat
kárat *v. t.* castigate
karavvan *n.* caravan
karbid *n.* carbide
kardamom *n.* cardamom
kardinál *n.* cardinal
kariéra *n.* career
karikatura *n.* caricature
karmín *n* crimson
karneval *n* carnival
kárný *a.* punitive
karta *n.* card
kartáč *n* brush
karton *n.* cardboard
kasárna *n.* barrack
kaše *n.* mush
kašel *n.* cough
kaskáda *n.* cascade
kašlat *v. i.* cough
kasta *n* caste
kaštan *n.* chestnut
kaštan *n.* maroon
kaštanový *a* maroon
kastrovat *adj* castral
kát se *v.i.* repent
katastrofa *n* disaster
katastrofický *a* disastrous
katedrála *n.* cathedral
kategorický *a.* categorical
kategorie *n.* category
katolický *a.* catholic
kauce *n.* bail

kauce *n.* surety
káva *n* coffee
kavalír *n* chevalier
kavárna *n.* cafe
kazajka *n.* waistcoat
kázání *n.* sermon
kázat *v.i.* preach
kázat *v.i.* sermonize
kazatel *n.* preacher
každonočně *adv.* nightly
každý *pron* all
každý *pron.* each
každý *pron.* every
kazeta *n.* cassette
kbelík *n* bucket
kde *adv.* where
kdepak *adv.* whereabout
kdesi *adv.* somewhere
kdežto *conj.* whereas
kdo *pron.* who
kdokoliv *pron.* whoever
kdosi *pron.* somebody
kdosi *pron.* somebody
kdy *pron.* when
kdyby tak *conj.* only
kdykoliv *conj* whenever
kdysi *adv.* once
když *conj.* when
kečup *n.* ketchup
kel *n.* tusk
kemp *n.* camp
kempovat *v. i.* camp

keramika *n* ceramics
kino *n* bioscope
kino *n.* cinema
kino *n.* movies
klacek *n.* stick
kladba *n* ban
kladka *n.* pulley
kladka *n.* tackle
kladná veličina *n* plus
kladný *a.* plus
kladný *a.* positive
klam *n* bluff
klam *n* fallacy
klamat *v. t* bluff
klamat *v. t* deceive
klamný *a.* mendacious
klanět se *v.i.* kneel
klasický *a* classical
klasifikace *n* classification
klasifikovat *v. t* classify
klasifikovat *v.t* grade
klasika *n* classic
klást vajíčka *v.i.* spawn
klášter *n.* monastery
kláštěr *n.* cloister
klátit *v. t* dangle
klaun *n* clown
klec *n.* cage
klempíř *n.* tinker
klenba *n.* arch
klenot *n.* jewel
klenotník *n.* jeweller

klenoty *n.* jewellery
kienout *v.t.* arch
klenutý *a* arch
klepat se *v.i.* shudder
klesat *v. i* drop
klesat *v.i.* sink
klesat *v.i.* subside
klestí *n.* lop
kleštičky *n. pl.* tongs
kletba *n* curse
kletba *n* spell
klevetit *v.t.* backbite
klíč *n.* key
klíčení *n.* germination
klíčit *v.i.* germinate
klíčit *v.i.* sprout
klička *n.* hitch
klička *n.* loop
klíčový okamžik *n.* juncture
klid *n.* calm
klid *n.* lull
klient *n..* client
klíh *n.* mucilage
klik *n.* click
klika *n.* handle
klikatá čára *n.* zigzag
klikatit se *v.i.* meander
klikatit se *v.i.* zigzag
klikatý *a.* sinuous
klikatý *a.* zigzag
klima *n.* climate
klín *n.* lap

klinika *n.* clinic
klisna *n.* mare
kloboučnictví *n.* millinery
kloboučník *n.* milliner
klobouk *n.* hat
kloktat *v.i.* gargle
klopýtat *v.i.* stumble
klopýtnout *v.t.* trip
klopýtnutí *n.* stumble
kloub *n.* joint
klouzat *v.i.* skid
klouzat *v.i.* slide
klouznout *v.t.* glide
klovat *v.i.* peck
klovnutí *n.* peck
klozet *n.* closet
klub *n* club
klubko *n.* clew
kluzký *a.* slippery
kmen *n.* tribe
kmenový *a.* tribal
kmitání *n.* oscillation
kmitat *v.i.* oscillate
kněz *n.* priest
kněžka *n.* priestess
kněžství *n.* priesthood
kniha *n* book
knihkupec *n* book-seller
knihomol *n* book-worm
knihovna *n.* library
knihovník *n.* librarian
knír *n.* moustache

knírek *n.* mustache
knoflík *n* button
knot *n.* wick
kňourání *n* whine
kňourat *v.i.* whine
koalice *n* bloc
koalice *n* coalition
kobalt *n* cobalt
koberec *n.* carpet
kobereček *n.* rug
kobra *n* cobra
kobylka *n.* nag
kočárek *n.* perambulator
kočí *n* coachman
kočík *n.* basket
kočka *n.* cat
kocour *n.* tomcat
kód *n* code
koedukace *n.* co-education
koeficient *n.* coefficient
koexistence *n* co-existence
koexistovat *v. i* co-exist
koherentní *a* coherent
kohout *n* cock
kokain *n* cocaine
kokos *n* coconut
kokršpaněl *v. t* cocker
kokršpaněl *n.* spaniel
koktání *n* stammer
koktat *v.i.* stammer
koláč *n.* cake
kolébání *n* sway

kolébat se *v.i.* sway
kolébka *n.* cot
kolečko *n.* nought
kolečko *n.* wheel
koleda *n* carol
kolega *n.* associate
kolega *n* colleague
kolegium *n* committee
kolej *n.* track
kolejnice *n.* rail
kolem *adv.* round
koleno *n.* knee
kolidovat *v. t.* clash
kolie *n* coolie
kolík *n.* peg
kolísat *v.i.* waver
kolize *n.* clash
kolmice *n.* perpendicular
kolmý *a.* perpendicular
kolo *n.* bicycle
kolo *n.* round
koloběh *n* cycle
koloniální *a* colonial
kolonie *n* colony
kolosální *a.* titanic
kolovrátek *n.* wimble
kóma *n.* coma
komár *n.* mosquito
kombajn *n.* haverster
kombinace *n* combination
kombinéza *n.* overall
kombinovat *v. t* combine

komedie *n.* comedy
koment *n* comment
komentář *n* commentary
komentátor *n* commentator
komentovat *v. i* comment
komerční *a* commercial
kometa *n* comet
komický *a* comic
komik *n* comic
komín *n.* chimney
komisař *n.* commissioner
komoří *n* chamberlain
kompaktní *a.* compact
kompas *n* compass
kompenzace *n* compensation
kompenzovat *v.t* compensate
kompetence *n* competence
kompetentní *a.* competent
kompletní *a* complete
kompletovat *v. t* complete
komplikace *n.* complication
komplikovat *v. t* complicate
kompost *n* compost
kompozitum *n* compound
kompromis *n* compromise
komunální *a* communal
komunální *a.* municipal
komunikace *n.*
communication
komunikát *n.* communiqué
komunikovat *v. t*
  communicate

komunismus *n* communism
komunita *n.* community
komůrka *n.* cell
koncept *n* concept
koncert *n.* concert
koncertovat *v. t* concert2
koncese *n.* franchise
koncil *n.* council
kondolence *n* condolence
kondolovat *v. i.* condole
konec *n.* end
konečná *n.* terminus
konečník *n.* rectum
konečný *a* final
konečný *a* finite
konečný *a.* terminal
konečný výsledek *n.* upshot
konference *n* conference
konfiskace *n* confiscation
konfiskovat *v. t* confiscate
konfrontace *n.* confrontation
kongres *n* congress
koníček *n.* hobby
koník *n.* pony
konkrétně *a* concrete
konkrétní *n* concrete
konkrétní *a* express
konkubína *n* concubine
konkubinát *n.* concubinage
konkurence *n.* competition
konkurenční *a* competitive
konkurs *n.* bankruptcy

koňský handlíř *n.* coper
konsonant *n.* consonant
konspekt *n.* conspectus
konstantní *a.* permanent
konstantnost *n.* permanence
kontakt *n.* contact
kontaktovat *v. t* contact
kontext *n* context
kontinent *n* continent
kontinentální *a* continental
kontrast *n* contrast
kontrastovat *v. t* contrast
kontrola *n* check
kontrola *n* control
kontrola účasti *n.* roll-call
kontrolovat *v. t* control
kontrolující *n.* controller
kontroverze *n* controversy
kontura *n* contour
konvent *n* convent
konvertovat *v. t* convert
konzerva *n.* tin
konzervační *a.* preservative
konzervant *n.* preservative
konzervativec *n* conservative
konzervativní *a* conservative
konzistence *n.* consistence
konzistentní *a* consistent
konzola *n* ancon
konzultace *n* consultation
konzultovat *v. t* consult
kopanec *n.* kick

kopec *n.* hill
kopí *n.* javelin
kopí *n.* lance
kopie *n* copy
kopie *n.* xerox
kopiník *n.* lancer
kopírovat *v. t* copy
kopnout *v.t.* kick
kopřiva *n.* nettle
kopyto *n.* hoof
korál *n* coral
korálek *n* bead
korálový útes *n.* atoll
kořen *n.* root
kořeněný *a.* spicy
koření *n.* spice
korepondence *n.*
    correspondence
korespondenční *a.* postal
koriandr *n.* coriander
kořist *n.* capture
kořist *n.* loot
kořist *n.* prey
kořist *n* spoil
kořistit *v.i.* prey
kormorán *n.* cormorant
kornout *n.* cornet
koruna *n* crown
korunka *n.* coronet
korunka *n.* tiara
korunovace *n* coronation
korunovat *v. t* crown

korunovat *v. t* enthrone
korupce *n.* corruption
Korynt *n.* Corinth
kosa *n.* scythe
košatina *n.* hurdle1
košíček *n.* shuttlecock
košile *n.* shirt
kosmetický *a.* cosmetic
kosmetika *n.* cosmetic
kosmický *adj.* cosmic
kost *n.* bone
košťál *n* stalk
kostel *n.* church
kostky *n.* dice
kostra *n.* skeleton
kostým *n.* costume
kotě *n.* kitten
kotec *n.* cote
kotec *n.* kennel
kotlina *n.* hollow
kotník *n.* ankle
kotva *n.* anchor
kotviště *n* anchorage
kotviště *n.* moorings
kotvit *v.t* harbour
koule *n.* sphere
koupat se *v. t* bathe
koupel *n.* soak
koupit *v. t.* buy
kouř *n.* smoke
kouřit *v.i.* smoke
kouřový *a.* smoky

kousat *v. t.* bite
kout *n.* nook
kouzelník *a.* magisterial
kouzelný *n.* magician
kouzlit *v.i.* conjure
kouzlo *n.* sleight
kouzlo *n.* witchery
kov *n.* metal
kovadlina *n.* anvil
kovář *n* blacksmith
kovář *n.* smith
kovárna *n* forge
kovový *a.* metallic
koza *n.* goat
koželuh *n.* tanner
koželužna *n.* tannery
kožešina *n.* fur
kozoroh *n* Capricorn
krab *n* crab
krabice *n* box
krabice *n* carton
krabice *n.* crate
kráčet *v.i* march
krádež *n.* theft
krádež dobytka *n* abaction
kradmý *adv.* stealthily
kraj *n* brinjal
kraj *n.* county
krájet na kostky *v. i.* dice
krajina *n.* landscape
krajkový *a.* lacy
krajní *a.* outside

krajta *n.* python
krákání *n.* caw
krákat *v. i.* caw
krakorec *n.* corbel
král *n.* king
králík *n.* rabbit
králíkárna *n.* warren
královna *n.* queen
královražda *n.* regicide
královský *a.* regal
královský *a.* royal
královský majestát *n.* royalty
království *n.* kingdom
krám *n.* godown
krása *n* beauty
kráska *n* belle
krášlit *v. t* beautify
krásný *a* beautiful
krást *v.i.* steal
kraťasy *n.* breeches
kraťasy *n. pl.* shorts
krátce *adv.* short
krátkozrakost *n.* myopia
krátkozraký *a.* myopic
krátký *a.* short
kratochvíle *n.* pastime
kráva *n.* cow
krčit se *v. i.* cringe
krčma *n.* tavern
krční mandle *n.* tonsil
kredenc *n* cupboard

křehký *a.* brittle
křehký *a.* fragile
krejčí *n.* tailor
krém *n* cream
křepelka *n.* quail
kreslení *n* drawing
kreslený seriál *n.* cartoon
kreslič *n* drawer
křest *n.* baptism
křesťan *n* Christian
křesťanský *a.* Christian
křesťanství *n.* Christianity
křesťanstvo *n.* Christendom
krev *n* blood
kreveta *n.* crevet
křičet *v.i.* shout
křik *n.* shout
kriket *n* cricket
křiklavý *a.* gaudy
Kristus *n.* Christ
kritický *a* critical
kritik *n* critic
kritika *n* criticism
kritizovat *v. t* criticize
křivá přísaha *n.* perjury
křivda *n.* grievance
křivě přísahat *v.i.* perjure
křivice *n.* rickets
křivit *v. t* curve
křivka *n* curve
křivý *a.* wry
kříž *n* cross

krize *n* crisis
krize *n.* slump
kříženec *n.* bastard
křižník *n* cruiser
křížová výprava *n* crusade
křižovatka *n.* crossing
krk *n.* neck
krkolomnost *n* breakneck
krmení *n* feed
krmit *v.t* feed
krocan *n.* turkey
krok *n.* step
krokodýl *n* crocodile
kromě *prep.* beside
kromě *prep* but
kromě *prep* except
kronika *n.* chronicle
krotký *a.* tame
kroucení *n* wriggle
kroupy *n.* hail
kroutit *v.i.* wriggle
křovina *n.* shrub
krtek *n.* mole
krucifix *n.* rood
kruh *n.* circle
krumpáč *n.* mattock
křupavý *a* crisp
krůpěj *n.* gout
krutost *n* cruelty
krutý *a* cruel
krvácet *v. i* bleed
krvavý *a* bloody

krveprolití *n* bloodshed
krveprolití *n* carnage
krychle *n* cube
krychlovitý *adj.* cubiform
krychlový *a* cubical
krypta *n.* vault
krysa *n.* rat
krystal *n* crystal
krystalický uhlík *n.* adamant
kryt *n* mantle
který *a* which
kterýkoliv *pron* whichever
kuchař *n* cook
kuchyně *n.* cuisine
kuchyně *n.* kitchen
kuckat *v. t.* choke
kudrlina *n.* curl
kujný *a.* malleable
kukačka *n* cuckoo
kukuřice *n* corn
kukuřice *n.* maize
kulaté výročí *n.* jubilee
kulka *n* bullet
kůlna *n.* outhouse
kůlna *n* shed
kulovitý *a.* spherical
kult *n* cult
kultivace *n.* sophistication
kultura *n* culture
kulturní *a* cultural
kůň *n.* horse
kuna *n.* marten

kuňkání *n.* croak
kupa *n.* mound
kupec *n.* grocer
kupec *n.* trader
Kupid *n* Cupid
kupit se *v.i* mass
kuplíř *n.* bawd
kupředu *adv* forward
kupředu *adv.* onwards
kupující *n.* buyer
kůra ovoce *n.* zest
kuráž *n.* mettle
kurážný *a.* spirited
kuře *n.* chicken
kůrka *n.* crust
kurkuma *n.* turmeric
kurtizána *n.* courtesan
kurýr *n.* courier
kurzíva *n.* italics
kus *n.* piece
kutálet se *v.i.* tumble
kutna *n.* frock
kůže *n.* leather
kužel *n.* cone
kvákat *v.i.* quack
kvalifikace *n* preliminary
kvalifikace *n.* qualification
kvalifikovat se *v.i.* qualify
kvalita *n.* quality
kvalitativní *a.* qualitative
kvantita *n.* quantity
kvantitativní *a.* quantitative

kvas *n.* yeast
kvasný ocet *n* alegar
květ *n* blossom
květák *n.* cauliflower
květen *n.* May
květena *n* flora
kvetení *n* bloom
květina *n* flower
květinář *n* florist
květinový *a* flowery
kvičet *v.i.* squeak
kvílení *n* wail
kvílet *v.i.* wail
kvíz *n.* quiz
kvocient *n.* quotient
kvóta *n.* quota
kýchat *v.i.* sneeze
kýchnutí *n* sneeze
kyj *n* cudgel
kýla *n.* hernia
kýla *n.* rupture
kyselina *n* acid
kyselost *n.* acidity
kyselý *a* acid
kyslík *n.* oxygen
kytara *n.* guitar
kytice *n* bouquet
kyvadlo *n.* pendulum
kyvadlová doprava *n.*
    shuttle

L

laboratoř *n.* laboratory
laboratorní nádobka *n.*
    cuvette
labuť *n.* swan
labyrint *n.* labyrinth
lačně *adv* avidly
lačnost *n.* avidity
lačný *adj.* avid
ladit *v.t.* lade
ladných tvarů *a.* shapely
laguna *n.* lagoon
láhev *n* bottle
lahodný *a.* toothsome
lahůdka *a.* dainty
laický *a.* lay
laik *n.* layman
lajdácký *a.* slipshod
lak *n.* varnish
lák *n* brine
lák *n.* pickle
lákadlo *n.* lure
lákání *n.* seduction
lákat *v.t.* lure
lakomý *a.* mean
lakonický *a.* laconic
lakotný *a.* miserly
laktat *v.i.* lactate
laktometr *n.* lactometer
lalok *n.* lobe
lama *n.* lama

laminovat *v.t.* laminate
lampa *n.* lamp
laň *n* doe
lán *n* tract
lapání po dechu *n.* gasp
lapat po dechu *v.i* gasp
lapka *n.* sharper
lascivní *a.* lascivious
láska *n* love
laskání *v. t.* caress
laskavě *adv* benignly
laskavě *adv.* kindly
laskavost *n.* amiability
laskavý *a.* amiable
laskavý *adj* benign
laskavý *a* fond
laskavý *a* kind
laškovat *v.i.* toy
láskyplný *a.* affectionate
láskyplný *a* tender
lastura *n.* conch
latentní *a.* latent
laťka *n.* lath
laťka *n.* pale
látka *n* fabric
látka *n.* substance
latrína *n.* latrine
laureál *n* laureate
laureátský *a.* laureate
láva *n.* lava
lavice *n* desk
lavička *n* bench

lebka *n.* skull
léčba *n* cure
léčba *n.* treatment
lechtivý *a.* ticklish
léčit *v. t.* cure
léčit *v.i.* heal
léčivo *n* drug
léčivo *n.* medicament
léčivo *n.* physic
led *n.* ice
ledabylý *a.* slovenly
lednice *n.* fridge
ledovec *n.* glacier
ledový *a.* icy
ledvina *n.* kidney
legalita *n.* legality
legalizovat *v.t.* legalize
legální *a.* legal
legenda *n.* legend
legendární *a.* legendary
legie *n.* legion
legionář *n.* legionary
legislativa *n.* legislation
legislativní *a.* legislative
legitimní *a.* legitimate
legitimnost *n.* legitimacy
legrace *n.* laugh
legrácka *n.* pleasantry
legrační *a* comical
lehce *adv.* lightly
lehká večeře *n.* supper
lehkost *n* ease

lehkovážnost *n* flippancy
lehkovážnost *n.* levity
lehkovážný *a.* reckless
lehkověrnost *adj.* credulity
lék *n.* remedy
lékař *n.* physician
lékárna *n.* chemistry
lékárna *n.* pharmacy
lékarník *n.* chemist
lékárník *n* druggist
lekat se *v.i.* recoil
lekce *n.* lesson
lektor *n.* tutor
lektvar *n.* nostrum
lelkovat *v.i.* dawdle
lem *n.* rim
lenivý *a.* indolent
léno *n.* feud
lenoch *n.* sluggard
lenochod *n.* sloth
lenošit *v.i.* laze
lenošný *n.* slothful
lenost *n.* laziness
leopard *n.* leopard
lépe *adv.* better
lepidlo *n.* glue
lepkavý *a.* sticky
lepší *a* better
les *n* forest
les *n.* wood
lešení *n.* scaffold
lesk *n* dazzle

lesk *n.* gloss
lesk *n.* refulgence
lesklý *a.* glossy
lesklý *a.* refulgent
lesknout se *v. t.* dazzle
lesnictví *n* forestry
lesník *n* forester
lest *n.* artifice
leštěnka *n* polish
let *n* flight
letadlo *n.* aeroplane
leták *n.* leaflet
letargický *a.* lethargic
letargie *n.* lethargy
létat *v.i* fly
letec *n.* aviator
letecký *a.* aerial
letectví *n.pl.* aeronautics
letectvo *n.* aviation
letiště *n* aerodrome
letitý *a.* aged
letka *n.* wing
letmý *a* cursory
letmý pohled *n.* glance
letmý pohled *n* peep
letní *adj* aestival
letní slunovrat *n*
    midsummer
léto *n.* summer
letopisec *n.* annalist
letopisy *n.pl.* annals
letoun *n.* aircraft

letoun *n.* plane
letovisko *n* resort
lev *n.* Leo
lev *n* lion
levá *n.* left
levandule *n.* lavender
levičák *n* leftist
levný *a* cheap
levý *a.* left
ležet *v.i.* lie
ležet *n* lie
ležet v hlavě *v.t.* preoccupy
lhář *n.* liar
lhát *v.i* lie
lhostejný *a.* lukewarm
líbánky *n.* honeymoon
liberalismus *n.* liberalism
liberální *a.* liberal
líbezný *a.* lovable
líbivý *a.* sightly
libovat si *v.i.* wallow
libovolný *a.* any
líce *n* cheek
licence *n.* licence
licencovat *v.t.* license
lichotit *v. t* compliment
lichotka *n.* compliment
lichva *n.* usury
lichvář *n.* usurer
licoměrnost *n* duplicity
lidé *n.* people
lidnatý *a.* populous

lidovvá tradice *n.* lore
lidskost *n.* humanity
lidský *a.* human
lidstvo *n.* mankind
lidumil *n.* philanthropist
lidumilovný *a.* philanthropic
liga *n.* league
líheň *n* brood
líhnout *v.i.* incubate
lihovar *n* distillery
liják *n* downpour
likér *n.* liquor
likvidace *n.* liquidation
lilie *n.* lily
liliputka *n.* bantam
límeček *n* collar
limetka *n.* lime
limit *n.* limit
limonáda *n.* lemonade
líný *a.* lazy
lípa *n.* lime
lišej *n.* ringworm
lišit se *v. i* differ
liška *n.* fox
list *n.* leaf
lístek *n.* thicket
listonoš *n.* postman
listopad *n.* november
listoví *n* foliage
listový *a.* leafy
listy *n.* lists
lít *v.i.* pour

literární *a.* literary
literát *n.* litterateur
literatura *n.* literature
litina *n* cast-iron
lítost *n* regret
litovat *v.i.* regret
litr *n.* litre
liturgický *a.* liturgical
lítý *a* ferocious
livrej *n.* livery
lízátko *n.* lollipop
líznutí *n* lick
lněné semínko *n.* linseed
loajalita *n.* loyalty
loajální *a.* loyal
loď *n.* ship
loděnice *n.* dock
loďka *n* boat
loďstvo *n.* navy
logaritmus *n.* logarithim
logický *a.* logical
logik *n.* logician
logika *n.* logic
lokaj *n.* lackey
lokalita *n.* locality
lokalizovat *v.t.* localize
loket *n* elbow
lokna *n.* ringlet
lokomotiva *n.* locomotive
lom *n.* quarry
lomoz *n* clamour
lomozit *v. i.* clamour

lopata *n.* shovel
lopatka *n.* trowel
lopotit se *v.i.* labour
lopotný *a.* laborious
lordstvo *n.* lordship
los *n* draw
los *n.* lot
losování *n* toss
loterie *n.* lottery
lotr *n.* rogue
lotr *n.* villain
lotrovina *n.* roguery
lotus *n.* lotus
loudat se *v.i.* loiter
louhovat *v.t.* leach
louka *n.* lea
louka *n.* meadow
loupež *n* burglary
loupež *n.* robbery
loupežné přepadení *n.* dacoity
loutka *n.* marionette
loutna *n.* lute
louže *n.* puddle
loužička *n* spill
lov *n* hunt
lovec *n.* huntsman
lovec ptáků *n.* fowler
lovecký pes *n.* hound
lovit *v.t.* hunt
ložisko *n* bearing
ložní prádlo *n.* bedding

ložní prádlo *n.* linen
lubrikace *n.* lubrication
lubrikant *n.* lubricant
lubrikovat *v.t.* lubricate
lucerna *n.* lantern
lucerna *n.* lucerne
lučištník *n* archer
lůj *n.* tallow
lukratiní *a.* lucrative
lump *n.* knave
lumpárna *n.* knavery
lůno *n.* womb
lup *n* booty
lup *n* plunder
lupič *n* burglar
lupič *n.* robber
lupy *n* dandruff
lusk *n.* husk
luštěnina *n* pulse
lustr *n.* lustre
lůžko *n* berth
lví *a* leonine
lvice *n.* lioness
lvíče *n* cub
lynčovat *v.t.* lynch
lyra *n.* lyre
lyrický *a.* lyric
lyrika *n.* lyric
lyska *n.* coot
lýtko *n.* calf
lžíce *n.* spoon

M

magnát *n.* magnate
magnet *n.* magnet
magnetický *a.* magnetic
magnetismus *n.* magnetism
magnetofon *n.* recorder
magnetovec *n.* loadstone
mahagon *n.* mahogany
maják *n* beacon
majáles *n.* rag
majestátný *a.* majestic
majetek *n.* property
majetný *a.* well-to-do
majlant *n.* fortune
major *n* major
major *n.* mayor
makléř *n* broker
makléř *n.* jobber
makléřství *n.* jobbery
malárie *n.* malaria
malátný *a* faint
malba *n.* painting
malebný *a.* picturesque
malér *n.* mishap
maličkost *n.* little
malinký *a.* tiny
málo *adv.* little
malomocenství *n.* leprosy
malomocný *n.* leper
malomocný *a.* leprous
maloobchod *n.* retail

maloobchodně *adv.* retail
maloobchodní *a* retail
maloobchodník *n.* retailer
malost *n.* smallness
malý *a.* little
malý *a.* small
maminka *n.* mamma
maminka *n.* mummy
mamka *n* mum
mamon *n.* mammon
mamon *n.* pelf
mamut *n.* mammoth
mamutí *a* mammoth
mana *n.* manna
maňásek *n.* puppet
manažer *n.* manager
manažerský *a.* managerial
mandát *n.* mandate
mandle *n.* almond
manekýna *n.* mannequin
manévr *n.* manoeuvre
manévrovat *v.i.* manoeuvre
mangan *n.* manganese
manglo *n* mango
maniak *n.* maniac
mánie *n* mania
manifest *n.* manifesto
manifestace *n.* manifestation
manikúra *n.* manicure
manipulace *n.* manipulation
manipulovat *v.t* handle
manipulovat *v.t.* manipulate

manýr *n.* manner
manýrismus *n.* mannerism
manžel *n* husband
manželský *a* conjugal
manželský *a.* marital
manželský *a.* matrimonial
manželský *n.* spousal
manželský stav *n.*
   matrimony
mapa *n* map
maranta třtinová *n.* arrowroot
maratón *n.* marathon
margarín *n.* margarine
marmeláda *n.* jam
marmeláda *n.* marmalade
marně *adv.* vainly
márnice *n.* morgue
marnit *v.i.* loaf
marnost *n.* futility
marnost *n.* vanity
marnotratnost *n.* prodigality
marnotratný *a.* prodigal
marný *a.* futile
marný *a.* vain
mars *n* Mars
maršál *n* marshal
máry *n* bier
masa *n.* mass
masakr *n.* massacre
masáž *n.* massage
masér *n.* masseur
masírovat *v.t.* massage

maska *n.* mask
maškara *n.* mummer
maškaráda *n.* masquerade
maskot *n.* mascot
maskovat *v. t* disguise
máslo *n* butter
maso *n* flesh
maso *n.* meat
mast *n.* ointment
mastný *a.* greasy
masturbovat *v.i.* masturbate
máta *n.* mint
matador *n .* matador
matce podobný *a.*
   motherlike
matematický *a.*
   mathematical
matematik *n.* mathematician
matematika *n* mathematics
materiál *n* material
materialismus *n.* materialism
materiální *a.* material
maternity *n.* maternity
mateřský *a.* maternal
mateřský *a.* motherly
mateřství *n.* motherhood
matice *n* matrix
matka *n* mother
matkovražda *n.* matricide
matkovražedný *a.* matricidal
mátožný *a.* vaporous
matrace *n.* mattress

matriarcha *n.* matriarch
matrika *n.* registry
matrikář *n.* registrar
matróna *n.* matron
mauzoleum *n.* mausoleum
maximalizovat *v.t.* maximize
maximální *a.* maximum
maximum *n* maximum
mazivo *n* grease
mazlíček *n.* pet
mdlít *v.i* faint
mdloby *n.* swoon
mdlý *a* dim
meč *n.* sword
mech *n.* moss
měch *n.* bellows
měch dud *n.* windbag
mechanické učení *n.* rote
mechanický *a* mechanic
mechanik *n.* mechanic
mechanika *n.* mechanics
mechanismus *n.* mechanism
měchýř *n* bladder
med *n.* honey
měď *n* copper
medaile *n.* medal
medicína *n.* medicine
medicínský *a.* medicinal
medik *n.* medico
meditace *n.* mediation
meditativní *a.* meditative
meditovat *v.t.* meditate

medium *n* medium
medovina *n.* mead
medvěd *n* bear
megalit *n.* megalith
megalitický *a.* megalithic
melancholický *a.*
 melancholic
melancholie *n.* melancholia
melasa *n* molasses
mělčina *n* shoal
mělký *a.* shallow
melodický *a.* melodious
melodie *n.* melody
melodie *n.* tune
melodrama *n.* melodrama
meloun *n.* melon
membrána *n.* membrane
memoár *n.* memoir
memorandum *n*
 memorandum
měna *n* currency
méně *adv.* less
menopauza *n.* menopause
měnový *a.* monetary
menší *a.* less
menší množství *n* less
menší statkář *n.* yeoman
menstruace *n.* menstruation
menstruační *a.* menstrual
mentalita *n.* mentality
mercerovat *v.t.* mercerise
měřičský *a.* metrical

měřidlo *n.* gauge
měřitelný *a.* measurable
měřítko *n* criterion
měřítko *n.* rate
meruňka *n.* apricot
mesiáš *n.* messiah
měsíc *n.* month
měsíc *n.* moon
měsíčky *n.* menses
měsíčně *adv* monthly
mésíční *a.* lunar
měsíční *a.* monthly
měsíčník *n* monthly
mešita *n.* mosque
město *n* city
město *n.* town
město v USA *n.* Bayard
městský *a* civic
městský *a.* urban
metabolismus *n.* metabolism
metafora *n.* metaphor
metafyzický *a.* metaphysical
metafyzika *n.* metaphysics
metalurgie *n.* metallurgy
metamorfóza *n.*
  metamorphosis
metař *n.* sweeper
metat *v.t.* hurl
meteor *n.* meteor
meteorický *a.* meteoric
meteorolog *n.* meteorologist
meteorologie *n.* meteorology

metoda *n.* method
metodický *a.* methodical
metr *n.* meter
metrický *a.* metric
metropolitní *a.* metropolitan
metrum *n.* metre
mez *n.* bound
mez *n* terminal
mezek *n.* mule
mezera *n* break
mezera *n* gap
mezi *prep.* among
mezi *prep* between
mezi čtyřma očima *adv.*
  tete-a-tete
mezičlánek *n.* intermediary
mezidobí *n.* interlude
mezihra *n.* interplay
mezinárodní *a.* international
mezipatro *n.* mezzanine
mezitímco *conj.* while
mezník *n.* milestone
míchač *n.* compounder
míchanice *n.* jumble
míchat *v.i.* stir
migrace *n.* migration
migrant *n.* migrant
migréna *n.* migraine
migrovat *v.i.* migrate
míhání *n.* twinkle
míhat se *v.i.* glance
mihotat se *v.i.* twinkle

míjet *v.i.* pass
míjet cíl *v.i.* misfire
mikrofilm *n.* microfilm
mikrofon *n.* microphone
mikrologie *n.* micrology
mikrometr *n.* micrometer
mikroskop *n.* microscope
mikroskopický *a.*
microscopic
mikrovlnná trouba *n.*
microwave
miláček *n.* babe
miláček *n* darling
míle *n.* mile
milenec *n* beloved
milenec *n.* lover
milenec *n.* paramour
milénium *n.* millennium
milenka *n.* mistress
milený *a* beloved
milený *a* darling
miliarda *n* billion
milice *n.* militia
milion *n.* million
milionář *n.* millionaire
milosrdenství *n.* mercy
milosrdný *a.* merciful
milost *n.* grace
milostivý *a.* gracious
milostný *adj* amatory
milostný poměr *n* amour
milostslečna *n.* damsel

milovat *v.t.* love
milující *a.* loving
milý *a* dear
milý *a.* lovely
mimézis *n.* mimesis
mimický *a.* mimic
mimikry *n* mimicry
mimo *adv.* beyond
mimo *prep* save
mimořádný *a* especial
mimořádný *a.* superlative
minaret *n.* minaret
mince *n* coin
mincovna *n* mint
mínění *n* estimation
minerál *n.* mineral
minerální *a* mineral
mineralog *n.* mineralogist
mineralogie *n.* mineralogy
miniatura *n.* miniature
miniaturní *a.* miniature
minimální *a.* minimal
minimální zisk *n.* margin
minimum *n.* minimum
ministerstvo *n.* ministry
ministr *n.* minister
minorita *n.* minority
minulost *n.* past
minulý *a.* past
minusový *a* minus
minuta *n.* minute
minutově *adv.* minutely

minutový *a.* minute
mír *n.* peace
míra *n.* measure
mírnost *n.* moderation
mírový *a.* peaceful
mírumilovný *a.* peaceable
mísa *n* bowl
mise *n.* mission
míšenec *n.* mulatto
míšený *a* bastard
misionář *n.* missionary
mísit *v.i* mix
míšní *a.* spinal
místní *a.* local
místní *a.* topical
místní vyhláška *n* bylaw,
    bye-law
místo *n.* lieu
místo *n.* place
místokrál *n.* viceroy
mistrovský *a.* masterly
mistrovství *n.* mastery
mít chuť *v.t* fancy
mít dozor *v.t.* invigilate
mít dozor *v.t.* superintend
mít obavu *v.t.* misgive
mít podezření *v.t.* suspect
mít požitek *v.t.* relish
mít prospěch *v. t.* benefit
mít rád *v.t.* like
mít úspěch *v.i.* succeed
mít v pěstounské péči *v.t.*
    foster
mít v úmyslu *v.t.* purpose
mít žloutenku *v.t.* jaundice
mitra *n.* mitre
míza *n.* sap
mizera *n.* scoundrel
mizérie *n.* misery
mizerný *a.* miserable
mizet *v. i* disappear
mizet *v.i.* vanish
mládě *n.* whelp
mladí *n* young
mládí *n.* youth
mladík *n.* youngster
mladiství *n. pl.* teens
mladistvý *a.* youthful
mladší *a.* junior
mladý *a.* young
mladý stromek *n.* sapling
mlaskavá pusa *n* smack
mlátička *n.* thresher
mlčící *a.* mum
mléčný *a.* milky
mléčný cukr *n.* lactose
mlékárna *n* dairy
mléko *n.* milk
mlha *n* fog
mlha *n.* haze
mlhavý *a.* misty
mlhovina *n.* nebula
mlít *v.t.* mill
mlok *n.* toad

mluvčí *n.* spokesman
mluvit *v.i.* speak
mluvit *v.i.* talk
mlýn *n.* mill
mlynář *n.* miller
mlýnek *n.* grinder
mlžení *n.* mist
mně *pron.* me
mnich *n.* monk
mnišství *n* monasticism
mnoho *adv* much
mnohonásobný *a.* multiple
mnohonásobný *a.* serial
mnohostranný *a.* multilateral
mnohotvárnost *n.* multiform
mnohý *a.* many
mnohý *a* much
mňoukání *n.* mew
mňoukat *v.i.* mew
množstevní převaha *n.*
    preponderance
množství *n.* quantum
mobilizovat *v.t.* mobilize
moc *n.* might
moc *n.* power
moč *n.* urine
močál *n.* slough
močál *n.* swamp
močení *n.* urination
moci *v.* can
moci *v* may
močit *v.i.* urinate

mocnitel *n* exponent
mocný *adj.* mighty
mocný *a.* powerful
močový *a.* urinary
móda *n* fashion
móda *n.* vogue
model *n.* model
moderní *a.* modern
modernita *n.* modernity
modifikace *n.* modification
modifikovat *v.t.* modify
modistka *n.* milliner
modlář *n* bigot
modlář *n.* idolater
modlit se *v.i.* pray
modlitba *n.* prayer
módní *a* fashionable
modrá *a* blue
modřina *n* bruise
modulovat *v.t.* modulate
mohutný *a.* profuse
mokřad *n.* marsh
mokro *n.* wetness
mokrý *a.* wet
mol *n.* moth
molární *a* molar
molekula *n.* molecule
molekulový *a.* molecular
moment *n.* moment
monarcha *n.* monarch
monarchie *n.* monarchy
monitor *n.* monitor

monochromatický *a.*
monochromatic
monódie *n.* monody
monogamie *n.* monogamy
monograf *n.* monograph
monogram *n.* initial
monogram *n.* monogram
monokl *n.* monocle
monolatrie *n.* monolatry
monolit *n.* monolith
monolog *n.* monologue
monopol *n.* monopoly
monopolista *n.* monopolist
monoteismus *n.*
monotheism
monoteista *n.* monotheist
monotónie *n* monotony
monotónní *a.* monotonous
montáž *n* mount
montér *n* fitter
monument *n.* monument
monumentální *a.*
monumental
monzun *n.* ·monsoon
mop *n.* mop
moralista *n.* moralist
moralizovat *v.t.* moralize
morálka *n.* morale
morální *a.* moral
morbidní *a.* morbid
moře *n.* sea
morfium *n.* morphia

morganatický *a.* morganatic
mořská víla *n.* mermaid
mořský *a.* maritime
mořský muž *n.* merman
moruše *n.* mulberry
mosaz *n.* brass
Moskvan *n.* muscovite
most *n* bridge
motel *n.* motel
motiv *n.* motive
motivace *n.* motivation
motivosti *n.* movables
motivovat *v* motivate
moto *n.* motto
motor *n* engine
motor *n.* motor
motorista *n.* motorist
motýl *n* butterfly
moucha *n* fly
moučník *n.* pudding
moučný *a.* mealy
moudrost *n.* wisdom
moudrý *a.* sage
moudrý *a.* wise
mouka *n* flour
mozaika *n.* mosaic
mozek *n* brain
mozková mrtvice *n.* stroke
mozkový *adj* cerebral
možná *adv.* perhaps
možnost *n* discretion
možnost *n.* option

možnost *n.* possibility
možnosti *n.* potential
možný *a.* possible
mračit se *v.i* frown
mračit se *v.i.* scowl
mrak *n.* cloud
mramor *n.* marble
mravenec *n* ant
mravnost *n.* morality
mravy *n.* moral
mrazení *n.* refrigeration
mraznička *n.* refrigerator
mrchžrout *n.* scavenger
mrholení *n* drizzle
mrholit *v. i* drizzle
mřížka *n.* lattice
mrkání *n* wink
mrkev *n.* carrot
mrknout *v. t. & i* blink
mrknout *v.i.* wink
mrož *n.* walrus
mrštit *v.t* fling
mrštit *v.t.* throw
mrštný *a.* nimble
mrtvola *n* corpse
mrtvola *n.* stiff
mrtvolný *a* deadly
mrtvý *a* dead
mrtvý bod *n.* stalemate
mručet *v.i.* mutter
mrzák *n* cripple
mrzký *a.* ignoble

mrznout *v.i.* freeze
mrzout *n.* misanthrope
mrzutý *a* cross
mrzutý *a.* morose
mstivý *a.* revengeful
mučednictví *n.* martyrdom
mučedník *n.* martyr
můj *pron.* mine
můj *pron.* my
muka *n.* agony
muka *n.* torture
mullah *n.* mullah
mumie *n* mummy
mumlat *v.t.* maunder
mungo *n.* mongoose
munice *n.* ammunition
munice *n.* munitions
mušelín *n.* muslin
muset *v.* must
mušketa *n.* musket
mušketýr *n.* musketeer
mušlovitý *adj.* auriform
mustang *n.* mustang
mutace *n.* mutation
mutační *a.* mutative
múza *n* muse
muzeum *n.* museum
mužný *a.* manful
mužský *a.* manlike
mužství *n.* manhood
myčka *n.* washer
mýdlo *n.* soap

mýdlový *a.* soapy
mylný *a* erroneous
mylný *a.* wrongful
myóza *n.* myosis
myrha *n.* myrrh
myriáda *n.* myriad
myrta *n.* myrtle
mys *n.* cape
myš *n.* mouse
mysl *n.* mind
myšlenka *n* thought
myslet *v.t.* think
myslitel *n.* thinker
myslivec *n.* hunter
mysteriózní *a.* mysterious
mysticismus *n.* mysticism
mystický *a.* mystic
mystik *n* mystic
mýtický *a.* mythical
mytologický *a.* mythological
mytologie *n.* mythology
mýtus *n.* myth
mzda *n.* wage
mžikový *a.* instantaneous

N

na *prep.* on
na břehu *adv.* ashore
na druhé straně *adv.*

overleaf
na hladině *adv.* afloat
na jih *adv* south
na kusy *adv.* asunder
na plaubě *adv* aboard
na straně *adv.* aside
na vdávání *a.* marriageable
na západ *adv.* westerly
nabalzamovat *v. t* embalm
naběračka *n.* ladle
nabídka *n* bid
nabídka *n* offer
nabídnout *v.t.* offer
nabídnout více *v.t.* outbid
nábitek *n.* furniture
nábor *n.* propaganda
náborář *n.* propagandist
náboženství *n.* religion
nábožný *a.* religious
nabrat *v.t.* ladle
nabrat dech *v.t.* wind
nábřeží *n* embankment
nabytí *n* acquest
načasovat *v.t.* time
náčelník *n.* chieftain
načepovat *v.t.* tap
načervenalý *a.* reddish
načež *conj.* whereat
náchylný *a.* prone
náčiní *n. pl* paraphernalia
náčiní *n.* utensil
nacionalismus *n.*

nationalism
nacionalista *n.* nationalist
načmárat *v.t.* scrawl
náčrt *n.* outline
náčrtek *n* draft
načrtnout *v.t.* outline
načrtnout *v.t.* sketch
načrtout *v. t* draft
nacvičit *v.t.* rehearse
nácvik *n.* rehearsal
nad *prep.* above
nadace *n.* foundation
nadále *adv.* henceforward
nadávat *v.t.* miscall
nadávka *n.* invective
nadbytečný *a* abundant
nadbytečný *adj* adscititious
nadbytečný *a.* redundant
nadbytek *n* abundance
nadbytek *n* glut
nadbytek *n.* surplus
nadcházející *a.* forthcoming
nadchnout *v. t* enchant
nadčlověk *n.* superman
nádech *n.* tint
naděje *n* hope
nadějný *a.* hopeful
nadějný *a.* prospective
nadhazovat *v.i* bowl
nádhera *n.* splendour
nádherný *a.* splendid
nádherný *a.* wonderful

nadlidský *a.* superhuman
nadměrná dávka *n.*
    overdose
nadměrně pít *v. i* booze
nadměrný *a.* outsize
nadmořská výška *n.* altitude
nádobí *n* dish
nádor *n.* tumour
nadporučík *n.* lieutenant
nadpřirozená bytost *n.*
    wight
nadpřirozený *a.* supernatural
nadřazenost *n.* superiority
nadřazený *a.* superior
nadřizený *n.* senior
nádrž *n.* reservoir
nadržovat *v.i.* side
nadsázka *n.* exaggeration
nadsázka *n.* hyperbole
nadšení *n.* keenness
nadšení *n.* zeal
nadšený *a.* keen
nadšený *a.* lyrical
nadšený *a.* zealous
nadto *adv.* moreover
nadutý *a.* haughty
nadutý *a.* lofty
nadvláda *n* dominion
nádvoří *n.* courtyard
nadzvukový *a.* supersonic
ňafání *n* yap
ňafat *v.i.* yap

nafta *n.* petrol
nahatost *n.* nudity
náhle *adv.* suddenly
náhled *n.* outlook
náhlý *a.* sudden
nahodile *adv.* pell-mell
nahodilý *a* accidental
náhodný *a.* incidental
náhodný *a.* random
náhorní plošina *n.* plateau
nahotina *n* nude`
náhrada *n.* proxy
náhrada *n.* refund
náhrada *n.* substitution
nahradit *v.t.* refund
nahradit *v.t.* substitute
náhradní *a* spare
náhradní díl *n.* spare
náhradnk *n.* substitute
nahrát *v.t.* record
nahrát *v.t* tape
nahrávka *n.* record
nahrazení *n.* replacement
náhrdelník *n.* necklace
náhrobní *a.* posthumous
náhrobní nápis *n* epitaph
nahromaděně *adv* aheap
nahromadit *v.t.* amass
nahromadit *v. i.* cluster
nahý *a.* naked
naivita *n.* naivety
naivní *a.* naive

naivnost *n.* naivete
nájem *n.* hire
nájem *n.* tenancy
nájemce *n.* occupier
nájemné *n.* rent
nájemník *n.* occupant
nájemník *n.* tenant
nájemný vrah *n.* assassin
nájezd *n.* raid
nájezdník *n.* marauder
najímatel *n.* lessee
najít *v.t* find
najmout *v.t* hire
nakapat *v.t.* instil
nákaza *n.* infection
nákaza *n.* pestilence
nakazit *v.t.* infect
nakažlivý *a* contagious
nakažlivý *a.* infectious
náklad *n.* cargo
náklad *n.* freight
náklad *n.* load
náklad (publikace) *n.* issue
nákladní auto *n.* lorry
nákladní auto *n.* truck
nákladný *a.* costly
náklady *n.* cost
naklánět se *v.i.* lean
náklon *n.* lean
naklonění *n.* tilt
naklonit se *v.t.* bank
náklonnost *n.* affection

náklonnost *n* favour1
nakonec *adv.* eventually
nakonec *adv.* lastly
nakonec *adv.* ultimately
nákotník *n* anklet
nakrájet *v.t.* slice
nakreslit *v.t* draw
nakukovat *v.i.* peep
nákup *n.* purchase
nakupit *v.t.* pile
nakupovat *v.i.* shop
nakyslý *a.* sour
nálada *n.* mood
naladit *v.t.* tune
náladový *a.* moody
nalákat *v. t.* entice
nalákat *v.t.* tempt
nalakovat *v.t.* varnish
naléhavá potřeba *n* urge
naléhavá prosba *n.* entreaty
naléhavě prosit *v. t.* entreat
naléhavost *n.* urgency
naléhavý *a.* urgent
nalepit *v.t.* paste
nálepka *n.* sticker
naleziště *n.* habitat
náležitost *n.* propriety
náležitost *n* requiste
náležitosti *n.* belongings
nalodit se *v. t.* board
naložit *v.t.* load
naložit *v.t.* pot

naložit do láku *v.t* pickle
namačkat *v.t.* squash
namáhat se *v.i.* heave
namáhavý *a.* laboured
namáhavý *a.* trying
namalovat tužkou *v.t.* pencil
namazat *v.t* grease
namazat máslem *v. t* butter
náměsíčnost *n.* somnambulism
náměsíčný *n.* somnambulist
náměstek *n* deputy
námět *n.* motif
námět *n.* topic
námezdní *a.* mercenary
námezdník *n.* hireling
namíchání *n.* concoction
namítat *v. t* demur
namítat *v.t.* object
námitka *n* demur
námitka *n.* objection
namluvit si *v.t.* woo
namočit *v. t* dip
namočit *v.t.* soak
namočit *v.t.* steep
námořní *a.* marine
námořní *a.* nautic(al)
námořnický *a.* naval
námořník *n.* mariner
námořník *n.* sailor
namotat *v.t.* wind
namotávat *v.i.* reel

namydlit *v.t.* soap
naočkovat *v.t.* vaccinate
naolejovat *v.t* oil
naopak *adv.* vice-versa
naostřit *v.t.* sharpen
nápad *n.* idea
nápaditý *a.* resourceful
nápadník *n.* suitor
napadnout *v.* assail
napadnout *v.t.* invade
napálit *v.t* gull
napálit *v.t* hoax
napařovací hrnec *n.*
   steamer
naparování *n* swagger
napařovat *v.i.* steam
naparovat se *v.i* boast
naparovat se *v.i.* strut
napíchnout *v.t.* spear
napjatě *adj.* agog
napjaté očekávání *n.*
   suspense
napjatý *a.* fraught
napjatý *a.* tense
napjetí *n.* tension
naplánovat *v.t.* plan
náplast *n.* plaster
naplavenina *n.* silt
naplavit *v.t.* silt
náplň *n.* cartridge
náplň *n.* content
naplnit *v.t* fill

napodobenina *n.* retread
napodobit *v.t.* retread
nápodobně *adv.* likewise
napodobovat *v. t* emulate
nápoj *n* beverage
nápoj *n* drink
napomáhat *v.t.* assist
napomenout *v.t.* reprimand
napomenutí *n.* reprimand
nápomocný *a.* helpful
nápomocný *a.* instrumental
nápor *n.* descent
nápor *n.* onrush
naporcovat *v.t.* portion
náprava *n.* rectification
náprava kola *n.* axle
napravit *v.t* remedy
napravit *v.t.* right
nápravné zařízení *n.*
   reformatory
napravovat *v.i.* rectify
napříč *adv.* across
napříč *prep.* athwart
napříště *adv.* henceforth
naprogramovat *v.t.*
   programme
naprosto *adv* downright
naprosto *a* outright
naprostý *a* absolute
naprostý *a* downright
naprostý *a* entire
naprostý *adv.* outright

naprostý *a.* teetotal
naprostý *a.* total
naprostý nezdar *n* fiasco
náprsní taška *n.* wallet
náprstek *n.* thimble
napsat *v.t.* write
napsat na stroji *v.t.* type
napsat perem *v.t.* pen
náramek *n.* bangle
náramek *n* bracelet
náraz *n* crash
narazit *v. i* crash
narazit *v. t* crush
narážka *n* allusion
narážka *n.* insinuation
nárazník *n.* bumper
nárazový *a.* spasmodic
nařčení *n.* libel
narcis *n.* daffodil
narcis *n* narcissus
narcismus *n.* narcissism
nářečí *n.* vernacular
nářeční *a.* vernacular
nařezat *v.t.* thresh
nařídit *n* decree
nařídit *v.t.* impose
nařídit *v.t* order
nařízení *v. i* decree
nařízení *n.* order
nařknout *v.t.* accuse
nařknout *v.t.* libel
nařknutí *n* accusation

nařknutý *n.* accused
narkoman *n.* addict
narkóza *n.* narcosis
národ *n.* nation
narodit *v.* born
národní *a.* national
národnost *n.* nationality
nárokovatel *n* claimant
naroubovat *v.t* graft
narovnat *v.t.* narrow
narovnat *v.t.* straighten
narozen bohatý *adj.* born rich
narození *n.* birth
narozený *adj.* borne
narukovat *v. t* enlist
narušit *v. t* disrupt
narušit *v.t.* vitiate
narůžovělý *a.* pinkish
narůžovělý *a.* roseate
narvat 2 *v.t.* stuff
náš *pron.* our
nasadit náhubek *v.t* muzzle
našamponovat *v.t.* shampoo
nasekat *v. t* chop
nasekat rákoskou *v. t.* cane
násep *n* causeway
nashle *interj.* adieu
nashle *interj.* good-bye
nashromáždit *v.t.* accumulate
násilí *n.* violence
násilný *a.* violent
náskok *n.* lead

naškrábat *v.t.* scribble
naškrobit *v.t.* starch
našlápnout *v.t.* tread
našlápnout zlehka *v.t.* pad
našlapování *n* tread
následky *n.* progeny
následky *n.* repercussion
následník *n.* successor
následovat *v.t* follow
následovník *n* descendant
následovník *n* follower
následující *a.* successive
našlehat *v.t.* whip
nasměrovat *v. t* direct
násobek *n* multiple
násobenec *n.* multiplicand
násobení *n.* multiplication
násobit *v.t.* multiply
násobnost *n.* multiplicity
našpulit *v.t.* purse ·
nastávající *a* becoming
nástěnná malba *n.* mural
nástěnný *a.* mural
nastolit *v.t.* throne
nastoupit *v.t.* accede
nastražit *v.t.* bait
nástroj *n.* implement
nástroj *n.* instrument
nastrouhat *v.t* grate
nástupiště *n.* platform
naštvaný *a.* sullen
nasvědčující *a.* suggestive

nasycení *n.* saturation
nasytit *v.t.* saturate
natahovat na skřipec *v.t.* rack
natékat *v.i.* swell
nátěr *n.* paint
natěrač *n.* painter
natěsnat *v.t.* sandwich
nátisk *n* print
natlačit *v.t.* throng
nátlak *n.* push
natrénovat *v.t.* train
natřít *v.t.* paint
naturalizovat *v.t.* naturalize
naučený *a.* learned
naučit *v.t.* teach
navádění *n.* abetment
navádět *v.t.* abet
nával *n.* spasm
nával *n.* throng
navazující *a.* subsequent
navenek *adv.* outwardly
navíc *prep* besides
navíc *adv* extra
navigace *n.* navigation
navigátor *n.* navigator
navigovat *v.i.* navigate
naviják *n.* winch
navíječ *n.* winder
návlek *n.* slip
navlhčit *v. t.* damp
navlhčit *v.t.* wet

návnada *n* bait
návnada *n.* snare
návod *n.* guidance
návod *n* manual
navonět *v.t.* perfume
navonět *v.t.* scent
navoskovat *v.t.* wax
navrácení do vlasti *n.*
  repatriation
navracet se *v.i.* revert
návrat *n.* return
návrh *n.* proposal
návrh *n.* suggestion
navrhnout *v. t.* design
navrhnout *v.t.* propose
navrhnout *v.t.* suggest
návrší *n.* hillock
navršit *v.t* heap
navrstvit *v.t.* ply
návštěva *n.* visit
návštěvník *n.* visitor
navštívit *v.t.* visit
návyk *n.* addiction
navyklý *a.* accustomed
navyknout *v. t.* habituate
navzdory *prep.*
  notwithstanding
navždy *adv* forever
naznačení *n.* intimation
naznačit *v.i* hint
naznačit *v.t.* implicate
naznačit *v.t.* intimate

naznačit *v.t.* signify
naznačující *a.* indicative
náznak *n.* hint
náznak *n.* inkling
náznak *n.* jot
naznat *v.t.* reflect
názor *n.* opinion
názvosloví *n.* nomenclature
ne *adv.* not
nebesa *n.* heaven
nebeský *adj* celestial
nebeský *a.* heavenly
nebezpečí *n.* danger
nebezpečí *n.* peril
nebezpečný *a* dangerous
nebezpečný *a.* perilous
neblahá proslulost *n.*
  notoriety
neblahý *a.* inauspicious
neblaze proslulý *a.*
  notorious
nebojácnost *n.* intrepidity
nebojácný *a.* intrepid
neboť *conj.* for
nebozez *n.* auger
nebrat v úvahu *v. t* disregard
nečestnost *n.* dishonesty
nečestný *a* dishonest
nechat *v.t.* let
nechuť *n.* antipathy
nechutný *a.* sordid
nečinnost *n.* inaction

nečinný *a.* idle
nečinný *a.* inactive
nečistota *n.* impurity
nečistota *n.* squalor
nečistý *a.* impure
nečitelnost *n.* illegibility
nečitelný *a.* illegible
necitlivost *n.* insensibility
necitlivý *adj.* crass
necitlivý *a.* insensible
něco *pron.* something
nedaleko *adv.* anigh
nedaleko *adv.* nigh
nedávno *adv.* recently
nedávný *a.* recent
nedbalost *n.* laxity
nedbalost *n.* malpractice
nedbalost *n.* negligence
nedbalý *a.* casual
nedbalý *a.* lax
nedbalý *a.* mindless
nedbalý *a.* negligent
neděle *n.* Sunday
nedělitelný *a.* indivisible
nedílný *a.* inherent
nediskrétní *a.* indiscreet
nediskrétnost *n.* indiscretion
nedočkavost *n.* inoculation
nedočkavý *a.* restive
nedodržení *n.* violation
nedokonalost *n.*
   imperfection

nedokonalý *a.* imperfect
nedoplatky *n.pl.* arrears
nedorozumění *n.*
   misunderstanding
nedostatečný *adj.* deficient
nedostatečný *a.* insufficient
nedostatečný *a.* scant
nedostatek *n* deficit
nedostatek *n* flaw
nedostatek *n.* lack
nedostatek *n* minus
nedostatek *n.* paucity
nedostatek *n.* scarcity
nedostatek *n.* shortage
nedostatkový *a.* scarce
nedostávat se *v. t* elude
nedotčený *a.* intact
nedotknutelnost *n.* sanctity
neduh *n.* ailment
nedůtklivost *n.* petulance
nedůtklivý *a* factious
nedůtklivý *a.* irritable
nedůtklivý *a.* petulant
nedůvěra *n* distrust
nedůvěra *n.* misbelief
nedůvěra *n.* mistrust
nedůvěra *n.* suspicion
nedůvěřivý *a.* suspicious
nedůvěřovat *v. t.* distrust
nedůvěřovat *v.t.* mistrust
neduživost *n.* infirmity
neduživý *a.* infirm

neduživý *a.* puny
neduživý *a.* sickly
neefektivní *a.* ineffective
neexaktní *a.* inexact
neformální *a.* informal
nefrit *n.* jade
nefunkční *a.* inoperative
negace *n.* negation
negativní *a.* negative
negr *n.* nigger
negramotnost *n.* illiteracy
negramotný *a.* illiterate
nehet *n.* nail
nehmatatelný *a.* intangible
nehmotný *a.* immaterial
nehoda *n* accident
nehoda *n.* incident
nehodit se *v.t.* mismatch
nehorázný *a* flagrant
nehostinný *a.* inhospitable
nehybnost *n.* stillness
nehybný *a.* motionless
nehybný *a.* stationary
nehynoucí *a.* imperishable
nějak *pron.* somehow
nějaký *a.* a
nějaký *pron.* some
nejasnost *n.* ambiguity
nejasnost *n.* obscurity
nejasnost *n.* vagueness
nejasný *a.* ambiguous
nejasný *a.* vague

nejdůležitější *a* principal
nejistota *n.* insecurity
nejistý *a.* insecure
nejistý *a.* uncertain
nejkrajnější *a.* utmost
nejméně *adv.* least
nejmenší *a.* least
nejniternější *a.* innermost
nejnižší *a* minimum
nejnovější *a.* up-to-date
nejoblíbenější *a* favourite
nejpřednější *a* foremost
nejprve *adv* first
nejrůznější *a.* sundry
největší *a.* most
největší zlo *n.* worst
nejvíce *adv.* most
nejvnitřnější *a.* inmost
nejvýraznější *a.* salient
nejvyšší míra *n* utmost
nejzazší *a.* ultimate
nekázeň *n.* indiscipline
někdo *pron.* someone
někdy *adv* ever
někdy *adv.* sometimes
neklidnost *n.* malaise
neklidný *a.* turbulent
několik *a* several
nekompetentní *a.*
    incompetent
nekompletní *a* . incomplete
nekončící *a.* interminable

nekonečno *n.* infinity
nekonečný *a.* indefinite
nektar *n.* nectar
některý *pron.* some
nekultivovaný *a.* artless
nelegální *a.* illegal
nelegitimní *a.* illegitimate
nelehký *a.* uneasy
nelibě nést *v.t.* resent
nelibost *n.* resentment
nelibý *a.* disagreeable
nelidský *a.* inhuman
nelítostný *a* fierce
neloajální *a* disloyal
nelogický *a.* illogical
nemastný neslaný *a.* insipid
neměnný *a.* rigid
neměřitelný *a.*
 immeasurable
nemilosrdný *adj.* merciless
nemístnost *n.* impertinence
nemístný *a.* awkward
nemístný *a.* impertinent
nemístný *a.* untoward
nemít rád *v. t* dislike
nemluva *n.* mute
nemluvně *n.* bantling
nemluvně *n.* infant
nemluvný *a.* taciturn
nemnohý *a* few
nemoc *n* disease
nemoc *n* ill

nemoc *n.* illness
nemoc zubů *n.* pyorrhoea
nemocně *adv.* ill
nemocnice *n.* hospital
nemocnost *n* morbidity
nemocný *a.* ill
nemocný *a.* sick
nemoderní *a.* outmoded
nemorální *a.* amoral
nemorální *a.* immoral
nemorálnost *n.* immorality
nemotorný *a* clumsy
nemotorný *a.* ungainly
nemožnost *n* absurdity
nemožnost *n.* impossibility
nemožný *a.* impossible
němý *a* dumb
němý *a.* mute
nenapodobitelný *a.*
 inimitable
nenasyta *n.* glutton
nenasytnost *n.* gluttony
nenáviděný *a.* odious
neobhajitelný *a.* indefensible
neobyvatelný *a.* inhabitable
neochota *n.* reluctance
neochotný *a.* loath
neochotný *a.* reluctant
neochvějný *a* dauntless
neochvějný *a.* steadfast
neočkovat *v.t.* inoculate
neoddělitelný *a.* inseparable

neodvratný *a.* inevitable
neohrabaný *a.* maladroit
neohroženost *n.* hardihood
neohrožený *adj.* hardy
neolitický *a.* neolithic
neomezený *a.* limitless
neomylný *a.* infallible
neón *n.* neon
neopadavý *a* evergreen
neopatrný *a.* careless
neopepřený *adj* callow
neopodstatněný *a.* spurious
neopracovaný *a* crude
neosobní *a.* impersonal
neotesanec *n* boor
neotesaný *a* blunt
neotesaný *a.* rustic
neotřelý *a.* novel
nepatřičnost *n.* impropriety
nepatřičný *a.* improper
nepatřičný *a.* undue
nepatrný *a.* minuscule
nepatrný *a.* negligible
nepatrný *a.* slight
neplatný *a.* invalid
neplnění *n.* default
neplodnost *n.* sterility
neplodný *n* barren
neplodný *a.* sterile
nepochopení *n*
  misapprehension
nepochopit *v.t.*

  misapprehend
nepodobný *a* dissimilar
nepodobný *a* unlike
nepodplatitelný *a.*
  incorruptible
nepodporující *a.*
  insupportable
nepodstatný *a.* baseless
nepohodlí *n* discomfort
nepohodlný *a.* inconvenient
nepohyblivý *a.* immovable
nepokoj *n* unrest
nepoměr *n* disparity
nepopíratelný *a.*
  indisputable
nepopsatelný *a.*
  indescribable
nepořádek *n.* mess
nepořádek *n.* muddle
nepořádný *a.* slatternly
neporozumění *n.*
  misconception
neporozumět *v.t.*
  misconceive
neporozumět *v.t.*
  misunderstand
neporušitelný *a.* inviolable
nepostradatelný *a.*
  indispensable
nepotřebný *a.* needless
nepotrestaný *a.* scot-free
nepoučitelný *a.* incorrigible

nepoužitelný *a.* inapplicable
nepřátelský *a.* hostile
nepřátelství *n.* hostility
nepravděpodobný *a.*
 unlikely
nepravidelnost *n.* irregularity
nepravidelný *a.* irregular
nepřechodný *a.*
 intransitive
nepřekonatelný *a.*
 insurmountable
nepřekonatelný *a.* sublime
nepřesný *a.* inaccurate
nepřetržitě *adv* consecutively
nepřetržitý *adj.* consecutive
nepřetržitý *adj.* continual
nepříhodný *a.* inopportune
nepříjemný *a.* troublesome
nepřímý *a.* indirect
nepřípustný *a.* inadmissible
nepřítel *n* enemy
nepřítel *n* foe
nepřítomnost *n* absence
nepřítomný *a* absent
nepřízeň *n.* adversity
nepříznivý *a* adverse
nepříznivý *a* contrary
nepříznivý *a.* inimical
neprodleně *adv.* summarily
neprosto *adv* entirely
neprostupný *a.* impenetrable
neproveditelnost *n.*

 impracticability
neproveditelný *a.*
 impracticable
neprozkoumatelný *a.*
 inexorable
neprůbojný *a* feeble
neprůhlednost *n.* opacity
neprůhledný *a.* opaque
nepružný *a.* inflexible
Neptun *n.* Neptune
nepůsobnost *n.* abeyance
nerelevantní *a.* irrelevant
neřest *n.* vice
nerezový *a.* stainless
nerovné spojení *n.*
 misalliance
nerozhodnost *n.* indecision
nerozlišující *a.*
 indiscriminate
nerozluštitelný *n.* insoluble
nerozum *n.* imprudence
nerozumný *a.* imprudent
nerozvážný *a.* injudicious
nerušený *a.* serene
nerv *n.* nerve
nervózní *a.* nervous
nesčetný *a* myriad
neschopnost *n.* inability
neschopný *a.* incapable
neschopný *a.* unable
neschůdný *a.* impassable
neseřízenost *n.* mal

adjustment
neskromnost *n.* immodesty
neskromný *a.* immodest
neskrývaný *a.* overt
neslavný *a.* infamous
neslučitelnost *n.*
  repugnance
neslučitelný *a.* repugnant
neslušné chování *n.*
  misbehaviour
neslušnost *n.* indecency
neslušný *a.* indecent
neslyšitelný *a.* inaudible
nesmiřitelný *a.* irreconcilable
nesmírnost *a.* immense
nesmírný *a.* immemorial
nesmírný *a.* stupendous
nesmrtelnost *n.* immortality
nesmrtelný *a.* immortal
nesmysl *n.* nonsense
nesmyslný *a* absurd
nesmyslný *a.* meaningless
nesmyslný *a.* nonsensical
nesmyslný *a.* senseless
nesnášet *v.t.* abhor
nesnášet *v.t.* hate
nesnesitelnost *n.*
  intolerance
nesnesitelný *a.* intolerable
nesobecký *a.* selfless
nesolventní *a.* insolvent
nesouhlas *n.* disagreement

nesouhlasící *adj* absonant
nesouhlasit *v. i* disagree
nesouvislý *a* abrupt
nesouvislý *a.* incoherent
nespočetný *a.* countless
nespočetný *a.* innumerable
nespočetný *a.* numberless
nespokojenec *n* malcontent
nespokojenost *n*
  dissatisfaction
nespokojený *n* discontent
nespokojený *a.* malcontent
nespolehlivý *a.* unreliable
nesporný *a.* implicit
nesporný *a.* irrefutable
nespravedlivý *a* unfair
nespravedlnost *n.* injustice
nesprávně interpretovat *v.t.*
  misconstrue
nesprávné použití *n.*
  misapplication
nesprávné vedení *n.*
  mismanagement
nesprávný *a.* incorrect
nesprávný *a.* unjust
nesrovnatelný *a.*
  incomparable
nesrovnatelný *a.* nonpareil
nést *v. t.* carry
nestabilnost *n.* instability
nestálost *n.* vicissitude
nestálý *adj.* astatic

nešťastná náhoda *n.* misadventure

nešťastný *a.* unfortunate

nestoudný *a.* shameless

neštovice *n.* smallpox

nestrannost *n.* impartiality

nestranný *a.* candid

nestranný *a* equitable

nestranný *a.* impartial

nestravitelný *a.* indigestible

nestydatost *n.* insolence

nestydatý *a.* insolent

nesvár *n* discord

nesycený *a.* still

netečnost *n.* indifference

netečný *a.* indifferent

netečný *a.* listless

neteř *n.* niece

netolerantní *a.* intolerant

netopýr *n* bat

netrpělivost *n.* impatience

netrpělivý *a.* impatient

neúcta *n* disrespect

neuhlazený *a.* uncouth

neukojitelný *a.* insatiable

neuposlechnout *v. t* disobey

neupřímnost *n.* insincerity

neupřímný *a.* insincere

neurčitý člen *art* an

neurolog *n.* neurologist

neurologie *n.* neurology

neuróza *n.* neurosis

neurvalý *a.* rowdy

neuspokojit *v. t.* dissatisfy

neustálý ~*a.* ceaseless

neústopný *a.* insistent

neústupný *a.* adamant

neutrální *a.* neutral

neutron *n.* neutron

neuváženost *n.* impetuosity

neuvážený *a.* impetuous

neuvěřitelný *a.* incredible

nevděčný *a.* thankless

nevděk *n.* ingratitude

nevědomě *adv.* unawares

nevědomky *adv.* unwittingly

nevědomost *n.* nescience

nevědomý *a.* unaware

nevěřící *n* antitheist

neveselý *a* cheerless

nevěsta *n* bride

nevěstinec *n* brothel

nevěstka *n.* strumpet

neviditelný *a.* invisible

nevinnost *n.* innocence

nevinný *a.* innocent

nevlídný *a.* harsh

nevnímající *a.* oblivious

nevole *n.* repulsion

nevolník *n.* serf

nevolnost *n.* nausea

nevraživost *n* enmity

nevšímavost *n* disregard

nevychovaně *adv.*

unmannerly
nevyhnutelně *adv.* perforce
nevýhoda *n* disadvantage
nevýhoda *n* handicap
nevyléčitelný *a.* incurable
nevypočitatelný *a.*
  incalculable
nevýrazný *a.* lacklustre
nevyrovnatelný *a.* matchless
nevyrovnatelný *n.* nonpareil
nevyslovený *a.* tacit
nevyspělost *n.* immaturity
nevyspělý *a.* immature
nevysvětlitelný *a.*
  inexplicable
nevyzpytatelný *adj*
  anfractuous
nevzrušenost *n.* serenity
nezadaný *n.* single
nezákonný *a.* illicit
nezákonný *a.* lawless
nezaujatost *n.* candour
nezávislost *n.* independence
nezávislost *n.*
  interdependence
nezávislý *a.* independent
nezávislý *a.* interdependent
nezáživně *adv* duly
nezáživný *a* dull
nezbytnost *n* must
nezbytnost *n.* necessary
nezbytný *a.* fundamental

nezbytný *a* necessary
nezbytný *a.* prerequisite
nezbytný *a.* requisite
nezdařeně *adv* abortive
nezdolný *a.* indomitable
nezdvořilý *a* discourteous
nezdvořilý *a.* impolite
nezhojitelný *a.* irrecoverable
nezkrotný *a.* rampant
nezkrotný *a.* unruly
nezkušenost *n.* inexperience
nezletilý *a.* juvenile
nezlomný *a.* invincible
nezlomný *a.* stern
nezměrnost *n.* immensity
nezodpovědný *a.*
  irresponsible
nezorané pole *n* virgin
nezpůsobilost *n.* incapacity
nezřetelný *a.* indistinct
nezřídka *adv.* oft
nezúčastněnost *n.* non-
  alignment
nezvratný *a* conclusive
nezvyklost *n* anomaly
nezvyklý *a* anomalous
nezyklý *a* abnormal
nic *n.* aught
nic *pron.* nothing
nicka *n.* nonentity
nicméně *conj.* nevertheless
nihilismus *n.* nihilism

nijak *adv.* no
nijaký *a.* no
nikde *adv.* nowhere
nikdo *pron.* nobody
nikdy *adv.* never
nikl *n.* nickel
nikotion *n.* nicotine
nikterak *adv.* none
nimrat se *v. i.* dabble
nízce *adv.* low
níže *adv* beneath
nízký *a.* low
nízký *a.* neap
nižší šlechta *n.* gentry
noc *n.* night
nociální *a.* notional
noční *a.* nocturnal
noční košile *n.* nightie
noční můra *n.* nightmare
noha *n.* leg
nohsled *n.* minion
nomád *n.* nomad
nomádský *a.* nomadic
nominace *n.* nomination
nominální *a.* nominal
nominovaný *n* nominee
nominovat *v.t.* nominate
nonšalance *n.* nonchalance
nonšalantní *a.* nonchalant
norek *n.* mink
nořit se *v.i.* submerge
norma *n.* norm

normální *a.* normal
normální stav *n.* normalcy
nos *n.* nose
nosatec *n.* weevil
nosatý *a.* nosy
nosítka *n.* stretcher
nosní *a.* nasal
nosorožec *n.* rhinoceros
nosovka *n* nasal
nostalgie *n.* nostalgia
notář *n.* notary
nouze *n* dearth
nouze *n.* privation
novela *n.* novelette
novic *n.* novice
novinář *n.* journalist
novinařina *n.* journalism
novinářská kachna *n* canard
novinka *n.* news
novokřtěnectví *n* anabaptism
novost *n.* novelty
nový *a.* new
nozdra *n.* nostril
nuda *n* bore
nudit *v. t* bore
nula *n.* nil
nula *n.* zero
nulový *a.* null
numerický *a.* numerical
nutně *adv.* needs
nutnost *n.* must
nutnost *n.* necessity

nutriční *a.* nutritive
nůž *n.* knife
nůžky *n.* scissors
nuzný *a.* needy
nylon *n.* nylon
nymfa *n.* nymph
nyní *adv.* now
nýt *n.* rivet

o *prep* about
oáza *n.* oasis
oba *pron* both
obal *n* wrap
obalit *v. t* envelop
obálka *n* envelope
obarvit *v. t* dye
obava *n.* apprehension
obava *n* concern
obava *n.* misgiving
obava *n.* worry
obávaný *a.* apprehensive
obávat se *v.t.* apprehend
obávat se *v. t* concern
obávat se *v.i.* worry
občan *n* citizen
občanská výchova *n* civics
občanský řád *n.* polity
občanství *n* citizenship

občerstvení *n.* refreshment
obchod *n* deal
obchod *n.* shop
obchod s potravinami *n.* grocery
obchodnický *a.* mercantile
obchodník *n* dealer
obchodník *n.* merchant
obchodník *n.* tradesman
obchodník s textilem *n* draper
obchodování *n* commerce
obchodování *n.* dealing
obchodovat *v. i* deal
obchodovat *v.t* market
obchodovat *v.i* trade
obchvat *n* bypass
obdařit *v. t* endow
obdarovaný *a.* gifted
obdélník *n.* oblong
obdélník *n.* rectangle
obdélníkový *a.* oblong
obdélníkový *a.* rectangular
obdiv *n.* admiration
obdivovat *v.t.* admire
obdivuhodný *a.* admirable
obdoba *n.* analogy
období *n* era
období *n.* season
obdobný *adj* cognate
obdržet *v.t.* obtain
obdržet *v.t.* receive

obec *v. t* commune
obecně *adv.* generally
obecné blaho *n.*
   commonwealth
obecný *a.* general
oběd *n.* lunch
obědvat *v.i.* lunch
oběh *n* circulation
obehnat příkopem *v.t.* moat
obehnat zdí *v.t.* wall
obehraný *a.* stock
obejmout *v. t.* embrace
obestřít *v.t.* shroud
oběť *n.* casualty
oběť *n.* sacrifice
oběť *n.* toll
oběť *n.* victim
obětní *a.* sacrificial
obětní beránek *n.* scapegoat
obětování *n.* oblation
obětovat *v.t.* sacrifice
obezita *n.* obesity
oběživo *n* coinage
oběžná dráha *n.* orbit
obeznáměně *adj.* conversant
obeznámenost *n.*
   acquaintance
obeznámený *a* conversant
obeznámit *v.t.* acquaint
obeznámit *v.t.* apprise
obeznámit *v.t.* notify
oběžník *n.* circular

oběžný *a* circular
obezřetnost *n* forethought
obezřetný *a.* cautious
obezřetný *adj.* circumspect
obezřetný *a.* wary
obhájce *n* advocate
obhájce *n.* barrister
cbhájce *n.* pleader
obhájitelný *a.* tenable
obhajoba *n.* counsel
obhajoba *n.* plea
obhajování *n.* advocacy
obhajovat *v.t.* advocate
obhajovat *v. t.* counsel
obhajovat *v.i.* plead
obíhat *v. i.* circulate
obíhat *v.i.* revolve
obílit *v.t.* whitewash
obilnice *n.* granary
objekt *n.* object
objektiv *n.* lens
objektivní *a.* objective
objem *n* bulk
objemný *a.* voluminous
objetí *n* embrace
objev *n.* discovery
objevit *v. t* discover
obkličit *v.t.* beglrd
obklíčit *v.t.* surround
obkroužit *v. t.* encircle
oblafnout *v.t.* hoodwink
oblast *n* area

oblastní *a.* regional
oblázek *n.* pebble
oblečení *n.* clothes
obléct *v. t* dress
obléhání *n.* siege
oblek *n.* suit
obličej *n* face
obličejový *a* facial
obloha *n.* sky
oblouk *n.* arc
obložit *v.t.* panel
obložit *v.t.* plank
obměna *n.* variation
obnášet *v.* amount
obnažený *a.* bare
obnažený *a.* nude
obnažit *v.t.* bare
obnažit *v.t.* denude
obnošený *a.* worn
obnova *n.* renewal
obnovení *n.* regeneration
obnovit *v.t.* regenerate
obnovit *v.t.* renew
obohatit *v. t* enrich
obojí *a* both
obojživelný *adj* amphibious
obou- *pref* bi
oboustranný *a.* reversible
obout *v.t.* shoe
obr *n.* giant
obrácený *a.* reverse
obřad *n.* rite

obřadný *a.* ceremonious
obrana *n* defence
obranný *adv.* defensive
obrat *n* conversion
obrat *n* turn
obrátit se *v.t.* converse
obratnost *n.* prowess
obratný *a.* skilful
obravit *v.t.* tincture
obrázek *n.* image
obrázek *n.* picture
obrázkový *a.* pictorial
obrazovka *n.* screen
obrazy *n.* imagery
obrna *n.* palsy
obrněný *a* armlet
obrovský *a.* gigantic
obrovský *a.* huge
obrození *n.* revival
obrtlík *n* whirl
obruba *n.* verge
obrubník *n* curb
obsadit *v.t.* staff
obsah *n* content
obsáhlý *a.* retentive
obsahovat *v. i* consist
obsahovat *v.t.* contain
obsahovat *v. t* content
obscénní *a.* obscene
obscénnost *n.* obscenity
obsílka *n.* summons
obskakovat *v.t* fetch

obskurní *a.* obscure
obsloužit *v.t.* serve
obsluhovací plošina *n.* pulpit
obtékání *n.* circumfluence
obtěžování *n.* harassment
obtěžování *n.* intrusion
obtěžování *n.* molestation
obtěžovat *v.t.* annoy
obtěžovat *v. t* bother
obtěžovat *v.t.* harass
obtěžovat *v.t.* molest
obtěžovat *v.t.* trouble
obtíž *n.* annoyance
obtíž *n* difficulty
obtíž *n.* nuisance
obtíž *n.* trouble
obušek *n* baton
obuvník *n* cobbler
obvaz ~*n.* bandage
obvázat *v.t* bandage
obvinění *n.* allegation
obvinění *n.* impeachment
obvinit *v.t.* indict
obvod *n.* circumference
obvykle *adv.* usually
obvyklý *a.* analogous
obvyklý *a.* common
obvyklý *a.* usual
obvyklý *a.* wonted
obyčejný *a.* base
obývat *v.t.* inhabit

obyvatel *n.* inhabitant
obyvatel *n* resident
obyvatel metropole *n.* metropolitan
obyvatel Orientu *n* oriental
obyvatelný *a.* habitable
obyvatelstvo *n.* population
obžalovat *v.* arraign
obžalovat *v.t.* impeach
obživa *n.* sustenance
ocas *n.* tail
oceán *n.* ocean
oceánský *a.* oceanic
očekávaně *adv* due
očekávání *n.* anticipation
očekávání *n.* expectation
očekávaný *a* due
očekávaný *a* pending
očekávat *v.t.* anticipate
očekávat *v.t.* await
očekávat *v. t* expect
ocel *n.* steel
ocenění *n.* appreciation
ocenění *n.* prize
ocenit *v.t.* appreciate
ocenit *v. t* evaluate
ocenit *v.t.* price
ocenit *v.t.* prize
ocenit *v.t.* rate
ocenitelný *a.* appreciable
oceňování *n.* valuation
očernit *v. t.* blacken

očernit *v.t.* slander
očerňování *n.* slander
ocet *n.* vinegar
ochablost *n* debility
ochablý *a* flabby
ochabovat *v.i.* relent
ochota *n.* willingness
ochotný *a.* willing
ochrana *n.* cover
ochrana *n.* protection
ochránce *n.* guardian
ochránce *n.* protector
ochránce přírody *n.* ranger
ochránit *v.t.* protect
ochranné brýle *n.* goggles
ochrannná rukavice *n.* gauntlet
ochranný *a.* protective
ochraptělý *a.* hoarse
ochrnout *v.t.* paralyse
ochrnutí *n.* paralysis
ochrnutý *a.* paralytic
ochudit *v.t.* impoverish
ochutit *v.t.* season
ochutnat *v.t.* taste
očíslovat *v.t.* number
očista *n.* purgation
očistec *n.* purgatory
očistit *v. t* cleanse
očistit *v.t.* purge
očistný *a* purgative
očividný *a.* obvious

očko *n* eyelet
očkování *n.* vaccination
oční *a.* ocular
oční lékař *n.* oculist
oční řasa *n* eyelash
oční roztok *n* eyewash
ocukrovat *v.t.* sugar
od *prep.* from
od *prep.* since
od nynějška *adv.* hence
od té doby *adv.* since
óda *n.* ode
odbarvit *v. t* bleach
odbočit *v.t.* offset
odborník *n* expert
odborný *a* expert
odborný *a.* technical
odcházet do důchodu *v.i.* retire
odchovat *v.t.* rear
odchylka *n.* aberrance
odčinění *n.* atonement
odčinit *v.i.* atone
odčinit *v.t.* redress
odcizit *v.t.* alienate
oddanost *n* devotion
oddanost *n* fidelity
oddaný *a.* stalwart
oddaný stoupenec *n* stalwart
oddávat se *v.t.* indulge
odděleně *adv.* apart
oddělení *n* department

oddělení *n.* separation
oddělení *n.* ward
oddělený *a.* separate
oddělit *v.t.* separate
oddělitelný *a.* separable
odečíst *v.t.* subtract
odejmout *v.t.* revoke
odepřít *v.t.* grudge
odepřít *v.t.* withhold
odér *n.* odour
oděv *n* clothing
oděv *n.* outfit
odevzdání *n.* consignment
odevzdat *v.t.* consign
odevzdat *v. t.* consign
odezva *n.* response
odhad *n.* estimate
odhad *n.* guess
odhad *n.* presumption
odhadnout *v. t* estimate
odhadnout *v.t.* presume
odhalit *v. t* denounce
odhalit *v. t* detect
odházet *v.t.* shovel
odhodlání *n.* determination
odhodlat se *v. t* determine
odít *v. t* clothe
odít *v.t* garb
odít *v.t.* vest
odít se *v.t.* robe
odít se nocí *v. t* benight
odívat se *v.t.* apparel

odjet *v. i.* depart
odjezd *n* departure
odkaz *n.* legacy
odkaz na právě uvedené *n.* ditto
odkázat *v. t.* bequeath
odkázat *v. t* devise
odkázat se *v.t.* refer
odklad *n.* procrastination
odkládat *v.i.* procrastinate
odklonit *v.t. & i.* deflect
odklonit *v. t* divert
odkojit *v.t.* suckle
odkrytí *n.* revelation
odkud *pron.* whence
odlehčit *v.t.* unburden
odlehlý *a.* remote
odlévat *v. t.* cast
odlišit se *v.t.* vary
odlišnost *n.* nuance
odlišný *a* different
odlitek *n.* cast
odliv *n* ebb
odloučení *n* detachment
odloučení *n.* isolation
odloučený *a.* secluded
odloučit *v. t* detach
odloučit *v.t.* isolate
odloučit *v.t.* seclude
odloupnout se *v.t.* slough
odložit *v.t.* adjourn
odložit *v.t.* prorogue

odložit *v.t.* shelve
odložit ad acta *v.t.* table
odměna *n.* gratuity
odměna *n.* remuneration
odměna *n.* reward
odměnit *v.t.* remunerate
odměnit *v.t.* reward
odměnit se *v.t.* requite
odměňující *a.* remunerative
odměny *n* emolument
odmítavý *a.* averse
odmítnout *v. t* disapprove
odmítnout *v.t.* reject
odmítnutí *n* denial
odmítnutí *n* disapproval
odmítnutí *n.* rejection
odnětí *n.* revocation
odnímatelný *a.* removable
odolat *v.t.* resist
odolat *v.t.* weather
odolnost *n.* resistance
odolný *a* durable
odolný *a.* resistant
odpad *n.* refuse
odpad *n.* waste
odpadky *n.* garbage
odpadky *n.* litter
odpadní *a.* waste
odpálit do vzduchu *v.t.* sky
odpálkovat *v. i* bat
odpírat *v. t* deprive
odplata *n.* nemesis

odplata *n.* retaliation
odplatit *v.t.* revenge
odpočet *n.* subtraction
odpočívat *v.i.* repose
odpodstatnění *n.* justification
odpojit *v. t* disconnect
odpolední koncert *n.*
    matinee
odpor *n.* abhorrence
odpor *n.* hate
odpor *n.* repulse
odporný *a* gross
odporný *a.* obnoxious
odporovat *v. t* contradict
odporovat *v. t* counter
odporučení *n* condemnation
odporučit *v. t.* condemn
odpověď *n* answer
odpověď *n* reply
odpovědět *v.t* answer
odpovídat *v. i* correspond
odpovídat *v.i.* reply
odpřisáhnout *v.t.* swear
odpudivý *a.* repellent
odpůrce *n* defendant
odpustit *v.t* forgive
odpustitelný *a.* pardonable
odradit *v.i.* dehort
odradit *v. t* dishearten
odražení *n.* parry
odražení *n.* rebound
odrážet *v.i.* rebound

odrazit *v.t.* parry
odrazit *v.t.* repulse
odříhnutí *n* belch
odříznout *v.t.* saw
odročení *n.* adjournment
odročení *n.* postponement
odročit *v.t.* postpone
odseknnutí *n.* retort
odseknout *v.t.* retort
odskočit *v.i.* dap
odškodné *n.pl.* amends
odškodné *n* redress
odškodnění *n.* indemnity
odškodnění *n.* recompense
odškodnit *v.t.* recompense
odsoucenec *n* convict
odsoudit *v.t.* sentence
odsouhlasit *v.t.* tally
odsouzení *n.* stricture
odstavec *n.* paragraph
odstavit *v.t.* sequester
odstavit *v.t.* wean
odstín *n.* shade
odstín *n.* tinge
odstínit *v.t.* tone
odstoupení *n* abdication
odstoupení *n* resignation
odstoupit *v.t,* abdicate
odstranění *n.* banishment
odstranění *n* disposal
odstranit *v.t.* banish
odstranit *v.t.* oust

odstranit *v.t.* remove
odstředivý *adj.* centrifugal
odstřihnout *v. t* curtail
odsun *n.* removal
odsunout *v.t.* shunt
odtamtud *adv.* thence
odtažitě *adv.* aloof
odtéct *v. t* drain
odtok *n.* culvert
odtok *n* drain
odtržení *n* abruption
odůvodnění *n.* rationale
odvádět *v.t.* levy
odvaha *n.* courage
odvážný *a.* courageous
odvedenec *n.* recruit
odveta *n.* revenge
odveta *n.* vengeance
odvětvovač *n* limber
odvod *n.* levy
odvodit *v. t.* derive
odvolání *n* repeal
odvolat *v.t.* countermand
odvolat *v.t.* repeal
odvolat se *v.t.* invoke
odvolatel *n.* appellant
odvolatelný *a.* revocable
odzbrojení *n.* disarmament
odzbrojit *v. t* disarm
odznak *n.* badge
odznak *n.* token
oficiálně *adv.* officially

oficiální *a.* official
ofina *n.* fringe
ohavný *a* abominable
ohavný *a.* atrocious
ohavný *a.* loathsome
ohavný *a.* repulsive
ohebný *a.* supple
oheň *n* bonfire
oheň *n* fire
ohlásit *v.t.* report
ohled *n* deference
ohledně *adv.* further
ohlédnutí se *n.* retrospect
ohmatat *v.t* finger
ohniskový *a* focal
ohnout se *v. t* bend
ohnutí *n* bend
ohodnotit *v.t.* value
oholit *v.t.* shave
ohrada *n.* close
ohrada *n.* pound
ohradit *v.t.* line
ohradit *v.t.* rail
ohradit se *v.t* hedge
ohraničení *n.* demarcation
ohromení *n.* amazement
ohromit *v.t.* amaze
ohromit *v.t* astound
ohromit *v.t.* rivet
ohromit *v.t.* stun
ohromný *a* enormous
ohromný *a.* massive

ohrožení *n.* jeopardy
ohrozit *v. t.* endanger
ohrozit *v.t.* jeopardize
ohrozit *v.t* menace
ohyb *n* offset
ojedinělost *n.* singularity
ojedinělý *a.* rare
ojedinělý *a.* singular
okamžik *n.* instant
okamžitě *adv.* anon
okamžitě *adv.* instantly
okamžitý *a.* instant
okázalost *n.* pomp
okázalost *n.* stateliness
okázalý *a.* lavish
okázalý *a.* pompous
okázalý *a.* stately
okázalý *a.* sumptuous
okenice *n.* shutter
oklestit *v.t.* lop
okno *n.* window
oko *n* eye
oko orgán *n* eyeball
okolí *n.* surroundings
okolní *adj.* ambient
okolnost *n* circumstance
okolo *adv* around
okopírovat *v.t.* xerox
okořenit *v.t.* spice
okoštovat *v.t.* delibate
okovy *n.* shackle
okraj *n* brim

okraj *n* edge
okrášlit *v.t.* gild
okrášlit *v.t.* grace
okřídlený *adj.* aliferous
okrsek *n.* region
okrsek *n.* township
okruh *n.* circuit
oktáva *n.* octave
okultní *a.* occult
okurek *n* cucumber
okuřovat *v. t* cense
okvětní lístek *n.* petal
olej *n.* oil
olejnatý *a.* oily
olemovat *v.t.* skirt
oligarchie *n.* oligarchy
oliva *n.* olive
olíznout *v.t.* lick
oloupat *v.t.* peel
olympiáda *n.* olympiad
omáčka *n.* dip
omáčka *n.* sauce
omámení *n* daze
omámit *v. t* daze
omamný *n.* intoxicant
omamný *n.* narcotic
omdlívat *v.i* swoon
omega *n.* omega
omeleta *n.* omelette
omezení *n.* confinement
omezení *n* fetter
omezení *n.* limitation

omezení *n.* restriction
omezený *a.* limited
omezit *v. t* confine
omezit *v. t* curb
omezit *v.t.* limit
omezit *v.t.* restrict
omezovat *v. i* encroach
omezovat *v.t* fetter
omezující *a.* restrictive
omilostnění *n.* pardon
omítnout *v.t.* plaster
omítnout maltou *v.t.* mortar
omladit *v.t.* rejuvenate
omlazení *n.* rejuvenation
omluva *n.* apology
omluvit *v.t* excuse
omluvit se *v.i.* apologize
omluvitelný *a.* venial
omráčit *v. t* bemuse
omráčit *v.t.* stupefy
omšelý *a.* shabby
on *pron.* he
ona *pron.* she
opadat *v. i* ebb
opakovat se *v.i.* recur
opakující se *a.* recurrent
opál *n.* opal
opálení *n.* tan
opálit se *v.t.* sun
opalovat se *v.i.* tan
opasek *n* belt
opasek *n.* waistband

opatření *n.* precaution
opatření *n.* provision
opatřit si *v.t.* muster
opatřit štítkem *v.t.* label
opatřit znaménky *v.t.*
   punctuate
opatrnický *a.* prudential
opatrný *a* careful
opatrovat *v.t.* ward
opatrovník *n.* trustee
opatství *n.* abbey
opepřit *v.t.* pepper
opera *n.* opera
operace *n.* operation
operace *n.* surgery
operativní *a.* operative
operátor *n.* operator
operovat *v.t.* operate
opětování *n.* reiteration
opětovat *v.t.* reiterate
opětovný výskyt *n.*
   recurrence
opevnění *n* bulwark
opevnění *n.* stronghold
opěvovat *v. t.* extol
opice *n* ape
opice *n.* monkey
opičí *a.* apish
opičit se *v.t.* ape
opilec *n* drunkard
opium *n.* opium
oplácet *v.i.* retaliate

oplakávat *v. t* bewail
oplatit *v.t.* reciprocate
oplodnit *v.t* fertilize
oplotit *v.t* fence
oplývat *v.i.* teem
oplzlý *a.* lewd
oplzlý *a.* wanton
opodstatněný *a.* justifiable
opodstatnit *v.t.* justify
opomenout *v.t.* omit
opomenutí *n.* omission
opominout *v. t* except
oponent *n.* opponent
oponovat *v.t.* antagonize
oportunista *n.* opportunism
opotřebit *v.t.* wear
opovážlivost *n* boldness
opovrhnout *v. t* despise
opovrhovat *v. t.* disdain
opovržení *n* contempt
opovržení *n* disdain
opovržení *n.* odium
opovrženíhodný *a*
   despicable
opožděný *adj.* belated
opozdilec *n.* straggler
opozice *n.* opposition
oprava *n* correction
oprava *n.* repair
opravdový *a* earnest
opravdový *a.* veritable
opravit *v. t* correct

opravit *v.t.* repair
opravitelný *a.* reparable
oprávněně *adv.* justly
oprávnění *n* concession
oprávnění *n.* warrant
oprávněný *a* eligible
oprávnit *v.t.* authorize
oprávnit *v.t.* warrant
opravňovat *v. t.* entitle
opražit *v.t.* parch
optický *a.* optic
optický klam *n.* mirage
optik *n.* optician
optimální *a* optimum
optimismus *n.* optimism
optimista *n.* optimist
optimistický *a.* optimistic
optimum *n.* optimum
opuštěný *a.* lonesome
opustit *v.t.* abandon
opustit *v. t.* desert
opustit *v.t.* leave
oř *n.* steed
oráč *n.* ploughman
oranžový *a* orange
orchestr *n.* orchestra
orchestrální *a.* orchestral
ořech *n* nut
orel *n* eagle
ořezávátko *n.* sharpener
orgán *n.* organ
organický *a.* organic

organismus *n.* organism
organizace *n.* organization
Orient *n.* orient
orientální *a.* oriental
originál *n* original
originalita *n.* originality
ornát *n.* vestment
orný *adj* arable
ortodoxie *n.* orthodoxy
ortodoxní *a.* orthodox
osa *n.* axis
osa otáčení *n.* pivot
osadník *n.* settler
osahat *v.t.* paw
osamělost *n.* loneliness
osamělý *a.* alone
osamělý *a.* lone
osamění *n.* solitude
osamocený *a.* lonely
osamocený *a.* solitary
osedlat *v.t.* saddle
osel *n* donkey
ošetřit *v.t* nurse
ošetřovatel *n* tender
ošidit *v. t.* bilk
osidla *n. pl.* toils
osídlit *v.t.* populate
ošidný *a.* tricky
osiřet *v.t* orphan
osít *v.t.* sow
ošklivost *n.* ugliness
ošklivý *a.* ugly

oškubat *v.t* fleece
oslabit *v.t. & i* weaken
osladit *v.t.* sweeten
oslava *n.* celebration
oslavovat *v. t. & i.* celebrate
oslňovat *v.i* glare
osm *num.* eight
osmdesát *num.* eighty
osmdesátiletý *a.*
  octogenarian
osmdesátiletý *a*
  octogenarian
osmiúhelník *n.* octagon
osmiúhelný *a.* octangular
osmnáct *num.* eighteen
osnova *n* curriculum
osnovat *v. t* concoct
osoba *n.* person
osoba ve zkušební době *n.*
  probationer
osobitost *n.* peculiarity
osobitý *a.* peculiar
osobné strážce *n.* bodyguard
osobní *a.* personal
osobní koulo *n.* charm1
osobnost *n.* personality
osočit *v.t.* malign
osolit *v.t* salt
ospalec *n.* somnolent
ospalost *n.* somnolence
ospalý *a.* sleepy
ospravedlnění *n.* vindication

ospravedlnit *v.t.* vindicate
osprchovat se *v.t.* shower
ostatek *n* rest
ostatky *n.* remains
ostatně *adv* besides
osten *n.* spur
oštěp *n.* spear
ostnatý *a.* barbed
ostražitost *n.* alertness
ostražitost *n.* vigilance
ostražitý *a.* alert
ostražitý *a.* wakeful
ostře *adv.* sharp
ostřelovat *v. t* bombard
ostříhat *v.t.* shear
ostrostřelec *n.* marksman
ostrov *n.* isle
ostrůvek *n.* island
ostrý *a.* sharp
ostudný *a.* shameful
ostýchavý *a.* bashful
osud *n* destiny
osud *n* fate
ošuntělý *a.* threadbare
osvědčit se *v.t.* attest
osvětlení *n.* illumination
osvětlení *n.* lightening
osvětlit *v.t.* illuminate
osvětlit *v.t.* light
osvěžit se *v.t.* refresh
osvícenost *n.* liberality
osvítit *v. t.* enlighten

osvítit vše *v.t.* alluminate
osvobodit *v.t* free
osvobodit *v.t.* liberate
osvoboditel *n.* liberator
osvobození *n.* liberation
osvojení *n* adoption
osvojit si *v.t.* adopt
otáčet *v.i.* turn
otáčet se *v.i.* spin
otáčky *n.* spin
otázat se *v.t.* question
otázka *n.* question
otcovrah *n.* parricide
otcovražda *n.* patricide
otcovský *a.* paternal
otec *n* father
otep *n* faggot
otevřeně *adv.* openly
otevření *n.* opening
otevřený *a.* open
otevřít *v.t.* open
otěž *n.* lunge
otěže *n.* rein
otisk *n.* imprint
otlář *n.* altar
otočit *v.t.* wheel
otočit se *v.t.* pivot
otočný *a.* rotary
otřást *v.t.* jolt
otřást *v.t.* rock
otrava *n* botheration
otrava *n.* intoxication

otrava *n.* tedium
otrávený *a.* venomous
otrávit *v.t.* intoxicate
otrávit *v.t.* poison
otravný *a.* irksome
otravný *a.* tedious
otřes *n.* jolt
otročit *v.i.* slave
otrocký *a.* slavish
otroctví *n.* slavery
otrok *n.* slave
otvor *n.* manhole
ovace *n.* ovation
ovád *n.* gadfly
ovál *n* oval
oválný *a.* oval
oválný *a.* round
ovce *n.* sheep
ovce samice *n* ewe
ovdovět *v.t.* widow
ověnčit *v.t.* garland
ověření *n.* verification
ověřit *v.t.* verify
oves *n.* oat
ovesná kaše *n.* porridge
ovládnout *v.t.* master
ovládnout *v.t.* wield
ovlivnit *v.t.* affect
ovlivnit *v. t* effect
ovlivňování *v.t.* influence
ovlivňovat *v.t.* impart
ovoce *n.* fruit

ozařovat *v.i.* irradiate
ozbrojit *v.t.* arm
ozdoba *n* decoration
ozdoba *n.* ornament
ozdoba *n* trim
ozdoba hlavy *n* aigrette
ozdobit *v.t.* adorn
ozdobit *v.t.* array
ozdobit *v. t* decorate
ozdobit ornamentem *v.t.* ornament
ozdobit třásněmi *v.t* fringe
ozdobný *a.* ornamental
ozdravný *a.* remedial
ozdravovna *n.* sanatorium
ožehnout *v.t.* singe
ožehnutí *n* singe
oželet *v.t.* rue
oživení *n* boost
oživení *n.* resurgence
oživit *v.t.* animate
oživit *v. t* boost
oživit *v.t.* vitalize
oživovat *v.i.* revive
označení *n.* notation
označit *v. i* denote
označit *v.t* mark
označit *v.t.* term
označovač *n.* marker
oznámení *n.* announcement
oznámit *v.t.* announce
oznámit *v.t* herald

ozřejmit *v. t* elucidate
ozvat se *v. t* echo
ozvěna *n* echo

P

pa pa *interj.* bye-bye
pachatel *n* culprit
pachatel *n.* malefactor
páchnout *v.i.* stink
pachtit se *v.i.* struggle
pacient *n* patient
packa *n.* paw
páčka *n.* lever
pád *n* fall
padat *v.i.* fall
padavka *n.* weakling
padělání *n* forgery
padělaný *a.* counterfeit
padělatel *n.* counterfeiter
padesát *num.* fifty
pádlo *n* paddle
pádlovat *v.i.* paddle
padnout na zem *v.t.* prostrate
pádný *a.* weighty
pagoda *n.* pagoda
pahýl *n.* stub
pájka *n.* solder
pak *adv.* thereafter
pakt *n.* pact

pakt *n.* treaty
palác *n.* palace
palácový *a.* palatial
palankýn *n.* palanquin
palatální *a.* palatal
palčák *n.* mitten
palec *n.* thumb
paleta *n.* palette
paličatý *a.* mulish
palice *n.* hammer
palice *n.* maul
palivo *n.* fuel
pálka *n* bat
pálkovač *n.* batsman
palma *n.* palm
paluba *n* board
palubní průvodčí *n.* steward
památka *n.* remembrance
památník *n.* memorial
památný *a* classic
památný *a* memorial
paměť *n.* memory
pamětihodný *a.* memorable
pamětní *a.* honorary
pamflet *n.* pamphlet
pamfletista *n.* pamphleteer
pampeliška *n.* dandelion
pan *n.* mister
pán *n.* lord
pán *n.* master
pancíř *n.* armature
panenka *n* doll

panenský *a* maiden
panenství *n.* virginity
paní *n.* lady
panička *n..* missis, missus
panika *n.* panic
panna *n.* maiden
panna *n.* virgin
panoráma *n.* panorama
pánové *n.* Messrs
panovník *n.* ruler
panský *a.* lordly
panský *a.* manorial
panství *n.* manor
panteismus *n.* pantheism
panteista *n.* pantheist
panter *n.* panther
pantomima *n.* mime
pantomima *n.* pantomime
papež *n.* pope
papežský *a.* papal
papežství *n.* papacy
papír *n.* paper
papírnictví *n.* stationery
papírník *n.* stationer
papírový drak *n.* kite
papoušek *n.* parrot
paprika *n* capsicum
paprsek *n* beam
paprsek *n.* ray
pár *n* couple
pár *n.* pair
pára *n* steam

paradox *n.* paradox
paradoxní *a.* paradoxical
parafráze *n.* paraphrase
parafrázovat *v.t.* paraphrase
paragon *n.* chit
parašut *n.* parachute
parašutista *n.* parachutist
parazit *n.* parasite
pařez *n.* stump
parfém *n.* perfume
pářit se *v.i.* copulate
park *n.* park
parlament *n.* parliament
parlamentní *a.* parliamentary
parný *a.* sultry
parodie *n.* lampoon
parodie *n.* parody
parodie *n.* skit
parodovat *v.t.* lampoon
paroh *n.* antler
paroháč *n.* cuckold
partie *n.* match
partner *n.* partner
partnerství *n.* partnership
partyzán *n.* guerilla
paruka *n.* wig
pas *n.* passport
pas *n.* waist
pás *n.* girdle
pás *n.* strap
pasažér *n.* passenger
pašerák *n.* smuggler

pasivní *a.* passive
páska *n.* tape
pásmo *n.* zone
pásmový *a.* zonal
pasovat na rytíře *v.t.* knight
past *n.* pitfall
past *n.* trap
pást se *v.i.* graze
pasta *n.* paste
pastelová barva *n.* pastel
pastevec *n.* herdsman
pastva *n* browse
pastva *n* graze
pastvina *n.* pasture
pastýř *n.* shepherd
pastýřský *a.* pastoral
pata *n.* heel
pátek *n.* Friday
patent *n* patent
páteř *n.* backbone
páteř *n.* spine
patka vlasů *n* forelock
patnáct *num.* fifteen
patolízal *n.* sycophant
patolízalství *n.* sycophancy
patos *n.* pathos
pátrání *n.* quest
pátrání *n.* search
pátrat *v.i* scout
patřičný *a.* seemly
patřit *v. i* belong
patrný *a.* traceable

patro *n.* tier
patron *n.* patron
patronát *n.* patronage
páv *n.* peacock
pavián *n.* baboon
pávice *n.* peahen
pavilón *n.* pavilion
pavouk *n.* spider
pavučina *n* cobweb
paže *n.* arm
pazour *n* pounce
péče *n.* care
pečený *a* roast
pečeť *n.* seal
pěchota *n.* infantry
pěchovat *v.i.* pun
pečínka *n* roast
pečovat *v. i.* care
pečovat *v.i.* minister
péct *v.t.* bake
pedagog *n.* pedagogue
pedagogika *n.* pedagogy
pedál *n.* pedal
pedant *n.* martinet
pekař *n.* baker
pekelný *a.* infernal
peklo *n.* hell
pěkně *adv.* pretty
pěkný *a.* nice
pěkný *a* pretty
pelech *n.* lair
pelichat *v.i.* moult

pelyněk *n.* wormwood
pěna *n* foam
pěna *n.* lather
pence *n.* penny
pendlovat *v.t.* shuttle
peněženka *n.* purse
peněžitý *a.* pecuniary
penis *n.* penis
pěnit *v.t* foam
peníze *n.* money
pepř *n.* pepper
peří *n* feather
periférie *n.* periphery
perla *n.* pearl
perlivý *a.* gassy
permutace *n.* permutation
pero *n.* pen
personál *n.* personnel
perspektiva *n.* perspective
perverze *n.* perversion
perverzní *a.* perverse
pes *n* dog
pěšák *n.* trooper
pesimismus *n.* pessimism
pesimista *n.* pessimist
pesimistický *a.* pessimistic
peskovat *v. t.* chide
pěšky *adv.* afoot
pěst *n* fist
pěstitel *n.* grower
pěstovat *v. t* cultivate
pět *num.* five

petice *n.* petition
pětiúhelník *n.* pentagon
petrolej *n.* kerosene
petrolej *n.* paraffin
pěvec *n.* songster
pevné těleso *n* solid
pevnost *n.* fortress
pevný *a* firm
pevný *a.* solid
pianista *n.* pianist
piano *n.* piano
píce *n* fodder
píchnout *v.t.* prick
píchnout *v.t.* sting
pieta *n.* piety
pijan *n* bibber
pijavice *n.* leech
pikantní *a.* piquant
piknik *n.* picnic
piknikovat *v.i.* picnic
pila *n.* saw
pilíř *n.* pillar
pilnost *n* diligence
pilný *a* diligent
pilný *a.* studious
pilot *n.* pilot
pilotní kabina *n.* cock-pit
pilulka *n.* pill
pípat *v. i* cheep
pirát *n.* pirate
pirátství *n.* piracy
písař *n.* typist

písčitý *a.* sandy
písek *n.* sand
píseň *n.* song
pískat *v.i.* whistle
pískle *n.* nestling
písmo *n.* writ
Písmo svaté *n.* scripture
píst *n.* piston
píšťala *n* flute
píšťalka *n* whistle
píštěl *n* fistula
pistol *n.* pistol
pít *v. t* drink
pitka *n.* wassail
pitomec *n* blockhead
pitomec *n.* moron
pitva *n* dissection
pitva *n.* post-mortem
pivo *n* beer
pivovar *n* brewery
pižmo *n.* musk
pkárna *n* bakery
pláč *n* cry
plachetka *n.* wimple
plachtit *v.t.* plane
plachtovina *n.* canvas
plácnutí *n.* smack
plačtivý *a.* lachrymose
plačtivý *a.* tearful
plakat *v. i* cry
plakát *n.* poster
plamen *n* flame

plamenný *a* fiery
plán *n.* plan
pláň *n.* plain
planeta *n.* planet
planetární *a.* planetary
planina *n.* moor
planouc *adv.* ablaze
planouc *adv.* aglow
planout *v.i* blaze
plánovat *v.i.* scheme
plantáž *n.* plantation
plašit *v.t* alarm
plašit *v.i* stampede
plášť *n.* cloak
plášť *n.* gown
pláštěnka *n* waterproof
plástev medu *n.* honeycomb
plat *n* pay
plat *n.* salary
plát *n.* slab
platan *n.* sycamore
platba *n.* payment
platební schopnost *n.*
  solvency
plátek *n.* slice
platnost *n.* validity
platný *a.* valid
platonický *a.* platonic
plavání *n* swim
plavat *v.i.* swim
plavba *n.* sail
plavec *n.* swimmer

plavidlo *n.* vessel
plavit se *v.i.* cruise
plavit se *v.i.* sail
plavit se na jachtě *v.i* yacht
plaz *n.* reptile
pláž *n* beach
plazit se *v. i* creep
plechovka *n.* can
plemeno *n* breed
plemeno *n.* pedigree
plena *n.* napkin
plenit *v.i.* maraud
plesat *v. i* exult
plešatý *a.* bald
plesknout *v.t.* slap
plesknout *v.t.* smack
plesnivina *n.* mildew
plesnivý *a.* mouldy
plést se *v.i.* meddle
pleť *n* complexion
pletichařit *v.t.* intrigue
pletichy *n* intrigue
pletivo *n* coir
plevel *n.* weed
plíce *n* lung
plíseň *n.* fungus
plíseň *n* mould
plivanec *n* spit
plivat *v.i.* spit
plivátko *n.* spittoon
plížení *n* crawl
plížit se *v. t* crawl

plížit se *v.i.* sneak
plná lžíce *n.* spoonful
plně *adv.* full
plnič lahví *n* bottler
plnost *n.* fullness
plný *a.* full
plný naděje *a.* sanguine
plný narážek *a.* allusive
plný života *a.* lively
plný života *a.* vivacious
plocha *n.* site
plochý *a.* plane
plodnost *n* fertility
plodný *a* fertile
plodný *a.* fruitful
plodný *a.* prolific
plošina *n.* stage
plot *n* fence
plotna *n.* stove
plout *v.i* float
plout na povrchu *v.i* surface
ploutev *n* fin
plovoucí *a.* natant
plovoucí kra *n.* iceberg
pluh *n.* plough
plukovník *n.* colonel
pluralita *n.* plurality
pluralitní *a.* plural
plužit na lyžích *v.i.* stem
plyn *n.* gas
plynoucí z podstaty *a.*
   intrinsic

plynout *v.i* ensue
plynulost *n* continuity
plynulý *a* continuous
plynulý *a* fluent
plýtvání *n.* wastage
plýtvavý *a.* wasteful
pneumatika *n.* tyre
po *prep.* after
po *prep.* past
po celou dobu *prep.*
   throughout
pobídnout *v.t.* prompt
pobít cvoky *v.t.* stud
pobízeč *n.* prompter
poblahopřát *v. t* congratulate
pobláznění *n.* infatuation
pobláznit *v.t.* infatuate
poblíž *adv* by
poblíž *adv.* hereabouts
pobočka *n* branch
poboření *n.* outrage
pobouřit *v.t.* outrage
pobožnost *n.* worship
pobožný *a.* pious
pobřeží *n* coast
pobřeží *n.* shore
pobřežní *a.* littoral
pobuda *n.* loafer
pobuda *n.* vagabond
pobyt *n* sojourn
pobyt *n* stay
pobývat *v.i.* sojourn

pobývat *v.i.* stay
počasí *n* weather
počáteční *a.* initial
počátek *n.* inception
počátek *n.* outset
počatý *a.* nascent
pocení *n.* perspiration
počestnost *n.* chastity
pocestný *n.* wayfarer
počestný *a.* chaste
počet *n.* count
početí *n* conception
pochlebování *n* adulation
pochlebování *n* flattery
pochlebovat *v.t* flatter
pochod *n* march
pochůzka *n* errand
pochva na meč *n.* scabbard
pochválit *v.t.* praise
pochyba *n* doubt
pochybení *n* lapse
pochybit *v.t.* mistake
pochybovat *v. i* doubt
počin *n* feat
pocínovat *v.t.* tin
pocit *n* feeling
počít *v. t* conceive
počítat *v. t.* count
pocta *n.* homage
pod *prep* below
pod *prep* down
pod *prep.* under

pod *prep.* underneath
pod *prep* beneath
pod pantoflem *a.* henpecked
podání *n.* serve
podat lék *v.t.* physic
podbarvit *v.t.* tinge
poddajný *a* docile
poddajný *a.* meek
poddajný *a.* submissive
poddání *n.* submission
poddanství *n.* thralldom
poddaný *n* subordinate
poděkovat *v.t.* thank
podél *prep.* along
podél *prep.* up
podělit se *v.t.* share
podepřít *v.t.* prop
podepsat *v.t.* sign
podepsat iniciály *v.t* initial
podezřelá osoba *n* suspect
podezřelý *a.* suspect
podfuk *n* fiddle
podíl *n.* share
podívaná *n.* spectacle
podivínství *n.* oddity
podivný *a.* odd
podivný *a.* strange
podivný *a.* uncanny
podivuhodný *a.* spectacular
podivuhodný *a.* wondrous
podkopat *v.t.* sap
podlaha *n* floor

podlaží *n.* storey
podléhat *v.i.* succumb
podléhat erozi *v. t* erode
podlézavost *n.* servility
podlézavý *a.* servile
podlitina *n.* weal
podlomit *v.t.* decimate
podloubí *n* arcade
podložit *v.t.* pillow
podložka *n.* mat
podmanění *n.* subjugation
podmanit *v.t.* subdue
podmanit *v.t.* subjugate
podmanivý *a.* winsome
podmáslí *n* buttermilk
podmáznout *v.t.* square
podmínečné propuštění *n.* parole
podmínečně propustit *v.t.* parole
podmínečný *a* conditional
podmínka *n* condition
podmínka *n* prerequisite
podnapilý *a.* tipsy
podněcovat *v.t* foment
podněcovat *v.t.* incite
podněcovatel *n.* monger
podnět *n.* incentive
podnět *n.* momentum
podnět *n.* stimulus
podnik *n* corporation
podnik *n* enterprise

podnik *n.* venture
podnikový *adj.* corporate
podnítit *v. t* commove
podnítit *v.t.* spur
podnos *n.* tray
podnožník *n.* nadir
podobat se *v.t.* parallel
podobat se *v.t.* resemble
podobenství *n.* parable
podobně *adv* alike
podobnost *n.* likeness
podobnost *n.* resemblance
podobnost *n.* similarity
podobnost *n.* similitude
podobný *a.* akin
podobný *a.* alike
podobný *a.* similar
podpatek *n.* wedge
podpěra *n.* prop
podpěra *n* strut
podpis *n.* signature
podplácet *v. t.* bribe
podplácet *v.i.* tamper
podpora *n.* succour
podpora *n.* support
podpořit *v.t.* patronize
podpořit *v.t.* second
podpořit *v.t.* support
podporovat *v. t.* endorse
podřadit *v.t.* subordinate
podřadnost *n.* inferiority
podřadný *a.* inferior

podřadný *a.* menial
podřadný *a.* subordinate
podráždění *n* displeasure
podráždění *n.* irritation
podrážděnost *n.* fret
podráždit *v. t* displease
podrazit boty *v.t* sole
podřídit se *v.t.* submit
podřimovat *v.i.* nap
podřimovat *v.i.* slumber
podřízenost *n.* obeisance
podřízenost *n.* subordination
podrobení *n.* subjection
podrobený *a* subject
podrobit *v.t.* subject
podrobit kontrole *v.t.*
   scrutinize
podrobná kontrola *n.*
   scrutiny
podrost *n.* coppice
područí *n.* thrall
podrýt *v.t.* undermine
podržet *v.t.* keep
podšívka *n* lining
podstata *n* essence
podstata *n.* quintessence
podstatné jméno *n.* noun
podstatný *a* essential
podstavec *n.* pedestal
podstoupit *v.t.* undergo
podstrčit *v.t.* palm
podsvětí *n.* underworld

podtácek *n.* saucer
podtón *n.* undertone
podtrhnout *v.t.* underline
podusit *v.t.* stew
poduška *n.* pad
podvádění *n.* imposture
podvádět *v. t.* cheat
podvazek *n.* garter
podvést *n.t.* delude
podvést *v.t.* have
podvést *v.t.* rook
podvést *v.t.* swindle
podvod *n.* cheat
podvod *n* deception
podvod *n.* delusion
podvod *n.* fraud
podvod *n.* swindle
podvodník *n.* swindler
podvodník *n.* trickster
podvodný *a.* fraudulent
podvratná činnost *n.*
   subversion
podvratný *a.* subversive
podvýživa *n.* malnutrition
podzemní *a.* subterranean
podzemní dráha *n.* tube
podzim *n.* autumn
poesie *n.* poesy
poeta *n.* bard
poetický *a.* poetic
poetika *n.* poetics
pohánět *v.t* goad

pohasnout *v. t.* dull
pohladit *v.t.* stroke
pohlaví *n.* gender
pohlaví *n.* sex
pohlavní *a.* sexual
pohledávka *n.* rquisition
pohledný *a.* handsome
pohltit *v.t* engulf
pohmoždit *v.t.* contuse
pohnojit *v.t.* manure
pohnout se *v.t.* move
pohoda *n.* tranquility
pohodit *v.t.* toss
pohodlný *a* comfortable
pohopení *n* comprehension
pohoří *n.* mountain
pohoršení *n.* indignation
pohoršený *a.* indignant
pohoršlivý *a.* vile
pohostinnost *n.* hospitality
pohostinný *a.* hospitable
pohostit *v.t.* banquet
pohostit *v.t.* treat
pohotová odpověď *n.*
   repartee
pohotový *a.* prompt
pohotový *a.* swift
pohovka *n.* ottoman
pohovka *n.* sofa
pohovor *n.* interview
pohraničí *n.* frontier
pohrávat si *v.i* fiddle

pohřbení *n.* sepulture
pohřbít *v. t.* bury
pohrdání *n.* scorn
pohrdat *v.t.* scorn
pohrdavý *a* contemptuous
pohřeb *n* burial
pohřeb *n.* funeral
pohřebiště *n.* necropolis
pohřební urna *n* casket
pohroma *n.* scourge
pohroužit *v.t* engross
pohrozit *v.t.* threaten
pohyb *n.* motion
pohyb *n.* move
pohyblivost *n.* mobility
pohyblivý *a.* movable
pojednání *n.* treatise
pojemnovaný po *a* after
pojištění *n.* insurance
pojistit *v.t.* insure
pojistka *n* fuse
pojistka *n.* safeguard
pojivo *n.* adhesive
pojivý *a.* adhesive
pojíždět *v.i.* travel
pojmenovat *v.t.* name
pokácet *v.t* fell
pokárání *n.* admonition
pokárání *n.* rebuke
pokárat *v.t.* admonish
pokárat *v.t.* rebuke
pokárat *v.t* upbraid

pokec *n.* chat1
poklad *n.* treasure
pokladní *n.* cashier
pokladnice *n.* treasury
pokladník *n.* treasurer
pokles *n* drop
poklesek *n* defiance
poklid *n.* repose
poklid *n.* still
poklidný *a.* leisurely
poklidný *a.* placid
poklona *n* bow
pokojný *a.* pacific
pokojný *a.* tranquil
pokora *n.* humility
pokořit *v.t.* abash
pokořit *v. t* degrade
pokosit *v.t.* scythe
pokoutný *a.* underhand
pokožka *n.* skin
pokračování *n.* continuation
pokračování *n.* resumption
pokračovat *v. i.* continue
pokračující *a.* onward
pokrajový *a.* marginal
pokrčení rameny *n* shrug
pokrčit rameny *v.t.* shrug
pokřik *n* chant
pokrm *n.* meal
pokrok *n.* progress
pokrokový *a.* forward
pokrokový *a.* progressive

pokropit *v.* asperse
pokropit *v.t.* spray
pokřtít *+v.t.* baptize
pokrýt *v. t* bestrew
pokrýt *v. t.* cap
pokrýt došky *v.t.* thatch
pokrytec *n.* hypocrite
pokrytecký *a.* hypocritical
pokrytectví *n.* hypocrisy
pokud ne *conj.* unless
pokus *n.* attempt
pokus *n* try
pokušení *n.* temptation
pokusit se *v.t.* attempt
pokusit se *v. t.* essay
pokušitel *n.* tempter
pokuta *n* fine
pokuta *n.* penalty
pokutovat *v.t.* penalize
pokyn *n* cue
pokynout *v.t.* beckon
pokyny *n.* instruction
polapit *v. t.* entrap
polapit *v.t.* snare
polára *n.* polar
polární záře *n* aurora
pole *n* field
polechtat *v.t.* tickle
poledne *n.* midday
poledne *n.* noon
polední *a.* meridian
polekaný *a.* afraid

poleno *n.* log
poletování *n* flutter
poletovat *v.t* flutter
poleva *n* coating
poleva *n* glaze
polévka *n.* soup
polibek *n.* kiss
políbit *v.t.* kiss
police *n.* rack
policie *n.* police
policista *n.* policeman
polička *n.* shelf
polít dehtem *v.t.* tar
politický *a.* political
politik *n.* politician
politika *n.* politics
politováníhodný *a.* pitiable
politovat *v. t* commiserate
politovat *v.t.* pilot
politovat *v.t.* pity
polknutí *n.* swallow
polní láhev *n* flask
polnice *n* bogle
pólo *n.* polo
poloha *n.* location
poloviční *a* half
položit *v.t.* lay
položit *v.t.* put
položka *n.* item
polštář *n* cushion
polštář *n* pillow
polygamie *n.* polygamy

polygamní *a.* polygamous
polyglot *n.* polyglot1
polytechnický *a.* polytechnic
polytechnika *n.* polytechnic
polyteismus *n.* polytheism
polyteista *n.* polytheist
polyteistický *a.* polytheistic
pomalost *n.* slowness
pomalu *adv.* slowly
pomalý *a* slow
pomazánka *n.* spread
pomazat *v.t.* anoint
pomazlit *v.t* fondle
pomazlit se *v.t.* pet
poměr *n.* ratio
pomeranč *n.* orange
poměrně levný *a.*
  inexpensive
poměrný *a.* proportionate
pomíjející *n.* transitory
pomíjivý *a.* perishable
pomlka *n.* pause
pomlouvačný *a.* slanderous
pomluva *n* defamation
pomluva *n.* gossip
pomluva *n.* slur
pomluvit *v. t.* defame
pomoc *n* aid
pomoci *v.t* aid
pomoci *v.t.* help
pomoci *n* help
pomocí *prep* by

pomocnice v domácnosti *n* domestic
pomocník *n.* helpmate
pompa *n.* pageantry
pompéznost *n.* pomposity
pomstít *v.t.* avenge
pomůcka *n.* tool
pomýlit *v.t.* mislead
pondělí *n.* Monday
ponechat si *v.t.* retain
poněkud *adv.* any
poněkud *adv.* somewhat
ponížení *n* abasement
ponížení *n.* humiliation
poníženost *n.* lowliness
ponížit *v.t.* abase
ponížit *v.t.* humiliate
ponížit *v.t.* vilify
ponoření *n.* immersion
ponoření *n* plunge
ponořit *v.t.* immerse
ponořit se *v.t.* plunge
ponorka *n.* submarine
ponorkový *a* submarine
ponouknout *v.t* urge
ponožka *n.* sock
pootěšit *v. t.* delight
popel *n.* ash
popelín *n.* poplin
popíchnout *v.t.* instigate
popíchnout *v.t.* taunt
popichování *n.* instigation

popichování *n.* raillery
popíjet *v.i.* sup
popínavá rostlina *n* creeper
popis *n* description
popisný *a* descriptive
poplach *n* alarm
poplatek *n.* charge
poplatek *n* fee
poplatník *n.* tributary
poplatný *a.* tributary
poplést *v.t.* perplex
popletenost *n.* perplexity
popocházet *v.i.* pace
popohnat *v. t.* expedite
poprášit *v.t.* powder
poprask *n.* fuss
poprask *n.* turmoil
popřát *v.t.* wish
poprat se *v.i.* grapple
poprava *n* execution
popravčí *n.* executioner
popravit *v. t* execute
popřít *v. t.* deny
popřít *v.t.* refute
popsat *v. t* describe
populační expanze *n.* irruption
popularita *n.* popularity
popularizovat *v.t.* popularize
populární *a.* popular
pór *n.* pore
poradce *n.* counsellor

pořádkumilovnost *n.*
tidiness
pořádný *a.* proper
pořádný *a.* tidy
poranit *v.t.* wound
porazit *v. t.* defeat
porazit *v.t.* rout
porazit *v.t.* vanquish
porážka *n* defeat
porážka *n.* slaughter
porce *n* portion
porcelán *n.* porcelain
pórek *n.* leek
pořekadlo *n.* adage
pořezat *v.t.* slash
porodní asistentka *n.*
midwife
porota *n.* jury
porota *n.* panel
porotce *n.* juryman
porovnání *n* comparison
porovnávat *v.i.* match
porozumět *v.t.* understand
portál *n.* portal
portrét *n.* portrait
portrétování *n.* portraiture
porucha *n* disorder
porucha trávení *n.*
indigestion
poručnictví *n.* wardship
porušení kázně *n.*
insubordination

poryv *n.* gust
poryv *n.* surge
posádka *n.* crew
poschodí *n.* loft
posedlost *n.* obsession
posednout *v.t.* obsess
posekat *v.t.* mow
posel *n.* herald
posel *n.* messenger
pošetilec *n* fool
pošetilost *n* folly
pošetilý *a* foolish
posila *n.* reinforcement
posílit *v.t.* reinforce
posílit *v.t.* strengthen
posilnit *v.t.* fortify
posilující *a.* tonic
poskakovat *v.i* scamper
poskakovat *v.i.* skip
pošklebek *n* taunt
poskočení *n* skip
poškodit *v. t.* damage
poškodit *v.t.* injure
poskvrna *n* blemish
poskvrna *n.* taint
poskvrnit *v.t.* stain
poskvrnit *v.t.* taint
poskytnout *v.t.* accord
poskytnout *v. t* bestow
poskytnout *v.t.* render
poskytnout podporu *v.t.*
succour

poskytnout přístřeší *v.t.*
  shelter
poskytovat *v.i.* provide
poskytovatel hypotéky *n.*
  mortgagor
poslanec *n.* parliamentarian
poslat *v.t.* send
poslat do důchodu *v.t.*
  pension
poslat poštou *v.t.* mail
poslat poštou *v.t.* post
poslat zpět *v.t.* remand
posledně *adv.* last
poslední *a.* last1
poslíček *n.* peon
poslintat *v. t* beslaver
poslouchat *v.i.* listen
posloupnost *n.* sequence
posluchač *n.* auditor
posluchač *n.* listener
posluchárna *n.* auditorium
poslušnost *n.* obedience
poslušný *a.* obedient
posměch *n.* mockery
posměch *n.* ridicule
posměch *n.* scoff
posměšek *n* gibe
posměšně *adj* mock
posmívat se *v.i.* gibe
posmívat se *v.i.* scoff
posmrtný *a.* post-mortem
posoudit nesprávně *v.t.*

  misjudge
pošta *n.* mail
pošta *n.* post
pošta *n.* post-office
postačovat *v.i.* suffice
postarat se *v.t* fend
postarší *a* elderly
postava *n* build
postava *n.* character
postava *n.* personage
postavit *v.t.* pitch
postavit do protikladu *v.t.*
  contrapose
postavit se *v.t.* orientate
postdatovat *v.t.* post-date
postel *n* bed
postihnout *v.t.* sanction
postit se *v.i* fast
postižení *n* disability
postižený *a* disabled
postoj *n.* attitude
postoj *n.* posture
postoj *n.* stand
pošťouchnout *v.t.* nudge
postoupit *v.t.* advance
postoupit *v.t.* assign
poštovné *n.* postage
poštovní *adv.* post
poštovní známka *n.* stamp
postrádající *a* devoid
postrádat *v.t.* lack
postradatelný *a.* superfluous

postranní *a.* tortuous
postřeh *n.* acumen
postřehnout *v.t.* remark
postříbřit *v.t.* plate
postříbřit *v.t.* silver
postroj *n.* harness
postup *n.* advance
postupný *a.* gradual
postupovat *v.i.* proceed
posvátný *a.* reverential
posvátný *a.* sacrosanct
posvěcený *a.* sacred
posvětit *v.t.* hallow
posvícení *n* wake
posypat *v.t.* sift
posypat *v. t.* sprinkle
pot *n.* sweat
potácet *v.i.* topple
potácet se *v.i.* lurch
potápění *n* dive
potápět *v. i* dive
potaš *n.* potash
poté *adv.* afterwards
potenciál *n.* pontentiality
potenciální *a.* potential
potentní *a.* potent
potěšení *n* delight
potěšení *n* enjoyment
potěšení *n.* pleasure
potěšený *a.* glad
potěšit *v.t.* gladden
potěšit *v.t.* please

potit se *v.i.* perspire
potit se *v.i.* sweat
potíž *n* rub
potlačení *n.* suppression
potlačit *v.t.* counteract
potlačit *v.t.* insinuate
potlačit *v.t.* repress
potlačit *v.t.* stifle
potlačit *v.t.* suppress
potlačování *n.* oppression
potlačující *a.* oppressive
potlesk *n.* applause
potloukat se *v.i.* rove
potok *n.* brook
potom *conj.* after
potom *adv.* hereafter
potom *adv.* then
potomek *n.* offspring
potomstvo *n.* posterity
poťouchlý *a* crafty
potrava *n.* nurture
potraviny *n. pl* victuals
potřeba *n.* need
potřebný *a.* needful
potřebovat *v.t.* need
potřebovat *v.t.* want
potrestat *v.t.* punish
potrhlý *a.* zany
potřít *v.t.* smear
potulný *a* vagabond
potulovat se *v.i.* roam
potutelný *a.* sly

potvrdit *v. t* confirm
potvrdit *v.t.* validate
potvrzení *n* confirmation
potvrzení *n.* testimonial
potvrzující *a* affirmative
potyčka *n* fray
potyčka *n.* row
potyčka *n.* strife
poučka *n.* precept
poučka *n.* theorem
pouhý *a.* mere
pouhý *a.* only
poukaz *n.* voucher
poukázat *v.t.* point
poukázka *n.* coupon
poukazovat *v.* advert
poušť *n* desert
poustevík *n.* hermit
poustevna *n.* hermitage
pouť *n.* pilgrimage
pouta *n.* handcuff
poutavý *a.* quaint
poutník *n.* pilgrim
pouto *n* bond
pouzdro *n.* casing
pouzdrový *adj* capsular
pouze *adv.* only
použít *v.t.* use
použití *n.* usage
povaleč *n.* idler
povalení *n.* prostration
povalovat se *v.i.* loll

považovat si *v. t* esteem
povečeřet *v. t.* dine
povědomost *n.* foreknowledge
povědomý *a* familiar
pověra *n.* superstition
pověrčivý *a.* superstitious
pověsit *v.t.* hang
pověst *n.* reputation
pověstný *a.* proverbial
povídat si *v. i.* chat2
povídka *n.* tale
povinný *a* compulsory
povléct *v.t.* sheet
povolání *n.* calling
povolání *n.* occupation
povolání *n.* vocation
povolení *n.* permission
povolit *v.t.* permit
povoz *n.* wain
povraždit *v.t.* slaughter
povrch *n.* surface
povrchní *a* facile
povrchní *a.* superficial
povrchnost *n.* superficiality
povstání *n.* uprising
povyk *n.* ado
povykládat *v.t.* tell
povýšení *n.* advancement
povýšení *n.* promotion
povýšit *v.t.* promote
povzbudit *v. t.* cheer

povzbudit *v. t.* embolden
povzbudit *v.t.* stimulate
povzbudit *v.t.* uplift
povzbudit *v.t.* whet
povzbuzení *n.* cheer
povzbuzení *n* uplift
povzbuzující prostředek *n.* stimulant
povzdech *n.* sigh
póza *n.* pose
požádat *v. t* demand
požádat *v.t.* require
požadavek *n* demand
požadavek *n.* requirement
požadavek *n* want
pozadu *adv* behind
pozastavení *n.* suspension
pozastavit *v.t.* suspend
pozastavovat se *v.i.* pause
pozbýt *v.t* forfeit
pozdě *adv.* late
později *adv* after
pozdější *a.* latter
pozdní *a.* late
pozdrav *n* acclaim
pozdravení *n.* salutation
pozdravit *v.t.* greet
pozdravit *v.t.* salute
pozdvižení *n.* hubbub
pozdvižení *n.* upheaval
požehnání *n* benison
požehnat *v. t* bless

pozemek *n* estate
pozemek *n* lot
pozemek *n.* parcel
pozemský *a.* temporal
pozice *n.* position
pozice kriketového hráče *n.* mid-off
pozice kriketového hráče *n.* mid-on
požitek *n* relish
požitkář *n.* sensualist
požitkářství *n.* indulgence
poživatelný *a* edible
poživatina *n.* eatable
pozlacený *a.* gilt
pozlobit *v.t.* vex
pozměnit *v.t.* amend
poznačit *v.t.* note
poznamenat *v.t.* jot
poznámka *n.* note
pozornost *n.* attention
pozornost *v. t.* court
pozornost veřejnosti *n.* publicity
pozorný *a.* attentive
pozorný *a.* watchful
pozorování *n.* observation
pozorovat *v.t.* observe
pozorovatelna *n.* observatory
pozoruhodnost *n.* notability
pozoruhodný *a.* noteworthy

pozoruhodný *a.* remarkable
pózovat *v.i.* pose
pozůstalost *n.* inheritance
pozůstatek *n.* relic
pozvání *v.* invitation
pozvat *v.t.* invite
pozvednout *v.t* dignify
požvýkat *v.t.* munch
práce *n.* job
práce *n.* labour
práce *n.* work
prach *n* dust
prachovka *n* duster
pracovat *v.t.* work
pracovní den *n.* workaday
pracovník *n.* workman
pradávný *a* immediate
přadeno *n.* skein
pradlena *n.* laundress
přadlena *n.* spinner
prádlo *n.* laundry
pragmatický *a.* pragmatic
pragmatismus *n.*
   pragmatism
práh *n.* threshold
prahnout *v.t.* covet
prahnout *v.i.* yearn
prak *n.* sling
praktický *a.* practical
prám *n.* barge
pramínek *n.* thread
přání *n* desire

přání *n.* wish
pranice *n.* tussle
praotec *n* forefather
prapodivný *a.* outlandish
prapodivný *a* rum
prase *n.* pig
prase *n.* swine
prášek *n.* powder
praskat *v.i.* split
prasklina *n* crack
prasknout *v. i* crack
prasknout *v.t.* rupture
prasknout *v.t.* snap
prasknutí *n* snap
prasnice *n.* sow
praštit *v.t.* whack
prát *v.t.* launder
prát se *v.t.* skirmish
prát se *v.i.* tussle
přát si *v.t* desire
přátelský *adj.* amicable
přátelství *n.* amity
pravá strana *n* right
pravděpodobně *a.* likely
pravděpodobně *adv.*
   probably
pravděpodobnost *n.*
   probabillty
pravděpodobný *a.* probable
pravděpodobost *n.*
   likelihood
pravdivost *n.* truth

pravdivý *a.* true
pravdomluvný *a.* truthful
právě *adv.* just
právě vhod *adv* pat
pravěký *a.* prehistoric
pravěký národ *n.* androphagi
pravidelnost *n.* regularity
pravidelný *a.* regular
pravidlo *n.* rule
právní poradce *n.* solicitor
právní termín *n.* habeas corpus
právní věda *n.* jurisprudence
právník *n.* lawyer
právo *n.* law
prázdninování *n.* vacation
prázdniny *n.* holiday
prázdný *a* blank
prázdný *a* empty
pražit kukuřici *v.i.* pop
prcek *n.* pigmy
prchající *a.* fugitive
prchat *v. i* elope
prchat *v.i* flee
prchavý *a* elusive
preambule *n.* preamble
přebrodit se *v.t.* puddle
přebytek *n* excess
přebytek *n.* superfluity
přebývat *v. i* dwell
přebývat *a* excess
přebývat *v.t.* rusticate

přecenit *v.t.* overrate
přečerpání účtu *n.* overdraft
přečerpat *v.t.* overdraw
přechod *n.* transition
přechodný *n.* transitive
přečin *n.* misdemeanour
přečíst *v.t.* read
před *prep.* afore
před *prep* before
před *prep* outside
předák *n* foreman
předávkovat *v.t.* overdose
předběhnout *v.t.* outrun
předběžný *a.* preliminary
předčasný *a.* premature
předcházející *a.* antecedent
předcházející *a.* prior
předcházet *v.* precede
předchozí *a* former
předchozí *a.* previous
předchozí případ *n.* precedent
předchůdce *n.* antecedent
předchůdce *n.* predecessor
předčit *v.t.* outdo
předčit *v.t.* surpass
předejít *v.t.* antecede
předejít *v.t* forestall
předejít *v.t.* prevent
předek *n.* ancestor
předek *n.* front
předem *adv.* before

předem *adv.* beforehand
předepsat *v.t.* prescribe
predikát *n.* predicate
předkové *n.* parentage
předkrm *n* appetizer
předloktí *n* forearm
předložit *v.t.* propound
předložka *n.* preposition
předmanželský *adj.*
antenuptial
předmanželský *a.* premarital
předměstí *n.pl.* outskirts
předměstí *n.* suburb
předměstský *a.* suburban
předmět *n.* subject
předmluva *n* foreword
předmluva *n.* introduction
předmluva *n.* preface
přednášející *n.* lecturer
přednášet *v* lecture
přednáška *n.* lecture
přední *a* front
přední *a.* premier
přední noha *n* foreleg
přednost *n.* precedence
přednosta *a.* chief
přednosta *n.* postmaster
přednostní právo *n.*
prerogative
předpažit *v.t* forearm
předpis *n.* ordinance
předpis *n.* prescription

předpis *n.* statute
předplatit si *v.t.* subscribe
předplatné *n.* subscription
předpoklad *n.* potency
předpoklad *n.*
presupposition
předpoklad *n.* supposition
předpokládat *v.t.*
presuppose
předpokládat *v.t.* suppose
předpokoj *n.* parlour
předpona *n.* prefix
předporodní *adj.* antenatal
předpověď *n* forecast
předpovědět *v.t* forecast
předpovědět *v.t.* portend
předpovědět *v.t.* prophesy
předradlička *n* colter
předražení *n* overcharge
předražit *v.t.* overcharge
předrůst *v.t.* outgrow
předseda *n* chairman
předsedat *v.t* front
předsedat *v.i.* preside
předsíň *n.* lobby
představa *n.* notion
představit *v.t.* introduce
představit *v.t.* present
představit si *v.t.* imagine
předstíraný *a* sham
předstírat *v.t* feign
předsudek *n.* prejudice

předtucha *n.* hunch
předurčení *n.* predestination
předurčit *v.t.* predetermine
předvedení *n* display
předvést *v. t* demonstrate
předvídat *n* antedate
předvídat *v.t* foresee
předvídavost *n.* prescience
předvolat *v. t* convene
předvolat *v.t.* summon
předznamenat *v.t.* spell
předzvěst *n* forerunner
předzvěst *n.* omen
předzvěst *n.* precursor
prefekt *n.* prefect
preference *n.* preference
preferenční *a.* preferential
přehánět *v. t.* exaggerate
přehled *n* abstract
přehlédnout *v.t.* overlook
přehlídka *n.* parade
přehnaný *a.* superabundant
přehnat *v.t.* overact
přehodnocení *n.* revision
přehodnotit *v.t.* revise
přehoupnout se *v.t.* vault
přehoz *n.* coverlet
přehoz *n.* shawl
přehradit *v.t.* partition
přehyb *n* fold
přejedení *n.* surfeit
přejet *v. t* cross

překážet *v. t.* debar
překážet *v.t.* hinder
překazit *v.t.* thwart
překážka *n* crimp
překážka *n.* hindrance
překážka *n.* obstacle
překlad *n.* translation
překlenout *v.t.* span
překonaný *a.* obsolete
překonat *v.t.* overcome
překotit *v.t.* tip
překotně *adv.* headlong
překroutit *v.t.* misrepresent
překroutit *v.t.* twist
překvapení *n.* surprise
překvapit *v.t.* nonplus
překvapit *v.t.* surprise
překypovat *v.i.* abound
prelát *n.* prelate
přeložit *v.t* fold
přeložit *v.t.* translate
přelstít *v.t.* outwit
přelstít *v.t.* trick
preludium *n.* prelude
přeměna *n.* transfiguration
přeměnit *v.t.* transfigure
přemet *n.* tumble
premiér *n* premier
premiéra *n.* premiere
přemíra *n.* superabundance
přemítání *n.* reflection
přemítání *n.* rumination

přemítat *v.i.* muse
přemluvit *v.t.* wheedle
přemoct *v.t.* overpower
přenášení *n.* transmission
přenesený *a* figurative
přenést *v.t.* transmit
**přenést televizním
vysíláním** *v.t.* televise
přenos *n.* relay
přenosný *a.* mobile
přenosný *a.* portable
přepadnout *n.* ambush
přepadnout *v.t.* raid
přepásat *v.t* girdle
přepážka *n.* counter
přepážka *n.* partition
přepísknout *v.t.* overdo
přeplněný *a.* replete
přeplnit *v.t.* glut
přepočítat *v.t.* recount
přepočítat se *v.t.*
    miscalculate
přeposlat *v.t* forward
přepracování *n.* overhaul
přepracování *n.* overwork
přepracovat *v.t.* overhaul
přepracovávat *v.i.* overwork
přeprava *n.* portage
přeprava *n.* shipment
přepravit *v.t.* ship
přepravovat *v.i.* traffic
přepsat *v.t.* transcribe

přepych *n.* luxury
přepychový *a.* luxurious
přerušení *n* abortion
přerušení *n.* interruption
přerušení *n* stoppage
přerušit *v.i* abort
přerušit *v.t.* interrupt
přes *prep.* across
přes *prep.* over
přes *prep.* via
přes čas *adv.* overtime
přes noc *adv.* overnight
přes palubu *adv.* overboard
přesah *n* overlap
přesáhnout *v.t* exceed
přesáhnout *v.t.* overlap
přesáhnout *v.t.* transcend
přesahující *a.* transcendent
přesčas *n* overtime
přesídlení *n.* transmigration
přeskočit *v.t* hurdle2
přeslazený *a.* saccharine
přeslechnout *v.t.* overhear
přesná kopie *n* fac-simile
přesná kopie *n.* replica
přesnost *n.* accuracy
přesnost *n.* precision
přesný *a.* accurate
přesný *a* exact
přesný *a.* precise
přešťastný *a* overjoyed
přestat *v.t.* stop

prestiž *n* cachet
prestiž *n.* prestige
prestižní *a.* prestigious
přestoupení *n.* transgression
přestoupit *v.t.* infringe
přestoupit *v.t.* transgress
přestože *conj.* while
přestrojení *n.* guise
přestupek *n.* infringement
přestupek *n.* misdeed
přesun *n.* movement
přesun *n.* transfer
přesunout *v.t* ambulate
přesunout *v.t.* transfer
přesunutelný *a.* transferable
přesvědčení *n* conviction
přesvědčení *n.* persuasion
přesvědčit *v. t* convince
přesvědčit *v.t.* persuade
přesvědčivý *adj.* cogent
přesycení *n.* satiety
přetavit *v.t.* sublimate
přetínat *v. t* bisect
přetisknout *v.t.* reprint
přetisknout *n.* reprint
přetížení *n* overload
přetížit *v.t.* overburden
přetrhnout *v.t.* sever
přetrvávající *a.* persistent
přetrvávání *n.* persistence
přetrvávat *v.i.* linger
přetrvávat *v.i.* persist

přetržení *n.* severance
přetvářet se *v.t.* pretend
přetvářka *n* affectation
přetvářka *n.* pretence
převaha *n.* overture
převaha *n.* predominance
převaha *n.* supremacy
převážet *v.t* ferry
převážit *v.t.* outweigh
převážit *v.i.* preponderate
převažující *a.* prevalent
prevence *n.* prevention
preventivní *a.* precautionary
preventivní *a.* preventive
převládající *a.* predominant
převládání *n.* prevalance
převládat *v.i.* predominate
převládat *v.i.* prevail
převlek *n* disguise
převod *n* conveyance
převoz *n.* transit
převrácení *n* overthrow
převrátit *v.t.* invert
převrátit *v.t.* overthrow
převrhnout *v. i.* capsize
převýšit počtem *v.t.*
    outnumber
převzít *v.t.* overtake
převzít zodpovědnost *v.t.*
    shoulder
přezdívka *n.* alias
přezdívka *n.* nickname

prezentace *n.* presentation
prezident *n.* president
prezidentský *a.* presidential
přežít *v.i.* outlive
přežití *n.* survival
přežívat *v.i.* survive
přezka *n* buckle
přezkoumat *v.t.* review
přežvýkavec *n.* ruminant
přežvýkavý *a.* ruminant
přežvykovat *v.i.* ruminate
přibarvit *v.t.* tint
příběh *n.* story
přibít *v.t.* nail
přibližně *adv* about
přibližný *a.* approximate
příboj *n.* surf
příbuzenstvo *n.* kin
příbuzní *n.* in-laws
příbuzný *a* congenial
příbuzný *n.* relative
příbytek *n* dwelling
příčetnost *n.* sanity
příčetný *a.* sane
příchod *n.* advent
příchod *n.* arrival
příchozí *a.* inward
příchuť *n* flavour
příchuť *n.* savour
přičichnout *v.t.* smell
přičinlivý *a.* industrious
příčinnost *n* causality

příčinný *adj.* causal
příčka *n.* rung
příčka *n.* spoke
přidat *v.t.* add
přidat se *v.t.* join
přídavné jméno *n.* adjective
příděl *n.* allotment
přihlížející *n.* on-looker
přihodit se *v. t* befall
příhodný *a.* opportune
příhodný *a.* providential
příhodný *a.* timely
přihrádka *n.* compartment
přijatelný *a* acceptable
přijatelný *a.* tolerable
příjem *n.* income
příjem *n.* outcome
příjem živin *n.* nutrition
příjemce *n.* recipient
příjemný *a.* agreeable
příjemný *a.* pleasant
přijetí *n* acceptance
přijímací pokoj *n* drawing-
room
přijít *v.i.* arrive
přijít *v. i.* come
příjmení *n.* surname
přijmout *v.t* accept
přijmout *v.t.* undertake
příklad *n* example
přikolíkovat *v.t.* peg
příkop *n* ditch

příkop *n.* trench
přikrčit se *v.i.* duck
přikrýt *v. t.* cover
přikyvovat *v.i.* nod
přilba *n.* helm
přiletovat *v.t.* solder
příležitost *n.* occasion
příležitost *n.* opportunity
příležitostně *adv.*
  occasionally
příležitostný *a.* occasional
příliš *adv.* too
příliš naložit *v.t.* overload
příliv *n.* influx
přílivový *a.* tidal
přílivový *n.* tide
přilnavost *n.* adhesion
přilnout *v. i.* cling
příloha *n.* enclosure
přiložit *v. t* disclose
přiložit *v. t* enclose
přiložit *v.t.* stoke
primární *a.* primeval
přiměřenost *n.* adequacy
přiměřený *a.* adequate
přiměřený *a.* appropriate
příměří *n.* armistice
příměří *n.* truce
primitivní *a.* primitive
přímočarý *a.* outspoken
přímočarý *a.* straightforward
přímý *a* direct

přímý *a* through
přináležitost *n* appurtenance
princ *n.* prince
princezna *n.* princess
princip *n.* principle
přinést *v. t* bring
přinutit *v.t* force
priorita *n.* priority
případ *n.* case
případ *n.* instance
připadat *v.i.* seem
připevnit *v.t.* tag
připevnit drátem *v.t.* wire
přípis *adj.* adscript
připisovat *v.t.* accredit
připisovat *v.t.* impute
připít *v.t.* toast
přípitek *n.* toast
příplatek *n.* premium
příplatek *n.* surcharge
připojení *n.* attachment
připojit *v.t.* adhibit
připojit *v.t.* affix
připojit *v.t.* annex
připojit *v.t.* attach
připojit *v.t.* suffix
připomenout *v.t.* remind
připomenout si *v. t.*
  commemorate
připomínající *a.* reminiscent
připomínka *n.*
  commemoration

připomínka *n.* remark
přípona *n.* suffix
připoutat lanem *v. t.* cable
připřáhnout *v.t* harness
příprava *n.* preparation
připraveně *adv.* readily
připravenost *n.* readiness
připravený *a.* ready
připravit *v.t.* prepare
připravit o život *v. t.* bereave
přípravný *a.* preparatory
připsat *v.t.* ascribe
připustit *v.t.* admit
přípustný *a.* admissible
přípustný *a.* permissible
přirazit si *v.t.* surcharge
příroda *n.* nature
přírodní *a.* natural
přírodovědec *n.* naturalist
přírodovědec *n.* physicist
přirostlý *adj.* adnascent
přirovnání *n.* simile
přirovnat *v.t.* liken
přirozená hranice *n*
    boundary
přirozeně *adv.* naturally
přirozeně potratit *v.i.*
    miscarry
přirozený potrat *n.*
    miscarriage
příručka *n.* handbook
přirůst *v.i.* accrue

přírůstek *n.* increment
přísada *n.* ingredient
přísaha *n* adjuration
přísaha *n.* oath
přísahat *v.t.* vow
příšera *n.* monster
příšerný *a.* monstrous
příšerný *a.* monstrous
přísežné prohlášení *n*
    affidavit
přísežný svědek *n.* deponent
přišít *v.t.* sew
přiškrtit *v.t.* throttle
příslovce *n.* adverb
příslovečný *a.* adverbial
přísloví *n.* proverb
přisluhovač *n.* henchman
přisluhující *a.* ministrant
příslušející *adj* accipitral
příslušenství *n* accessory
příslušný *a.* applicable
příslušný *a.* respective
přísný *a.* strict
přisoudit *v.t.* adjudge
přišpendlit *v.t.* pin
přispět *v. t* contribute
příspěvek *n* contribution
přišroubovat *v.t.* screw
přistání *n.* landing
přístav *n.* harbour
přistávat *v.i.* land
přístaviště *n.* wharfage

přistěhovalec *n.* immigrant
přistehovat *v.t.* stitch
přistěhovat se *v.i.* immigrate
přistoupení *n* accession
přístřešek *n.* shelter
přistřihnout *v.t.* trim
přístroj *n.* apparatus
přístup *n* access
přístup *n.* approach
přístup *n* entry
přístupný *a* amenable
přístupný *a.* receptive
přistupovat *v.t.* approach
přisuzovat *v.t.* attribute
přisvojení *n.* usurpation
přisvojit si *v.t.* usurp
přít se *v. i* dispute
přít se *v.i.* quarrel
přitahovat *v.t.* allure
přitahovat *v.t.* attract
přitahovat *v.i.* gravitate
přitažlivost *n* allurement
přitažlivost *n.* attraction
přitažlivost *n.* gravitation
přitažlivý *a.* attractive
přitažlivý *n.* glamour
přítel *n.* friend
přítomnost *n.* presence
přítomný *a.* present
přiušnice *n.* mumps
příval *n.* onslaught
příval *n* rush

přivázat *v.t.* rope
přivázat *v.t.* tether
přívěs *n.* trailer
přívěsek *n.* appendage
přivěsit *v.t.* append
přívětivý *a.* affable
přivodit *v.t.* incur
přivodit *v.t* occasion
přívrženec *n* devotee
přizbůsobení *n.* adjustment
příze *n.* worsted
příze *n.* yarn
příznačný *a.* symptomatic
příznak *n.* symptom
přiznat *v.t.* concede
příznivý *a* favourable
přizpůsobení *n.* adaptation
přizpůsobení *n* assimilation
přizpůsobení *n.* conformity
přizpůsobit *v.t.* adjust
přizpůsobit *v.t.* tailor
přizpůsobit se *v.t.* adapt
přizpůsobit se *v.* assimilate
přízrak *n.* spectre
prkno *n.* plank
pro *prep* for
problém *n.* problem
problematický *a.*
problematic
probodnout *v.t.* lance
probošt *n* prior
proboštka *n.* prioress

probudit se *v.t.* wake
probuzení *n* wake
proč *adv.* why
procedura *n.* procedure
procentuálně *adv.* per cent
procentuální podíl *n.*
  percentage
proces *n.* process
procesí *n.* procession
pročež *conj.* whereupon
procházet se *v.i.* sally
procházet se *v.i.* stroll
procházka *n* stroll
procházka *n* walk
pročistit *v. t* clear
procvičit *v.t.* limber
procvičit *v.t.* practise
prodat *v.t.* retail
prodat *v.t.* sell
prodávající *n.* seller
prodejce *n.* salesman
prodejce *n.* vendor
prodejna *n.* store
prodejný *a.* marketable
prodejný *a.* salable
proděravět *v.t.* perforate
prodiktivita *n.* productivity
prodloužení *n.* prolongation
prodloužit *v. t* extend
prodloužit *v.t.* lengthen
prodloužit *v.t.* prolong
produkce *n.* production

produkt *n.* product
produktivní *a.* productive
profesionální *a.* professional
profesor *n.* professor
profil *n.* profile
program *n.* agenda
program *n.* programme
prohibiční *a.* prohibitory
prohibitivní *a.* prohibitive
prohlášení *n* affirmation
prohlášení *n* declaration
prohlášení *n.* proclamation
prohlásit *v.t.* affirm
prohlásit *v.t.* allege
prohlásit *v. t.* declare
prohlásit *v.t.* proclaim
prohlásit za nezákonné *v.t*
  outlaw
prohlašovat *v.t.* assert
prohledat *v.t.* search
prohlédnout *v.t.* peruse
prohlídka *n.* perusal
prohlídnout *v.t.* view
prohnaný *a.* shrewd
prohodit *v.t.* shift
prohrabat *v.t.* ransack
prohrabovat se *v.i.*
  rummage
prohrát *v.t.* lose
prohřešek *n.* misconduct
prohřešek *n.* trespass
projekce *n.* projection

projekt *n.* project
projektil *n.* projectile
projektor *n.* projector
projet se *v.t.* ride
projev přízně *n.* endearment
projevit *v.t.* manifest
projímadlo *n.* laxative
projímadlo *n.* purgative
projímavý *a* laxative
projížďka *n* ride
prokázat službu *v.t* service
proklepnout *v.t.* quiz
proklít *v. t* curse
prokurátor *n.* prosecutor
prolít *v.t.* shed
prolog *n.* prologue
proměna *n.* transformation
proměnit *v.* transform
proměnlivý *a.* variable
promenovat *v.t.* parade
promíchat *v.t.* mingle
prominout *v.t.* remit
prominutí *n.* condonation
prominutí *n.* remission
promísit se *v.t.* intermingle
promítnout *v.t.* screen
promluva *n* talk
promnout *v.t.* rub
promočit *v. t* drench
promyšlenost *n.*
  premeditation
promyslet *v.t.* premeditate

promýšlet *v. i* deliberate
pronájem *n.* lease
pronajmout *v.t.* lease
pronajmout *v.t.* rent
pronajmutí *n.* occupancy
pronásledování *n.*
  persecution
pronásledovat *v. t.* chase1
pronásledovat *v. t* dog
pronásledovat *v.t.* haunt
pronásledovat *v.t.* persecute
pronést *v.t.* utter
pronikavý *adj* argute
pronikavý *a.* shrill
pronikavý *a.* strident
proniknout *v.t.* penetrate
propadat se *v.i.* slump
propagace *n.* propagation
propagovat *v.t.* pioneer
propagovat *v.t.* propagate
propašovat *v.t.* smuggle
propast *n* abyss
propíchnout *v.t.* pierce
propíchnout *v.t.* punch
proplatit *v. t.* cash
proplést *v.t* thread
proporce *n.* proportion
propracovaný *a* elaborate
propracovat *v. t* elaborate
propuknutí *n.* outbreak
propuštění *n* dismissal
propuštění *n.* redundancy

propuštění z otroctví *n.*
 manumission
propustit *v. t* discharge
propustit na kauci *v. t.* bail
propustit otroka *v.t.*
 manumit
propustka *n.* leave
propustka *n.* permit
prorazit cestu *v.t.* spearhead
prořezat *v.t.* prune
prořídlý *a.* sparse
proříznout *v.t.* slit
prorocký *a.* prophetic
proroctví *n.* prediction
proroctví *n.* prophecy
prorokovat *v.t* foretell
prorokovat *v.t.* predict
prorokovat *n.* prophet
prosadit *v.t* uphold
prosadit vůli *v.t.* will
prosakovat *v.i.* seep
prosazovat *v. t.* champion
prosazovat *v.t* further
prosinec *n* december
prosít *v.t.* sieve
prošívaná deka *n.* quilt
proslov *n.* oration
proslulost *n* eminence
proslulost *n.* renown
proslulý *a.* notable
proslulý *a.* renowned
proslulý *a.* well-known

proso *n.* millet
prospěch *n* benefit
prospěchářský *a.* utilitarian
prospěchářství *n* chancery
prospekt *n.* handbill
prospekt *n.* prospsectus
prosperita *n.* prosperity
prosperitující *a.* prosperous
prospěšný *a.* salutary
prostěradlo *n.* sheet
prostituce *n.* prostitution
prostituovat *v.t.* prostitute
prostitutka *n.* prostitute
prostor *n.* room
prostor *n.* space
prostorný *a.* capacious
prostorný *a.* roomy
prostorný *a.* spacious
prostorový *a.* spatial
prostředek *n.* mean
prostředí *n.* environment
prostředí *n.* milieu
prostředky *n* means
prostřední *a.* intermediate
prostřední *a* medium
prostřední *a.* mid
prostředník *n.* middleman
prostý *a.* grave
prostý *a.* lowly
prostý *a.* plain
prostý občan *n.* commoner
prosvětlit *v. t* brighten

prosvítit *v.t.* scan
protagonista *n.* protagonist
protáhnout *v.t.* stretch
protažení *n* stretch
protějšek *n.* counterpart
protějšek *n.* like
protest *n.* protest
protestace *n.* protestation
protestovat *v.i.* protest
protežování příbuzných *n.*
　nepotism
proti *prep.* against
proti *pref.* anti
proti *pref.* contra
proti *prep.* versus
protiargument *n.* refutation
protihlasující *n* no
protijed *n.* mithridate
protiklad *n.* antithesis
protikladný *a.* opposite
protilátka *n.* antidote
protiletecký *a.* anti-aircraft
protimanželsky naladěný *n*
　agamist
protinožec *n.* antipodes
protivný *a.* heinous
protižaloba *n.* countercharge
protnout *v.t.* intersect
protnutí *n.* intersection
prototyp *n.* prototype
protože *conj.* because
protrhat *v.t.* single

proud *n* current
proud *n* flow
proud *n* spurt
proudit *v.i* flow
proudit *v.i.* stream
proužek *n.* strip
provaz *n.* rope
provázek *n.* whipcord
provedení *n* conduct
proveditelnost *n.*
　practicability
proveditelný *a* feasible
proveditelný *a.* practicable
proveditelný *a.* workable
prověřit *v.t.* audit
provést *v. t* conduct
provést inspekci *v.t.* inspect
provést nábor *v.t.* recruit
provincializmus *n.*
　provincialism
provincie *n.* province
provinční *a.* provincial
provinění *n* demerit
provinilec *n.* offender
provize *n.* commission
provizorní *a.* tentative
provizornost *n.* interim
provokace *n.* provocation
provokativní *a.* provocative
provolávat *v.t* acclaim
provozovatel *n.* practitioner
provozuschopený *a.*

serviceable
próza *n.* prose
prozaický *a.* prosaic
prozatímní *a.* provisional
prozíravost *n* foresight
prozíravost *n.* providence
prozíravost *n.* sagacity
prozíravý *a.* provident
prozíravý *a.* sagacious
prozkoumat *v.t* explore
prozkoumat *v.t.* survey
prozódie *n.* prosody
prs *n.* teat
pršet *v.i.* rain
pršet kroupy *v.i* hail
prskání *n.* sizzle
prskat *v.i.* sizzle
prsní *a.* mammary
prso *n* breast
prst *n* finger
prst na noze *n.* toe
prstenec *n.* orb
průběh *n.* proceeding
průchod *n.* passage
prudce vzrůst *v.t.* spike
prudké naklonění *n.* lurch
prudké světlo *n.* glare
prudkost *n.* rapidity
prudký *a.* rapid
průdušnice *n.* throttle
pruh *n.* lane
pruh *n.* stripe

průhled *n.* vista
průhledný *a.* transparent
průjem *n* diarrhoea
průjezd *n.* thoroughfare
průkazka *n* pass
průkopník *n.* pioneer
průměr *n.* average
průměr *n* diameter
průměrnost *n.* mediocrity
průměrný *a.* average
průměrný *a.* mediocre
průměrný *a.* middling
průmysl *n.* industry
průmyslový *a.* industrial
průnik *n.* penetration
průsvitný *a.* sheer
prut *n.* rod
prut *n.* wicker
průtoková rychlost *n.* velocity
průvan *n* draught
průvod *n.* pageant
průvodce *n.* guide
průvodčí *n* conductor
pružina *n* spring
pružit *v.i.* spring
průzkum *n* exploration
průzkum *n.* survey
průzkumník *n* scout
pružný *a* flexible
první *num.* first
první toho druhu *n* first

prvotní pojmenování Anglie
  n Albion
prvotřídní *a.* stellar
pryč *adv.* forth
pryčna *n* bunk
prýštit *v.i.* well
psanec *n.* outlaw
pšenice *n.* wheat
pseudonym *n.* pseudonym
psina *n.* hoot
pštros *n.* ostrich
psychiatr *n.* psychiatrist
psychiatrie *n.* psychiatry
psychický *a.* psychic
psychologický *a.*
  psychological
psychologický *n.*
  psychologist
psychologie *n.* psychology
psychopat *n.* psychopath
psychoterapie *n.*
  psychotherapy
psychóza *n.* psychosis
ptačí lep *n* birdlime
pták *n* bird
puberta *n.* puberty
puberťák *n.* teenager
publikovat *v.t.* post
publikum *n.* audience
puchýř *n* blain
puchýřek *n* blister
pudink *n* custard

půjčit *v.t.* loan
půjčka *n.* loan
puklina *n* fissure
půlit *v.t.* halve
půlka *n.* half
půlnoc *n.* midnight
puls *n.* pulse
pulsovat *v.i.* pulse
půltón *n* minor
pumpa *n.* pump
punc *n.* hallmark
punčocha *n.* stocking
punčochy *n.* hosiery
puntičkář *n.* pedant
puntičkář *n.* stickler
puntičkářský *a.* pedantic
puntičkářství *n.* pedantry
pupen *n* bud
pupínek *n.* pimple
pupínek *n.* spot
purista *n.* purist
puritán *n.* prude
puritán *n.* puritan
puritánský *a.* puritanical
puška *n* rifle
působení *n.* leverage
působivý *a.* impressive
půst *n* fast
pustina *n.* void
pustit se do *v. t* embark
pustý *a* forlorn
půvab *n* deligate1

půvab *n.* prettiness
původ *n.* background
původ *n.* origin
původce *n.* originator
původní *a.* original
pýcha *n* boast
pýcha *n.* pride
pyl *n.* pollen
pyramida *n.* pyramid
pyšnit se *v.t.* pride
pytlovat *v. i.* bag

R

rabat *n.* rabate
rabovat *v.i.* loot
racek *n.* gull
rachot *n.* grunt
rachot, rachotit *n. & v. i* clack
rachotit *v.i.* grunt
racionalizovat *v.t.* rationalize
racionálnost *n.* rationality
ráčit *v.t.* vouchsafe
rada *n* advice
řada *n.* row
rádce *n.* mentor
raději *adv.* rather
řádění *n.* spree
radikální *a.* radical
rádio *n.* radio
radit *v.t.* advise

řadit do evidence *v.i.* file
radit se *v. i* confer
radium *n.* radium
radní *n.* councillor
radost *n.* joy
radostná nálada *n.* mirth
radostnost *n* buoyancy
radostný *n.* joyful, joyous
radostný *a.* mirthful
radovánky *n.* revelry
radovat se *v.i.* rejoice
rafinace *n.* purification
rafinerie *n.* refinery
rafinovaný *a.* artful
rafinovat *v.t.* purify
ráj *n.* paradise
rajče *n.* tomato
raketa *n.* racket
raketa *n.* rocket
rakev *n* coffin
rakovina *n.* cancer
rám *n* frame
rameno *n.* shoulder
rampouch *n.* icicle
rámus *n* din
rána *n* beat
rána osudu *n.* misfortune
ráno *n.* morning
řasa *n* lash
rasismus *n.* racialism
rasový *a.* racial
ratifikovat *v.t.* ratify

razie *n.* sweep
razit mince *v.t.* mint
razit si cestu *v.i* lunge
rázný *a* forceful
rčení *n* byword
rčení *n.* maxim
rdít se *v.i* blush
reagovat *v.i.* react
reagovat *v.i.* respond
reakce *n.* reaction
reakcionářský *a.* reactionary
realista *n.* realist
realistický *a.* realistic
realita *n.* reality
realizmus *n.* realism
rebelie *n.* rebellion
řeč *n.* speech
recenze *n* review
recepce *n.* reception
recept *n.* recipe
recese *n.* recession
recidiva *n.* relapse
recitace *n.* recitation
recitál *n.* recital
řecký *a* Greek
řečnický *a.* oratorical
řečnictví *n.* oratory
řečník *n.* orator
řečník *n.* speaker
řečniště *n.* rostrum
řečtina *n.* Greek
redakční *a* editorial

redaktor *n* editor
ředění *n.* adulteration
ředit *v.t.* adulterate
ředitel *n.* director
ředitel *n.* principal
ředkev *n.* radish
referendum *n.* referendum
reflektor *n.* reflector
reflex *n.* reflex
reflexní *a* reflex
reforma *n.* reform
reformace *n.* reformation
reformátor *n.* reformer
reformní *a* reformatory
refrén *n.* chorus
refrén *n* refrain
regiment *n.* regiment
registrace *n.* registration
regulace *n.* regulation
regulátor *n.* regulator
regulovat *v.t.* regulate
rehabilitace *n.* rehabilitation
rehabilitovat *v.t.* rehabilitate
řeholnice *n.* nun
řehtání *n.* neigh
řehtat *v.i.* neigh
rejsek *n.* shrew
rejstřík *n* directory
rejstřík *n.* index
rejstřík *n.* register
řeka *n.* river
reklama *n* advertisement

reklamace *n* reclamation
rekreace *n.* recreation
relativní *a.* relative
relaxace *n.* relaxation
relevance *n.* relevance
relevantní *a.* relevant
řemeslná výroba *n.*
 handicraft
řemeslnická zručnost *n.*
 workmanship
řemeslník *n.* artisan
řemeslník *n* craftsman
řemeslo *n* craft
renesance *n.* renaissance
renovace *n.* renovation
renta *n.* allowance
renta *n.* annuity
rentgenový *a.* x-ray
rentgentový paprsek *n.* x-ray
rentiér *n* annuitant
řepa *n* beet
repatriant *n* repatriate
repelent *n* repellent
replika *n.* rejoinder
reportér *n.* reporter
reprezentace *n.*
 representation
reprezentovat *v.t.* represent
reprodukce *n* reproduction
reprodukční *a.* reproductive
reprodukovat *v.t.* reproduce
reptat *v.i.* grumble

republika *n.* republic
republikán *n* republican
republikánský *a.* republican
řešení *n.* solution
řešitelný *a.* answerable
respekt *n.* respect
respektovat *v.t.* respect
restaurace *n.* restaurant
resumé *n.* resume
ret *n.* lip
řetěz *n* chain
řetěz *n.* tether
řetízek *n.* necklet
retní *a.* labial
rétorický *a.* rhetorical
rétorika *n.* rhetoric
retrospektiva *n.*
 retrospection
retrospektivní *a.*
 retrospective
řev *n.* roar
réva *n.* vine
reverend *n.* reverend
revmatický *a.* rheumatic
revmatismus *n.* rheumatism
revolta *n.* revolt
revoltovat *v.i.* revolt
revoluce *n.* revolution
revolucionář *n* revolutionary
revolucionářský *a.*
 revolutionary
revolver *n.* revolver

rez *n.* rust
řez *n* slash
rezavý *a.* rusty
rezervace *n.* reservation
režim *n.* regime
rezivět *v.i* rust
řezník *n* butcher
říci *v.t.* say
ricínový olej *n.* castor oil
říčka *n.* rivulet
řidič *n* driver
řídit *v. t* drive
říhat *v. t* belch
říjen *n.* October
rikša *n.* rickshaw
římsa *n.* mantel
říše *n.* ream
riskantní *a.* venturesome
říšský *a.* realm
řiť *n.* anus
řítit se *v. i.* dash
řitní *adj.* anal
rituál *n.* ritual
rituální *a.* ritual
řízení *n.* management
riziko *n.* risk
rizikový *a.* risky
roajalista *n.* royalist
robot *n.* robot
robustní *a.* husky
robustní *a.* robust
robustní *a.* sturdy

ročně *adv.* yearly
roční *a.* yearly
rod *n.* ancestry
rodák *n* native
rodič *n.* parent
rodičkovský *a.* parental
rodina *n* family
rodný *a.* native
rodokmen *n.* lineage
rodový *a.* ancestral
roh *n* corner
roh *n.* horn
rohovka *n* cornea
roj *n.* hive
roj *n.* swarm
rojit se *v.i.* swarm
rok *n.* year
rokle *n.* ravine
role *n.* role
rolnička *n.* jingle
rolnický *a.* agrarian
rolovat *v.i.* roll
rolovat *v.i.* taxi
román *n* novel
románek *n.* romance
romanopisec *n.* novelist
romantický *a.* romantic
ronit slzy *v.i.* weep
ropa *n.* petroleum
rosa *n.* dew
rošt *n.* grate
rošťácký *a.* mischievous

rošťáctví *n* mischief
rostlina *n.* plant
rostoucí na dřevě *a.*
  xylophilous
rotace *n.* rotation
rotovat *v.i.* rotate
roubík *n.* gag
roubík *n.* picket
roucho *n.* apparel
roucho *n.* robe
rouhavý *a.* nefandous
roura *n.* pipe
roveň *n.* par
rovina *n* plane
rovnající se *a.* tantamount
rovnat *v. t* equal
rovnat se *v.i* amount
rovně *adv.* straight
rovněž *adv.* also
rovnice *n* equation
rovník *n* equator
rovnoběžník *n.*
  parallelogram
rovnoběžnost *n.* parallelism
rovnoběžný *a.* parallel
rovnost *n* equality
rovnost *n.* parity
rovnostranný *a* equilateral
rovnou *adv.* straightway
rovnováha *n.* balance
rovný *a* equal
rovný *a* flat

rovný *a.* straight
rozbít *v.t.* thrash
rozbití *n* breakage
rozbor *n.* analysis
rozbředlý *a.* slushy
rozcházet se *v.i.* step
rozčílení *n.* aggravation
rozčílit *v.t.* aggravate
rozčtvrtit *v.t.* quarter
rozcuchat *v.t.* ruffle
rozdělit *v. t* divide
rozdělit *v.t.* segment
rozdělit *v.t.* sunder
rozdělit se *v.t.* part
rozdíl *n* difference
rozdílnost *n.* variance
rozdmýchat *v.i* flame
rozdrtit *v.t.* mangle
rozebrat *v.t.* analyse
rozedrat *v.t* tatter
rozeklaný *a.* rugged
rozervat *v.t.* lacerate
rozervat *v.t.* rip
rozesmutnit se *v.t.* sadden
rozestavit *v.t.* space
rozfoukat *v.t.* winnow
rozházet *v. t* clutter
rozházet *v.t.* strew
rozhazovačný člověk *n.*
spendthrift
rozhodce *n.* arbitrator
rozhodčí *n.* referee

rozhodčí *n.* umpire
rozhodně *adv* absolutely
rozhodnout *v. t* decide
rozhodnout *v.t.* rule
rozhodnutí *n* decision
rozhodný *a* decisive
rozhodný *a.* resolute
rozhodovat se *v.i.* shilly-shally
rozhorlení *n* animus
rozhovor *n* conversation
rozjařilý *a.* gay
rozjažený *a.* hilarious
rozjímání *n* contemplation
rozjímat *v. t* contemplate
rozkaz *n* command
rozkazovací *a.* imperative
rozkazovat *v. t* command
rozklad decay
rozkládat se *v. i* decay
rozkol *n* factic..
rozkošný *a.* adorable
rozkošný *a.* gorgeous
rozkrájet *v.t.* mince
rozkvést *v.i* blossom
rozkvět *n.* heyday
rozlícený *a.* irate
rozličný *a.* multifarious
rozlišení *n* distinction
rozlišit *v. i* distinguish
rozlítit *v. t* enrage
rozlítit *v.t.* incense

rozloučení *n* farewell
rozložení *n.* decomposition
rozložit *v. t.* decompose
rozlučka *n.* conge
rozmačkat *v.t* mash
rozmanitost *n.* miscellany
rozmanitost *n.* variety
rozmanitý *a.* miscellaneous
rozmanitý *a.* varied
rozmar *n.* caprice
rozmařilost *n.* profligacy
rozmařilý *a.* profligate
rozmarný *a.* capricious
rozmazlit *v.t.* spoil
rozmělňovat *v.i.* grind
rozměr *n* dimension
rozměrný *a* bulky
rozmlátit *v.t.* smash
rozmluvit *v. t* dissuade
rozmnožování *n*
accrementition
rozmnožování *n.*
proliferation
rozmnožovat *v.t* breed
roznětka *n.* primer
roznítit *v.t.* inflame
roznítit *v.t.* kindle
rozpětí *n.* span
rozpitvat *v. t* dissect
rozpočet *n* budget
rozpor *n.* conflict
rozpor *n* contradiction

rozpouštědlo *n* solvent
rozprašovač *n* spray
rozproudit *v. t.* enliven
rozptýlit *v. t* disperse
rozptýlit *v.t.* scatter
rozpustit *v.t* dissolve
rozpustnost *n.* solubility
rozpustný *a.* soluble
rozruch *n* commotion
rozrušení *n* agitation
rozrušit *v.t.* agitate
rozrušit *v.t.* perturb
rozrušit *v.t.* upset
rozrůstat se *v.i.* proliferate
rozsah *n.* range
rozsáhlý *a.* large
rozsáhlý *a.* vast
rozšířený *a.* widespread
rozšířit *v.t.* expand
rozšířit *v.t.* widen
rozšířit fámy *v.t.* rumour
rozšířit se *v.t.* pervade
rozšiřovat *v.i.* spread
rozsoudit *v.t.,* umpire
rozsouzení *n.* arbitration
rozštěpit se *v.t.* splinter
rozsudek *n.* verdict
rozsuzovat *v.t.* arbitrate
roztavený *a.* molten
roztěkaný *a.* inattentive
roztoč *n.* mite
roztrhnout *v.t.* tear

roztřídit *v.t* sort
roztříštit *v.t.* shatter
roztrpčený *v. t* embitter
rozumový *a.* rational
rozvážka *n.* cartage
rozvážnost *n.* prudence
rozvážný *a.* considerate
rozvážný *a.* prudent
rozvést *v. t* divorce
rozvinout *v.t.* deploy
rozvinout *v.t.* unfold
rozvinout se *v.t* evolve
rozvláčnost *n.* verbosity
rozvláčný *a.* verbose
rozvod *n* divorce
rozvrátit *v.t.* subvert
rozvratná činnost *n.* sedition
rozvratný *a.* seditious
rozvrh *n.* schedule
rozvrhnout *v.t.* apportion
rozvrhnout *v.t.* schedule
rozvzteklit *v.t.* infuriate
rozzuřený *a.* furious
rtuť *n.* mercury
rtuť *n.* quicksilver
rtuťový *a.* mercurial
rub *n.* backhand
rubáš *n.* shroud
rubín *n.* ruby
rubl *n.* rouble
ručení *n.* pledge
ručit *v.i.* vouch

ručitel *n.* warrantor
ruční *a.* manual
ruční práce *n.* handiwork
ručník *n.* towel
ruda *n.* ore
ruina *n.* ruin
ruka *n* hand
rukáv *n* sleeve
rukavice *n.* glove
rukojmí *n.* hostage
rukopis *n.* manuscript
rum *n.* rum
rumělka *n* cinnabar
rumělka *n.* vermillion
rumělkový *a.* vermillion
ruměnec *n* blush
rumpál *n.* windlass
rupie *n.* rupee
rušit *v. t* disturb
růst *v.t.* grow
růst *n.* growth
rutina *n.* routine
rutina *n.* rut
rutinní *a* routine
růže *n.* rose
růženec *n.* rosary
různorodý *a* diverse
různý *a.* various
růžolící *a.* rosy
růžový *a* pink
rvačka *n.* grapple
rvačka *n.* melee

rvačka *n.* scuffle
řvát *v.i.* roar
rvát se *v.i.* scuffle
ryba *n* fish
rybář *n* fisherman
rybařit *v.i* fish
rybíz *n.* currant
rybník *n.* pond
rýč *n.* spade
rychle *adv* fast
rychle *adv.* speedily
rychlík *n* express
rychlokvašené pivo *n* ale
rychlost *n.* speed
rychlý *a* fast
rychlý *a.* quick
rychlý *a.* speedy
rýha *n.* groove
rýhovat *v.t* groove
rým *n.* rhyme
rýmovač *n.* rhymester
rýmovačky *n.* crambo
rýmovat *v.i.* rhyme
rypák *n.* snout
rys *n.* attribute
rys *n.* trait
rytíř *n.* knight
rytmický *a.* rhythmic
rytmus *n.* rhythm
rýže *n.* rice
ryzí *a.* genuine
ryzost *n.* purity

rýžové pole *n.* paddy

S

s *prep.* with
sabat *n.* sabbath
šablona *n.* stencil
sabotáž *n.* sabotage
sabotovat *v.t.* sabotage
sacharin *n.* saccharin
šachmat *n* checkmate
šachta *n.* shaft
šachy *n.* chess
sad *n.* orchard
sada *n* deck
sada *n.* kit
sada *n* set
sadismus *n.* sadism
sadista *n.* sadist
sádlo *n.* lard
safír *n.* sapphire
šafrán *n.* saffron
šafránový *a* saffron
sáh *n* fathom
sáhnout *v.t.* grasp
šakal *n.* jackal
šál *n.* scarf
salát *n.* salad
sálat *v.t* heat
šálek *n.* cup
salón *n.* saloon

salónek *n.* snug
sálový *a.* indoor
salto *n.* somersault
salva *n.* gale
salva *n* salute
salva *n.* volley
šalvěj *n.* sage
sám *pron.* myself
sám *a.* solo
samčí *a.* male
samec *n* boar
samec *n* male
samet *n.* velvet
sametový *a.* velvety
samice *n* female
samohláska *n.* vowel
samolibý *a.* smug
samomluva *n.* soliloquy
samosprávná obec *n.*
   municipality
samosprávný *a* autonomous
samotář *n.* recluse
šampon *n.* shampoo
šance *n.* chance
šance *n.* odds
sandál *n.* sandal
sání *n.* suck
sanitární *a.* sanitary
sanitka *n.* ambulance
sankce *n.* sanction
santalové dřevo *n.*
   sandalwood

saranče *n.* locust
sarkasmus *n.* sarcasm
sarkastický *a.* sarcastic
šarlatán *n* quack
šarlatánství *n.* quackery
šarvátka *n.* skirmish
šarže *n* batch
šarže *n.* rank
šašek *n* buffoon
šašek *n.* pantaloon
satan *n.* satan
šátek *n.* kerchief
satelit *n.* satellite
satira *n.* satire
satirický *a.* satirical
satirik *n.* satirist
satirizovat *v.t.* satirize
šatník *n.* wardrobe
šátrat *v.t.* grope
šaty *n* dress
savec *n.* mammal
šavle *n.* sabre
šavlovat *v.t.* sabre
sazba *n.* tariff
saze *n.* soot
sázet *v.i.* wager
sázka *n* bet
sázka *n.* wager
sbalit *v.t.* pack
sběratel *n* collector
sběratel starožitností *n.*
  antiquary

sbírat *v. t* collect
sbírka *n* collection
sbírka *n.* offering
sbohem *n.* adieu
sbohem *interj.* farewell
sbor *n* choir
scéna *n.* scene
scénář *n.* script
scenérie *n.* scenery
schéma *n.* scheme
schizma *n.* schism
schnout *v. i.* dry
schod *n.* stair
schopně *a* able
schopnost *n* ability
schopnost *n.* aptitude
schopnost *n.* capability
schopný *a.* apt
schopný *a.* capable
schopný složit kauci *a.*
  bailable
schovat *v.t* hide
schůdný *a.* negotiable
schůzka *n.* rendezvous
schválení *n.* approval
schválit *v.t* approbate
schválit *v.t.* approve
schvalování *n.* connivance
sčítání lidu *n.* census
scvrknout se *v. t* dwindle
sdělení *n.* notification
sdělit *v. t.* convey

sdělit vysílačkou *v.t.* radio
sdružení *n.* association
sdružený *a.* associate
sdružit *v.t.* mate
sebevražda *n.* suicide
sebevražedný *a.* suicidal
sebezapření *n.* renunciation
sebezkoumání *n.*
   introspection
sebezkoumat *v.i.* introspect
sebrat *v.t.* pick
secese *n.* secession
secesionista *n.* secessionist
sečíst *v.t.* sum
sečíst *v.t.* total
sečtělý *a.* well-read
sedadlo *n.* seat
sedan *n.* sedan
sedativní *a.* sedative
sedativum *n* sedative
sedavý *a.* sedentary
šedesát *num.* sixty
šedesátý *num.* sixtieth
sedět *v.i.* sit
sedlo *n.* saddle
sedm *num.* seven
sedm *num.* seven
sedmdesát *num.* seventy
sedmdesátý *num.* seventieth
sedmikráska *n* daisy
sedmnáctý *num.*
   seventeenth

sedmý *num.* seventeen
sedmý *num.* seventh
šedý *a.* grey
šedý zákal *n.* cataract
šéf *n* boss
segregace *n.* segregation
segregovat *v.t.* segregate
seismický *a.* seismic
šejdíř *n.* impostor
sejf *n.* safe
sejít na zcestí *v.i.* backslide
šek *n.* cheque
sekce *n.* section
sekera *n.* axe
sekera *n.* hatchet
sekretář *n.* cabinet
sekretariát *n.* secretariat (e)
sekretářka *n.* secretary
sekta *n.* sect
sektářský *a.* sectarian
sektor *n.* sector
sekunda *n* second
sekundant *n.* seconder
sekýrovat *v.t.* nag
selhání *n* failure
selhávat *v.i* fail
šelma *n* beast
semeno *n.* semen
semestr *n.* semester
semetrika *n.* minx
seminář *n.* seminar
semínko *n.* seed

sen *n* dream
senát *n.* senate
senátní *a.* senatorial
senátor *n.* senator
senátorský *a* senatorial
sendvič *n.* sandwich
senilita *n.* senility
senilní *a.* senile
seno *n.* hay
sentimentalita *n.* sentiment
sentimentální *a.* sentimental
senzace *n.* sensation
senzační *a.* sensational
senzační *a.* tremendous
senzační kousek *n* stunt
šepot *n* whisper
sepse *n.* sepsis
septický *a.* septic
seřadit *v.t.* line
seřadit *v.t* marshal
šeredný *a.* hideous
seřezat *v.t.* wallop
seriál *n.* series
série *n.* serial
šeřík *n.* lilac
serpentina *n.* serpentine
sérum *n.* vaccinator
servilní *a.* subservient
servilnost *n.* subservience
servis *n.* service
šerý *a.* shadowy
serž *n.* serge

seržant *n.* sergeant
sesadit *v. t* depose
sešít *v.t.* seam
seškrabat *v.t.* raze
seškrtat *v.t.* retrench
seskupit *v.t.* group
šest *num.* six
sestavit *v. t* compile
sestavit *v.t.* range
sestavit tabulku *v.t.* tabulate
sesterský *a.* sisterly
sesterství *n.* sisterhood
šestnáct *num.* sixteen
šestnáctý *num.* sixteenth
sestoupit *v. i.* descend
sestra *n.* sister
sestupně *adv* downward
sestupný *a* downward
šestý *num.* sixth
setkání *n.* encounter
setkání *n.* meeting
setkat se *v. t* encounter
setkat se *v.t.* meet
šetření *n.* inquisition
setřít mopen *v.t.* mop
šetřit se *v.i.* rest
šetrný *a.* frugal
setrvávat *v.i.* persevere
setrvávat *v.i.* remain
šev *n.* seam
sever *n.* north
severně *adv.* northerly

severní *a* north
severní *a*. northerly
severský *a*. northern
sevření *n* clutch
sevřít *v.t.* constrict
sevřít *v.t.* tighten
sexualita *n*. sexuality
sexuální partner *n* lay
sexy *n*. sexy
sežehnout *v.t.* scorch
seznam *n*. list
sezónní *a*. seasonal
shluk *n* accumulation
shoda *n*. compliance
shoda *n*. conformity
shoda *n*. correlation
shodovat se *v. i* coincide
shon *n*. rush
shora *adv* above
shovívavost *n*. lenience,
  leniency
shovívavý *a*. lenient
shození *n*. snub
shrnout *v.t.* summarize
shrnutí *n*. summary
shrnutí děje *n*. synopsis
shromáždční *n*. assembly
shromáždění *n*. convocation
shromáždění *n* muster
shromáždit *v.t.* aggregate
shromáždit *v.t.* gather
shromáždit se *v.t.* assemble

šibalský *a*. roguish
šibenice *n*. . gallows
sice *conj*. otherwise
sídlo *n*. mansion
siesta *n*. siesta
šifrování *n*. cryptography
signál *n*. signal
signální *a*. signal
signatář *n*. signatory
šikanovat *v. t*. bully
šikmý *a*. oblique
síla *n* force
síla *n*. strength
síla ducha *n*. fortitude
šíleně *adv*. amuck
šílenec *n*. lunatic
šílenství *n* craze
šílený *a* crazy
šílený *a*. lunatic
šilhání *n* squint
šilhat *v.i.* squint
šilink *n*. shilling
silná stránka *n*. forte
silný *a*. strong
silueta *n*. silhouette
šimpanz *n*. chimpanzee
simulovat *v.i.* sham
síň *n*. chamber
sinalý *a*. ghastly
šíp *n* arrow
šipka *n*. dart
síra *n*. sulphur

šíře *n* breadth
širé moře *n.* offing
siréna *n.* siren
šířka *n.* width
sirný *a.* sulphuric
široce *adv.* wide
široký *a* broad
široký *a.* wide
sirotčinec *n.* orphanage
sirotek *n.* orphan
sirup *n.* syrup
šišlání *n* lisp
síť *n.* net
síť *n.* web
sítko *n.* sieve
sítnice *n.* retina
síťovitý *a.* webby
situace *n.* situation
sjednocení *n* consolidation
sjednocení *n.* unification
sjednotit *v. t.* consolidate
sjednotit *v.t.* unite
sjezd *n.* junction
škádlení *n.* banter
skála *n.* rock
skalp *n* scalp
skalpel *a.* lancet
skandál *n* scandal
skandalizovat *v.t.* scandalize
škára *n.* cutis
škarpa *n.* gutter
skatologie *n.* coprology

skepticismus *n.* scepticism
skeptický *a.* sceptical
skeptik *n.* sceptic
skládat *v. i* compound
skladatel compositor
skladba *n* composition
skladiště *n* depot
skladování *n.* storage
sklápět *v.i.* tilt
skleánř *n.* glazier
sklep *n* cellar
skleslý *a.* rueful
sklíčenost *n* blue
sklíčenost *n* dejection
sklíčit *v. t* deject
sklíčit *v.t.* oppress
skličující *a.* gloomy
sklidit *v.t.* reap
sklizeň *n.* vintage
sklo *n.* glass
sklon *n.* inclination
sklon *n.* proclivity
sklon *n* slant
sklonit se *v. t* bow
skluzavka *n* slide
skočit *v.i* jump
skočit si *v. i* hop
škoda *n.* damage
škoda *n* hurt
škoda *n.* pity
škodící *a.* injurious
škodlivý *a.* maleficent

škodolibost *n.* glee
skok *n.* jump
škola *n.* school
školka *n.* kindergarten ;
školné *n.* tuition
školní *a.* scholastic
skomírající *a.* moribund
skon *n* decease
skonat *v. i* decease
skončený *a* over
skončit *v. t* end
skončit *v.t* finish
skopec *n.* ram
skopové *n.* mutton
skóre *n.* score
skořice *n* cinnamon
skórovat *v.t.* score
škorpión *n.* scorpion
Skot *n.* Scot
skotská whisky *n.* scotch
skotský *a.* scotch
skoupý *a.* niggardly
škrábanec *n.* scratch
škrábanice *n.* scribble
škrábnout *v.t.* scratch
skrblík *n.* miser
škrcení *n.* strangulation
skříňka *n.* locker
skřípat *v. i* creak
skřípění *n* creak
skřítek *n* elf
skřivan *n.* lark

škrob *n.* starch
skromnost *n* modesty
skromný *a.* humble
skromný *a.* modest
skrovný *a.* meagre
skrýš *n* cache
skrz *prep.* through
škubavý *a.* jerky
škubnutí *n.* jerk
škubnutí *n.* pull
škůdce *n.* pest
škudlivý *a.* stingy
skupina *n.* band
skupina *n.* group
skupina *n.* troupe
skutečně *adv.* really
skutečný *a.* real
skutek *n* deed
skútr *n.* scooter
skvostný *a.* glorious
skvoucí *a.* resplendent
skvrna *n.* daub
skvrna *n.* mottle
skvrna *n.* stain
skvrnitý tyfus *n.* typhus
škytavka *n.* hiccup
slabičný *a.* syllabic
slabika *n.* syllable
slabina *n.* shortcoming
slábnout *v.i.* wane
slaboduchý *a.* puerile
slabost *n.* weakness

slabozraký *n.* purblind
slabý *a.* frail
slabý *a.* weak
slad *n.* malt
sladit *v.t* key
sladké víno *n.* malmsey
sladkost *n* sweet
sladkost *n.* sweetness
sladkosti *n.* sweetmeat
sladký *a.* sweet
šlágr *n* evergreen
šlamastyka *n* fix
slang *n.* slang
slanina *n.* bacon
slanost *n.* salinity
šlapat na kole *v.t.* pedal
slastný *a.* sensuous
sláva *n* fame
sláva *n.* glory
slavík *n.* nightingale
slavnost *n* festivity
slavnostní *a.* ceremonial
slavnostní *a* festive
slavnostní *a.* solemn
slavnostní slib *n.* vow
slavný *a* famous
šle *n* brace
šlechta *n.* nobility
šlechtic *n.* nobleman
slečna *n.* miss
sled *n.* succession
sleď *n.* herring

sledování *n.* pursuance
sledování *n.* surveillance
sledovat *v.t.* pursue
sledovat *v.t.* track
šlehač *n.* whisker
šlehání *n* whisk
slepá ulička *n* deadlock
slepá ulička *n.* impasse
slepé střevo *n.* appendicitis
slepecké písmo *n* braille
slepice *n.* hen
slepit *v.t.* conglutinat
slepota *n* ablepsy
slepota *n* amaurosis
slepota *n* blindness
slepý *a* blind
slepý fanatismus *n* bigotry
slétat se *v.i.* pounce
sleva *n* discount
sleva *n.* sale
slévárna *n.* foundry
slévat *n.* alloy
slezina *n.* lien
slib *n* promise
slíbit *v.t* promise
slibný *a.* auspicious
slibný *a.* promising
slibující *a.* promissory
slída *n.* mica
slina *n.* saliva
slina *n* spittle
sliz *n.* slime

slizeň *n.* harvest
slizký *a.* slimy
slizový *a.* mucous
slogan *n.* slogan
sloha *n.* portfolio
slon *n* elephant
slonovina *n.* ivory
sloučení *n* amalgamation
sloučení *n.* merger
sloučit *v.t.* amalgamate
sloučit *v.t.* fuse
sloupec *n* column
sloupek *n.* mullion
sloupoví *n.* portico
sloužit v armádě *v.i.* soldier
sloveso *n.* verb
slovíčkaření *n.* quibble
slovíčkařit *v.i.* quibble
slovně *adv.* verbally
slovní *a.* verbal
slovní hříška *n.* pun
slovní zásoba *n.* lexicon
slovník *n* dictionary
slovník *n.* vocabulary
slovníkářství *n.* lexicography
slovo *n.* say
slovo *n.* word
slovo boží *n.* gospel
složenina *n* compound
složený *a* compound
složit *v. t* compose
složit *v.t.* piece

složitý *a* difficult
složka *n* file
sluchátko *n.* receiver
sluchový *adj.* auditive
sluha *n.* orderly
sluj *n.* cavern
slunce *n.* sun
sluneční *a.* solar
slunit se *v.i.* bask
slunný *a.* sunny
slupka *n.* peel
slušet *v.t.* suit
slušnost *n* decency
slušný *a* decent
služba *n* duty
služebná *n.* maid
služební věk *n.* seniority
služebník *n* menial
služebník *n.* servant
slyšet *v.t.* hear
slyšitelný *a* audible
slza *n.* tear
smát se *v.i* laugh
smazat *v. t* delete
smeknout se *v.i.* slip
šmelinář *n.* profiteer
šmelit *v.i.* profiteer
smělost *n.* daring
smělý *a* daring
směna *n* shift
směna v kriketu *n.* innings
směr *n* direction

směr *n.* trend
směrem dolů *adv* downwards
směrem dovnitř *adv.*
  inwards
směrem k *prep.* towards
směrodatný *a.* authoritative
směřovat *v.t* head
směřující na západ *a.*
  westerly
směs *n* blend
směs *n.* mash
směsice *n.* fusion
směsice *n.* hotchpotch
směsice *n.* mixture
směšný *a.* laughable
směšný *a.* ridiculous
smeták *n* broom
smetánka *n* smart
smích *n.* laughter
smíchat *v.t.* assort
smíchat *v. t* blend
smíchat *v.t.* jumble
smírčí soudce *n.* magistrate
smírčí soudcovství *n.*
  magistracy
smíření *n.* reconciliation
smířit *v.t.* conciliate
smířit se *v.i.* acquiesce
smířit se *v.t.* reconcile
smísit *v.t.* merge
smítko *n.* mote
smlouva *n* contract

smlouvat *v.t.* bargain
smlouvat *v.i.* haggle
smog *n.* smog
smolař *n* underdog
smolařský *a.* luckless
šmouha *n* blur
smrad *n* stink
smrk *n* fir
smršť *n.* tempest
smrt *n* death
smrtelně *adj.* alamort
smrtelník *n* mortal
smrtelnost *n.* mortality
smrtelný *a* fatal
smrtelný *a.* mortal
smrtonosný *a.* lethal
smůla *n.* mischance
smutný *a.* sad
smyčec *n* bow
smyčka *n* bight
smyčka *n.* noose
smyk *n* skid
smýknout *v.t.* trail
smysl *n.* sense
smysl *n.* signification
smyšlenka *n* fabrication
smyslnost *n.* sensuality
smyslný *a.* sensual
smysluplný *a.* meaningful
snadná věc *n.* nothing
snadný *a* easy
snaha *n* effort

snaha *n* endeavour
snášenlivost *n.* toleration
sňatek *n.* marriage
sňatek *n.* wedlock
snažit se *v.i* endeavour
snědý *a.* swarthy
šnek *n.* snail
snění *n.* reverie
snesitelný *a* endurable
snést *v.t* bear
snést *v.t.* endure
snést se *v.i.* alight
sněžit *v.i.* snow
sněžný *a.* snowy
snídaně *n* breakfast
sníh *n.* snow
snímek *n* photograph
snít *v. i.* dream
snítka *n.* sprig
snížení *n.* abatement
snížení *n* decrease
snížení *n.* reduction
snížení výdajů *n.* retrenchment
snížit *v. t* decrease
snížit *v.t.* lower
snížit *v.t.* reduce
snob *n.* snob
snobský *a.* snobbish
snobství *n.* snobbery
snop *n.* sheaf
šňupací tabák *n.* snuff

šňůra *n* cord
šňůrka *n.* lace
sobecký *a.* selfish
sobota *n.* Saturday
socha *n.* sculpture
socha *n.* statue
sochař *n.* sculptor
sochařský *a.* sculptural
socialismus *n* socialism
socialista *n* socialist
sociologie *n.* sociology
sodomie *n.* sodomy
sodomita *n.* sodomite
šofér *n.* chauffeur
sofismus *n.* sophism
sofista *n.* sophist
sofistikovaný *a.* sophisticated
sojka *n.* jay
sok *n.* rival
šok *n.* shock
sokol *n* falcon
sokolník *n* hawker
šokovat *v.t.* shock
solený *a.* salty
solidarita *n.* solidarity
sólista *n.* soloist
solný *a.* saline
sólo *n* solo
sólově *adv.* solo
solventní *a.* solvent
sonda *n* probe

sonet *n.* sonnet
sopečný *a.* volcanic
sopka *n.* volcano
souběžný *a.* simultaneous
souboj *n.* tournament
soubor *n.* array
soubor *n* file
současný *a.* actual
současný *a* contemporary
současný *a* current
součet *n.* total
soucit *n* compassion
soucit *n.* sympathy
soucítit *v.i.* sympathize
soucitný *a.* massy
soucitný *a.* pitiful
soucitný *a.* sympathetic
soud *n.* trial
soudce *n.* judge
soudit *v.i.* deem
soudit *v.i.* judge
soudně stíhat *v.t.* prosecute
soudní porotce *n.* juror
soudní pravomoc *n.*
    jurisdiction
soudní zákaz *n.* injunction
soudný *a.* reasonable
soudržný *adj* cohesive
souhlas *n.* acquiescence
souhlas *n.* assent
souhlas *n.* consensus
souhlasit *v.i.* agree

souhlasit *v.i.* assent
souhlasit *v.t.* consent3
souhlasný *a.* like
souhrn *n* complex
souhrn *n.* precis
souhrnný *a* complex
souhvězdí *n.* asterism
souhvězdí *n.* constellation
soukromí *n.* privacy
soukromý *a.* private
soulad *n.* concord
soulož *n.* intercourse
soumrak *n* dusk
soumrak *n.* gloom
souper *n.* adversary
souper *n* match
souperit *v. i* compete
souperit *v.t.* rival
souperit *v.i.* vie
souperivost *n.* rivalry
souřadit *v. t* co-ordinate
souřadnice *n* co-ordination
souřadnicový *a.* co-ordinate
šourání *n.* shuffle
šourat se *v.i.* shuffle
soused *n.* neighbour
sousedit *v* abutted
sousedit *v.t.* adjoin
sousedský *a.* neighbourly
sousedství *n.*
    neighbourhood
sousto *n* bite

sousto *n.* mouthful
soustředění *n.* concentration
soustředěný *a.* intent
soustředit se *v. t* concentrate
soustruh *n.* lathe
soustružit *v.* lathe
soustružník *n.* turner
soutěska *n.* defile
soutěž *n.* contest
soutěžit *v. t* contest
soutěžní nabídka *n* tender
soutok *n* confluence
souviset *v.t.* correlate
soužení *n.* tribulation
souzený *a.* subjudice
soužený *a.* plague
soužit *v.t.* plague
soužit se *v.i.* sorrow
souzvuk *n.* consonance
sova *n.* owl
spáč *n.* sleeper
spálenina *n* burn
spálit *v. t* burn
spalničky *n* measles
spánek *n.* sleep
Španěl *n.* Spanish
Španělka *n.* Spaniard
španělský *a.* Spanish
spár *n* claw
spára *n.* commissure
spářit *v.t.* mate
spárovat *v. t* couple

spasitel *n.* saviour
spást *v.t.* pasture
spát *v.i.* sleep
špatná kalkulace *n.* miscalculation
špatná pověst *n* disrepute
špatná správa *n.* mal administration
špatná vláda *n.* misrule
špatně *adv.* badly
špatně *adv.* wrong
špatné zacházení *n.* maltreatment
špatný *a.* bad
špatný *a.* wrong
spatřit *v.t.* sight
spěchat *v.i.* hasten
specialista *n.* specialist
specialita *n.* speciality
specializace *n.* specialization
specializovat se *v.i.* specialize
speciální *a.* special
specifický *a.* specific
specifikace *n.* specification
specifikovat *v.t.* specify
špeh *n.* spy
špehovat *v.i.* spy
spekulace *n.* speculation
špenát *n.* spinach
špendlík *n.* pin
spermie *n.* sperm

spěšně *adv.* apace
špetka *n.* modicum
špice *n.* spike
špička *n.* top
špička věže *n.* steeple
spiklenec *n.* conspirator
spiknout *v. i.* conspire
spiknutí *n.* conspiracy
špína *n* dirt
špinavý *a* dirty
špinavý *a* filthy
spirála *n.* spiral
spirálovitý *a.* spiral
spiritismus *n.* spiritualism
spis *n* file
spisovatel *n.* writer
spíž *n.* ambry
špižírna *n.* pantry
splacení *n.* acquittal
spláchnout *v.i* flush
spláchnutí *n* flush
splašky *n.* sewage
splatit *v.t.* repay
splátka *n.* instalment
splátka *n.* repayment
splatný *a.* payable
splavný *a.* navigable
spleť *n.* mesh
spleť *n.* tangle
spletitý *a.* intricate
šplhat *v. i* clamber
šplhat *v.i.* scramble

splnění *n.* fulfilment
splněný *a* accomplished
splnit *v.t.* fulfil
spočítat si *v.t.* reckon
spodní prádlo *n.* underwear
spodní proud *n.*
  undercurrent
spodnička *n.* petticoat
spojenec *n.* ally
spojení *n.* affiliation
spojení *n.* conjuncture
spojení *n.* link
spojený *adj.* conjunct
spojit *v. t.* connect
spojit *v.t* link
spojit se *v.t.* ally
spojitost *n* connection
spojivka *n.* conjunctiva
spojovací *adj.* annectant
spojovat *v.t.* associate
spokojenost *n* contentment
spokojený *a.* content
společenskost *n.* sociability
společenský *a.* sociable
společenství *n.* alliance
společně *adv.* altogether
společně *adv.* together
společnost *n.* company
společnost *n.* society
společný *a* collective
společný jazyk *n.* lingua
  franca

společnými silami *adv.*
  jointly
spoléhat se *v.i.* rely
spolehlivý *a.* reliable
spolehlivý *n.* trusty
spolehnout se *v.t* trust
spolehnutí *n.* reliance
spolehnutí *n.* trust
spolek *n.* guild
spolknout *v.t.* swallow
spolubydlící *n* chum
spolupodepsat *v. t.*
  countersign
spolupodílník *n* co-partner
spolupráce *n* collaboration
spolupráce *n* co-operation
spolupracovat *v. i*
  collaborate
spolupracovat *v. i* co-operate
spolupracovník *n* fellow
spolupracující *a* co-operative
spoluviník *n* accomplice
spontánní *a.* spontaneous
spontánnost *n.* spontaneity
sponzor *n.* sponsor
sponzorovat *v.t.* sponsor
spor *n.* altercation
spor *n* contention
spor *n* dispute
sporná strana *n.* litigant
sporný *a.* objectionable
sporný *a.* questionable

sport *n.* sport
sportovat *v.i.* sport
sportovec *n.* sportsman
sportovní *a.* sportive
sporý *a.* scanty
spotřeba *n* consumption
spotřebič *n.* appliance
spotřební daň *n* excise
spotřebovat *v. t* consume
spoušť *n.* ravage
spoušť *n.* trigger
spousta *n.* profusion
spoutat *v.t* handcuff
spoutat *v.t.* shackle
spráskat *v. t* belabour
správa *n.* administration
správce *n.* administrator
správce *n.* keeper
správce *n.* superintendent
spravedlivý *a.* just
spravedlivý *a.* righteous
spravedlnost *n.* justice
spravit *v.t* fix
správně *adv* aright
správně *adv.* aright
správně *adv* right
správní *a.* administrative
správný *a* correct
správný *a.* right
sprcha *n.* shower
sprej *n.* spray
spřátelit se *v. t.* befriend

spříznění *n.* kinship
spropitné *n.* tip
sprostý *a.* nasty
šprým *n.* jest
šprýmař *n* wag
šprýmovat *v.i.* jest
šprýmovný *a.* jocular
špulka na čištění uší *n.*
  aurilave
šrám *n.* welt
sraz *n.* meet
sraženina *n.* clot
srazit *v. t* clot
srazit k zemi *v.t* floor
srážka *n* dash
srdce *n.* heart
srdcovitý *adj.* cordate
srdečně *adv.* heartily
srdeční *adjs* cardiacal
srdečnost *n.* jollity
srdečný *a* cordial
srdečný *a.* jolly
srdnatost *n* manliness
srdnatost *n.* valour
srknutí *n.* sip
šrot *n.* scrap
srotit se *v.t.* mob
šroub *n* bolt
šroub *n.* screw
šroubovák *n.* wrench
srovnaný *adj* alin
srovnat *v. t* compare

srovnatelný protějšek *n*
  equal
srovnávací *a* comparative
srozumitelný *a.* intelligible
srp *n.* sickle
srpen *n* august
sršeň *n.* hornet
srůst *v.t.* accrete
srůst *n.* concrescence
stabilita *n.* stability
stabilizace *n.* stabilization
stabilizovat *v.t.* stabilize
stabilní *a.* stable
stadion *n.* stadium
stádo *n.* herd
stagnace *n.* stagnation
stagnovat *v.i* falter
stagnovat *v.i.* stagnate
stáhnout z kůže *v.t* skin
stáj *n* stable
stále *adv.* along
stále *adv.* on
stále *adv.* still
stálost *n.* steadiness
stálý *a.* steady
stan *n.* tent
standard *n.* standard
standardizace *n.*
  standardization
standardizovat *v.t.*
  normalize
standardizovat *v.t.*

standardize
standardní *a* standard
stánek *n.* stall
stanice *n.* station
stanovení *n.* assessment
stanoviště *n* post
stanovit *v.t.* assess
stanovit *v.t* state
šťára *n* swoop
stará panna *n.* spinster
stařešina *n* elder
starobylost *n.* antiquity
starobylý *a.* antique
starostlivost *n.* solicitude
starostlivý *a.* solicitious
starověký *a.* ancient
starožitník *n* antiquarian
starožitný *a.* antiquarian
starší *a* elder
starší *a.* senior
starý *a.* old
šťastlivý *a.* lucky
šťastně *adv.* luckily
šťastný *a.* fortunate
šťastný *a.* happy
stát *v.i.* stand
stát *n.* state
stát (o ceně) *v.t.* cost
stát se *v. i* become
stát se *v.t.* happen
statečnost *n* bravery
statečný *a* brave

statik *n.* static
statika *n.* statics
statistický *a.* statistical
statistik *n.* statistician
statistika *n.* statistics
statkář *n.* squire
státník *n.* statesman
status *n.* status
statutární *a.* statutory
stav *n.* profession
stav nouze *n* emergency
šťáva *n* juice
šťáva *n* squash
stavba *n* construction
stavba *n* edifice
stavět *v. t* build
stavět *v. t.* construct
stávka *n* strike
stávkující *n.* striker
šťavnatý *a.* juicy
štěbetat *v. i* cackle
stéblo *n.* straw
štědrý *a* bountiful
štědrý *a.* munificent
steh *n.* stitch
stehno *n.* thigh
stejný *a.* same
stékající se *adj.* confluent
štěkat *v.t.* bark
štěkot *n.* bark
štěkot *n.* woof
sten *n* groan

sténání *n.* moan
sténat *v.i.* groan
sténat *v.i.* moan
štěně *n.* puppy
stenograf *n.* stenographer
step *n.* steppe
štěp *n.* graft
štěpit *v.i.* secede
stěr *n.* smear
štěrbina *n.* aperture
štěrbina *n* cleft
štěrbina *n.* slit
stereotyp *n.* stereotype
stereotypní *a.* stereotyped
sterilizace *n.* sterilization
sterilizovat *v.t.* sterilize
sterilní *adj.* acarpous
šterlink *n.* sterling
štěstí *n.* happiness
štěstí *n.* luck
štětina *n* bristle
stetoskop *n.* stethoscope
stěží *adv.* barely
stěží *adv.* scarcely
stezka *n.* path
stěžovat si *v. i* complain
stigma *n.* stigma
stíhání *n.* prosecution
štíhlý *a.* slim
stín *n.* shadow
stinná stránka *n* drawback
stinný *a.* seamy

stinný *a.* sylvan
štípanec *v.* pinch
štípat *v.i* smart
stipendium *n.* scholarship
stipendium *n.* stipend
štiplavost *n.* pungency
štiplavý *a.* pungent
štípnout *v.t.* pinch
stisk *n* grip
stisknout *v.t.* grip
stísnit *v.t.* straiten
stít *v. t.* behead
štítek *n.* label
stížnost *n* complaint
stlačit *v. t.* compress
stlačit *v.t.* pressurize
stmívání *n* twilight
stodola *n.* barn
stoh *n.* pile
stoh *n.* rick
stoik *n.* stoic
stojatý *a.* stagnant
stojící *n.* standing
stoka *n* sewer
stolař *n.* joiner
stoleté výročí *n.* centenary
století *n.* century
stoletost *n* centenarian
stoletý *adj.* centennial
stolička *n.* stool
stonásobek, stonásobný *n.*
& *adj* centuple

stonek *n.* stalk
stonožka *n.* centipede
stonožka *n.* millipede
stonožka *n.* multiped
stopa *n.* mark
stopa *n.* trace
stopka *n.* stem
stopky *n* chronograph
stoupání *n.* climb1
stoupat *v.i* climb
stoupat *v.* rise
stoupenec *n.* loyalist
stoupenec *n.* partisan
šťourat *v. t* cavil
stovka *n.* hundred
stračena *n.* magpie
strach *n* fear
strachovat se *v.i* fear
strakatý *a.* motley
strana *n.* party
strana *n.* side
stranicky *adv* ex-parte
stranický *a* ex-parte
stranit se *v.t.* shun
stránka *n.* page
strašidlo *n.* wraith
strašit *v.t.* frighten
strašný *a.* horrible
strašný *a.* terrible
stratég *n.* strategist
strategický *a.* strategic
strategie *n.* strategy

stratégství *n.* strategem
stravitelný *a.* palatable
stráž *n.* sentinel
strážce *n* custodian
strážce guard
strážit *v.i.* guard
strážník *n* constable
strážný *n.* sentry
strčení *n.* shove
strčit *v.t.* jostle
strčit *v.t.* push
strčit *v.t.* shove
strčit do zásuvky *v.t.* plug
střecha *n.* roof
střecha nad hlavou *n.* lodging
střed *n* center
střed *n* middle
středa *n.* Wednesday
středisko *n.* hub
střední *a.* middle
středoškolský *a.* secondary
středověký *a.* medieval
středověký *a.* medieval
středový *a.* median
střela *n.* missile
střelba *n* shoot
střelec *n.* scorer
střet *n* collision
střetnout se *v. i.* collide
střevní *a.* intestinal
střevo *n.* bowel

střevo *n.* intestine
strhující *a.* torrential
stříbrný *a* silver
stříbro *n.* silver
střídat *v.t.* alternate
střídavý *a.* alternate
střídmost *n.* temperance
střídmý *a.* temperate
střih *n* cut
stříhat *v. t* cut
stříkačka *n.* syringe
striktní *a.* stringent
střílna *n.* loop-hole
střízlík *n.* midget
střízlík *n.* wren
střízlivost *n.* sobriety
střízlivý *a.* sober
strkanice *n.* jostle
strmý *a.* steep
strniště *n.* stubble
strnulý *a.* numb
strnulý pohled *n.* stare
strohý *a.* austere
strohý *a.* stark
strohý *a.* terse
strojní nůžky *n. pl.* shears
strojový *a.* mechanical
strom *n.* tree
strop *n.* ceiling
stroze *adv.* stark
strpět *v.t.* stomach
strpět *v.t.* tolerate

stručnost *n* brevity
stručný *a.* brief
stručný *a* concise
stručný *a* summary
struktura *n.* pattern
struktura *n.* structure
strukturální *a.* structural
struna *n.* string
stružka *n.* streamlet
strýc *n.* uncle
stud *n.* shame
student *n.* student
studený *a* cold
studio *n.* studio
studium *n.* study
studna *n.* well
studovaný *n.* bookish
studovat *v.i.* study
stuha *n.* streamer
stůl *n.* table
stupeň *n* degree
stupeň *n.* grade
stupínek *n.* dais
stupně Celsia *a.* centigrade
stupnice *n.* scale
stupňování *n.* gradation
stužka *n.* ribbon
štvanec *n.* outcast
štvaný *a* outcast
stvoření *n* creature
stvořit *v. t* create
stvořitel *n* creator

stydět se *v.i.* shy
stydlivý *a.* shy
stýkat se *v.i* troop
styl *n.* style
stylem západní *a.* occidental
subjektivní *a.* subjective
suchar *n* cracker
sucho *n* drought
suchopárný *adj.* arid
suchý *a* dry
sud *n* cask
sudič *ns.* barrator
sudý *a* even
sukně *n.* skirt
sukničkář *a.* womaniser
sůl *n.* salt
suma *n* amount
supění *n.* pant
superlativ *n.* superlative
supět *v.i.* pant
surovec *n* brute
surový *a* coarse
sušenka *n* biscuit
šuškanda *n.* hearsay
suť *n* debris
suterén *n.* basement
sutlny *n.* rubble
sutiny *n.* wreckage
suvenýr *n.* souvenir
sužovat *v.t.* ail
sužovat *v. t* bedevil
šváb *n* cockroach

svačinka *n.* snack
svádění *n.* seduce
svádivý *a* seductive
svah *n.* slope
sval *n.* muscle
svalová bolest *n.* myalgia
svalový *a.* muscular
svár *n* weld
svařit *v.t.* mull
svařit *v.t.* weld
švarný *adj.* deft
svatba *n.* wedding
svatební *a.* nuptial
svatební obřad *n.* nuptials
svatokrádež *n.* sacrilege
svatokrádežný *a.*
  sacrilegious
svatořečení *n.* sanctification
svátost *n.* sacrament
svatozář *n.* nimbus
svatý *a.* holy
svatý *n.* saint
svatyně *n.* shrine
svatyně *n* temple
svázanost *n* bondage
svázat *v.t* bind
svázat *v.t.* tie
svazek *n* bunch
svažovat se *v.i.* slope
svažující *adj.* declivous
svědčit *v.i.* testify
svědectví *n.* indictment

svědectví *n.* testimony
svědek *n.* witness
svědomí *n* conscience
svědomitý *a* dutiful
svéhlavý *a.* headstrong
svéhlavý *a.* wayward
svěřit *v. t* entrust
svést na zcestí *v.t.* misguide
švestka *n.* plum
svět *n.* world
světácký *a.* worldly
světák *n.* worldling
světelný *a.* luminous
světlice *n* flare
světlo *n.* light
světlý *a* bright
světlý *a* light
svetr *n.* jersey
svetr *n.* pullover
svetr *n.* sweater
světský *a* earthly
svévolný *a.* arbitrary
svěží *a.* fresh
svíčka *n.* candle
švihák *n* dandy
svíjet se *v.i.* wince
svijonožci *n* barnacles
švindl *n.* hoax
švindl *n* sham
svinout *v.t.* convolve
svinout *v.t.* furl
svinstvo *n* filth

svírat *n* clasp
svištět *v.i.* whiz
svítat *v. i.* dawn
svitek *n.* scroll
svítidlo *n.* luminary
svižný *adj* alacrious
svkělý *a* great
svléknout se *v.t.* strip
svoboda *n.* freedom
svoboda *n.* liberty
svobodný *a.* free
svolat *v.t.* convoke
svolavatel *n* convener
svolení *n.* consent
svolit *v. i* consent
svolný *adj.* compliant
svorka *n* clamp
svorka *n.* staple
svrab *n.* scabies
svrbění *n.* itch
svrbět *v.i.* itch
svrchník *n.* overcoat
svrchovanost *n.* sovereignty
svrchovaný *a* sovereign
svršek *n.* garment
svůj *pron.* her
svůj *pron.* their
Švýcar *n.* Swiss
švýcarský *a* swiss
syčet *v.i* hiss
sykot *n* hiss
sylfa *n.* sylph

symbol *n.* symbol
symbolický *a.* symbolic
symbolismus *n.* symbolism
symetrický *a.* symmetrical
symetrie *n.* symmetry
symfonie *n.* symphony
sympózium *n.* symposium
syn *n.* son
synonymní *a.* synonymous
synonymum *n.* synonym
synovec *n.* nephew
syntéza *n.* synthesis
sýr *n.* cheese
syrový *a.* raw
systém *n.* network
systém *n.* system
systematicky zorganizovat
  v.t. regiment
sžírat *v.t.* fret

T

tabák *n.* tobacco
tabletka *n.* tablet
tabu *n.* taboo
tabuizovaný *a* taboo
tabulátor *n.* tabulator
tabulkový *a.* tabular
tahanice *n* scramble
tahanice *n.* wrangle
tahat se *v.i.* wrangle

táhnout *v.i.* trek
tajemství *n.* secret
tajfun *n.* typhoon
tajná úmluva *n* collusion
tajnůstkářský *a.* reticent
tajnůstkářství *n.* reticence
tajný *a.* secret
takový *pron.* such
takový *a.* that
takt *n.* tact
taktický *a.* politic
taktik *n.* tactician
taktika *n.* tactics
taktní *a.* tactful
takto *adv.* thereby
taktovka *n.* wand
taky *adv.* so
talent *n.* talent
talíř *n.* plate
talisman *n.* talisman
tam *adv.* there
tamarind *n.* tamarind
támhle *adv.* yonder
tamto *rel. pron.* that
tančit *v. t.* dance
tanec *n* dance
tání *n* thaw
tank *n.* tank
tápat *v.i.* fumble
tapiserie *n.* tapestry
taška *n.* bag
tát *v.i.* melt

tát *v.i* thaw
tatínek *n* dad, daddy
taxi *n.* taxi
taxík *n.* cab
tázací *a.* interrogative
tázací způsob *n* interrogative
tažná síla *n.* traction
technický kreslič *a*
   draftsman
technik *n.* technician
technika *n.* technique
technolog *n.* technologist
technologický *a.*
   technological
technologie *n.* technology
téci *v.i.* leak
tečka *n* dot
tečkovat *v. t* dot
tečna *n.* tangent
tedy *adv.* therefore
tehdy *adv.* then
těhotenství *n.* pregnancy
těhotná *a.* pregnant
teismus *n.* theism
teista *n.* theist
tekutý písek *n.* quicksand
telefon *n.* telephone
telegraf *n.* telegraph
telegrafický *a.* telegraphic
telegrafie *n.* telegraphy
telegrafista *n.* telegraphist
telekomunikace *n.*

   telecommunications
telepatický *a.* telepathic
telepatie *n.* telepathy
telepatista *n.* telepathist
teleskop *n.* telescope
teleskopický *a.* telescopic
tělesná stavba *n.* physique
tělesný *a* bodily
tělesný *a* corporal
televize *n.* television
televizní vysílání *n.* telecast
tělo *n* body
tělocvična *n.* gymnasium
téma *n.* theme
tématický *a.* thematic
téměř *adv.* almost
téměř *adv.* nearly
temperament *n.*
   temperament
temperamentní *a.*
   temperamental
tempo *n* pace
tempo *n* stroke
ten *pron.* one
ten, kdo nezapadá *n.*
   outsider
tendence *n* bias
tendence *n.* tendency
tenis *n.* tennis
tenký *a.* thin
tento *dem. pron.* that
teokracie *n.* theocracy

teolog *n.* theologian
teologický *a.* theological
teologie *n.* theology
teoretický *a.* theoretical
teoretik *n.* theorist
teoretizovat *v.i.* theorize
teorie *n.* theory
tep *n.* pulsation
teplo *n.* warmth
teploměr *n.* thermometer
teplota *n.* temperature
teplý *a.* warm1
tepna *n.* artery
terapie *n.* therapy
terasa *n.* terrace
teriér *n.* terrier
termální *a.* thermal
termín *n.* term
terminologický *a.*
    terminological
terminologie *n.* terminology
termoska *n.* thermos (flask)
teror *n.* terror
terorismus *n.* terrorism
terorista *n.* terrorist
terpentýn *n.* turpentine
těšlt se *v. t* enjoy
tesklivý *a.* wistful
těsnění *n.* gasket
těsnopis *n.* stenography
těsný *a.* tight
těsto *n* dough

teta *n.* aunt
tetování *n.* tattoo
tetovat *v.i.* tattoo
text *n.* text
textař *n.* lyricist
textil *n* textile
textilní *a.* textile
textový *n.* textual
těžce *adv.* hardly
teze *n.* thesis
těžkopádný *a.* leaden
těžký *a.* hard
ti *pron.* them
ticho *n.* calm
ticho *n* hush
ticho *n.* quiet
ticho *n.* silence
tichý *a.* quiet
tichý *a.* silent
tíhnout *v. t* bias
tíhnout *v.i.* incline
tíhnout *v.i.* tend
tikat *v.i.* tick
tikot *n.* tick
tím směrem *adv.* thither
tinktura *n.* tincture
tip *n.* tip
tiráda *n.* tirade
tíseň *n.* predicament
tisíc *num.* thousand
tisíce *num.* thousand
tisíciletí *n.* chiliad

tisk *n* press
tiskárna *n.* printer
tisknout chybně *v.t.* misprint
tisknout přes šablonu *v.i.*
   stencil
tiskopis *n* blank
tiskout se *v.* nuzzle
tísnit *v. t* besiege
tištěný kurzívou *a.* italic
titěrný *a.* petty
titul *n.* title
titulek *n.* caption
tíže *n.* gravity
tíživý *a* burdensome
tíživý *a.* onerous
tkadlena *n.* weaver
tkalcovský stav *n* loom
tkáň *n.* tissue
tkanina *n* cloth
tkanina *n.* texture
tkát na stavu *v.i.* loom
tlachání *n.* prattle
tlachat *v.i.* prattle
tlak *n.* pressure
tlampač *n.* megaphone
tlegram *n.* telegram
tleskání *n* clap
tleskat *v.t.* applaud
tleskat *v. i.* clap
tlouci *v. t.* beat
tlouci *v.i.* palpitate
tlukot *n.* palpitation

tlukot srdce *n.* throb
tlumič *n.* silencer
tlumit *v. t.* baffle
tlumočit *v.t.* interpret
tlumočník *n.* interpreter
tmavý *a* dark
tmavý *n* dark
to *pron.* it
tobolka *n.* pod
točit *n.i.* whirl
tóga *n.* toga
tok *n.* stream
tolerance *n.* tolerance
tolerantní *a.* tolerant
tolik *adv.* that
tón *n.* tone
tón v módě *n.* ton
tonik *n.* tonic
topas *n.* topaz
topič *n.* stoker
topit se *v.i* drown
topograf *n.* topographer
topografický *a.*
   topographical
topografie *n.* topography
topol *n.* poplar
tornádo *n.* tornado
torpédo *n.* torpedo
torpédovat *v.t.* torpedo
totalita *n.* totality
totožnost *n.* oneness
touha *n.* aspiration

touha *n.* longing
toulat se *v.t.* ramble
toulka *n* ramble
toužebný *a.* wishful
toužit *v.t.* aspire
toužit *v.t.* crave
toužit *v.i* long
továrna *n* factory
tračník *n* colon
tradice *n.* tradition
tradiční *a.* traditional
tragéd *n.* tragedian
tragédie *n.* tragedy
tragický *a.* tragic
trajekt *n* ferry
trakt *n.* tract
traktor *n.* tractor
trám *n.* girder
tramvaj *n.* tram
trámy *n.* timber
transakce *n.* transaction
transkripce *n.* transcription
transparent *n.* banner
transplantovat *v.t.* transplant
trápení *n.* affliction
trápení *n* distress
trápit *v.t.* afflict
trápit se *v.t.* agonize
třas *n* shake
trasa *n.* route
třást *v.i.* shake
třást se *v.i.* quiver

třást se *v.i.* tremble
tráva *n* grass
trávení *n* digestion
trávit *v. t.* digest
trávník *n.* lawn
třebaže *conj.* though
trefa *n* bull's eye
třenice *n.* friction
trénink *n.* training
třepetat *v.i.* wag
třepotání *n* flicker
třepotat *v.t* flicker
třes *n.* quiver
třes *n.* tremor
trest *n.* punishment
třetí *num.* third
třetina *n.* third
trezor *n.* vault
trh *n* market
trh *n.* trade
trhák *n* smash
trhaný *a* fitful
trhlina *n* breach
trhlina *n.* rift
trhlina *n* split
trhlina *n.* tear
trhnout *v.t.* tug
tři *num.* three
tribunál *n.* tribunal
třicátý *num.* thirtieth
třicet *num.* thirty
třicetina *num.* thirtieth

třicítka *n.* thirty
třída *n* class
trik *n* trick
trikolóra *a.* tricolour
třikrát *adv.* thrice
trimuf *n.* triumph
třináct *num.* thirteen
třináctina *num.* thirteen
třináctý *num.* thirteenth
trio *n.* trio
tříska *n.* splinter
třístranný *a.* tripartite
triumfální *a.* triumphal
triumfovat *v.i.* triumph
triviální *a.* trivial
trmácet *v.i.* plod
třmen *n.* stirrup
trn *n.* thorn
trnitý *a.* thorny
trocha *n* bit
trofej *n.* trophy
trojbarevný *n* tricolour
trojice *n.* trinity
trojitý *a.* triple
trojka *n.* three
trojkolka *n.* tricycle
trojmo *adv.* triplicate
trojnásobit *v.i.* triple
trojnásobný *a.* triplicate
trojnožka *n.* tripod
trojúhelník *n.* triangle
trojúhelníkový *a.* triangular

tropický *a.* tropical
tropy *n.* tropic
trouba *n.* oven
troubení *n* bray
troubit *v. t* blare
troubit *v. i* bray
troubit *v.i.* trumpet
troufat si *v. i.* dare
trousit se *v.i.* straggle
trpaslík *n* dwarf
trpělivost *n.* patience
trpělivý *a.* patient
třpyt *n* glitter
třpytit se *v.i.* glitter
třpytný *a.* lustrous
třtina *n.* cane
trubkovitý *a.* tubular
truchlení *n* lament
truchlení *n.* mourning
truchlící *n.* mourner
truchlit *v.t.* grieve
truchlit *v.i.* mourn
truchlivý *a.* mournful
trudný *a.* grievous
truhlář *n.* carpenter
truhlařina *n.* carpentry
trumpeta *n.* trumpet
trůn *n.* throne
trup *n.* trunk
trvající *a.* lasting
trvalé bydliště *n* domicile
trvalka *n.* perennial

trvalý *a* abiding
trvalý *a.* perennial
trvání *n* duration
trvat *v.i* abide
trvat *v.i.* last
trylek *n* warble
trylkovat *v.i.* warble
trysk *n.* gallop
tryska *n.* nozzle
tryskáč *n.* jet
tryskat *v.i.* spurt
trýzeň *n.* anguish
tržba *n.* revenue
tržnice *n.* mart
tuberkolóza *n.* tuberculosis
tucet *n* dozen
tučný *a* fat
tudíž *adv.* thus
tuk *n* fat
ťuknutí *n* pat
tulák *n.* rover
tuleň *n.* seal
ťulpas *n* gull
tuna *n.* tonne
tunel *n.* tunnel
tunelovat *v.i.* tunnel
tupec *n* dunce
turban *n.* turban
turbína *n.* turbine
turbulence *n.* turbulence
tuřín *n.* turnip
turismus *n.* tourism

turista *n.* tourist
tutoriál *n.* tutorial
tužba *n.* yearning
tuzemský *a.* inland
tužka *n.* pencil
tvar *n.* shape
tvářnost *n.* physiognomy
tvaroh *n* curd
tvořivý *adj.* creative
tvrdá zkouška *n.* ordeal
tvrdohlavý *a.* stubborn
tvrdý *a.* tough
tvrz *n.* citadel
tvrzení *n.* proposition
tvůrce *n* former
tyč *n.* pole
tyčit se *v.i.* soar
týden *n.* week
týdeník *n.* periodical
týdeník *n.* weekly
týdenní *a.* weekly
týdně *adv.* weekly
tyfus *n.* typhoid
tygr *n.* tiger
tygřice *n.* tigress
týk *n.* teak
tykadla *n.* antennae
týkat se *v.i.* pertain
tykev *n.* gourd
tým *n.* team
typ *n.* type
typ malířského štětce *n.*

maulstick
typ počítačového disku *n.*
loadstar
typ prášku *n.* amberite
typ svalu *n* agonist
typický *a.* typical
tyran *n* despot
tyran *n.* tyrant
tyranie *n.* tyranny

u *prep.* around
u *prep.* nigh
ublížit *v.t* harm
ubohý *a* dire
ubohý *a.* lame
ubohý *a.* pathetic
ubohý *a.* unhappy
ubohý *a.* wretched
úbor *n.* garb
ubožák *n.* pauper
ubožák *n.* wretch
ubránit *v. t* defend
úbytek *n.* decrement
úbytek *n.* shrinkage
úbytek *n* wane
ubytování *n.* accommodation
ubytovat *v.t* accommodate
ubytovat *v.t* house

ubývat *v. t* diminish
ubývat *v.i* shrink
učarovat *v. t.* charm2
účast *n.* participation
účastník *n.* attendant
účastník *n.* participant
účastnit se *v.i.* participate
učební program *n.* syllabus
učedník *n* disciple
ucelenost *n.* integrity
ucelený *a* comprehensive
ucelený *a.* integral
účelný *a* expedient
učeň *n.* apprentice
učeň *n.* trainee
učenec *n.* scholar
učení *n* creed
učení *n.* learning
učený *a.* scholarly
účet *n.* account
účet *n* bill
účetní *n.* accountant
účetní *n* book-keeper
účetní kniha *n.* ledger
účetnictví *n.* accountancy
uchazeč *n.* aspirant
ucházení *n.* leakage
ucho *n* ear
úchop *n* grasp
uchopení *n.* seizure
uchopit *v.t.* grab
uchování *n.* preservation

uchovat *v.t.* maintain
uchovávat *v. t.* cherish
uchovávat *v. t* conserve
uchvácení *n.* mesmerism
uchvátit *v. t* enrapture
uchvátit *v.t.* mesmerize
uchýlit se *v. i* deviate
úchylka *n* deviation
uchylovat se *v.i.* resort
učinit příkoří *v.t.* wrong
účinkující *n.* performer
účinnost *n* efficacy
účinný *a* efficient
učit se *v.i.* learn
učitel *n.* teacher
úcta *n* esteem
uctít *v.t.* revere
uctít *v.t.* venerate
uctívání *n.* adoration
uctívání *n.* veneration
uctivý *a.* respectful
úctyhodný *a.* venerable
úd *n.* limb
událost *n* event
udání *n.* denunciation
udatnost *n.* gallantry
udatný *a.* valiant
udělat *v.t.* make
udělat díru *v.t.* puncture
udělat pohovor *v.t.* interview
udělat pruhy *v.t.* stripe
udělit *v.t.* allot

udělit cenu *v.t.* award
udělit milost *v.t.* pardon
udělit volební právo *v.t.* enfranchise
úder *n.* bang
úder *adj.* crump
úder *n* hit
úder *n.* thump
udeřit *v.t.* bang
udeřit *v.t.* gird
udeřit *v.t.* hit
udeřit *v.t.* strike
udeřit *v.t.* thump
údiv *n.* astonishment
udivit *v.t.* astonish
údobí *n.* spell
údolí *n* dale
údolí *n.* vale
údržba *n* upkeep
udržet si *v.t.* sustain
udržování *n.* maintenance
udusat *v.t.* trample
udušení *n.* suffocation
udusit *v.t* suffocate
uhánět *v.i.* speed
uhasit *v.t.* quench
uhasit *v t.* slake
uhasit *v.t.* smother
úhel *n.* angle
uhlazenost *n.* urbanity
uhlazený *a.* mannerly
uhlazený *a.* neat

uhlazený *a.* sleek
uhlazený *a.* urbane
uhlí *n* coal
uhlík *n.* carbon
úhlový *a.* angular
úhor *n* fallow
úhrada *n.* remittance
uhradit *v.t.* reimburse
uhranout *v.t* bewitch
ujistit *v.t.* assure
ujistit se *v.t.* reassure
újma *n.* harm
ukamenovat *v.t.* stone
ukázat *v.t.* show
ukazováček *n* forefinger
úkladná vražda *n*
   assassination
úkladně zavraždit *v.t.*
   assassinate
úkladný *a.* treacherous
uklidit *v.t.* tidy
uklidnit *v.t.* lull
uklidňující *adj* calmative
ukojit *v.t.* satiate
ukojitelný *a.* satiable
ukolébavka *n.* lullaby
ukončení *n.* termination
ukončit *v. t* conclude
ukončit *v. t* discontinue
ukončit *v.t.* terminate
ukonejšit *v.i* hush
ukořistit *v. t.* capture

ukovat *v.t* forge
úkryt *n* haunt
ukvapený *a.* hasty
úl *n* alveary
úl *n.* beehive
ulehčit *v.t.* alleviate
úlek *n.* fright
úlek *n.* scare
úleva *n.* relief
ulevit *v. t* ease
ulevit *v.t.* relieve
ulice *n.* street
ulička *n.* alley
uličník *n.* rascal
uličník *n.* urchin
ulita *n.* shell
uloupit *v.t* pirate
úlovek *n.* catch
úlovek *n.* pick
uložit *v.t.* stow
uložit do skladu *v.t*
   warehouse
ultimátum *n.* ultimatum
umělá vlákna *n* synthetic
umělec *n.* artist
umělecký *a.* artistic
umělý *a.* artificial
umělý *a.* synthetic
umění *n.* art
úměrně přizpůsobit *v.t.*
   proportion
úměrný *a.* proportional

umět *v. t.* can
umíněnost *n.* obduracy
umíněný *a.* obdurate
umírněný *a.* moderate
umírnit *v.t.* moderate
umístění *n.* allocation
umístěný *a* set
umístit *v.t.* allocate
umístit *v.t.* place
umístit *v.t.* position
umístit *v.t.* station
umístit chybně *v.t.* misplace
umlčet *v.t.* muffle
umlčet *v.t.* silence
úmluva *n.* convention
umocnění *n.* augmentation
umořit *v.t.* torment
umožnit *v.t.* allow
umožnit *v. t* enable
umřít *v. i* die
umrlčí komora *n.* mortuary
úmrtí *n* bereavement
úmrtní *a.* obituary
umučit *v.t.* torture
úmysl *n.* aim
úmysl *n.* intention
úmysl *n.* purpose
úmyslně *adv.* purposely
úmyslný *a.* intentional
umýt *v.t.* wash
umýt hubkou *v.t.* sponge
umytí *n* wash

umyvadlo *n.* basin
umývání *n* ablution
umyvatelný *a.* washable
unáhlený *a* snap
únava *n* fatigue
unavit *v.t* fatigue
unavit *v.t. & i* weary
únavný *a.* tiresome
unce *n.* ounce
unést *v.t.* abduct
unést *v.t.* kidnap
unie *n.* union
únik *n* elusion
únik *n.* leak
unikátní *a.* unique
uniknout *v.i* abscond
unionista *n.* unionist
unístit *v.t* set
univerzální *a.* universal
univerzálnost *n.* universality
univerzita *n.* university
únor *n* February
únos *n* abduction
unudit *v.t.* weary
upéct *v.t.* roast
upevnit *v.t.* mount
upevnit *v.t.* picket
upevnit řemenem *v.t.* strap
uplakaný *a* maudlin
úplatek *n* bribe
úplatnost *n.* venality
úplatný *a.* venal

úplavice *n* dysentery
uplést *v.t.* knit
úplně *adv* all
úplně *adv.* through
uplynout *v. t* elapse
upokojit *v.t.* appease
upokojit *v.t.* soothe
upokojit *v.t.* tranquillize
upomínka *n.* reminder
upomínkový předmět *n.* sake
uposlechnout *v.t.* obey
upotřebení *n.* utilization
upotřebit *v.t.* utilize
upoutaně na lůžko *adv.* abed
upovídaný *a.* talkative
upovídaný *a.* wordy
upozornění *n.* notice
upozornit předem *v.t* forewarn
úprava *n* alteration
upravený *a.* trim
upravit *v.t.* alter
upravit se *v.t* groom
uprchlík *n.* fugitive
uprchlík *n.* refugee
upřený pohled *n* gaze
upřímnost *n.* sincerity
upřímný *a.* frank
upřímný *a.* sincere
upřít *v.t.* gainsay
úprk *n* scamper

úprk *n.* stampede
uprostřed *prep.* amongst
uprostřed midst
úřad *n.* bureau
úřadovat *v.i.* officiate
úřadující *a* incumbent
úřasný *a.* marvellous
urazit *v.t.* affront
urazit *v.t.* assault
urazit *v.t.* insult
urazit *v.t.* offend
urazit *v.t.* snub
urážka *n* affront
urážka *n.* assault
urážka *n.* insult
urážka *n.* offence
urážka *n.* slight
urážlivý *a* abusive
urážlivý *a.* offensive
určit polohu *v.t.* locate
úředně odhadnout *v.t.* appraise
úřední uznání *n.* approbation
uřednický *a* clerical
úředník *n* clerk
úředník *n* official
urna *n* urn
úroda *n* crop
úroveň *n.* level
úroveň *n.* norm
urovnání *n.* settlement
urovnávat *v.i.* settle

urputný boj *n.* throe
úryvek *n.* snatch
usadit *v.t.* seat
usazenina *n.* sediment
usazovat se *v.i.* perch
uschovat *v. t* enshrine
úsečný *a* curt
usedlost *n.* habitation
usedlý *a.* sedate
usedlý *a.* staid
ušetřit *v.t.* spare
usilování *n.* conation
usilovat *v.i.* aim
usilovat *v.i.* strive
usilovný *a.* intensive
usilovný *a.* strenuous
úskalí *n.* rigour
uskladnit *v.t.* store
úšklebek *n* sneer
ušklíbat se *v.i* sneer
uskočit *v. t* dodge
úskočný *a.* shifty
úskočný *a.* wily
úskok *n* dodge
úskok *n.* ruse
úskok *n.* wile
uškrtit *v.t.* strangle
uskutečnění *n.* realization
uskutečnit *v.t.* accomplish
uskutečnit *v.t.* realize
ušlechtilost *n.* chivalry
ušlechtilý *a.* chivalrous

ušlehat *v.t.* whisk
úslová *n.* locution
úslužnost *n.* complaisance
úslužný *adj.* complaisant
úslužný *a.* officious
usmažit *v.t.* fry
úsměv *n.* smile
usmívat se *v. i* chuckle
usmívat se *v.i.* smile
usnadnit *v.t* facilitate
usnášeníschopný počet *n.*
  quorum
usnesení *n.* resolution
usnesení *n.* ruling
ušní maz *n* cerumen
úspěch *n.* accomplishment
úspěch *n.* success
úspěšný *a* successful
ušpinit *v.t.* soil
uspokojení *n.* gratification
uspokojení *n.* satisfaction
uspokojený *adj.* complacent
uspokojit *v.t.* satisfy
uspokojivý *a.* satisfactory
uspokojovat *v. i* cater
uspořádání *n.* alignment
uspořádaný *a.* orderly
uspořádaný *a.* systematic
uspořádat *v.t.* align
uspořádat *v.t.* size
uspořádat *v.t.* systematize
úsporný *a* economical

usrknout *v.t.* sip
ústa *n.* mouth
ustájit *v.t.* stable
ustálení *n.* standstill
ustálit se *v.t.* steady
ustanovit *v. t* constitute
ustanovit *v. t* enact
ustat *v. i.* cease
ustát *v.t.* withstand
ústava *n* constitution
ustavičný *a* constant
ustavičný *a.* perpetual
ústavodárný *adj.* constituent
uštědřit *v.t.* inflict
ústí řeky *n* delta
ústně *adv.* orally
ústně *adv.* viva-voce
ústní *a.* oral
ústní *a* viva-voce
ústní pohovor *n* viva-voce
ustoupit *v. i. & n* budge
ústraní *n.* seclusion
ústřední *a.* central
ústřední pilíř *n.* mainstay
ústřice *n.* oyster
ústup *n.* withdrawal
ustupovat *v.i.* recede
ustupovat *v.i.* retreat
úsudek *n.* judgement
usuzovat *v.i.* reason
usvědčit *v. t.* convict
usvědčit *v.t.* incriminate

úsvit *n* dawn
utajovaný *adj.* clandestine
útěcha *n.* comfort1
útěcha *n* consolation
útěcha *n.* solace
utéci *v.i* escape
útěk *n* escape
útes *n.* cliff
utěšit *v. t* comfort
utěšit *v. t* console
utěšit *v.t.* solace
utírat prach *v.t.* dust
utišit *v.t.* allay
utišit *v.t.* assuage
utišit *v. t.* calm
utišit *v.t.* pacify
utiskovatel *n.* oppressor
utkat se *v. i* duel
utlačování *n.* repression
útlé dětství *n.* infancy
útlý *n.* slender
útočiště *n.* sanctuary
útočivost *n* belligerency
útočník *n.* aggressor
útočný *a.* aggressive
útočný *a* bellicose
útok *n* aggression
útok *n.* attack
útok *n* offensive
utopický *a.* utopian
utopie *n* . utopia
utrápit *v. t* distress

útrapy *n.* hardship
utratit *v.t.* spend
utřít ručníkem *v.t.* towel
útrobečný *adj.* alvine
útroby *n.* entrails
utrpení *n.* torment
útržkovitý *a.* sketchy
útulek *n.* haven
útulek *n.* refuge
útulnější *a.* cosier
útulný *a.* cosy
útulný cozy
ututlat *v. t* burke
utužit *v.t.* toughen
uvaděč *n.* usher
úvaha *n* deliberation
uvalit clo *v.t.* toll
uvážení *n* consideration
uvážený *a* deliberate
uvážlivý *a.* judicious
uvažovat *v.t.* ponder
uvedení *n.* induction
uvedení do úřadu *n.*
    inauguration
uvedení v omyl *n.*
    misdirection
uvědomit si *v.t.* perceive
úvěr *n* credit
uveřejnění *n.* publication
uveřejnit *v.t.* publicize
uvést *v.t.* adduce
uvést *v.t.* usher

uvést do funkce *v.t.* induct
uvést v omyl *v.t.* misdirect
uvést v seznamu *v.t.* list
uvěznit *v.t.* imprison
uvidět *v.t.* see
uvítání *n* welcome
uvítat *v.t* welcome
uvíznout *v.i.* strand
uvnitř *adv.* inside
úvodní *a.* introductory
uvolněný *a.* loose
uvolněný *a.* mellow
uvolnit *v.t.* loose
uvolnit *v.t.* release
uvolnit se *v.t.* relax
uzákonit *v.i.* legislate
uzavření *n.* closure
uzavřený *a.* secretive
uzavřít *v. t* encase
uzavřít *v.t.* shut
uzavřít kompromis *v. t*
    compromise
uzavřít sňatek *v.t.* marry
uzavřít sňatek *v.t.* wed
uzda *n* bridle
uždibnout *v.t.* nibble
uzel *n.* knot
území *n.* territory
územní *a.* territorial
úžina *n.* strait
užitečnost *n.* utility
užitečný *a.* handy

užitečný *a.* useful
užitečný *a.* wholesome
úzká spolupráce *n.* liaison
úzký *a.* narrow
uzlina *n.* node
uznání *n.* acknowledgement
uznání *n.* recognition
uznat *v.* acknowledge
uznat *v.t.* recognize
uzřít *v. t* behold

v *prep.* amid
v *prep.* in
v dálce *adv.* afield
v dobrém úmyslu *adv*
  bonafide
v kterém *adv.* wherein
v mezích *adv.* within
v nepořádku *adv.* amiss
v omylu *adv.*, astray
v opačném případě *adv.*
  otherwise
v plamenech *adv.* aflame
v pohybu *adv.* astir
v poklidu *adv.* leisurely
v pořádku *a.* well
v poslední době lately
v rozporu *adv.* ajar
v zahraničí *adv* abroad

vábit *v. t* beckon
vačnatec *n.* marsupial
vadný *a* faulty
vadout *v.i.* wither
vagína *n.* vagina
vagón *n.* wagon
váha *n.* weight
váhání *n.* hesitation
váhat *v.i.* hesitate
váhavost *n.* shilly-shally
váhavý *a.* hesitant
vaječník *n.* ovary
vajíčka *n.* spawn
vak *n.* pouch
vak *n.* sack
vakcína *n.* vaccine
vakuum *n.* vacuum
val *n.* rampart
válčit *v.i.* war
váleček *n.* roller
válečnictví *n.* warfare
válečný vůz *n* chariot
valit se *v.i.* spill
valit se *v.i.* surge
válka *n.* war
valoun *n.* nugget
vana *n* bath
vánek *n* breeze
vánek *n.* zephyr
vánice *n* blizzard
Vánoce *n* Christmas
Vánoce *n.* Xmas

vápno *n.* whitewash
var *n* boil
vařič *n* cooker
vařit *v.i.* boil
vařit *v. t* cook
vařit pivo *v. t.* brew
varle *n.* testicle
varná konvice *n.* kettle
varování *n.* caution
varování *n.* warning
varovat *v. t.* caution
varovat *v.t.* warn
varovat se *v.i.* beware
varovný *a.* monitory
vášeň *n.* passion
vášnivý *a.* passionate
vavřín *n.* laurel
vázanka *n* tie
vazba *v* custody
vazektomie *n.* vasectomy
vazelína *n.* vaseline
vážený pán *n.* sir
vážit si *v.t.* repute
vážit si *v.t.* treasure
vážnost *n.* severity
vážnost *n.* solemnity
vážný *a.* severe
včela *n.* bee
včelařství *n.* apiculture
včelín *n.* apiary
včera *adv.* yesterday
včerejšek *n.* yesterday

vchod *n* entrance
vděčit *v.t* owe
vděčný *a.* grateful
vděčný *a.* thankful
vděk *n.* gratitude
vdova *n.* widow
vdovec *n.* widower
ve *prep.* at
ve shodě *adv.* accordingly
ve spaní *adv.* asleep
ve spodu *adv.* underneath
ve vnitrozemí *adv.* inland
ve vzduchu *adv.* aloft
věc *n.* thing
večer *n* evening
večer *n.* to-night
večeře *n* dinner
věci *n.* stuff
večírek *n.* social
věčně trvající *a.* everlasting
věčnost *n* eternity
věčný eternal
věda *n.* science
vědec *n.* scientist
vědecký *a.* scientific
vedení *n.* leadership
vedení sporu *n.* litigation
vědět *v.t.* know
vedle *prep.* near
vedle sebe *adv* abreast
vedlejší *a.* minor
vedlejší *a.* ulterior

vedlejší produkt *n* by-product
vědomě *adv.* away
vědomí *n* cognizance
vědomý *a.* aware
vědomý *a* conscious
vedoucí *n.* leader
vegetace *n.* greenery
vegetace *n.* vegetation
vegetarián *n.* vegetarian
vegetariánský *a* vegetarian
vehementní *a.* vehement
věhlas *n.* repute
vejce *n* egg
věk *n.* age
velbloud *n.* camel
velebení *n.* glorification
velebit *v. t* exalt
velebit *v.t.* glorify
velebit *v.t.* magnify
velebnost *n.* reverence
velebnost *n.* sublimity
veledílo *n.* masterpiece
velezrada *n.* treason
veličenstvo *n.* majesty
veličina *n.* magnitude
velikonoce *n* easter
velikost *n.* measurement
velikost *n.* size
velitel *n* commandant
velké množství *n* lac, lakh
velkodušnost *n.*
    magnanimity

velkodušný *a.* magnanimous
velkolepý *a.* magnificent
velkoobchod *n.* wholesale
velkoobchodně *adv.*
    wholesale
velkoobchodní *a* wholesale
velkoobchodník *n.*
    wholesaler
velkorysost *n.* generosity
velkorysost *n.* largesse
velkorysý *a.* generous
velký *a* big
velký kancelářský papír *n*
    foolscap
velryba *n.* whale
velrybí kostice *n.* baleen
velvyslanec *n.* ambassador
vemeno *n.* udder
ven *adv.* out
ven *adv* outwards
věnec *n* anadem
věnec *n.* garland
věnec *n.* wreath
venkovan *n* churl
venkovan *n.* peasant
venkovan *n* rustic
venkovanství *n.* rusticity
venkovní *a.* outdoor
venkovský *a.* rural
venkovský lid *n.* peasantry
věno *n* dowry
věnování *n* dedication

věnovat *v. t.* dedicate
věnovat *v. t* devote
ventil *n.* valve
ventilátor *n.* ventilator
vepřové *n.* pork
vepřovice *n.* adobe
veranda *n.* porch
veranda *n.* verendah
veřejná doprava *n.* traffic
veřejné hlasování *n.*
    plebiscite
veřejnost *n.* public
veřejný *a.* public
věrhodný *a.* authentic
veřící *n.* worshipper
věřit *v. t* believe
věřitel *n* creditor
věřitel *n.* payee
věrnost *n.* allegiance
věrný *a* faithful
věrohodnost *n.* veracity
verš *n.* verse
veršování *n.* versification
veršovaný *a.* versed
vertikální *a.* vertical
verva *n.* verve
verze *n.* version
veš *n.* louse
veselí *n.* gaiety
veselí *n.* merriment
veselost *n.* hilarity
veselý *a.* cheerful

veselý *a* merry
veslař *n.* oarsman
veslo *n.* oar
veslovat *v.t.* row
vesmír *n.* universe
vesničan *n.* villager
vesnice *n.* village
vést *v.t.* guide
vést kampaň *v.t.* wage
vést spor *v.t.* litigate
vesta *n.* vest
věštba *n.* oracle
věštec *n.* palmist
věštecký *a.* oracular
věštění z ruky *n.* palmistry
věstník *n.* gazette
věta *n.* sentence
veterán *n.* veteran
veteránský *a.* veteran
veterinářský *a.* veterinary
veteš *n.* junk
větev *n* bough
vetkat *v.t.* weave
větná skladba *n.* syntax
veto *n.* veto
vetovat *v.t.* veto
větrání *n.* ventilation
vetřít se *v.t.* intrude
větrníček *n.* whirligig
větrný *a.* windy
větrný mlýn *n.* windmill
větroměr *n* anemometer

větroň *n.* glider
větroplach *n.* tomboy
většina *n.* majority
většina *n* most
většinový *a.* major
větvička *n.* twig
veverka *n.* squirrel
vevnitř *adv.* indoors
vevnitř *prep.* inside
vévoda *n* duke
věž *n.* tower
vězeň *n.* prisoner
vězená *n.* hold
vězení *n.* prison
vhled *n.* insight
vhodnost *n* advisability
vhodnost *n.* convenience
vhodnost *n.* suitability
vhodný *a.* advisable
vhodný *a* convenient
vhodný *a.* suitable
vibrace *n.* vibration
vibrovat *v.i.* vibrate
více *adv* more
vícejazyčný *a.* polyglot2
vícenásobný *a.* multiplex
vícerodící *a.* multiparous
vidět stereotypně *v.t.*
     stereotype
viditelně vzdálený *a.* yonder
viditelnost *n.* visibility
viditelný *a.* visible

vidlice telefonu *n* cradle
vigvam *n.* wigwam
vikář *n.* vicar
vikat se *v.i* wobble
víko *n.* lid
vila *n.* villa
víla *n* fairy
vina *n* blame
vina *n.* guilt
vinit *v. t* blame
vinný *a.* guilty
víno *n.* wine
vinout se *v.i.* snake
vir *n.* virus
víra *n* belief
víra *n* faith
víření *n.* churn
vířit *v. t. & i.* churn
virtuální *a* virtual
visačka *n.* tag
vitalita *n.* vitality
vitální *a.* lusty
vitální *a.* vital
vitamín *n.* vitamin
vítaný *a.* welcome
vítěz *n.* victor
vítězný *a.* victorious
vítězoslavný *a.* triumphant
vítězství *n.* victory
vítr *n.* wind
vizáž *n.* visage
vize *n.* vision

vizionář *n.* visionary
vizionářský *a.* visionary
vížka *n.* pinnacle
vizualizovat *v.t.* visualize
vizuální *a.* visual
vklínit *v.t.* wedge
vkus *n.* appetite
vkus *n.* palate
vkusný *a.* tasteful
vláčet *v. t* drag
vláda *n.* government
vládce *n.* sovereign
vládnout *v.t.* govern
vládnout *v.i.* reign
vládnutí *n.* governance
vládnutí *n* reign
vláha *n.* moisture
vlajka *n* flag
vlak *n.* train
vláknina *n* fibre
vlákno *n* strand
vlašský ořech *n.* walnut
vlastenec *n.* patriot
vlastenecký *a.* patriotic
vlastenectví *n.* partiotism
vlastně *adv.* actually
vlastní *a.* innate
vlastní *a.* own
vlastní *a.* very
vlastní osoba *n.* self
vlastnický *a.* proprietary
vlastnictví *n.* ownership

vlastnictví *n.* possession
vlastník *n.* owner
vlastník *n.* proprietor
vlastnit *v.t.* own
vlastnit *v.t.* possess
vlaštovka *n.* swallow
vlasy *n* hair
vleklý *a.* sluggish
vlezlý *a.* nosey
vlhko *n* damp
vlhkost *n.* humidity
vlhký *a* damp
vlhký *a.* humid
vlhký *a.* moist
vlídný *a.* gentle
vliv *n.* influence
vlivný *a.* influential
vlivný *a.* seminal
vlk *n.* wolf
vlna *n* billow
vlna *n.* wave
vlna *n.* wool
vlněná látka *n* woollen
vlněný *a.* woollen
vlnky *n.* ripple
vložení *n.* insertion
vložit *v. t* deposit
vložit *v.t.* insert
vměšování *n.* interference
vměšovat se *v.i.* interfere
vnadnost *n.* voluptuary
vnadný *a.* voluptuous

vně *adv* outside
vnějšek *n* outside
vnějšek *n* without
vnější *a* external
vnější *a.* outer
vnímající *a.* sentient
vnímání *n.* perception
vnímání *n.* sentience
vnímavost *n.* sensibility
vnímavý *a.* perceptive
vnímavý *a.* sensible
vnitřek *n.* within
vnitřní *a.* inner
vnitřní *a* inside
vnitřní *a.* interior
vnitřnosti *n.* inside
vnitrozemí *n.* midland
vnucení *n.* imposition
vnucující *a.* imposing
voda *n.* water
voděodolný *a.* waterproof
vodič slona *n.* mahout
vodička *n.* lotion
vodík *n.* hydrogen
vodítko *n* clue
vodítko *n.* lead
vodnář *n.* aquarius
vodnatý *a.* watery
vodní meloun *n.* water-
    melon
vodní vír *n.* whirlpool
vodopád *n.* waterfall

vodotěsný *a.* watertight
voják *n.* soldier
vojenská jízda *n.* cavalry
vojenská trubka *n* bugle
vojevůdce *n* commander
vojsko *n.* army
vokalista *n.* vocalist
volající *n* caller
volání *n.* call
volat *v. t.* call
volby *n* election
vole *n.* craw
volební hlas *n.* vote
volební právo *n.* suffrage
volič *n.* constituent
volič *n.* voter
voliči *n* constituency
voliči *n* electorate
voliéra *n.* aviary
volit *v.i.* opt
volit *v.i.* vote
volitelný *a.* optional
volné kalhoty *n.* slacks
volné místo *n.* vacancy
volnočasový *a* leisure
volnomyšlenkář *n.* libertine
volný *a.* slack
volný *a.* vacant
volný čas *n.* leisure
volta *n.* volt
voltáž *n.* voltage
vonička *n.* nosegay

vonná tyčinka *n.* incense
vonný *a.* fragrant
vosa *n.* wasp
vosk *n.* wax
voskovaný *adj.* cerated
vozidlo *n.* vehicle
vpředu *adv.* ahead
vpuštění *n.* admittance
vrabec *n.* sparrow
vrácení do vazby *n* remand
vracet se *v.i.* return
vrah *n.* murderer
vrak *n.* wreck
vrána *n* crow
vráska *n.* wrinkle
vrátit se do vlasti *v.t.*
   repatriate
vratký *a.* shaky
vrátný *n.* porter
vřava *n* babel
vřava *n.* pandemonium
vřava *n.* tumult
vřava *n.* uproar
vrávorání *n.* stagger
vrávorat *v.i.* stagger
vrávorat *v.i.* vacillate
vražda *n.* murder
vražda novorozeně *n.*
   infanticide
vražedný *a.* murderous
vražení *n* thrust
vrazit *v.t.* ram

vrazit *v.t.* stick
vrazit *v.t.* thrust
vrba *n.* willow
vrbový prut *n.* withe
vrčení *n.* snarl
vrčet *v.i.* snarl
vrchem *adv* over
vrchní *a.* supreme
vrchol *n.* apex
vrchol *n.* climax
vrchol *n.* prime
vrcholek *n.* peak
vrcholek *n.* summit
vrcholek *n.* tip
vrcholit *v.i.* culminate
vřed *n.* ulcer
vředový *a.* ulcerous
vřelost *n* fervour
vrhnout *v.t.* propel
vrhnout stín *v.t.* overshadow
vřískat *v.i.* scream
vřískot *n* scream
vrkat *v. i* coo
vrkot *n* coo
vrnění *n.* purr
vrnět *v.i.* purr
vroucí *a* fervent
vrozený *a.* inborn
vrozený *a.* natal
vrstevník *n.* peer
vrstva *n.* layer
vrstva *n* ply

vrstva *n.* stratum
vrták *n* drill
vrtat *v. t.* drill
vrtat *v.t* hole
vrtat se *v.i.* pry
vrtkavý *a* fickle
vrtkavý *a.* giddy
vrtkavý *a.* rickety
vrtoch *n.* vagary
vrtoch *n.* whim
vrtošivý *a.* whimsical
vrub *n.* notch
vrub *n.* tally
vsadit se *v.i* bet
všední *a.* mundane
všelék *n.* panacea
všelijaký *a.* manifold
všemohoucí *a.* almighty
všemohoucí *a.* omnipotent
všemohoucnost *n.*
  omnipotence
všestrannost *n.* versatility
všestranný *a.* versatile
všetečný *a.* inquisitive
vševědoucí *a.* omniscient
vševědoucnost *n.*
  omniscience
všimnout si *v.t.* heed
všimnout si *v.t.* notice
vskutku *adv.* indeed
vštípit *v.t.* inculcate
vstoupit *v.t.* ascend

vstoupit *v. t* enter
vstřebat *v.t* absorb
vstříknout *v.t.* inject
vstříknout *v.t.* syringe
vstup *n.* admission
vstupenka *n.* ticket
vstupní data *n.* input
vstupní schodiště *n* stoop
všudypřítomnost *n.*
  omnipresence
všudypřítomný *a.*
  omnipresent
vsuvka *n.* parenthesis
vtělení *n.* incarnation
vtělený *a.* incarnate
vtělit *v.t.* incarnate
vtip *n.* anecdote
vtip *n.* joke
vtipkovat *v.i.* joke
vtipná poznámka *n.* sally
vtrhnout *v.t.* rush
vůl *n* bullock
vůle *n.* will
vulgární *a.* vulgar
vulgárnost *n.* vulgarity
vůně *n.* fragrance
vůně *n.* scent
vybavení *n* equipment
vybavit *v. t* equip
vybavit *v.t.* furnish
vybavit *v.t* outfit
vybavit si *v.t.* recall

vybavování *n.* recall
výbch *n* burst
vybělit *v.t.* whiten
výběr *n.* choice
výběr *n.* digest
výběr *n.* selection
výběrový *a.* superfine
vybetonovat *v. t* concrete
vybíravý *a.* selective
výboj *n.* spark
vybrakovat *v.t.* rifle
vybraný *a* select
vybrat *v.t.* select
vybrat si *v. t.* choose
vybroušený *a* slick
výbuch *n* blast
výbuch *n* eruption
výbuch *n.* explosion
vybuchnout *v.i* blast
vybuchnout *v. i.* burst
vybuchnout *v. i* erupt
výbušnina *n.* explosive
výbušnost *n.* temper
výbušný *a* explosive
vyčenichat *v.t* nose
vyčerat *v.t.* tire
vyčcrpat *v. t.* exhaust
vyčerpávající *a.* weary
vycházet *v.i.* arise
východ *n* east
východ *n.* exit
východisko *n.* recourse

východně *adv* east
východní *a* east
východní *a* eastern
vychovat *v.t.* raise
vychovatelský *a.* tutorial
výchovný *a* didactic
vychrtlý *a.* haggard
vychutnat si *v.t.* savour
vychválit *v.t.* laud
vyčíhnout *v.t.* waylay
vycítit *v.t.* sense
výčitky *n.* compunction
výčitky svědomí *n.* remorse
vyčkávání *n.* wait
vycouvat *v.t.* reverse
výdaj *n.* expense
vydat *v.t.* publish
vydat v nebezpečí *v.t.* peril
vydávat *v.i.* issue
vydavatel *n.* publisher
výdejna léků *n* dispensary
vydělat *v. t* earn
výdělek *n.* lucre
vyděračství *n* blackmail
vyděsit *v. t.* cow
vyděsit *v.t.* scare
vyděsit *v.t.* terrify
vydírat *v.t* blackmail
vydláždit *v.t.* pave
vydra *n.* otter
vydrancovat *v.t.* depredate
vydráždit *v.t.* tantalize

vydřiduch *n.* vulture
výdrž *n.* endurance
výdrž *n.* stamina
vydutý *adj.* concave
vyfotit *v.t.* photograph
výfuk *n.* vent
vyhazovač *n* bouncer
výheň *n.* hearth
výherce *n.* winner
vyhladit *v.t* extinguish
vyhladit *v.t.* obliterate
vyhladit *v.t.* smooth
vyhladovění *n.* starvation
vyhlazení *n.* obliteration
výhled *n.* view
vyhledat *v.t.* seek
vyhlídka *n.* prospect
vyhlídkový *a.* scenic
vyhnanství *n.* rustication
vyhnat *v. t* displace
vyhnout se *v.t.* shirk
vyhnout se *v.t.* steer
výhoda *n.* advantage
výhodná koupě *n.* bargain
výhodný *a.* advantageous
výhonek *n.* offshoot
výhonek *n* sprout
výhra *n* win
výhrada *n.* proviso
výhradní *a* exclusive
výhradní *a* sole
vyhrát *v.t.* win

vyhrknout *v. t* blurt
vyhýbat se *v.i.* refrain
vyhynulý *a* extinct
vyjádřit *v. t.* express
vyjádřit *v.t.* profess
vyjádřit se *v.t.* opine
vyjasnění *n* clarification
vyjasnit *v. t* clarify
vyjednaná podmínka *n.*
    stipulation
vyjednat *v.t.* negotiate
vyjednat *v.t.* transact
vyjednávač *n.* negotiator
vyjednávání *n.* nagotiation
vyjednávání *n.* parley
vyjednávat *v.i* parley
výjimečný *a.* extraordinary
výjimka *n* exception
vyjížďka *n* row
vyjmenovat *v. t.* enumerate
vyjmout dužninu *v.t.* pulp
vykachličkovat *v.t.* tile
vykázat *v.t.* deport
výklenek *n.* niche
vyleštit *v.t.* geld
vyklidit *v.t.* vacate
vykolejit *v. t.* derail
výkon *n.* output
vykonat *v.t.* solemnize
vykonat pobožnost *v.t.*
worship
vykonávat *v.t.* administer

vykonstruovat *v.t* fabricate
vykopat *v.t.* dig
vykopat *v.t.* unearth
vykopat *v.t.* trench
vykopávka *n.* excavation
vykopávky *n* dig
vykopnout *v.t.* toe
vykořišťovat *v. t* exploit
vykoupení *n.* redemption
vykoupení *n.* salvation
vykoupit *v.t.* ransom
vykoupit *v.t.* redeem
vykouzlit *v.t.* conjure
vykračovat si *v.i.* stalk
vykračovat si *v.i.* stride
vykrást *v.t.* pilfer
vykreslení *n.* portrayal
vykreslit *v.t.* portray
vykřičník *n* exclamation
výkupné *n.* ransom
vykvést *v.i.* bloom
vyléčitelný *a* curable
vylekat *v.t.* startle
vylepšení *n.* refinement
vylepšit *v.t.* refine
vyleštit *v.t.* polish
výlet *n.* outing
výlet *n.* trip
výlisek *n.* compact
výlohy *n* expenditure
vylomenina *n.* prank
vyloučení *n.* expulsion

vyloučit *v. t* exclude
vyloučit *v.t.* secrete
vyloučit ze společnosti *v.t.* ostracize
vyloupat *v.t.* shell
vyloupit *v.t.* plunder
vyloupit *v.t.* rob
vyložený *a.* patent
vylučování *n.* secretion
vyluhovat *v.t.* infuse
vymámit *v. t* coax
vymámit *v.t.* wrest
vymazat *v. t* erase
výměna *n* exchange
výměna *n.* interchange
vyměnit *v. t* exchange
vyměnit *v.t.* replace
výměnný obchod *n.* barter2
výměra *n.* acreage
vyměřit *v.t* mete
vymítit *v. t* eradicate
vymknutí *n* wrick
výmluva *n* excuse
vymodelovat *v.t.* model
vymýtit *v.t.* uproot
vynadat *v.t.* scold
vynahradit *v.t.* recoup
vynález *n.* invention
vynalézavý *a.* imaginative
vynálezce *n.* inventor
vynalézt *v.t.* invent
vynaložit *v. t* expend

výňatek *n* extract
vynést *v.t.* yield
vynikající *a* brilliant
vynikající *a.* outstanding
vynikající *a.* sterling
vynikat *v.i* excel
vynořit se *v. i* emerge
výnos *n* gain
výnos *n.* produce
vynutit *v. t.* enforce
vynutit *v.t.* necessitate
vyobcovat z církve *v. t.* excommunicate
vyobrazit *v.t.* picture
vypáčit *v.t.* lever
výpadek menstruace *n* amenorrhoea
vypálit salvu *v.t* volley
vypalovací pec *n.* kiln
výpar *n.* vapour
vyparádit *v. t* deck
vypátrat *v.t.* quest
vypijákovat *v. t* blot
vypínač *n.* switch
vypít *v. t* down
vypláchnout *v.t.* rinse
vyplést *v.t.* wreathe
výplň *n.* pane
vyplynout *v.t.* imply
vyplýtvat *v.t.* waste
vyplývat *v.i.* result
vypnout *v.t.* switch

výpočet *n.* calculation
výpočet *n.* computation
vypočítat *v. t.* calculate
vypočítat *v.t.* compute
vypodložení *n.* padding
vypodložit *v. t* cushion
vypořádat *v. t* even
vypořádat se *v.t.* round
vypořádat se *v.t.* tackle
vypovědět *v. t.* expel
vyprahlý *a.* torrid
výprava *n.* tour
vypravěč *n.* narrator
vypravěč *n.* teller
vypravěčský *a.* narrative
vyprávění *n.* narration
vyprávět *v.t.* narrate
vyprázdnit *v* empty
vyprchat *v. i* evaporate
vyprchat *v.t.* vaporize
výprodej *n* clearance
vyprodukovat *v.t.* produce
vyprofilovat *v.t.* profile
vyprojektovat *v.t.* project
vyprošťovací vozidlo *n.* wrecker
vyprovokovat *v.t.* provoke
vypršení *n* expiry
vypršet *v.i.* expire
vypůjčit *v. t* borrow
vypumovat *v.t.* pump
vypuštění *n* release

vyrábět *v.t.* generate
vyřadit *v. t* discard
výraz *n.* countenance
výraz *n.* expression
vyrazit *v.t.* sack
výřečnost *n* eloquence
výřečný *a* eloquent
vyřešit *v.t.* resolve
vyřešit *v.t.* solve
vyretušovat *v.t.* retouch
vyřezat *v. t.* carve
vyřezat *v.t.* whittle
vyřízený *a.* prostrate
výroba *n* manufacture
výrobce *n.* maker
výrobce *n* manufacturer
vyrobit *v.t.* manufacture
výrobky *n.* ware
výročí *n.* anniversary
výroční *a.* annual
výrok *n* dictum
výrok *n.* statement
výron *n.* sprain
výrostek *n* cad
vyrovávat se *v. i* cope
vyrovnanost *n.* composure
vyrovnanost *n* poise
vyrovnat *v.t.* balance
vyrovnat *v. t.* equalize
výrůstek *n.* wen
vyrýt *v. t* engrave
vyrýt *v.t.* inscribe

vyrýt *v.t.* spade
vyrytý nápis *n.* inscription
výsada *n.* privilege
vysadit *v.t.* plant
vysát *v.t.* suck
vyšetřit *v.t.* investigate
vyšetřování *n.* investigation
vysílač *n.* transmitter
vysílání *n* broadcast
vysílat *v. i* beam
vysílat *v. t* broadcast
vysílat *v.t.* telecast
vysílit *v. t.* enfeeble
vyšinutost *n.* insanity
výšivka *n* embroidery
výška *n.* height
vyskakovat *v.i.* leap
výskok *n* leap
výškoměr *n* altimeter
výskyt *n.* occurrence
vyskytovat se *v.i.* occur
vyslat *v. t* depute
výsledek *n.* result
výsledný *a* consequent
vyslovit *v.t.* pronounce
vyslovit *v.t.* voice
výslovně *adv.* utterly
výslovnost *n.* pronunciation
výslovnost *n.* utterance
výslovný *a.* explicit
vysmát se *v.t.* rag
vysmívat se *v.i.* jeer

vysoce *adv.* highly
vysoká bota *n* boot
vysokoškolák *n.*
undergraduate
vysoký *a.* high
vysoký *a.* tall
vysondovat *v.t.* probe
výsost *n.* Highness
výsostný *n.* paramount
výspa *n.* outpost
vyšplhat *v.t.* scale
vyšší odborná škola *n*
college
výstava *n.* exhibition
vystavit *v. t* display
vystavit *v. t* exhibit
vystavit *v. t* expose
vystavit nebezpečí *v.t.*
imperil
vystavit riziku *v.t.* venture
vystínovat *v.t.* shade
výstižně *adv* appositely
výstižný *adj* apposite
výstižný *a.* apposite
vystopovat *v.t.* retrace
vystopovat *v.t.* trace
vystoupení *n.* performance
vystoupit *v.t.* perform
vystoupit v hlavní roli *v.t.*
star
výstřední *a.* queer
výstřel *n.* shot

výstřelek *n* fad
vystřelitelný *a* projectile
vystřídat *v.t.* relay
výstroj *n.* gear
výstup *n.* ascent
výstupní sestava *n.*
tabulation
vysunout *v. t.* eject
vysvětit *v.t.* sanctify
vysvětlení *n* explanation
vysvětlit *v. t.* explain
vysychání *n* arefaction
vytáčky *n* evasion
výtah *n.* lift
vytáhlý *a.* lank
vytáhnout *v. t* extract
vytáhnout *v.t.* withdraw
vytasit *v.t.* unsheathe
vytavovat *v.t.* smelt
výtečnost *n.* pre-eminence
výtečný *a.* pre-eminent
vytékat *v.i.* ooze
vytesat *v.t.* hew
výtěžek *n.* proceeds
výtěžek *n* yield
vytipovat *v.t.* tip
vytisknout *v.t.* imprint
vytisknout *v.t.* print
výtka *n.* reproach
vytknout *v.t.* reproach
vytlačit *v.t.* supersede
vytočit *n.* dial

výtok *n.* discharge
vytrhat *v.t.* pluck
vytrhávat plevel *v.t.* weed
vytřít *v.t.* wipe
vytrpět *v.t.* suffer
vytrvalost *n.* perseverance
vytržení *n.* avulsion
vytržení *n.* rapture
vytržení *n.* trance
výtržnost *n* affray
výtržnost *n.* riot
výtvor *n* creation
vytvořit bouli *v.t.* lump
vytyčit *v.t.* stake
vyúčtovat *v.t.* account
využít *v.t.* avail
využití *n.* use
vyvádět *v.i* fuss
vývar *n* broth
vývar *n.* stock
vyvarování *n.* avoidance
vyvarovat se *v.t.* avoid
vyvést z rovnováhy *v.t.* out-
balance
vyvětrat *v.t.* ventilate
vyvézt *v. t.* export
vyvíjet se *v.i.* progress
vyvinout *v. t.* develop
vyvlastnění *n* eviction
vyvlastnit *v. t* evict
vyvléknout se *v. t* evade
vyvodit *v.t.* infer

vývoj *n.* development
vývoj *n* evolution
vyvolání *n.* inducement
vyvolat *v. t* evoke
vyvolat *v.t.* induce
vyvolat *v.t.* page
vývoz *n* export
vyvozování *n.* inference
vyvrátit *v.t.* confute
vyvrátit *v. t* disprove
vyvrtnout *v.t.* sprain
vyvýšenina *n* elevation
vyvýšit *v. t* elevate
vyžádat *v.t.* request
vyžadování *n.* insistence
vyžadovat *v.t.* insist
vyzařovat *v. t* emit
výzbroj *n.* armament
vyždímat *v.t* wring
vyzdobit *v.t.* bedight
vyzískat *v.t.* profit
výživa *n.* aliment
výživa *n.* nourishment
vyživit *v.t.* nourish
vyživit *v.t.* nurture
výživné *n.* alimony
výživný *a.* nutritious
vyzkoušet *v.t.* test
vyzkoušet si *v.t* fit
výzkum *n* research
význačný *a* eminent
význam *n.* meaning

vyznamenání *n.* award
významnost *n.* significance
významný *a.* significant
vyznání *n.* creed
vyzpovídat se *v. t.* confess
vyzradit *v. t* divulge
vyzrálý *a.* mature
vyzrát na *v.t.* worst
výzva *n.* appeal
vyzvat *v.t.* appeal
vyzvednout *v.t.* lift
vyzvracet *v.t.* vomit
vzácný *a.* precious
vzájemný *a* each
vzájemný *a.* mutual
vzájemný *a.* reciprocal
vzápětí *adv.* presently
vzbouřenec *n.* insurgent
vzbouřenecký *a.* insurgent
vzbouřenecký *a.* rebellious
vzbudit se *v.t.* awake
vzdálenost *n* distance
vzdálený *a* distant
vzdát čest *v. t* honour
vzdát se *v.t.* forswear
vzdát se *v.t.* resign
vzdát se *v.t.* surrender
vzdělanec *n.* intelligentsia
vzdělání *n* education
vzdělávat *v. t* educate
vzdouvání *n* swell
vzdouvat se *v.i* billow

vzduch *n* air
vzdušný *adj.* aeriform
vzdušný *a.* airy
vždy *adv* always
vzdychat *v.i.* sigh
vzejít *v.t.* originate
vzepřít se *v.t.* oppose
vzestup *n.* rise
vzestupně *adv.* upwards
vzestupný *a.* upward
vzezření *n* look
vzhledem k *prep.* considering
vzhůru *adv.* up
vzhůru nohama *adv* topsy turvy
vzít *v.t* take
vzít do zaječích *v. i* decamp
vzít odvahu *v. t.* discourage
vzkvétat *v.i* flourish
vzkvétat *v.i.* prosper
vzlyk *n* sob
vzlykat *v.i.* sob
vzmužit se *v.t.* man
vznášet se *v.i.* tower
vznešenost *n.* grandeur
vznešený *a.* honourable
vznešený *a.* noble
vznešený *a.* princely
vznítit se *v.t* flash
vzor *n.* paragon
vzorec *n* formula
vzorek *n.* sample

vzplanout *v.t* fire
vzpomenout si *v.t.* recollect
vzpomínání *n.* reminiscence
vzpomínka *n.* memento
vzpomínka *n.* recollection
vzpoura *n.* insurrection
vzpoura *n.* mutiny
vzpřímený *a.* upright
vzpurný *a.* insubordinate
vzpurný *a.* mutinous
vzruch *n* ferment
vzrušit *v.t.* arouse
vzrušit *v. t* excite
vzrůst *n.* stature
vztah *n.* rapport
vztah *n.* relation
vztahovat se *v.t.* relate
vztahující se *a.* pertinent
vztek *n.* anger
vztekat se *v.i.* rage
vzteklina *n.* rabies
vzteklý *a.* angry
vztyčení *n* erection
vztyčený *a* erect
vztyčit *v. t* erect
vzývání *n.* invocation

watt *n.* watt
westernový *a.* western
whisky *n.* whisky

xylofon *n.* xylophone

Z

za *prep* behind
za *prep.* beyond
za *prep.* per
za *prep.* within
za třetí *adv.* thirdly
žába *n.* frog
zabalit *v.t.* wrap
zabalit do alobalu *v.t* foil
zabalit do balíku *v.t.* parcel
zabásnout *v.t* nip
zábava *n* amusement
zábava *n.* entertainment
zábava *n.* fun
zabavení *n* forfeiture
zabavit *v. t* entertain
zabavit *v.t.* requisition
zábavné představení *n.* show
zábavný *n.* funny
zabedněný *a.* obtuse
zaběhlé zvíře *n* stray
zaběhlý *a* stray
záběr *n.* scope
zabezpečení *n.* security
zabezpečený *a.* secure

zabezpečit *v.t.* secure
zabít *v.t.* kill
zabít *v.t.* slay
zabití *n.* homicide
zabití *n.* kill
zablátit *v. t* bemire
zablátit *v.t.* mire
záblesk *n* flash
záblesk *n.* glimpse
zablokovat *v.t.* obstruct
zábor *n* annexation
zabořit *v.i* bog
zabouchnout *v.t.* slam
zábradlí *n.* railing
zábrana *n.* impediment
zabrat *v.t.* occupy
začátek *n.* beginning
začátek *n.* onset
začátek *n* start
zacházet špatně *v.* mistreat
záchod *n.* toilet
záchodek *n.* urinal
záchodky *n.* lavatory
zachování *n.* retention
zachovat *v.t.* preserve
záchrana *n* rescue
zachránit *v.t.* rescue
zachránit *v.t.* salvage
zachránit *v.t.* save
zachraňování *n.* salvage
záchvat *n.* outburst
zachvátit *v.t.* overwhelm

zachvátit *v.t.* whelm
zachvění *n* shudder
zachvět se *v.t.* thrill
záchvěv *n* quake
záchvěv *n.* thrill
zachvívat se *v.i.* quake
zachvívat se *v.i.* shiver
zachycení *n.* interception
zachytit *v.t.* intercept
začít *n* begin
začít *v.t.* start
začlenění *n.* incorporation
začleněný *a.* incorporate
začlenit *v.t.* incorporate
zácpa *n.* constipation
záď *n.* rear
záď *n.* stern
záda *n.* back
zadání *n.* task
žádaný *a* desirable
zadat *v.t.* task
žádat *v.t.* apply
žadatel *n.* applicant
žadatel *n.* petitioner
zadlužený *a.* indebted
zadnice *n.* ass
žádný *pron.* none
žadonit *v.t.* implore
žádost *n.* application
žádost *n* request
žádost *n.* solicitation
žádostivost *n.* appetence

žádostivý *adj.* appetent
žádostivý *a* desirous
zádrhel *n.* snag
zadržení *n* halt
zadržet *v. t* detain
zadržet *v. t.* halt
zadržet *v.t* hold
zadržet *v.t.* restrain
zadumaný *a.* pensive
zádumčivost *n.* melancholy
zádumčivý *adj* melancholy
zadusat *v.t.* conculcate
zádušní mše *n.* requiem
záhada *n* enigma
záhada *n.* mystery
zahájení *n* commencement
zahájení *n.* launch
zahájit *v.t.* auspicate
zahájit *v. t* commence
zahájit *v.t.* launch
zahájit *v.t.* preface
zahajovací *a.* inaugural
zahalit *v.t.* net
zahalit se *v.t.* veil
zahálka *n.* idleness
zahanbený *a.* ashamed
zahladit *v. t* efface
záhlaví *n.* heading
zahlédnout *v.t.* spot
zahnat *v.t.* repel
žahnout *v.t.* nettle
zahnutý *n* bent

zahrada *n.* garden
zahradit *v.t* bar
zahradnictví *n.* horticulture
zahradník *n.* gardener
zahřát *v.t.* warm
zahrnovat *v. t* encompass
zahrnovat *v.t.* include
zahrnující *a.* inclusive
zahrnutí *n.* inclusion
záhuba *n* consumption
záhuba *n* doom
zahubit *v. t.* doom
záhyb *n* crease
záhyb *n.* twist
zajatě *a.* captive
zajatý *n.* captive
zájem *n.* interest
zajetí *n.* captivity
zajíc *n.* hare
zajímavý *a.* interesting
zajiskření *n.* scintillation
zájmeno *n.* pronoun
žák *n.* learner
žák *n.* pupil
zakalit *v.t.* tarnish
zákaz *n.* ban
zákaz *n.* prohibition
zákaz vycházení *n* curfew
zakázat *v.t* forbid
zakázat *v.t.* prohibit
zakázat *v.t.* taboo
zákazník *n* customer

zákeřnost *n.* malignancy
zákeřný *a* malign
základ *n.* basis
zakladatel *n.* founder
základna *n.* base
základní *a.* basic
základní *a.* cardinal
základní *a* elementary
základní *a.* primary
zaklepat *v.t.* knock
zákonný *a.* lawful
zákonodárce *n.* legislator
zákonodárci *n.* legislature
zakotvit *v.t* moor
zakoupit *v.t.* purchase
zákoutí *n.* recess
zakračovat *v.i.* intervene
zakřiknutý *a.* sheepish
zakrnělý *a.* rudimentary
zakrnět *v.t.* depauperate
zakročení *n.* intervention
zakroutit *v.t.* crankle
zakrslík *n.* pygmy
zakrýt *v.t* mantle
zakvičení *n* squeak
žal *n.* grief
žal *n.* sorrow
žalář *n.* jail
žalářník *n.* jailer
zalesněná krajina *n.*
  woodland
zalesnit *v.t.* afforest

záležet *v.i.* matter
záležitost *n.* affair
záležitost *n.* matter
zalíbení *n.* liking
zalidnit *v.t.* people
záliv *n* bay
záliv *n.* gulf
zálivka *n* dressing
žalm *n.* psalm
žaloba *n* claim
žalobce *n.* plaintiff
žalostný *a.* abject
žalostný *a* deplorable
žalostný *a.* lamentable
žalovat *v. t* claim
založit *v.t.* base
založit *v.t* file
záložka *n.* book-mark
žalozpěv *n* elegy
žaludeční *a.* gastric
žaludek *n.* stomach
záludnost *n.* guile
zamaskovat *v.t.* mask
zamaskovat se *v. t* bemask
zamávat *v.t.* wave
zamazat *v. t.* daub
zámek *n.* castle
zámek *n.* lock
zaměnit *v.* interchange
záměr *n.* intent
záměr *n.* purport
zaměření *n* focus

zaměřit *v.t* focus
zaměstanec *n* employee
zaměstnanci *n.* staff
zaměstnání *n* employment
zaměstnat *v. t* employ
zaměstnavatel *n* employer
zametat *v.i.* sweep
zamezit *v.t.* avert
zamilovaný *a.* amorous
zamilovaný pohled *n* ogle
zamilovat *v. t* enamour
záminka *n* pretext
zamítnout *v. t.* decline
zamítnout *v.t.* overrule
zamítnout *v.t.* refuse
zamítnutí *n* decline
zamítnutí *n.* refusal
zamknout *v.t* lock
zamluvit *v. t.* book
zamlžený *a.* hazy
zamotat *v. t* entangle
zamotat *v.t.* tangle
zámožný *a.* affluent
zamračení *n.* scowl
zamračený výraz *n.* frown
zamyšlený *a.* thoughtful
zamžít *v. t* blear
zanechat *v.t.* forsake
zanechat *v.t.* quit
zanechat bez pomoci *v.t*
  maroon
zanedbání *n* neglect

zanedbat *v.t.* neglect
zanedlouho *adv.* shortly
zaneprázdněný *a* busy
zaneřáděný *a.* squalid
zaneřádit *v.t.* litter
zaneřádit *v.i* mess
zánět *n.* inflammation
zánětlivý *a.* inflammatory
zanikat *v.i.* perish
zaopatření *n.* procurement
zaopatřit *v.t.* procure
zaostalec *n.* laggard
zaostávat *v.i.* lag
zaostřený *adj.* cultrate
zápach *n.* stench
západ *n.* west
západně *adv.* west
západní *a.* west
západní civilizace *n.*
  occident
zapadnout *v.t.* interlock
zapadnutí *n* fit
zápal mozkových blan *n.*
  meningitis
zápal plic pneumonia
zapalovač *n.* lighter
zapalovat *v.i.* lighten
zapamatovat se *v.t.*
  remember
zaparkovat *v.t.* park
zápas *n* bout
zápas *n* struggle

zapásat *v.t* fasten
zápasník *n.* wrestler
zapečetit *v.t.* seal
zápěstí *n.* wrist
záplata *n* patch
zaplatit *v.t.* pay
záplatovat *v.t.* patch
záplava *n* flood
záplava *n.* spate
zaplavit *v.t* flood
zaplavit *v.t* overrun
zapnout *v. t.* button
zapnout zip *v.t.* zip
započitatelný *a* creditable
zapojit se *v.t.* involve
zápolit *v. i* contend
zápolit *v.i.* wrestle
zapomenout *v.t* forget
zapomnětlivý *a* forgetful
záporka *n.* negative
zapreludovat *v.t.* prelude
zapsat se *v. t* enrol
zapudit *v.t.* renounce
zapůjčit *v.t.* lend
zapůsobit *v.t.* impress
zapuzení *n.* repudiation
zář *n* blaze
žár *n* glow
zařadit *v.t.* rank
zarámovat *v.t.* frame
zarazit *v.t* stump
záře *n.* radiance

záře *n* shine
záře reflektorů *n.* limelight
zarecitovat *v.t.* recite
zaregistrovat *v.t.* register
záření *n.* radiation
zarezervovat *v.t.* reserve
žargon *n.* parlance
září *n.* September
zářicí *a.* lucent
zariskovat *v.t.* risk
zářit *v.i* flare
zářit *v.i.* shine
zářivý *a.* radiant
zářivý *a.* shiny
zařízení *n* device
zařízení *n* facility
zaříznout *v. t* butcher
žárlivost *n.* jealousy
žárlivý *a.* jealous
zarmoutit *v.t.* aggrieve
zárodek *n.* rudiment
zároveň *adv.* withal
žárovka *n.* bulb
zarovnaný *a* level
zarovnat *v.t.* level
zarputilost *n.* obstinacy
zarputilý *a.* obstinate
zaručit *v. t* ensure
zaručit *v.t* guarantee
zaručit *v.t.* pledge
záruka *n.* deposit
záruka *n.* guarantee

záruka *n.* warranty
zarytý *a.* staunch
zásada *n* alkali
zásadní *adj.* crucial
zase *adv.* again
zasedání *n.* session
zaseknout se *v.t.* jam
zašeptat *v.t.* whisper
zásilka *n.* package
zašišlat *v.t.* lisp
zasít *v.t.* seed
zasklít *v.t.* glaze
zaskočeně *adv.* aback
zaslat *v.t* file
zaslepit *v. t* blindfold
zaslíbení *n.* betrothal
zaslíbit *v. t* betroth
zasloužit *v. t.* deserve
zasloužit si *v.t* merit
záslužný *a.* meritorious
zašněrovat *v.t.* lace
zasnoubit *v. t* engage
žasnout *v.i* marvel
zásnuby *n.* engagement
zašpinit sazemi *v.t.* soot
zašroubovat *v. t* bolt
zašroubovat *v.t.* wrench
zášť *n* animosity
zášť *n* grudge
zášť *n.* malignity
zášť *n.* rancour
zášť *n.* spite

zášť *n.* virulence
zastánce *n.* champion
zastaralý *a.* antiquated
zastaralý *a.* archaic
zastaralý *a.* outdated
zástava *n.* plight
zástava dýchání *n* apnoea
zastavení laktace *n* ablactation
zastavit hypotékou *v.t.* mortgage
zastavit laktaci *v. t* ablactate
zastavit se *v.t.* stall
zastávka *n* stop
zástěra *n.* apron
zástěra *n.* smock
zastínit *v.t.* outshine
zastínit *v.t* shadow
záštiplný *a.* virulent
záštita *n.* shield
zaštítit *v.t.* shield
zastrašit *v. t* daunt
zastrašit *v.t.* intimidate
zastrašit *v.t.* overawe
zastrašit *v.t.* terrorize
zastrašování *n.* intimidation
zastřelit *v.t.* shoot
zastřešit *v.t.* roof
zastřít *v.t.* obscure
zástup *n.* multitude
zástupce *n.* representative
zastupitelský *a.*

representative
zástupný *a.* vicarious
zásukva *n.* plug
zašustit *v. t* brustle
zásuvka *n.* socket
zasvětit *v.t.* consecrate
zatáhnout *v.t.* pull
zatajit *v. t.* conceal
zatažený *a* cloudy
zatažený *a.* overcast
zatčení *n.* arrest
zatelefonovat *v.t.* telephone
zatelegrafovat *v.t.* telegraph
zátěž *n* drag
zátěž *n* strain
zatěžkat *v. t* burden
zatímco *pron.* as
zatímco *adv.* meanwhile
zatímco *conj.* where
zatížit *v. t.* encumber
zatížit *v.t.* strain
zátka *n.* cork
zatknout *v.t.* arrest
zatmění *n* eclipse
zátoka *n.* creek
zatracení *n.* damnation
zatratit *v. t.* damn
zatratit *v.t.* repudiate
zatroubení *n.* trump
zatroubit *v.t.* trump
zatrpklost *n* acrimony
zatuchlý *adj.* dank

zatuchlý *a.* musty
zaťukat *v.t.* pat
zátylek *n.* nape
zaúčtovat *v. t* debit
zaujatost *n.* partiality
zaujatý *a.* interested
zaujatý *a.* rapt
zaujetí *n.* preoccupation
zaujmout *v. t.* captivate
zaútočit *v.t.* attack
zauzlit *v.t.* knot
závada *n* fault
zavalit *v.t.* swamp
zavalitý *a.* stout
závan *n* blow
závan *n* waft
závan *n.* whiff
zavánět *v.i.* partake
zavánět *v.i.* smack
zavanout *v.t.* waft
zavařenina *n.* preserve
zavařit *v.t.* condite
zavařovací sklenice *n.* jar
zavazadla *n.* luggage
zavazadlo *n.* baggage
zavázat se *v. t.* commit
závazek *n.* covenant
závazek *n.* liability
závazek *n.* obligation
závazný *a.* liable
závazný *a.* mandatory
závazný *a.* obligatory

závažný *a.* momentous
závažný *a* serious
zavazující *a* binding
závěr *n.* conclusion
závěs *n* curtain
zavěsit *v.t.* string
zavést *v.t.* implement
zavést *v.t.* lead
závěť *n.* testament
zavětření *n* sniff
závětří *n.* lee
zaviděníhodný *a* enviable
závidět *v. t* envy
závin *n.* roll
zaviněný *a* culpable
záviset *v. i.* depend
závislá osoba *n* dependant
závislost *n* dependence
závislý *a* dependent
závist *n* envy
závistivý *a* envious
zavlažit *v.t.* irrigate
zavlažit *v.t.* water
zavlažování *n.* irrigation
závod *n.* race
závod *n* rally
závodit *v.i* race
závodit *v.i.* sprint
závoj *n.* veil
závora *n.* bar
závora *n.* latch
zavraždit *v.t.* murder

zavřený *a.* close
zavrhnout *v. t.* censure
zavrhnout *v.t.* rebuff
zavrhnout *v.t.* spurn
zavřít *v. t* close
zavržení *n.* censure
zavržení *n.* rebuff
zavýt *v.t.* howl
zavytí *n* howl
zažádat *v.t.* petition
zažádat *v.t.* solicit
zažalovat *v.t.* sue
zazářit *v.t.* radiate
zažít *v. t.* experience
zažloutnout *v.t.* yellow
zaznívat *v.i.* resound
zázračný *a.* miraculous
zázrak *n.* miracle
zažraný *a.* ingrained
zazvonit *v.t.* ring
zázvor *n.* ginger
zbabělec *n.* coward
zbabělost *n.* cowardice
zbavit funkce *v. t.* dismiss
zbavit kontroly *v.t.* decontrol
zbavit se *v.t.* rid
zbavit trůnu *v. t* dethrone
zběhlost *n.* proficiency
zběhlý *a.* proficient
zbičovat *v.t* flog
zbohatlík *n.* upstart
zbourat *v. t.* demolish

zboží *n.* commodity
zboží *n.* merchandise
zbožňovat *v.t.* adore
zbožný *a.* reverent
zbožštění *n.* apotheosis
zbraň *n.* gun
zbraň *n.* weapon
zbrklý *a.* rash
zbrojnice *n.* armoury
zbrojovka *n.* arsenal
zbrzdit *v.t.* stunt
zbytek *n* last
zbytek *n.* remainder
zbytkový *a.* residual
zcela *adv.* fully
zcela *adv.* wholly
zčtyřnásobit *v.t.* quadruple
zda-li *conj.* whether
zdání *n.* semblance
zdání *n.* vestige
zdanit *v.t.* tax
zdanitelný *a.* taxable
zde here
zdědit *v.t.* inherit
zdejší *a.* resident
zděšený *a.* aghast
zděsit *v.t.* horrify
ždibec *n.* morsel
ždibec *n* nibble
zdivo *n.* masonry
zdlouhavý *a.* lengthy
zdobení *n.* ornamentation

zdokonalit *v.t.* perfect
zdolat *v.t.* surmount
zdráhající se *a.* indisposed
zdraví *n.* health
zdravotní sestra *n.* nurse
zdravotnický *a.* medical
zdravý *a.* healthy
zdřímnutí *n.* doze
zdřímnutí *n.* nap
zdroj *n.* resource
zdroj *n.* source
zdržení *n.* demurrage
zdržovat *v.t.* impede
zdržovat se *v.i.* abstain
zdržovat se *v.i.* reside
zdůraznit *v.t* accent
zdůraznit *v. t* emphasize
zdůraznit *v.t* stress
zdvihnout *v.t.* hoist
zdvojený *a* twin
zdvojit *v. t.* double
zdvořilost *n.* courtesy
zdvořilost *n.* politeness
zdvořilý *a.* polite
že *conj.* that
žeberní *adj.* costal
zebra *n.* zebra
žebrák *n* beggar
žebrat *v. t.* beg
žebrat *v. i* cadge
žebřík *n.* ladder
žebro *n.* rib

zeď *n.* wall
zedník *n.* mason
žehlička *n.* iron
žehlit *v.t.* iron
zejména *adv.* primarily
želé *n.* jelly
zeleň *n* green
zelenající se *a.* verdant
zelenina *n.* vegetable
zeleninový *a.* vegetable
zelený *a.* green
zelený zákal *n.* glaucoma
železnice *n.* railway
zelí *n.* cabbage
želva *n.* tortoise
želva *n.* turtle
země *n.* country
země *n* earth
země *n.* ground
země *n.* land
zemědělec *n.* agriculturist
zemědělský *a* agricultural
zemědělství *n* agriculture
zeměkoule *n.* globe
zeměpis *n.* geography
zeměpisec *n.* geographer
zeměpisná délka *n.*
   longitude
zeměpisná šířka *n.* latitude
zeměpisný *a.* geographical
zemětřesení *n* earthquake
zemina *n.* soil

zemina *n.* mould
žena *n.* wife
žena *n.* woman
ženich *n.* bridegroom
ženich *n.* groom
zenit *n.* zenith
ženské jméno *n* Chaice
ženský *a* female
ženský klášter *n.* nunnery
ženství *n.* womanhood
zeptat se *v.t.* ask
žertovat *v.i* trifle
zesílení *n* amplification
zesílit *v.t.* amplify
zesilovač *n* amplifier
zesměšnit *v.t.* ridicule
zesměšňovat *v.i.* mock
zevně *adv.* without
zevní *a.* outward
žezlo *n.* sceptre
zfackovat *v. t* cuff
žhářství *n* arson
zhlédnout *v.t.* watch
zhmotnit *v.t.* materialize
žhnout *v.i.* glow
zhodnocení *n.* inquest
zhoršit *v.t.* worsen
zhoubný *a.* baleful
zhoubný *a.* malignant
zhoubný *a.* noxious
zhroucení *n* breakdown
zhroucení *n* downfall

zhustit *v. t* condense
zhýčkat *v.t.* pamper
zhypnotizovat *v.t.* hypnotize
zhýralec *n* debauchee
zhýralost *n* debauchery
Žid *n.* Jew
židle *n.* chair
žihadlo *n.* prick
žihadlo *n.* sting
žijící *a.* living
žíla *n.* vein
zima *n.* winter
zimní *a.* wintry
zimovat *v.i* winter
zinek *n.* zinc
zinovovat *v.t.* innovate
zinscenovat *v.t.* stage
zintenzivnit *v.t.* intensify
zip *n.* zip
žirafa *n.* giraffe
zíraje *adv* agaze
zírat *v.i.* gape
zírat *v.i.* stare
žíravý *a.* caustic
žíravý *adj.* corrosive
zisk *n.* profit
získání *n.* acquisition
získat *v.t.* gain
získat monopol *v.t.*
   monopolize
získat přízeň *v.t* endear
ziskový *a.* profitable

žít *v.i.* live
žít společně *v. t* cohabit
žití *n* living
žito *n.* rye
zítra *adv.* tomorrow
zítřek *n.* morrow
zítřek *n.* tomorrow
zívat *v.i.* yawn
živé maso *n* quick
zívnutí *n.* yawn
živobytí *n.* livelihood
živost *n* animation
život *n* life
životaschopná *a.* viable
životní elán *n.* vivacity
životní minimum *n.*
   subsistence
životopis *n* biography
životopisec *n* biographer
živoucí *a.* animate
živůtek *n* bodice
živý *a* alive
živý *a.* live
živý *a.* vivid
živý plot *n.* hedge
žízeň *n.* thirst
žíznivět *v.i.* thirst
žíznivý *adj.* athirst
žíznivý *a.* thirsty
zjednodušení *n.*
   simplification
zjednodušit *v.t.* simplify

zjemnit *v.t* fine
zjemnit *v.t.* temper
zjevení *n* appearance
zjevit se *v.i.* appear
zjevný *a.* apparent
zjevný *a.* tangible
zjišťovat *v.t.* ascertain
zjišťovat *v.t.* inquire
zjizvit *v.t.* scar
zkalit *v.t.* muddle
zkamenělina *n.* fossil
zkapalnit *v.t.* liquefy
zkáza *n.* wrack
zkažený *adj* carious
zkazit *v.t.* mar
zkázonosný *a.* pernicious
zklamat *v. t.* disappoint
zkličovat *v. t* depress
zkomolit *v.t.* hack
zkontrolovat *v. t.* check
zkorumpovaný *a.* corrupt
zkorumpovat *v. t.* corrupt
zkostnatělý *a.* stuffy
zkostnatět *v.t.* ossify
zkoumat *v.i.* research
zkoušející *n* examiner
zkoušený *n* examinee
zkoušet *v. t* examine
zkoušet *v.i.* try
zkouška *n.* examination
zkouška *n* test
zkrácení *n* abridgement

zkrátit *v.t.* abbreviate
zkrátit *v.t* abridge
zkrátit *v.t.* shorten
zkratka *n* abbreviation
zkreslit *v. t* distort
zkreslit *v.t.* slant
zkritizovat *v.t.* lambaste
zkrotit *v.t.* quell
zkrotnout *v.t.* tame
zkroušený *a.* woebegone
zkušební doba *n.* probation
zkušenost *n* experience
zkusit *v.t.* sample
zkvasit *v.* acetify
zkysnout *v.t.* sour
zlá předtucha *n.* premonition
žlab *n.* manger
zlákat *v. t* beguile
zlatník *n.* goldsmith
zlato *n.* gold
zlatý *a.* golden
žláza *n.* gland
zlehčení *n.* alleviation
zlepšení *n.* amelioration
zlepšení *n* betterment
zlepšení *n.* improvement
zlepšit *v.t.* ameliorate
zlepšit *v. t* better
zlepšit *v.t.* improve
zlepšit *v.t.* meliorate
zlevnit *v. t.* cheapen
zlidštit *v.t.* humanize

zlikvidovat *v.t.* liquidate
zlo *n* evil
zlobení *n* vexation
zlobivý *a.* naughty
zločin *n* crime
zločinec *n* criminal
zločinný *a* criminal
zloděj *n.* thief
zloděj dobytka *n* abactor
zloduch *n* fiend
zlomek *n.* fraction
zlomenina *n.* fracture
zlomit *v.* *t* break
zlomit *v.t* fracture
zlomyslnost *n.* malice
zlomyslný *a.* malicious
zlomyslný *a.* wicked
zlořečení *n.* malediction
zlořečený *a.* accursed
zlost *n.* spleen
žloutek *n.* yolk
žloutenka *n.* jaundice
zlověstný *a.* ominous
zlověstný *a.* sinister
zlovonost *n.* meanness
žluč *n* bile
žlutavý *a.* yellowish
žlutost *n* yellow
žlutý *a.* yellow
zlý *a* evil
zmačkat *v.t.* crimple
zmáčknout *v.t.* press

zmáčknout *v.t.* squeeze
zmáčknout palcem *v.t.* thumb
zmapoovat *v.t.* plot
zmapovat *v.t.* map
zmařit *n* blight
zmařit *v.t.* negative
zmařit *v.t.* squander
zmasakrovat *v.t.* massacre
zmást *v.* *t* bewilder
zmást *v.* *t* confuse
zmást *v.t.* mystify
zmást *v.t.* puzzle
zmatek *n* confusion
zmateně *adj* addle
změkčit *v.t.* soften
změna *n.* change
změna smýšlení *n* convert
změnit *v.* *t.* change
změřit *v.t* measure
zmeškat *v.t.* miss
změť *n.* welter
zminimalizovat *v.t.* minimize
zmínit se *v.i.* allude
zmínit se *v.t.* mention
zmínka *n.* mention
zmínka *n.* reference
zmírnění *n.* mitigation
zmírnit *v.t.* abate
zmírnit *v.t* lessen
zmírnit *v.t.* loosen
zmírnit *v.t.* mitigate

zmítat *v.i.* writhe
zmizení *n* disappearance
zmocněnec *n.* attorney
zmocnit *v.t.* augment
zmocnit se *v.t.* seize
zmodernizovat *v.t.*
   modernize
zmožený *a.* weary
zmrazit *v.t.* refrigerate
zmrzačit *v. t* disable
zmrzačit *v.t.* lame
značka *n* brand
značka *n* make
značně *adv.* substantially
značný *a* considerable
značný *a.* sizable
značný *a.* substantial
znak *n* feature
znalec *n.* adept
znalec práva *n.* jurist
znalost *n.* knowledge
znalý *a.* adept
znamenat *v.t* mean
znamenat totéž *v. t* equate
znamení *n.* sign
znamenitost *n.* excellence
znamenitý *a.* excellent
znamenitý *a.* grand
znamenitý *a.* superb
známí *n.* kith
znárodnění *n.* nationalization
znárodnit *v.t.* nationalize

znásilnění *n.* rape
znásilnit *v.t.* rape
znásobit *v.t.* redouble
znatelný *adj* perceptible
znázornit *v.t.* symbolize
znázornit *v.t.* typify
žnec *n.* reaper
znečištění *n.* pollution
znečistit *v.t.* contaminate
znečistit *v.t.* pollute
znehodnotit *v. t.* debase
znehodnotit *v.t.* demonetize
znehodnotit *v.t.i.* depreciate
zneklidnit *v.t.* unsettle
znělka *n.* stanza
znepokojení *n* anxiety
znepokojení *n* disquiet
znepokojený *a.* anxious
znepokojit *v.t.* tease
znesvětit *v.t.* profane
znetvoření *n.* mutilation
znetvořit *v.t.* mutilate
zneuctětní *n* dishonour
zneuctít *v.t.* attaint
zneuctít *v. t* dishonour
zneuctít *v.t.* violate
zneutralizovat *v.t.* neutralize
zneužít *v.t.* misuse
zneužít *v.t.* pervert
zneužití *n* abuse
zneužití *n.* misuse
zneužívat *v.t.* abuse

znevážit *v.t.* slight
znevýhodnit *v.t.* handicap
zničení *n* annihilation
zničení *n* destruction
zničit *v.t.* annihilate
zničit *v. t* destroy
zničit *v.t.* wreck
znít *v.i.* sound
znova *adv.* afresh
znova dosadit *v.t.* reinstate
znova spojit *v.t.* rejoin
znova upadat *v.i.* relapse
znovu *adv.* anew
znovu zavést *v.t.* restore
znovunabytí *v.t.* resume
znovuožívající *a.* resurgent
znovuzavedení *n.* restoration
znovuzřízení *n.*
  reinstatement
znovuzrození *n.* rebirth
zobák *n* beak
zobrazit *v. t.* depict
zodpovědnost *n.*
  responsibility
zodpovědný *a* accountable
zodpovědný *a.* responsible
zohyzdit *v.t.* uglify
žolík *n.* joker
žolíky *n.* rummy
žonglér *n.* juggler
žonglovat *v.t.* juggle
ZOO *n.* zoo

zoolog *n.* zoologist
zoologický *a.* zoological
zoologie *n.* zoology
zopakování *n.* repetition
zopakovaný *a* duplicate
zopakovat *v. t* duplicate
zopakovat *v.t.* repeat
zorat *v.t.* till
zorganizovat *v.t.* organize
zorientovat *v.t.* orient
zošklivit si *v.t.* loathe
zosobnění *n.* impersonation
zosobnění *n.* personification
zosobnit *v.t.* impersonate
zosobnit *v.t.* personify
zostudit *v.t.* mortify
zostudit *v.t.* shame
zotavení *n.* recovery
zotavit se *v.t.* mend
zotavit se *v.t.* rally
zotavit se *v.t.* recover
zotročit *v.t.* enslave
zoufalství *n* despair
zoufalý *a* desperate
zoufalý *a.* frantic
zoufat si *v. i* despair
zpackat *v.i* blunder
zpackat *v. t* botch
zpackat *v. t* bungle
zparchantělý *a* mongrel
zparodovat *v.t.* parody
zpárovat *v.t.* pair

zpátky *adv.* back
zpětně *adv.* backward
zpětný *a.* backward
zpětný náraz *n.* recoil
zpěvák *n.* singer
zpěvavý pták *n.* warbler
zpívat *v.i.* sing
zplnomocněnec *n.* assignee
zplnomocněnec *n.*
   warrantee
zplnomocnit *v. t* empower
zplodit *v. t* beget
zplynovat *v.t.* aerify
zpochybnění *n.* challenge
zpochybnit *v. t.* challenge
zpomalení *n.* retardation
zpomalit *v.t.* retard
zpomalovat *v.i.* slow
zpopelnění *n* cremation
zpopelnit *v. t* cremate
zpoplatnit *v. t.* charge
zpověď *n* confession
zpožděný *a.* overdue
zpozdit *v.t. & i.* delay
zpráva *n.* message
zpronevěření *n.*
   misappropriation
zpronevěřit *v.t.*
   misappropriate
zprostit *v.t* absolve
zprostit *v.t.* acquit
zprostit *v. t.* exempt

zprostit exempt
zprostit viny *v.t.* assoil
zprostředkování *n.*
   mediation
zprostředkovatel *n.*
   mediator
zprostředkovávat *v.i.*
   mediate
zprůměrovat *v.t.* average
způsob *n* diction
způsob *n.* mode
způsobilý *a* fit
způsobit *v.t* cause
zpustlý *a.* savage
zpustlý *a.* vicious
zpustošení *n.* havoc
zpustošit *v.t.* ravage
zrada *n* betrayal
zrada *n.* perfidy
zrada *n.* treachery
zrádce *n.* traitor
zradit *v.t.* betray
zrak *n.* sight
žralok *n.* shark
zralost *n.* maturity
zralý *a.* nubile
zralý *a* ripe
zranění *n.* injury
zranění *n.* wound
zranit *v.t.* hurt
zranitelný *a.* vulnerable
zrát *v.i* mature

zrát *v.i.* ripen
zrcadlit se *v.t.* mirror
zrcadlo *n* mirror
zředěný *a* dilute
zředit *v. t* dilute
zreformovat *v.t.* reform
zřejmě *adv.* prima facie
zřejmý *a.* conspicuous
zřejmý *a.* manifest
zreklamovat *v.t.* reclaim
zřeknutí se *n* abnegation
zrenovovat *v.t.* renovate
zrentgenovat *v.t.* x-ray
zřetel *n.* aspect
zřetel *n* heed
zřetel *n.* regard
zřetelný *a* distinct
zříci se *v. t* abnegate
zříci se *v.t* forgo
zříci se *v.t.* relinquish
zříci se *v.t.* waive
zřídit *v. t.* establish
zřídit *v.t.* found
zřídka *adv.* seldom
zřídkavý *a.* sporadic
zřítit se *v. i* collapse
zřízení *n* establishment
zrno *n.* grain
zrození *n.* nativity
zručení *n.* murmur
zručet *v.t.* murmur
zrudnout *v.t.* redden

zruinovat *v.t.* ruin
zrušení *v* abolition
zrušení *n* cancellation
zrušený *a.* void
zrušit *v.t* abolish
zrušit *v. t.* cancel
zrušit *v.t.* undo
zrušit *v.t.* void
zrušit platnost *v.t.* invalidate
zrychlení *n* acceleration
zrychlit *v.t* accelerate
ztělesnění *n* embodiment
ztělesnit *v. t.* embody
ztenčit *v.t.* thin
ztichnout *v.t.* still
ztišit *v.t.* quiet
ztlumení *n.* inhibition
ztlumit *v. t* dim
ztlumit *v.t.* inhibit
ztracená existence *n.* misfit
ztrapnit *v. t* embarrass
ztráta *n.* loss
ztráta paměti *n* amnesia
ztrestat *v.t.* scourge
ztrojnásobení *n.* triplication
ztrojnásobit *v.t.* triplicate
ztuhnout *v.t.* stiffen
ztvrdnout *v.t.* harden
zub *n.* tooth
zub moudrosti *n.* wisdom-tooth
zub stolička *n.* molar

zubař *n* dentist
zubní sklovina *n* enamel
zúčastnit se *v.t.* attend
žuchnutí *n.* thud
žumpa *n.* cesspool
zuřivost *n.* fury
zuřivost *n.* rage
zušlechtit *v. t.* ennoble
zůstatek *n.* residue
zúžení *n* taper
zúžit *v. t* contract
zužovat se *v.i.* taper
žvanit *v. t. & i* blab
zvážení *n.* weightage
zvážit *v.t.* weigh
zvažovat *v. t* consider
zvěčnit *v.t.* immortalize
zvěčnit *v.t.* perpetuate
zvědavost *n* curiosity
zvědavý *a* curious
zvednout heverem *v.t.* jack
zvěrokruh *n* zodiac
zveršovat *v.t.* versify
zvěrstvo *n* atrocity
zvěst *n* bruit
zvěsti *n. pl.* tidings
zvětralý *a.* stale
zvětrat *v.t.* stale
zvětšit *v. t* enlarge
zvíře *n.* animal
zvířecky *a* beastly
zvládnout *v.t.* manage

zvládnutelný *a.* manageable
zvlhčit *v.t.* moisten
zvlnit *v. i* cockle
zvlnit se *v.t.* ripple
zvlonit *v.t.* slacken
zvnějšku *adv* outward
zvolat *v.i* exclaim
zvolení *n.* appointment
zvolit *v.t.* appoint
zvolit *v. t* elect
zvon *n* bell
zvonění *n.* ring
zvrácenost *n.* perversity
zvrásnit *v.t.* wrinkle
zvrat *n.* reversal
zvratky *n* vomit
zvratný *a* reflexive
zvučnost *n.* resonance
zvučnost *n.* sonority
zvučný *a.* resonant
zvuk *n* sound
zvukomalba *n.*
    onomatopoeia
zvukový *a.* sound
zvýhodnit *v.t.* advantage
zvyk *n.* custom
zvyk *n.* habit
zvyk *n* wont
žvýkat *v. t* chew
zvyklý *a.* wont
zvyknout *v.t.* accustom
zvykový *a* customary

zvýšení *n* increase
zvýšit *v.t.* heighten
zvýšit *v.t.* increase
zženštilý *a* effeminate
zženštilý *a.* womanish